Fred Halliday
Iran
Rotbuch 203

Fred Halliday

Iran

Analyse einer Gesellschaft im Entwicklungskrieg

Aus dem Englischen von
Martin Pfeiffer
Mit einem Nachwort von
Ulrich Albrecht

Rotbuch Verlag Berlin

Fred Halliday, geboren 1946 in Dublin (Irland), studierte in Oxford und an der Londoner »School of Oriental and African Studies«. Er ist Mitherausgeber der »New Left Review« und Mitarbeiter des »Transnational Institute« in Amsterdam. Mit seinem Standardwerk »Arabia without Sultans« (Penguin 1974) und vielen Zeitschriftenbeiträgen gilt er als einer der besten Kenner der islamischen Welt zwischen Pakistan und dem Horn von Afrika.

Rotbuch Verlag, Potsdamer Str. 98, 1000 Berlin 30

Der Titel der englischen Originalausgabe lautet:
Iran, Dictatorship and Development (Penguin)
Umschlagfotos: Vorderseite Ullstein Bildarchiv, Rückseite dpa
Satz und Druck Fuldaer Verlagsanstalt, Fulda
Printed in Germany.
ISBN 3 88022 203 7

Inhalt

Zur Aussprache und Schreibung persischer Namen und Begriffe

Persisch wird mit einer Variante des arabischen Alphabets geschrieben. Für die Wiedergabe mit lateinischen Buchstaben gibt es kein Standardalphabet, sondern eine größere Anzahl von Umschriftsystemen, die teils von der Schrift, teils von der Aussprache ausgehen. Die in dem vorliegenden Text *kursiv* gedruckten persischen Namen und Begriffe erscheinen in einer Umschrift, die von der Aussprache ausgeht. Dabei geben vor allem folgende Buchstaben und Buchstabenkombinationen andere Laute wieder als im Deutschen:

a: zwischen *a* in *Katze* und *a* in engl. *cat*
â: *a* in engl. *fall*
j: *j* in engl. *jazz*
ch: *tsch* in *rutschen*
kh: *ch* in *Loch*
s: immer wie *s* in *bis*
z: *s* in *Rose*
sh: *sch* in *Fisch*
gh: am hinteren Gaumen artikulierter Verschlußlaut
y: *j* in *ja*

Die Betonung der Wörter liegt in den meisten Fällen auf der letzten Silbe, angehängtes *-e/-ye* ist jedoch unbetont. Orts-, Landschafts- und Volksnamen wurden im wesentlichen an das verwendete System angeglichen (bis auf die im Deutschen üblichen Schreibweisen *Teheran* und *Isfahan*). Personennamen wurden in der Form beibehalten, in der sie in den verwendeten Quellen erscheinen. Abweichungen gegenüber der hier verwendeten Schreibung ergeben sich dabei besonders durch die Verwendung von *q* statt *gh* und von *i* bzw. *u* statt *e* bzw. *o*.

Vorwort: Die iranische Revolution

Der Hauptteil dieses Buches wurde im September 1978 abgeschlossen, seitdem hat sich die Entwicklung im Iran in kaum zu erwartendem Maße beschleunigt. Der Schah und sein Hofstaat wurden aus ihren Machtpositionen durch eine Massenbewegung vertrieben, die eines der denkwürdigsten Kapitel in der Geschichte der Revolutionen dieses Jahrhunderts geschrieben hat. Damit ist aber das Schicksal der Iranischen Revolution keineswegs schon entschieden: in dem Maße, in dem die Koalition der Anti-Schah-Kräfte zerfällt, entstehen neue Widersprüche auf politischer, sozialer und ethnischer Ebene. Tatsächlich liegen erst jetzt, nach der Beseitigung der Pahlavi-Dynastie, die eigentlichen Fragen offen zutage, die über den zukünftigen Charakter der iranischen Gesellschaft entscheiden.

Ich möchte zunächst die Ereignisse kurz darstellen, die zum Sturz des Schahs geführt haben. Das im September 1978 ausgerufene Kriegsrecht erwies sich als ohnmächtig gegenüber der Opposition des Volkes. Nach den Massakern in Teheran, insbesondere auf dem Jaleh-Platz am 8. September, gingen die Zusammenstöße zwischen Armee und Opposition weiter; am 5. November entließ der Schah unter dem Druck des Militärs die Regierung Sharif-Emami und ernannte eine Militärregierung unter Führung des Stabschefs General Azhari. Aber auch diese Regierung war angesichts der Stärke der Massenbewegung nicht in der Lage, die Opposition niederzuhalten oder zu besänftigen. Streiks lähmten das wirtschaftliche Leben der Städte, und im Dezember trat der politische Kampf zwischen Regime und Opposition in seine entscheidende Phase.

Zu dieser Zeit verfügte der Ayatollah Khomeini von Paris aus über weit bessere Verbindungen zu den Massenmedien der ganzen Welt und damit auch des Iran, als er sie im Irak gehabt hätte. Er wurde als das symbolische Oberhaupt der Opposition angesehen, mit der er über eine Gruppe von Helfern in Verbindung stand, zu denen auch im Pariser Exil lebende Aktivisten von Mehdi Bazargans Iranischer Befreiungsbewegung gehörten, darunter Ibrahim Yazdi, Sadegh Ghotebzadeh und Abol-Hassan Banisadr. Der nächste Höhepunkt der Krise war am 10./11. Dezember, dem Datum im heiligen Monat Moharram, an dem die schiitischen Moslems den Tod des Imam Hussein betrauern, das zugleich aber nach dem moslemischen Kalender auch der 15. Jahrestag der Exilierung Khomeinis durch den Schah war. Die Militärbehörden sahen sich trotz weiter geltenden Kriegsrechts gezwungen, die Demonstrationen stattfinden zu lassen. Fast zwei Millionen Menschen demonstrierten in Teheran, viele weitere Millionen im ganzen Lande. Am Ende dieses Monats war die Militärregierung selbst so erschüttert, daß der Schah sie fallenlassen mußte.

Der neue Ministerpräsident, den der Schah bestimmte, war Shapur Bakhtiar, ein Führer der Iran-Partei, die zur Nationalen Front gehört. Der französisch gebildete Bakhtiar, den der Schah selbst einige Male hatte inhaftieren lassen, versprach, eine Regierung unter Ausschluß all der Elemente zu bilden, die etwas mit der 25jährigen Herrschaft des Schahs zu tun gehabt hatten. Er legte dem Parlament ein Gesetz zur Auflösung der SAVAK vor und versprach, die Macht einer gewählten Regierung zu übertragen, die auf konstitutionellem Wege zustande kommen sollte. Mit Unterstützung der USA, die nun einsehen mußten, daß der Schah am Ende war, konnte Bakhtiar den Monarchen veranlassen, das Land zu verlassen. Am 16. Januar verließ der Schah den Iran in Richtung Ägypten und Marokko; um sein Gesicht zu wahren, sprach er von einem »Urlaub«.

Bakhtiars Strategie, die auf einen friedlichen Übergang zu einem demokratischen Regime zielte, war zum Scheitern verurteilt. Indem er sich vom Schah ernennen ließ, diskreditierte er sich bei den anderen Teilen der Opposition, und sowohl Khomeini als auch seine eigenen Kollegen in der Nationalen Front verurteilten sein Vorgehen. Die Streiks und Massendemonstrationen gingen weiter; insbesondere Khomeini lehnte eine Vereinbarung mit Abgesandten Bakhtiars ab, die in Paris mit ihm sprechen wollten. Unfähig, die Ereignisse zu beeinflussen, wurde Bakhtiar mit der Zeit immer mehr zum Gefangenen der Streitkräfte und der Amerikaner, zumal der ganze kaiserliche Herrschaftsapparat intakt geblieben war. Obwohl es ihm gelungen war, den Schah außer Landes zu bringen und mit amerikanischer Hilfe die Ambitionen der Armee auf einen Staatsstreich zu zügeln, war seine Niederlage unausweichlich.

Ende Januar überschlugen sich die Ereignisse: die Demonstrationen spülten Bakhtiars Regierung hinweg, und am 1. Februar kehrte Khomeini aus seinem Pariser Exil nach Teheran zurück. Bei aller Vorsicht, die Armee nicht zu provozieren, handelte er sehr entschlossen und nominierte Mehdi Bazargan als Führer einer neuen provisorischen Regierung. So kam es zu einer Konstellation von »Doppelmacht«, in der offensichtlich keine Seite die andere angreifen wollte – bis es am 9. Februar zur Explosion kam. Es begann in der Dosh-Tappeh-Luftwaffenbasis in der Nähe von Teheran, wo Unteroffiziere und Techniker mit höheren Offizieren aneinandergerieten, als sie das Recht durchsetzen wollten, einen Auftritt Khomeinis im Fernsehen zu verfolgen. Im Lauf dieses Konfliktes wurde die Basis von Einheiten der *jâvidân* angegriffen, der »Unsterblichen« der kaiserlichen Garde. Das war das Signal zu einem allgemeinen Aufstand in ganz Teheran. Obwohl diese Entwicklung mit einem Konflikt innerhalb der Armee begonnen hatte, war für ihren Ausgang entscheidend,

daß sich Tausende von Zivilisten aktiv auf die Seite der rebellierenden Truppenteile schlugen und den verbliebenen Schah-treuen Teilen eine Niederlage bereiteten. In zwei Tage dauernden Kämpfen wurde der Militärapparat lahmgelegt und die Bakhtiar-Regierung zum Rücktritt gezwungen. Zehntausende von Gewehren gelangten aus den geplünderten Magazinen der Armee in die Hände politischer Aktivisten. In den Tagen nach dem 10. und 11. Februar nahmen die Ereignisse in den Provinzstädten einen ähnlichen Verlauf.
Khomeinis Überlegungen hatten sich also als richtig erwiesen: die Armee hatte sich gespalten, und die Opposition war durch einen spektakulären Sieg der Massen an die Macht gekommen. Aber unmittelbar nach dem Sieg begann sich die breite Koalition, die die Oppositionsbewegung getragen hatte, entlang dreier separater Bruchlinien aufzulösen.
Zum ersten liegt ein guter Teil der realen Macht im neuen Iran – trotz der Bildung einer Regierung durch Bazargan – bei den von Khomeini gegründeten geheimen »Islamischen Revolutionskomitees« und bei anderen lokalen Komitees, die von den *mollâs* und ihren Anhängern in der Provinz gebildet wurden. Zum zweiten hat der Gang der revolutionären Ereignisse in Teheran den Guerillagruppen Waffen und damit Macht verschafft. Damit entwickelten sich die Mojahedin und die Fedayin in kürzester Zeit zu tatsächlichen Massenorganisationen. Auch in vielen Fabriken sind neue Arbeiterkomitees entstanden, desgleichen in Teilen des Staatsapparates (z. B. Soldatenkomitees) und in Presse und Fernsehen. Auch die Tudeh-Partei konnte sich bis zu einem gewissen Grade betätigen, obwohl sie von Bazargan nicht legalisiert wurde. Sie profitierte von der Tatsache, daß die Differenzen zwischen ihr selbst und den Guerillagruppen zumindest vorübergehend an Bedeutung verloren haben und daß sie von einigen religiösen Führern wie Taleghani unterstützt wurde. Das Auftauchen dieser linken Kräfte kam der Rechten um Khomeini und Bazargan äußerst ungelegen, aber sie war auch nicht in der Lage, diese Linke gleich wieder in ihre islamischen Organisationen zu integrieren. Zum dritten hat der Sturz des Pahlavi-Regimes eine neue Welle von Protestaktionen unter den nichtpersischen Nationalitäten freigesetzt. Dies war der Fall vor allem in Kordestan, wo die KDPI unverzüglich unter der Parole »Demokratie für den Iran, Autonomie für Kordestan« aktiv wurde. Ähnliche Forderungen wurden, wenn auch nicht so laut vernehmbar, in Baluchestan erhoben, und es war nur eine Frage der Zeit, bis sich entsprechende Bewegungen in Azerbaidjan und in den arabischen Gebieten zu regen begannen.
Die Informationen reichen heute noch nicht aus, um die wirklichen Machtverhältnisse im Iran nach den Ereignissen von Januar/Februar 1979 exakt einzuschätzen. Aber klar ist, daß der Kampf zwischen den verschiedenen politischen Kräften noch über einen längeren Zeitraum in aller Schärfe weiter ausgetragen wird. Ich will im fol-

genden versuchen, die Situation wenigstens in wesentlichen Umrissen darzustellen, wie sie sich zu diesem Zeitpunkt (Anfang März 1979) darstellt.

1. Die Ereignisse der letzten Monate können zu Recht als eine Revolution bezeichnet werden. Sicher handelt es sich um keine *sozialistische* Revolution, denn weder der Klassencharakter noch die Ideologie, noch die Errungenschaften dieser Revolution verdienen diese Bezeichnung. Im eigentlichen Sinne des Wortes haben wir es nicht einmal mit einer *sozialen* Revolution zu tun. Khomeinis Programm und die Politik der Bazargan-Regierung mögen in »ideologischen« Fragen Differenzen aufweisen, gemeinsam ist ihnen auf alle Fälle, daß sie keinerlei radikalen Wandel hinsichtlich des Eigentums an den Produktionsmitteln vorsehen, und der soziale Ursprung vieler Vertreter der neuen Regierung, bis hin zu den Familienverbindungen, ist dem der Pahlavi-Dynastie durchaus nicht sehr unähnlich. So sind z. B. Khomeini wie Bazargan strikt gegen die Forderung nach Arbeiterkontrolle, wie sie in den Fabriken erhoben wurde, und sie versuchten, die Streitkräfte möglichst rasch wieder funktionsfähig zu machen. Insoweit der religiöse Teil der Bewegung organisatorisch und finanziell vor allem von den Basarhändlern unterstützt wird, hat das neue Regime sicher einen stärkeren Rückhalt im Kleinbürgertum als dasjenige des Schahs, aber doch eher im Sinne einer Einbindung des Kleinbürgertums in den Staat als im Sinne einer Machtablösung der Bourgeoisie insgesamt durch das Kleinbürgertum.
In jedem Fall aber stellen die Ereignisse zu Beginn des Jahres 1979 eine *politische* Revolution dar, d. h. die gewaltsame Übertragung der politischen Macht von einem Sektor der herrschenden Klasse auf einen anderen. Diese Übertragung wurde erst durch eine umfassende Mobilisierung der Massen möglich, und dies wiederum hat es den Führungsgruppen der Opposition verwehrt, ihre Macht rasch und problemlos zu konsolidieren. Das Schicksal der iranischen Revolution und besonders die Frage, inwieweit die politische Revolution eine soziale Revolution herbeiführen wird, hängen von den zukünftigen Beziehungen zwischen den verschiedenen Klassenkräften ab, die sich an der Koalition zum Sturz des Schah beteiligt haben.

2. Die Behauptung, der Iran habe eine »Islamische Revolution« erlebt, darf nicht ungeprüft übernommen werden. Richtig ist, daß der Islam als Ideologie in der Opposition eine bedeutende Rolle gespielt hat, und zwar sowohl aufgrund des ideologisch-politischen Vakuums unter der Diktatur als auch aufgrund der organisatorischen Schlüsselrolle der *mollâ*s und ihrer Anhänger. Die Niederlage der Pahlavis hat ganz sicher zur Folge, daß gewisse religiöse Vorschriften wieder zur offiziellen Regel gemacht werden und daß die soziale Rolle der *mollâ*s wieder an Bedeutung gewinnt. Aber deshalb kann

man noch lange nicht in einem vertretbaren Sinne von einer »Islamischen Revolution« sprechen. Der Begriff »islamisch« dient, soweit er nicht den konservativen im Gegensatz zum revolutionären Wandel der sozialen Normen bezeichnen soll, als eine ideologische Maskierung, um den klassenübergreifenden Charakter der Oppositionsbewegung zu verbergen, vor allem aber, um die wesentliche Rolle des Kleinbürgertums innerhalb dieser Bewegung zu legitimieren, denn deren soziale Macht drückt sich in erster Linie über ihren Einfluß auf die *mollâs* aus. Die Behauptung Bazargans, der Islam enthalte die Lösung für die Probleme des Iran, ist natürlich unhaltbar, wenn man sich die komplexen sozialen und wirtschaftlichen Schwierigkeiten des Landes vor Augen hält. Aber dieses Ideal ist doch nicht ganz ohne soziale Bedeutung, denn das Versprechen, Zinsen zu verbieten und Korruption wie grobe soziale Ungleichheiten abzuschaffen, ist Ausdruck der Bestrebungen eines Kleinbürgertums, das unter dem Schah-Regime von Macht und Reichtum abgeschnitten war. Wie die populistischen Ideologien in anderen Ländern auch – in entwickelten wie in unterentwickelten – tritt die Ideologie der Islamischen Republik den Bestrebungen der Klassen an beiden Enden der sozialen Skala entgegen: sie wendet sich gegen die Macht des als korrupt und volksfeindlich angesehenen (privaten wie staatlichen) großen Kapitals – aber ebenso gegen die spezifischen Forderungen der Arbeiterklasse. Sie appelliert an breitere gemeinsame Interessen und an den Wunsch nach einer gerechten Gesellschaft, ohne sich näher über deren soziale Zusammensetzung auszulassen. Der Begriff »Islamische Revolution« sagt nichts darüber aus, was sich im Iran wirklich verändert hat; er dient vielmehr dazu, diese Frage zu verdrängen und insbesondere die Grenzen dessen zu verschleiern, was bis jetzt erreicht worden ist. Damit dient er aber auch dazu, alle weitergehenden Veränderungen als unberechtigt hinzustellen, die von den unterdrückten Gruppierungen – also von den Arbeitern, aber auch von den nichtpersischen Nationalitäten und nicht zuletzt von den Frauen – auch weiterhin gefordert werden.

3. Beim bisherigen Verlauf der Iranischen Revolution mußte am meisten überraschen, wie schnell der Staatsapparat und insbesondere die Armee zusammengebrochen sind. Diese Tatsache ist von größter Wichtigkeit für eine rückblickende Analyse des Schah-Regimes wie auch für eine vorwärtsgewandte Einschätzung des neuen republikanischen Staates. Historisch ist das Pahlavi-Regime an die Macht gekommen und hat sich gehalten durch Staatsstreiche, mit deren Hilfe es die demokratische Opposition zerschlagen und die Verfassung zerstört hat. In den letzten zehn Jahren hat der Schah seine Gegner ständig unterdrückt und ihnen jegliche legale Artikulationsmöglichkeit genommen. Für seine Gegner war es daher leicht, das Regime als illegal hinzustellen, und Khomeini und seine Anhänger konnten die-

sem Vorwurf zusätzlich einen wirkungsvollen religiösen Ausdruck verleihen, indem sie den Schah beschuldigten, den Koran zu verletzen und ein Feind des Islams zu sein. Diese fehlende Legitimität erregte nicht nur Anstoß bei der politischen Opposition, also den *mollâs* und den vom Reichtum des Landes ausgeschlossenen Massen. Ihre Auswirkungen reichten bis mitten hinein in den Staat und in die Bourgeoisie und führten zu einer tiefen Kluft zwischen den wenigen Familien um den Hof einerseits und der übrigen Bourgeoisie andererseits, die zwar am ökonomischen Wohlstand teilhatte, aber keinen Zugang fand zu den Reichtümern und der politischen Macht einiger weniger Privilegierter. Korruption und Vetternwirtschaft spielten in dieser Hinsicht eine wesentliche Rolle: sie spalteten den Staat und die herrschende Klasse in sich selbst und machten es der Opposition leichter, eine breite Koalition gegen das bröckelnde Regime aufzubauen. Zu der schließlichen Isolierung des Schahs und zum raschen Ende der Monarchie hat also vor allem die Brüchigkeit seines eigenen Regimes beigetragen, d. h. der Mangel an systemimmanenten politischen Alternativen plus die Schwäche der Armee. Aber genau deshalb blieben auch nach der Revolution weite Bereiche des Staatsapparates intakt und behielten viele Mitglieder der iranischen Bourgeoisie die Kontrolle über ihre Reichtümer und ihren Besitz.

4. Warum ist die Armee Anfang Februar, als so viele Beobachter einen Putsch erwarteten, so schnell zusammengebrochen? Der Hauptgrund ist offensichtlich die Stärke der Opposition gewesen: die Armeeführung wußte seit September, daß es extrem schwierig sein würde, die Opposition nur mit Gewalt zu ersticken. Am Anfang hat sie genau dies versucht – mit den Massakern vom September und dann wieder Anfang November, als die Azhari-Regierung an die Macht kam. Aber das Ausmaß der Oppositionsbewegung verhinderte eine Politik der Gewalt auf Biegen und Brechen, und diese Schwäche fand unausweichlich ihren Widerhall innerhalb der Streitkräfte, die immer stärker unter den Einfluß der Massen auf den Straßen gerieten. Die meisten Soldaten sind Wehrpflichtige, und viele von ihnen stammen aus einer stark religiös geprägten ländlichen Umgebung. Als im Januar die »harte Fraktion« der Generalität vom Putsch zu reden begann, waren diese Pläne schon durch die Entwicklung überholt und die USA, vertreten durch den Abgesandten der NATO General Huizer, sprachen sich gegen einen Putschversuch aus. Der Zusammenbruch vom Februar enthüllte nur vollends die Erosion des gesamten Militärsystems, die sich schon einige Monate lang unter der Oberfläche abgezeichnet hatte: die politische Unzufriedenheit der unteren Ränge, die Kluft zwischen hohen und niedrigen Offiziersgraden, das Fehlen einer festen Führung. Für den Zusammenbruch des Militärs gerade in dieser Situation gibt es jedoch auch tie-

fere Gründe. Im Gegensatz etwa zur chilenischen Armee hatte die Armee des Iran keinerlei Unterstützung seitens ziviler Aktivisten, die sie zum Durchgreifen ermutigt hätten. Als einziger Pfeiler des Schah-Regimes stand sie allein auf weiter Flur, und diese Isoliertheit mußte ihr zwangsläufig jeden Gedanken an einen Putsch austreiben. Sodann hatte die Armee trotz ihrer martialischen Waffenausstattung niemals wirklich Krieg geführt und war daher für einen größeren Einsatz ungeübt. Schließlich ist die Armee, wie die Geschichte der Pahlavis zeigt, nicht sehr tief in der iranischen Gesellschaft verankert; erst 1920 wurde sie auf ziemlich künstliche Weise gegründet: als Stütze der Monarchie, aber ohne tiefere Wurzeln in der Gesellschaft und der Geschichte des Landes. So begann schließlich am 9. Februar der Streit auch innerhalb der Armee auszubrechen, die seit Monaten unter permanentem Druck stand. Dieser innere Konflikt – und nicht etwa ein klar ausgeprägter Konflikt zwischen Zivil und Militär – führte dann die letzte Explosion herbei.

5. Die Koalition der Kräfte, die im Februar an die Macht kam, war deshalb sehr weitgespannt; sie umfaßte städtische Arbeiter, Intellektuelle, den freiberuflichen Mittelstand, Studenten und das traditionelle Kleinbürgertum. Dabei kann man nicht oft genug wiederholen, daß sich der islamische Charakter der Bewegung, und vor allem die Führung Khomeinis, erst in einem relativ späten Stadium herausgebildet haben. Noch im September 1978 zielte die Hauptforderung der Opposition auf eine Rückkehr zur Verfassung von 1906, und Khomeini hatte zwar schon einigen Einfluß, war aber nur einer der *ayatollâh*s, auf die das Volk hörte. Der Ruf nach einer »Islamischen Republik« hat im Iran keine lange Tradition, und Khomeini formulierte ihn erst 1978 als Antwort auf die Forderung, über die Parole »Schluß mit dem Schah-Regime« hinaus so etwas wie ein positives Programm zu formulieren. Khomeini und seine Ideologie konnten die Bewegung nach dem September 1978 nur deshalb dominieren, weil die Einführung des Kriegsrechts zu einer neuen Polarisierung geführt hatte und weil seine Person eine größere internationale Bedeutung gewonnen hatte, nachdem er sich vom Irak nach Paris hatte begeben müssen. Aber über der herausragenden Bedeutung, die Khomeini jetzt durch ausländische Beobachter – und durch seine eigenen Gefolgsleute – zugeschrieben wird, dürfen die anderen Kräfte nicht vergessen werden, die an der Revolution beteiligt waren. Dies waren zuallererst die freiberufliche Mittelklasse und die Studenten, die schon 1977 die Bewegung in Gang gesetzt hatten, während die *mollâ*s erst im Januar 1978 auf den Straßen in Erscheinung traten. Auch ist es in der Zeit zwischen September und Februar weniger das Ausmaß der Demonstrationen gewesen, das dem Regime zugesetzt hat, als vielmehr die Streikbewegung in den Fabriken und auf den Ölfeldern, die sich zunächst auf ökonomische, dann aber immer

mehr auf direkt politische Fragen bezog. Während also der Basar – d. h. das traditionelle Kleinbürgertum – das Rückgrat der organisierten Straßendemonstrationen darstellte, hat erst die Arbeiterklasse – und zwar noch ohne jegliche überregionale Organisation – die Regierungen von Sharif-Emami, Azhari und Bakhtiar tatsächlich lahmgelegt. Und während die Armee womöglich in der Lage gewesen wäre, die Demonstrationen noch mit nackter Gewalt zu ersticken, war ihr zugleich klar, daß sie unmöglich das Proletariat zur Arbeit zurückzwingen konnte; diese Einsicht hat sicher ihre Putschneigungen gezügelt. Schließlich sollte die Rolle der Studenten nicht vergessen werden, insbesondere die, welche die Studenten von Teheran in den letzten Monaten gespielt haben. Seit September waren sie führend an den blutigen Auseinandersetzungen mit der Armee beteiligt und trugen auch maßgeblich zur Schwächung der Armee in der zweiten Januarhälfte bei. Als am 9. Februar der Kampf innerhalb der Armee offen ausbrach, kamen in erster Linie die Studenten zur Hilfe, mit all den vielen aktiven Kämpfern, die das Massenaufgebot der Guerillagruppen ausmachten.

6. Jenseits des spezifischen Klassencharakters der Bewegung ist der nationalistische und damit antiimperialistische Charakter dieser Revolution zu betonen. Sie war ein Aufstand gegen die Art und Weise, in der die entwickelten kapitalistischen Länder und besonders die USA dem Iran fortgesetzt eine bestimmte Politik aufgezwungen haben. Am deutlichsten war dies auf militärischem Gebiet, denn hier hatten die Waffenkäufe des Schahs eine neue Abhängigkeit begründet. So war die feindliche Einstellung gegenüber Ausländern besonders ausgeprägt in Isfahan, wo einige tausend amerikanische Soldaten die iranische Luftwaffe ausbildeten. Sie kam auch auf den Ölfeldern zum Ausdruck, wo immer noch einige hundert ausländische Techniker beschäftigt waren. Aber über diese besonders deutlichen Einzelfälle hinaus entstand eine ganz allgemeine ideologische Abneigung gegen die westlichen Einflüsse, die immer deutlicher spürbar geworden waren – etwa in der Unterstützung der Repression des Regimes durch den gesamten Westen und in der Art und Weise, wie die Oberschicht der iranischen Bourgeoisie den westlichen Konsumstil imitierte.
Damit will ich aber beileibe nicht – wie so viele Kommentatoren – behaupten, daß die Opposition historisch rückschrittlich ist oder daß der Schah ein für sein Volk zu rasches Entwicklungstempo eingeschlagen hat. Wie gezeigt, gab es in der Oppositionsbewegung durchaus gewisse rückschrittliche Elemente, aber die Hauptgründe für die Revolution lagen einerseits in der Verweigerung aller grundlegenden politischen Rechte für das Volk und andererseits in der sozial ungerechten und zunehmend auch ineffizienten Weise, in der der Staat die wirtschaftliche Entwicklung betrieb. Nur vor dem Hinter-

grund dieser sozialen und politischen Probleme konnte die ideologische Reaktion darauf – die Rückkehr zu einer Art religiöser Utopie – breiten Zuspruch gewinnen. Und jede zukünftige Regierung wird diesen ernsten Problemen, die der Schah nicht lösen konnte, mit einem adäquateren Programm sozialer Umwälzungen begegnen müssen. Der nationalistische Charakter der Revolution läuft deshalb auf eine Zurückweisung der besonderen Entwicklungsstrategie hinaus, die der Schah seit Beginn der 60er Jahre eingeschlagen hat, kündigt aber keineswegs eine Abkehr von jeglicher materieller Fortentwicklung an. Der objektiv gegebene Konflikt zwischen verschiedenen Entwicklungsstrategien wird sich auch zukünftig in mehr oder weniger militanten Formen eines inneren Entwicklungskrieges abspielen.

7. Der Zusammenbruch des Schah-Regimes hatte enorme internationale Folgen, die noch auf Jahre hinaus wirksam bleiben werden. Zuallererst hat er die relative Unfähigkeit der westlichen Mächte erwiesen, den Gang der Dinge in einem Land zu kontrollieren, in dem sie jahrzehntelang einen so großen Einfluß ausgeübt haben. Wie bei anderen scheinbar sicheren westlichen Verbündeten – etwa Portugal oder Äthiopien – haben die Ereignisse im Iran gezeigt, daß immer noch der interne Klassenkampf über den Einfluß des Imperialismus obsiegen kann, wenn eine Oppositionsbewegung einmal in Gang kommt. Ohne sich in die inneramerikanische Kontroverse über die Frage »Wer hat Schuld am Verlust des Iran?« einmischen zu wollen, läßt sich behaupten, daß die Rettung des Schahs für die USA höchstwahrscheinlich unmöglich gewesen ist, was immer Carter und das Pentagon angestellt hätten. Sie konnten keine Truppen entsenden, denn weder die öffentliche Meinung der USA noch die Sowjetunion hätten dies zugelassen. Und selbst wenn, so wäre eine solche Aktion aller Wahrscheinlichkeit nach zum Scheitern verurteilt gewesen, und zwar aus demselben Grund, der die iranische Armee an einem erfolgreichen Durchgreifen gehindert hat: aufgrund der Stärke der Opposition.
Für den Westen wirft der »Verlust« des Iran viele Probleme auf. Er hat zum einen die Kontrolle über 18 % der gesamten Ölproduktion der OPEC-Länder verloren. Er ist zum zweiten einen bedeutenden Absatzmarkt, vor allem für britische und US-Firmen, losgeworden. Er hat zum dritten einen strategischen Verbündeten in einer Region eingebüßt, in der es der Nixon-Doktrin zufolge wesentliche kapitalistische Interessen zu verteidigen gilt. Die beiden ersten Probleme wiegen allerdings für den Westen nicht allzu schwer, obwohl sie große Panik ausgelöst haben: der Iran wird auch in Zukunft Öl exportieren und westliche Produkte importieren, wenn auch in geringerem Umfang. Die fortgeschrittensten kapitalistischen Länder können sich auf die eine oder andere Weise mit diesen Veränderungen abfinden. Der eigentlich »harte Schlag« ist für den Westen zweifellos der

Verlust strategischer Positionen. Denn die USA haben nicht nur Stützpunkte eingebüßt, die sie zum Ausspionieren der Sowjetunion benutzen konnten. Die ganze Region des Persischen Golfs ist heute von einer konterrevolutionären Interventionsstreitmacht entblößt, und zugleich hat die iranische Revolution selbst den demokratischen und revolutionären Bewegungen im ganzen Mittleren Osten neuen Auftrieb gegeben. Es mag für eine solche Prophezeiung noch zu früh sein, aber im Rückblick kann die Iranische Revolution von 1979 durchaus einmal für die ganze Region dieselbe Bedeutung gewinnen wie die Ägyptische Revolution von 1952.

8. In der neuen Situation steht der Iran vor mehreren politischen Optionen. Fest steht, daß der Schah nicht mehr in den Iran zurückkehren kann und daß mit der Pahlavi-Monarchie jede Art von Monarchie erledigt ist. In der Form einer Islamischen Republik sind aber durchaus verschiedene Typen von Regimes denkbar. Zunächst bleibt der Iran ein kapitalistisches Land, das weiterhin eine einheimische Bourgeoisie aufweisen sowie auch feste, wenn auch auf veränderter Grundlage funktionierende Beziehungen mit den westlichen Ländern unterhalten wird. Das Gerede von einer »Islamischen Republik« verhüllt wie gesagt nur diese grundlegende Klassenkontinuität. Wenn diese Orientierung so bleibt, dann ist es nur eine Frage von Monaten, bis der kapitalistische Staatsapparat wieder aufgebaut sein wird, und zwar samt eines großen Teils des Personals und der Interessenverbindungen des alten Regimes, wenn auch ohne die unmittelbar mit den Pahlavis verfilzten Gruppen. Diese Rekonstruktion wird sicher auch die Armee umfassen, die trotz ihrer Zersplitterung im Gefolge der Februar-Ereignisse als Institution erhalten geblieben ist und die deshalb neu aufgebaut werden könnte. Deshalb droht sicher auch weiterhin die Möglichkeit einer Militärdiktatur mit mehr oder minder nationalistischer Orientierung, und das Scheitern eines zivilen kapitalistischen Regimes dürfte eine solche Regierungsform wahrscheinlicher machen.
Andererseits könnte sich durchaus – wie in anderen nachdiktatorischen Ländern, also in Spanien, Griechenland und Portugal – eine zivile kapitalistische Regierungsform entwickeln, wenn einmal ein allgemein akzeptiertes Verfassungssystem entstanden ist. Wenn sich die Armee – oder die Linke – mit einem solchen System nicht abfindet, wird es keine allgemein akzeptierte Form politischer Konfliktaustragung geben. Das Ziel der iranischen Bourgeoisie und Kleinbourgeoisie muß nach dem Sturz des Schahs darin bestehen, eine neue stabile kapitalistische Herrschaftsform zu schaffen, nach Möglichkeit auf demokratischem Wege, wenn nicht auf dem Wege der Diktatur. Aber ebenso wie die Linke jetzt noch das Bündnis mit Bourgeoisie und Kleinbürgertum am Hals hat, so sehen sich umgekehrt die kapitalistischen Kreise durch die Kräfte bedroht, die

zwangsläufig durch die Bewegung gegen das alte Regime freigesetzt worden sind: durch die Arbeiterklasse und durch die militante Linke der Guerillagruppen. Die einen, die seit September die Streiks organisieren, und die anderen, die Anfang Februar das Bakhtiar-Regime gestürzt haben, werden nicht ohne weiteres eine Wiedereinführung der kapitalistischen Kontrolle hinnehmen, komme sie nun im »islamischen« Gewand daher oder nicht. In dieser Situation bleibt also die Möglichkeit einer neuen Phase der Iranischen Revolution durchaus offen; einer Phase, die zu einer sozialen oder gar sozialistischen Revolution überleiten könnte. Die sozialen Kräfte und die politischen Organisationen, die für eine solche Entwicklung eintreten, sind aus den Ereignissen der letzten beiden Jahre sehr viel stärker hervorgegangen und haben sich mit den Teilen der Mittelklasse verbunden, die sich Khomeinis Politik widersetzen, welche der Gesellschaft die sozialen Praktiken des Islam aufzwingen will. In den Wochen nach dem Sturz Bakhtiars ist deshalb eine neue Konfliktlinie entstanden: auf der einen Seite die um Khomeini und Bazargan vereinigte Kleinbourgeoisie und Bourgeoisie, auf der anderen Seite eine radikalere Strömung, die auch die neuen, durch die Revolution selbst freigesetzten politischen Kräfte umfaßt. Beide Lager sind in sich selbst wiederum Koalitionen: im radikalen Lager sind auch religiöse Führer wie der Ayatollah Taleghani und Vertreter jener freiberuflichen Mittelklasse vertreten, die die Protestbewegung 1977 ausgelöst haben; das konservative Lager ist sich – wie die Konflikte zwischen Khomeini und der Regierung Bazargan zeigen – uneinig darüber, was eine »Islamische Republik« sein soll und verfügt weder über die Persönlichkeiten noch über eine politische Konzeption für einen entschiedenen Versuch, die Probleme des Iran zu lösen.

9. Die Entwicklungsrichtung dieser noch unausgereiften Situation wird sich erst in den Ereignissen der kommenden Monate herauskristallisieren. Aber wie immer es weitergehen wird: die weitreichenden historischen Ereignisse der Revolution, die sich jetzt im Iran abspielt, sind überhaupt nicht zu überschätzen. Das verhaßte System einer politischen Diktatur, die vom Westen bewaffnet und unterstützt wurde, ist durch eine heroisch und beharrlich kämpfende Volksbewegung vernichtet worden. Zum ersten Mal in seiner Geschichte hat jetzt das iranische Volk die Möglichkeit, sein politisches Schicksal selbst zu bestimmen. Diese Revolution zählt in jeder Hinsicht zu den bedeutendsten politischen Erhebungen der Weltgeschichte. Das zeigt sich schon an drei einzelnen Zügen: sie hat mehrere Male Massendemonstrationen von zwei Millionen Menschen und mehr hervorgebracht, d. h. die größten nicht-inszenierten Demonstrationen der Menschheitsgeschichte; zum ersten Male in der Geschichte der Revolutionen wurde eine Unterdrückungsarmee, die nicht durch einen äußeren Krieg geschwächt war, durch oppositio-

nelle Massen niedergehalten; schließlich hat sich diese Revolution in einem Lande abgespielt, das bei allen sozialen Problemen mit seiner schon zur Hälfte städtischen Bevölkerung und seiner Arbeiterklasse von über drei Millionen als ein relativ entwickeltes Land gelten kann. Der Iran ist heute deutlich weiter entwickelt als Rußland im Jahre 1917, China im Jahre 1949, Vietnam im Jahre 1975 oder Kuba im Jahre 1959. Das iranische Volk hat einen großen und überraschenden Sieg errungen. Hoffen wir, daß es nun in der Lage sein wird, die Früchte dieses Sieges zu ernten und das Potential für eine soziale Umwälzung weiterzuentwickeln, das durch den Sieg über die Pahlavi-Monarchie deutlich geworden ist.

Fred Halliday, London März 1979

1 Die iranische Gesellschaft: ein Überblick

Zu Beginn des 20. Jahrhunderts war der Iran eine überwiegend agrarische Gesellschaft mit einer sehr schwachen Zentralregierung. Ohne formal Kolonie irgendeiner fremden Macht zu sein, war er doch in vieler Hinsicht anfällig für den Druck, den Rußland und England auf ihn ausübten. Er war in keiner Weise unabhängig. Heute befindet sich der Iran in einem umfassenden ökonomischen und sozialen Umbruch, und dieser Prozeß wird von einem starken Staat gelenkt, wenn nicht kontrolliert; und obwohl der Einfluß des Auslands im Iran noch immer eine große Rolle spielt und seine herrschende Klasse unlöslich an den kapitalistischen Westen gebunden ist, genießt das Land zweifellos einen Grad von politischer Unabhängigkeit, der vor einem Dreivierteljahrhundert undenkbar gewesen wäre. Mehr noch, es ist dem Iran gelungen, sich eine führende Rolle innerhalb der Region um den Persischen Golf und darüber hinaus zu verschaffen, und er ist zu einer bedeutenden Macht zweiten Ranges in der internationalen Politik geworden – auf gleicher Stufe mit Staaten wie Indien, Saudi-Arabien und Brasilien. Bevor wir, weiter unten, mit der detaillierten Analyse dieser Umwandlung und ihrer Grenzen beginnen, soll dieses Kapitel einige erste Informationen über den sich wandelnden Charakter der iranischen Gesellschaft seit 1900 liefern, unter besonderer Berücksichtigung der Veränderungen in der demographischen und Klassenstruktur sowie hinsichtlich der Stellung der Frauen.[1]

Der Iran hat eine Fläche von 1 648 000 qkm, d. h. er ist mehr als sechsmal so groß wie die Bundesrepublik und immer noch größer als die neun EG-Staaten zusammengenommen. Seine längsten Grenzen hat er mit Rußland im Norden und dem Irak im Westen, außerdem hat er im Nordwesten eine gemeinsame Grenze mit der Türkei und im Osten bzw. im Südosten mit Afghanistan und Pakistan. Die Südgrenze des Iran bildet der Persische Golf.

Mindestens 50% des Gesamtgebietes ist Wüste, die vor allem das Landesinnere einnimmt. Die seßhafte Bevölkerung lebt auf etwa 15% der Gesamtfläche und konzentriert sich auf den westlichen, südlichen und nördlichen Rand des Landes. Durch die Wüste und die schroffen Bergketten, die das Land durchziehen, waren in der Vergangenheit die einzelnen Besiedlungszentren voneinander abgeschnitten, und erst in den letzten Jahrzehnten hat das Land ein einheitliches Verkehrssystem und eine einheitliche Verwaltung erhalten.

Die Bevölkerung wurde im Jahre 1900 auf 9,9 Mio. geschätzt, bis

1940 wuchs sie auf 14,6 Mio. an; bei der ersten Volkszählung 1956 betrug sie 20,4 Mio., bis 1966 stieg sie auf 27,1 und bis 1976 auf 33,6 Mio. Der Bevölkerungszahl nach ist der Iran einer der größten Staaten der Region – nach Pakistan mit 74,2, der Türkei mit 41,0 und Ägypten mit 37,2 Mio. (Zahlen von 1976). Unter allen Ölstaaten des Mittleren Ostens hat der Iran bei weitem die größte Bevölkerung, und doch stehen sowohl Algerien als auch der Irak (17,3 und 11,5 Mio. im Jahre 1976) vor ähnlichen Problemen – die Entwicklung eines vorwiegend agrarischen Landes durch den Einsatz zeitlich begrenzter Öleinnahmen. Die anderen großen Öl-Produzenten wie Saudi-Arabien, Libyen und Kuwait sind in sozioökonomischer Hinsicht Gebilde ganz anderer Art, die mit Bevölkerungszahlen von fünf, drei bzw. einer Mio. weder die Schwierigkeiten noch die Möglichkeiten dieser größeren volkreicheren Länder teilen.

Bis in die 30er Jahre blieb das Verhältnis zwischen ländlicher und städtischer Bevölkerung relativ konstant: etwa 21% der Gesamtbevölkerung lebten in städtischen Gebieten; bis 1956 waren es 31% geworden, bis 1966 39 und bis 1976 45%. 1976 lebten von insgesamt 33,6 Mio. 15,7 Mio. in städtischen Gebieten und 17,9 Mio. auf dem Lande; nach offiziellen Schätzungen werden 1992 bei einer Gesamtbevölkerung von 53,5 Mio. 57% städtische Bevölkerung nur noch 43% ländlicher Bevölkerung gegenüberstehen.

Es gibt drei weitere demographische Besonderheiten, die für das Verständnis der Struktur der iranischen Gesellschaft wichtig sind. Die erste ist die durch den geographischen Charakter des Landes bedingte extreme Ungleichmäßigkeit der Bevölkerungsdichte. Die größte Konzentration findet sich in der Zentralprovinz, in der Teheran liegt; hier lebten 1976 6,9 Mio. oder mehr als ein Fünftel der Gesamtbevölkerung. Keine zweite Stadt kommt Teheran auch nur entfernt an Einwohnerzahl oder Bedeutung gleich (es ist mehr als siebenmal so groß wie die nächstgrößere Stadt), und der Abstand zwischen Teheran und den anderen Städten wird immer größer.

Tabelle 1: Städte mit mehr als einer Viertelmillion Einwohner, 1976

Teheran	4 496 159
Isfahan	671 825
Mashhad	670 180
Tabriz	598 576
Shiraz	414 408
Ahvaz	329 006
Abadan	296 081
Kermanshah	290 861

Quelle: *The Middle East and North Africa 1977—1978,* S. 349.

Abgesehen von der Zentralprovinz liegen die am dichtesten bevölkerten Gebiete im Norden, wo große Niederschlagsmengen die reichste Landwirtschaft des Landes gedeihen lassen, und in Khuzestan, der ölproduzierenden Provinz im Süden. Andererseits liegt die Bevölkerungsdichte in der Hälfte des Landes unter 2 Einwohnern pro qkm (siehe Karte S. 304). Das zeigt, daß der Iran zwar im Vergleich zu anderen noch trockneren Ländern des Mittleren Ostens relativ dicht bevölkert ist, im Vergleich zu vielen anderen asiatischen Ländern jedoch dünn. Indien beispielsweise ernährt eine achtzehnmal so große Bevölkerung auf einem Gebiet, das nur doppelt so groß ist (622 Mio. Einwohner, 3,29 Mio. qkm).
Eine zweite demographische Besonderheit, deren Bedeutung zwar abnimmt, aber noch immer spürbar ist, besteht darin, daß es im Iran eine nomadische Bevölkerung gibt, die sich ausschließlich aus Stämmen, die andere Sprachen als Persisch sprechen, zusammensetzt; die meisten von ihnen sind nach der Ankunft des Islam im 7. Jahrhundert u. Z. in das Gebiet des heutigen Iran gekommen. Um 1800 waren möglicherweise bis zu 50% der Bevölkerung Nomaden, und im Jahre 1900 war ein Viertel bis ein Drittel – vielleicht 2,5 von insgesamt 9,9 Mio. – nicht seßhaft. Seit den 30er Jahren hat die Regierung die Nomaden in ihren Wanderungen eingeschränkt und versucht, sie seßhaft zu machen, während ökonomische Zwänge Angehörige der Nomadenbevölkerung von der Viehzucht weg ins Baugewerbe und andere nichtlandwirtschaftliche Beschäftigungszweige getrieben haben. Nach der Volkszählung von 1976 werden 2 Mio. Menschen oder 6% der Gesamtbevölkerung noch immer als »nicht seßhaft« eingestuft; hierunter fallen allerdings sowohl ständig nomadisierende Gruppen als auch solche, die zwischen zwei verhältnismäßig konstanten Wohngebieten, einem im Winter und einem im Sommer, hin- und herziehen. Zwar gibt die Regierung möglicherweise zu niedrige Zahlen für die Nomaden an, aber alles deutet darauf hin, daß sich die tendenzielle Abnahme ihres Anteils an der Bevölkerung fortsetzen wird.
Eine dritte sehr wesentliche Besonderheit ist die sprachliche und ethnische Vielfalt des Iran (siehe Karte S. 308). Die wichtigste Sprache ist zweifellos Persisch, eine indoeuropäische Sprache, die mit Kurdisch und dem in Afghanistan gesprochenen Pashtu verwandt ist. Aber trotz der offiziellen Versuche, den Iran als ein sprachlich homogenes Land darzustellen, hat nur etwa die Hälfte der Gesamtbevölkerung Persisch als Muttersprache; vielleicht sind es sogar noch weniger als die Hälfte, die Persisch sprechen und so im Iran eine Minderheit darstellen, wenn auch sicher die größte aller Minderheiten.
Gesicherte Zahlen liegen nicht vor; die folgenden Prozentangaben sind so genau, wie es die gegenwärtigen Verhältnisse erlauben:

Tabelle 2: Sprachgruppen in der iranischen Gesellschaft

Sprache	*Anteil (in %)*
Persisch	50,2
Azerbaijani	20,6
Gilani	6,1
Luri-Bakhtiari	5,7
Kurdisch	5,6
Mazanderani	4,9
Baluchi	2,3
Arabisch	2,0
Turkmenisch	1,7
Armenisch	0,6
Assyrisch	0,4

Quelle: Marvin Zonis, *The Political Élite of Iran,* S. 179.

Wie weit diese einzelnen Sprachgruppen auch besondere »Nationalitäten« darstellen, ist eine umstrittene Frage. Die Gilanis und die Mazanderanis, deren Sprachen dem Persischen sehr nahestehen, sind wohl kaum als besondere ethnische Gruppen anzusehen. Aber die Kurden, die Baluchis, die Araber und die turksprachigen Gruppen (Azerbaijani, Luri-Bakhtiari, Turkmenisch) sind ethnisch von der dominierenden persischsprachigen Bevölkerung verschieden.[2]
Die wirtschaftliche Entwicklung des Iran wurde von deutlichen, wenn auch noch ungleichmäßigen Fortschritten auf dem Gebiet des Gesundheits- und Bildungswesens begleitet. Das größte Problem ist, daß diejenige Hälfte der Bevölkerung, die außerhalb der städtischen Gebiete lebt, von diesen Veränderungen in viel geringerem Maße berührt worden ist als die der kleinen und großen Städte (siehe S. 116). Bedingt durch verbesserte wirtschaftliche und hygienische Verhältnisse ist das Bevölkerungswachstum von jährlich 0,75% in der Zeit zwischen 1900 und 1920 auf schätzungsweise 3,2% zu Beginn der 70er Jahre gestiegen, was einen hohen Wert darstellt, den die Regierung jetzt reduzieren möchte. Bei der Volkszählung von 1976 ergab sich, daß 53% aller Iraner jünger sind als 20 Jahre und 45% jünger als 16. Doch obwohl in großem Umfang Öleinnahmen in die Wirtschaft gepumpt wurden und auch eine gewisse Ausweitung des Gesundheitswesens stattfand, unterscheidet sich die Lage des Iran auf dem Gesundheitssektor nicht wesentlich von der anderer Länder Asiens, von denen man erwarten könnte, daß es ihnen am schlechtesten geht. Zu Beginn der 70er Jahre lag die Lebenserwartung bei 50 Jahren und damit ein Jahr unter der in Indien; die Kindersterblichkeit betrug 139 pro Tausend und war ebenso hoch wie in Indien.[3]
Ähnliche Probleme lassen sich auf dem Gebiet des Bildungswesens feststellen. Obwohl es zweifellos eine Erweiterung des Schul- und

Universitätssystems im Iran gegeben hat, kann noch immer nur eine Minderheit der erwachsenen Bevölkerung lesen und schreiben – 1900 waren es 5%, und dieser Wert stieg nach offiziellen Schätzungen auf 15% im Jahre 1956 und auf 30 bis 35% in den 70er Jahren. Nach inoffiziellen Schätzungen ist die von staatlicher Seite angegebene Zahl eher zu hoch, und sicher ist der Anteil von Analphabeten auf dem Lande weiterhin viel höher als in den Städten. Im höheren Bildungssektor hat sich die Universitätsausbildung stark erweitert – die Zahl der Studenten stieg von 25000 im Jahre 1965 auf 170000 im Jahre 1977, und man nimmt an, daß weitere 55000 im Ausland studieren. Vor dieser jüngsten Expansion hatte der Iran einen viel geringeren Anteil an Studenten als andere vergleichbare Entwicklungsländer wie z. B. Indien, Ägypten und Irak[4], und der Mangel an qualifizierten Kräften war und ist ein erhebliches Hindernis für die Entwicklung des Iran.

Über diese Statistik hinaus läßt sich die Entwicklung der iranischen Gesellschaft bis zu einem gewissen Grade anhand von Beschäftigungsstruktur und Klassenzusammensetzung skizzieren. Wir haben keine genauen Daten über die Klassenverhältnisse im Iran, aber einige allgemeine Züge sind erkennbar. Im Jahre 1900 war die große Mehrheit der außer Haus Erwerbstätigen, 90%, entweder in der Landwirtschaft oder im nomadischen Bereich tätig. Es gab fast keine Industrie, und die restlichen 10% verteilten sich auf Handwerk, Handel und Dienstleistungsgewerbe. Die gesellschaftlich dominierenden Klassen bestanden aus den Stammesführern, größeren Grundbesitzern, Kaufleuten und Aristokraten am Hof und im Staatsdienst. Trotz ihres Grundbesitzes lebten viele Eigentümer von landwirtschaftlich genutztem Boden in den Städten.

Bis in die 40er Jahre änderte sich diese Struktur sehr wenig, auch wenn die tatsächliche Zusammensetzung der landbesitzenden Klasse durch Reza Shahs Erwerbungen in den 20er und 30er Jahren geändert wurde. Die Macht des Staates blieb von der Willfährigkeit der schon vorher vorhandenen ländlichen Potentaten abhängig und von der Wirksamkeit der neuen zentral gelenkten Armee. Seit den 40er Jahren hat es in der iranischen Gesellschaft tiefgreifende Veränderungen gegeben, die man folgendermaßen zusammenfassen kann:

1. Durch die Neuverteilung von Land und die zunehmende Macht des Staates auf Dorfebene wurde die Position der Stammesführer und vieler Grundbesitzer geschwächt. Einige Stammesführer und Grundbesitzer sind in das neue administrative und ökonomische System integriert worden, doch obwohl sie daraus Nutzen zogen, mußten sie doch viel von ihrer früheren Macht abgeben.

2. Da große Ländereien aufgeteilt und Abhängigkeiten aus früherer Zeit aufgelöst wurden, hat auf dem Lande sowohl die Zahl der Bauern zugenommen, die über genug Land für sich und ihre Familien (3—10 ha) verfügen, als auch die Zahl der landlosen Arbeiter, die

Lohnempfänger sind. Von den Erwerbstätigen arbeiten 1978 noch etwa 33% in der Landwirtschaft.

3. Die Macht der religiösen Führer, der *olamâ* oder der *mollâs*, die in den Reformen ihr Land verloren haben und von den Spenden ihrer Anhänger abhängig geworden sind, ist zurückgegangen; zugleich hat, durch die Expansion von Banken, anderen staatlichen Kreditanstalten und einem modernen Handelssektor, der Basar etwas an Bedeutung verloren, obwohl er noch immer ein Drittel der Importe und zwei Drittel des Großhandels kontrolliert.

4. Die Bevölkerungsverlagerung vom Lande in die Stadt und die Ausweitung der städtischen Beschäftigungsmöglichkeiten haben eine große Klasse von Lohnabhängigen geschaffen: 1977 waren von insgesamt 10,4 Millionen Erwerbstätigen schätzungsweise 2,5 Millionen Menschen in der Industrie beschäftigt und eine weitere Million im Baugewerbe.

5. Der Staat ist zur dominierenden Kraft in der Wirtschaft und zu einem Großunternehmer geworden. Genaue Zahlen liegen nicht vor, aber 1977 waren etwa 350000 Menschen beim Militär und weitere 350000 bis 400000 unmittelbar im zivilen Staatsdienst beschäftigt, davon 160000 im Bildungswesen. Der Staat war jedoch für die Beschäftigung eines viel größeren Teils der Bevölkerung verantwortlich, sowohl in vom Staat betriebenen Wirtschaftsunternehmen als auch in Finanzinstitutionen. Mindestens 10% aller Beschäftigten konnte man als Regierungsangestellte bezeichnen, und die Zahl der indirekt Beschäftigten oder in ihrer Beschäftigung von staatlichen Mitteln Abhängigen war wahrscheinlich viel höher.

6. Die Zusammensetzung der neuen dominierenden Klasse im Iran spiegelt diese jüngsten ökonomischen Veränderungen wider. Ihre drei Hauptgruppen sind die obere Schicht des Militärs und des Staatsdienstes, die reicheren kapitalistischen Grundbesitzer sowie die Finanziers und Unternehmer, die vom Ölboom profitieren. Wenn es auch keine genauen Daten gibt, die eine exakte Analyse dieser neuen dominierenden Klasse ermöglichen, so ist ihre Existenz doch ablesbar an den Eigentumsverhältnissen, die zeigen, daß eine kleine Zahl iranischer Großkapitalisten in Industrie, Handel und Landwirtschaft mit dem Staat kooperiert, sowie an der Verteilung des Reichtums – auf die oberen 10% der Bevölkerung entfallen bis zu 40% des Konsums.

7. Zwischen der neuen herrschenden Klasse und der wachsenden Zahl der Lohnarbeiter in Stadt und Land gibt es eine neue Zwischenschicht, die sicherlich auch weiter zunehmen wird. Auf dem Lande gehören dazu die kleinen, aber ökonomisch selbständigen Bauern, die in Abschnitt 2 erwähnt sind; in den Städten rechnen zu dieser Schicht die niederen Ränge des Staatsdienstes, die Beschäftigten im neuen Einzelhandel und in anderen Dienstleistungsbereichen sowie Angestellte in Fabriken. Im Iran – wie in anderen sich entwickelnden

und entwickelten kapitalistischen Ländern – sind Zusammensetzung und politische Orientierung dieser Schicht von großer Bedeutung für den Ausgang des übergreifenden Konflikts zwischen dominierender und lohnabhängiger Klasse und werden es auch in Zukunft sein.
Die folgende schematische Darstellung von Veränderungen in der Beschäftigungsstruktur zwischen 1956 und 1972 gibt einen Hinweis auf die Entwicklungen der neuesten Zeit und auf die relative soziale Bedeutung verschiedener Gruppen:

Tabelle 3: Beschäftigungsstruktur 1956 und 1972

Kategorie	*1956 (%)*	*1972 (%)*
Akademische, technische und verwandte Berufe	1,6	3,5
Verwaltung, Management, Büro	3,1	4,3
Handel	5,8	8,5
Dienstleistungen	7,7	6,3
Landarbeiter	55,6	48,5
Industriearbeiter	22,6	28,7
Sonstige	3,6	0,2

Quelle: *Iran: Past, Present and Future.*

Solch eine Aufschlüsselung nach Beschäftigung kann für sich allein den Klassencharakter der iranischen Gesellschaft zwar nicht erklären, aber sie verweist auf die allgemeineren Entwicklungstendenzen und quantitativen Verhältnisse in der Gesellschaft als ganzer. In den folgenden Kapiteln werden wir diese Veränderungen weiter diskutieren und sehen, in welcher Weise sie von dem sich ausbreitenden Staat, der Landreform, den Industrialisierungsprogrammen sowie der anwachsenden iranischen Arbeiterklasse beeinflußt werden.
Zum Schluß hier noch einige Bemerkungen dazu, wie die neueren Veränderungen die Stellung der Frauen in der iranischen Gesellschaft beeinflußt haben. In ökonomischer Hinsicht (siehe auch S. 178) spielten die Frauen im Iran historisch bei den Nomaden, in der Landwirtschaft und im Handwerk eine Rolle. Mit steigenden Einkommen ist der Umfang weiblicher außerhäuslicher Erwerbstätigkeit auf dem Lande wohl leicht zurückgegangen, da die Ehemänner es vorziehen, wenn ihre Frauen nicht arbeiten, aber in den Städten hat die Zahl der außer Haus arbeitenden Frauen zugenommen; diese lag in der Mitte der 70er Jahre bei etwa 11%, eine niedrige Zahl für die dritte Welt allgemein, aber ein hoher Wert für islamische Länder (siehe S. 180). In vieler Hinsicht befinden sich die Frauen jedoch noch immer in einer ökonomisch untergeordneten Position. Die Analphabetenrate z. B. liegt bei Frauen etwa 20% höher als bei Männern, obwohl dieser Abstand geringer wird; das bedeutet, daß Frauen im Durchschnitt die unqualifiziertesten und schlechtbezahltesten Arbeiten ausführen.

Die Ehestrukturen haben sich aufgrund von Gesetzgebung und ökonomischen Zwängen allmählich gewandelt, aber wie in anderen Bereichen des sozialen Lebens sind die offiziellen Zahlen allzu rosig, und das Land hinkt weit hinter den Städten zurück. Das islamische System der Polygamie, nach dem ein Mann bis zu vier Frauen haben kann, ist noch immer gesetzlich zugelassen, obwohl eine Frau vor ihrer Heirat ihre schriftliche Zustimmung geben muß, daß sich ihr Mann eine weitere Ehefrau nehmen darf. Eine Möglichkeit, dies zu umgehen, besteht für den Ehemann darin, seine Frau, die oft nicht lesen und schreiben kann, zu überrumpeln. Die Zahl polygamer Ehen ist jedoch zweifellos zurückgegangen, und sei es auch nur aus ökonomischen Gründen, so daß die große Mehrheit der Ehen im Iran jetzt monogam ist. Eine spezifisch iranische Institution war *sighe,* eine Art Ehe auf Zeit, bei der ein Mann eine Frau für einen begrenzten Zeitraum zur Ehefrau nahm. Das war praktisch eine Art legalisierte Prostitution; sie wurde durch das Familienschutzgesetz von 1967 verboten. In einigen der traditionelleren Städte soll es allerdings noch immer *mollâs* geben, die diese Form nach wie vor sanktionieren. Das Gesetz von 1967 setzte auch ein Mindestheiratsalter fest – 15 Jahre für Mädchen und 18 für Jungen – aber auch diese Vorschrift wird auf dem Lande wohl ziemlich oft umgangen.
Wie weit sich allerdings – jenseits dieser spezifischen institutionellen Veränderungen – die Art und Weise geändert hat, wie Männer zu Frauen in Beziehung treten und wie sie die Frauen betrachten, ist sehr fraglich. Man hat den Frauen gestattet, westliches Konsumverhalten nachzuahmen – sofern sie sich das leisten können; aber im Gegensatz zu den jungen Iranern, die versucht haben, das sexuell freizügigere Verhalten des Westens nachzuahmen, sind die iranischen Frauen daran gehindert worden, das zu tun, und Frauen stehen noch immer unter strenger Kontrolle durch die Männer in ihrer Umgebung: ihre Väter, Brüder, Onkel und Ehemänner. Jungfräulichkeit bei Frauen wird noch immer hoch bewertet, und die Frauen, die die herrschenden Normen mißachten, werden für gewöhnlich streng bestraft. Es gibt daher zweierlei Maßstäbe nicht nur für Männer und Frauen, sondern auch dafür, welche Aspekte westlichen Verhaltens zulässig sind oder nicht.[5]
Die Regierung selbst hat sich als Vorkämpfer der Frauen hervorgetan, aber ebenso wie bei der Landreform und den offiziellen Gewerkschaften verfolgt sie damit einen doppelten Zweck: einerseits will sie in der iranischen Gesellschaft Veränderungen in Gang setzen, die für ihr reibungsloseres Funktionieren notwendig sind, andererseits versucht sie, dem Auftauchen von Bewegungen zuvorzukommen, die vom Staat unabhängig sind und radikale Forderungen an ihn stellen. In diesen wie in anderen Fällen wäre es ebenso falsch, das Familienschutzgesetz von 1967 und andere gesetzgeberische und verwaltungsmäßige Maßnahmen, die Frauen betreffen, als nur symbolische Re-

formen anzusehen, wie zu glauben, daß die grundlegenden Ungerechtigkeiten, mit denen die iranischen Frauen (oder die Bauern oder die Arbeiter) konfrontiert sind, angegangen worden seien und nun gelöst würden. Das Gesetz von 1967 verbot die schlimmsten Mißbräuche des früheren Systems, aber es beließ die Ungleichheit zwischen Männern und Frauen sowohl in der Familie als auch in ökonomischer Hinsicht. Die vorherrschende Haltung der iranischen Männer gegenüber ihren Frauen ist eine von Kontrolle und Überlegenheit – eine Einstellung, die keineswegs auf den Iran beschränkt ist, zu deren Abbau umfangreiche Veränderungen im sozialen und ökonomischen Leben bisher aber wenig beigetragen haben.
Die Regierung verfolgt eine Bevölkerungspolitik, die die Geburtenrate von 3,2 auf 2,4% senken soll, und sie hat ein Netz von Kliniken für Familienplanung eingerichtet. Widerstand gegen die Empfängnisverhütung kommt nicht so sehr von religiösen Führern oder aus religiösen Gefühlen (für den Islam ist dieses Thema im allgemeinen viel weniger problematisch als für das Christentum), sondern von den Familien und den Ehemännern, wo man eine große Familie traditionellerweise als wünschenswert ansah. Empfängnisverhütende Mittel sind im Iran noch immer nur begrenzt zugänglich und akzeptiert, besonders bei den ärmeren Teilen der Bevölkerung; durch die Kombination von staatlicher Intervention und ökonomischem Druck wird in Zukunft aber sicherlich ein gewisser Rückgang der Geburtenrate stattfinden.
Die Entwicklung des Iran, die seit Beginn der 60er Jahre besonders auffällig ist, hat demnach sowohl demographisch als auch klassenmäßig eine neue soziale Struktur hervorgebracht, und mit ihr sind neue Spannungen entstanden. Trotz der Zentralisierung des Landes und der offiziellen Propagierung einer einheitlichen Kultur und Politik und trotz der anscheinenden Abnahme offener gesellschaftlicher Konflikte ist das gegenwärtige sozioökonomische System in verschiedener Hinsicht instabil. Diese Instabilität wird in dem Maße wachsen, wie die zeitweiligen Vorteile, die das Öl mit sich bringt, abzunehmen beginnen. Spannungen zwischen der neuen lohnabhängigen Klasse in Stadt und Land und ihren Unterdrückern, zwischen Frauen und Männern, zwischen den untergeordneten ethnischen Gruppen und der persischsprachigen Bevölkerung – sie alle wurden durch die raschen und oft unkontrollierten Veränderungen der neueren Zeit vorgeprägt. Die folgenden Kapitel werden den wesentlichen Aspekten dieses Wandlungsprozesses im einzelnen nachgehen und einige der Faktoren untersuchen, die wahrscheinlich ausschlaggebend für dessen Ausgang sind.

2 Der Staat: historische Hintergründe

Die folgende Diskussion des modernen Iran konzentriert sich auf eine Analyse des Staates. In allen Gesellschaften ist der Staat die Institution, die das Gewaltmonopol hat und dadurch Ordnung im Interesse derer, die die Macht haben, durchsetzt. In fast allen modernen Gesellschaften, sowohl in kapitalistischen als auch in sozialistischen, hat der Staat eine interventionistische Rolle in der Wirtschaft übernommen und lenkt die wirtschaftlichen Aktivitäten nach den Prioritäten der Mächtigen. Im Bereich der kapitalistischen Gesellschaften ist die ökonomische Rolle des Staates in den Entwicklungsländern meist ausgeprägter, als das in den entwickelteren kapitalistischen Ländern der Fall ist; denn je schwächer die einheimische Bourgeoisie ist, desto dominierender ist die ökonomische Position des Staates.
Diese ausgeprägte Rolle des Staates unter den Bedingungen kapitalistischer Entwicklung ist im Iran besonders auffällig. Das liegt daran, daß neben den allgemeinen Merkmalen eines sich entwickelnden Kapitalismus (schwache Bourgeoisie usw.) vor allem das Öl diese Entwicklung beschleunigt hat. Es ist eine Besonderheit des Öls, daß allein der Staat der Empfänger von Einnahmen aus diesem Sektor ist. Der Staat hat also bestimmt, in welche Kanäle der Wirtschaft diese Einnahmen gingen, welche Projekte mit Kapital ausgestattet wurden und welche sozialen Gruppen privilegierten Zugang zu den wachsenden Konsummöglichkeiten, die das Öl bot, erhielten. Eine Diskussion der Rolle des Staates und der Klasseninteressen, die sich in ihm verkörpern, ist daher für die Analyse der ökonomischen Transformation, die der Iran durchmacht, unbedingt erforderlich.
Zweitens ist ein genaues Studium des Staates, da er es ja ist, der die politische Macht ausübt, erforderlich, um das scheinbar undurchsichtige politische System im Iran zu enträtseln. Einerseits scheint es ganz klar zu sein, wie politische Macht ausgeübt wird, da das Land scheinbar von einem einzigen Mann, dem Schah, regiert wird. Andererseits ist es offensichtlich, daß ein Mann allein nicht 34 Mio. Menschen regieren kann; und daraus ergibt sich die Frage, welche Klassen es sind, die den iranischen Staat stützen und mit ihm kollaborieren. Und wenn es eine dominierende Klasse im Iran gibt, inwiefern kann man sie überhaupt als dominierend bezeichnen, wenn sie doch, wie es scheint, über keinerlei direkte Mittel verfügt, die Politik des königlichen Diktators zu beeinflussen? Weiter, welche unfassenderen Interessen bestimmen den Kontext, in dem der Staat seine wirtschaftlichen und politischen Aktivitäten entfaltet? Und wenn das politische System ein diktatorisches ist, warum hat es dann diese spe-

zifische Form einer monarchistischen Diktatur angenommen, wie sie sich in keinem anderen Entwicklungsland findet?
Drittens gilt es zu bedenken: die jüngste Entwicklung des Iran ist in beträchtlichem Maße durch die internationalen Bindungen geprägt, die zwischen ihm und den fortgeschritteneren kapitalistischen Ökonomien bestehen – ökonomisch durch den Verkauf von Öl und durch ausländische Investitionen im Iran und politisch und militärisch durch das seit dem zweiten Weltkrieg aufgebaute Bündnis mit den USA. Sowohl in der politisch-militärischen als auch in der ökonomischen Sphäre verläuft diese Intervention direkt über den iranischen Staat und nicht über andere private oder auf einzelne Sektoren beschränkte Elemente der iranischen Gesellschaft. Die Frage, welche Rolle ausländische Einflüsse im Iran spielen, ist bisher meist zu ungenau behandelt worden – entweder wurden sie übertrieben oder unangemessen bagatellisiert. Tatsächlich ist der Schah weder so unabhängig, wie er selbst behauptet, noch so abhängig von ausländischer Unterstützung, wie die meisten seiner Feinde behaupten. Aber eine genauere Bestimmung der Natur dieser äußeren Einflüsse im Iran und ihrer sich wandelnden Struktur ist erst dann möglich, wenn man die Institution, durch die sie wirksam werden, eingehender untersucht hat. Dieses Kapitel wird daher die historische Herausbildung des iranischen Staates diskutieren; das folgende wird untersuchen, worin heute seine wichtigsten Wesenszüge bestehen.

Die fünf Krisen

Der heutige iranische Staat ist das Ergebnis von fünf großen Krisen, die das iranische politische System im 20. Jahrhundert durchgemacht hat. In jeder dieser Krisen sah sich der Staat mit der gleichen Herausforderung konfrontiert: die jeweils an der Macht befindlichen Personen sollten verdrängt und wesentliche Veränderungen seines Klassencharakters erzwungen werden; in einigen Fällen wurden der Herausforderung Widerstand geleistet, in anderen nicht. Jede dieser Krisen hat jedoch zur Bestimmung der spezifischen Art und Weise beigetragen, in der sich der kapitalistische Staat im Iran herausgebildet hat, und daher ist es notwendig, jede einzeln zu betrachten und zumindest in großen Zügen zu beschreiben.

1. Die erste dieser Krisen war das, was als die Konstitutionelle Revolution von 1905–11 bekannt ist. Sie war ein Versuch von Kaufleuten und Intellektuellen, die Monarchie zu reformieren sowie eine Verfassung und ein Parlament einzusetzen; letztendlich war sie ein Fehlschlag. Der Iran wurde zur damaligen Zeit von der Dynastie der Ghajaren regiert, die seit Ende des 18. Jahrhunderts an der Macht waren; doch obwohl die Ghajaren formell alle politische Macht besaßen

und obwohl diese Schahs nicht direkt von außen durch irgendeine Kolonialmacht bedroht waren, wurde ihre Position allmählich durch ihre Unfähigkeit, die Provinzen außerhalb von Teheran zu verwalten, und durch die Verbreitung von ausländischen Gütern und kommerziellem Einfluß auf das Land geschwächt. 1891 kam es aus Protest gegen die Gewährung eines Tabakmonopols an einen britischen Unternehmer zu einer größeren nationalen Bewegung; die Opposition der Händler und *olamâ* blieb auch in den folgenden Jahren stark, bis sie 1906 erneut ausbrach. Die genauen Ursachen und der Verlauf der Konstitutionellen Revolution sind noch immer umstritten und sollen uns hier nicht beschäftigen. Festzuhalten bleibt jedoch, daß dies der erste Versuch in der iranischen Geschichte war, die Macht des Monarchen zu begrenzen und einer gewählten Versammlung, dem Majlis, Macht zu übertragen. Im Verlauf der Konstitutionellen Revolution kam es zu beträchtlicher Mobilisierung der Bevölkerung in mindestens zwei Städten, Teheran und Tabriz, und in ihren späteren Stadien trat eine bewaffnete Truppe, die *mojâhedin,* auf, die für die Verteidigung der Errungenschaften der Revolution gegen ihre Gegner – den Schah, die Russen und einige Stammesführer – kämpfte. Am Ende, in der Zeit nach 1908, gewannen jedoch die letzteren die Oberhand: obwohl das Majlis und die Verfassung formell weiter bestanden, gelang es den Schahs, ihre frühere Position zurückzugewinnen. Letzten Endes fand keine Revolution statt, und der Staat wurde durch diese Ereignisse nicht grundlegend verändert.

2. Die Ghajaren wurden vor allem dadurch gerettet, daß die ihnen entgegenstehenden Kräfte verhältnismäßig schwach waren (sie waren auf die Städte beschränkt) und daß eine fremde Macht, das zaristische Rußland, zu ihren Gunsten intervenierte. Das Ende der Dynastie kam daher erst dann, als sich diese Situation umkehrte und als im 1. Weltkrieg Kräfte von außen intervenierten, um die Lage im Iran zu destabilisieren. Britische, russische und auch türkische Truppen drangen ins Land ein, und die russische Revolution beseitigte den wichtigsten Schutzherrn der Ghajaren. Bis 1919 gab es keine ernstzunehmende Zentralregierung: In den Provinzen Khuzestan, Gilan und Khorasan waren separatistische Bewegungen an der Macht; die einzige konsistente iranische Kraft im Zentrum war die Militäreinheit, die 1879 von russischen Kosakenoffizieren aufgestellt worden war. Mit britischer Unterstützung für ihren Führer machte diese Truppe von 3000 Mann am 21. Februar 1921 einen unblutigen Putsch. In kurzer Zeit hatte sich der besagte Führer, Reza Khan, als die dominierende politische Persönlichkeit im Lande etabliert, und 1925 setzte er die Ghajaren ab. Aber im Gegensatz zu Atatürk in der Türkei rief er keine Republik aus, sondern machte sich ein Jahr später selbst zum König und gründete eine neue Dynastie, die Pahlavis (benannt nach einer alten persischen Sprache). In der Zeit bis zu sei-

ner Absetzung im Jahre 1941 errichtete Reza Shah, wie er dann genannt wurde, den ersten zentralisierten Staat im modernen Iran. Er baute eine moderne Armee auf, mit deren Hilfe er schließlich das ganze Land kontrollierte. Alle separatistischen Bewegungen wurden niedergeschlagen. Reza Shah errichtete das erste Kabinettsystem, entwickelte das Bildungs-, Gesundheits- und Transportwesen und begann nach 1934 damit, ein kleines Industrialisierungsprogramm in die Wege zu leiten. Trotz vieler Unterschiede hatte der von Reza Shah im Iran errichtete Staat viele Ähnlichkeiten mit dem, den der neue Führer der Türkei, Atatürk, auf den Trümmern des Osmanischen Reiches erbaut hatte. Andererseits waren Reza Shahs Aktivitäten sehr begrenzt: er unternahm keinen Versuch, die landwirtschaftlichen Verhältnisse im Iran zu verändern; dadurch blieben die inländischen Einnahmen, die ihm zur Verfügung standen, niedrig und seine Möglichkeiten, die Wirtschaft weiterzuentwickeln, beschränkt. Die Einnahmen aus dem Öl waren auch gering und machten höchstens 25% der Einkünfte seiner Regierung aus. Der Staat, den er schuf, lieferte den Kontext für die spätere kapitalistische Entwicklung des Iran, aber er war selbst nicht in der Lage, die großen Veränderungen zu initiieren, die in dieser Richtung erforderlich waren.[1]

3. Reza Khans Herrschaft wurde wie die der Ghajaren vor ihm durch militärische Intervention von außen beendet. Nach der deutschen Invasion in Rußland im Juli 1941 wollten die Alliierten Nachschub an die russische Front durch den Iran schicken; da sich Reza Shah dem angeblich widersetzte, wurde er durch eine Invasion der Engländer und Russen im Jahre 1941 abgesetzt. Er ging ins Exil, und sein Sohn, der damals 22 Jahre alt war, wurde Schah. Diese alliierte Invasion hätte den Pahlavi-Staat fast zerstört: politisch war er diskreditiert, da er nicht in der Lage gewesen war, den ausländischen Armeen Widerstand zu leisten; seine Autorität war erschüttert durch die politischen Freiheiten, die die Besatzungsmächte der Opposition einräumten. Freiheiten, die es seit den Tagen der Konstitutionellen Revolution nicht gegeben hatte, wurden wieder gewährt: Gewerkschaften, eine freie Presse und konkurrierende politische Parteien entwickelten sich. Zusätzlich entstanden durch die Besetzung ernsthafte wirtschaftliche Probleme, und am Ende des Krieges wurden in Kordestan und Azerbaijan zwei autonome Verwaltungen errichtet – mit Unterstützung der Roten Armee, die diese Gebiete besetzt hatte. Nur aufgrund einer zufälligen internationalen Situation konnte das Pahlavi-Regime die Kontrolle über das Land wiedererlangen. Einerseits leisteten die USA, die seit 1942 Militärmissionen im Lande unterhielten, dem Regime militärische und wirtschaftliche Hilfe und unterstützten es auch politisch; der Iran wurde ebenso wie die Türkei und Griechenland ein Land, von dem die USA erklärten, sie würden dort antikommunistische Kräfte unterstützen. Andererseits war die

Sowjetunion trotz gegenteiliger Behauptungen des Westens bereit, die USA zu beschwichtigen, und im März 1946 zog sie ihre Truppen ab und überließ so die Republiken von Azerbaijan und Kordestan der Zerstörung durch die Armee des Schahs. Bis Anfang 1947 kontrollierte der Schah wieder das ganze Land, und die starke Tudeh-Partei (die kommunistische Partei), die sich während der Kriegsjahre entwickelt hatte, war in die Defensive gedrängt. Inzwischen schwächte sich die Wirtschaftskrise ab. Wenn auch die Pahlavi-Dynastie ihre frühere Position noch nicht in vollem Umfang wiedergewonnen hatte, hatte sie doch eine sehr ernste Krise überlebt und gewann allmählich wieder die politische Kontrolle über das Land.

4. 1951 entwickelte sich eine neue Krise, bei der es um die Nationalisierung des Erdöls ging. Seit dem Ende des Weltkrieges hatten sich nationalistische Kreise im Iran dagegen gerichtet, daß das Öl des Landes noch immer im Besitz der den Briten gehörenden Anglo-Iranian Oil Company war; als die Sowjetunion 1944 ebenfalls versucht hatte, im Norden eine Ölkonzession zu bekommen, war sie auf ähnlichen Widerstand gestoßen. Der Führer der Ölprotestbewegung, Mohammad Mossadegh, wurde 1951 Ministerpräsident: er stand an der Spitze einer Koalition von Majlis-Abgeordneten, die eine Gruppe mit dem Namen Nationale Front bildeten; obwohl diese Front nie eine zusammenhängende politische Organisation war, hatte sie in Teheran und anderen Städten viele Anhänger. Bald nachdem Mossadegh Ministerpräsident geworden war, wurde die Erdölindustrie nationalisiert, und in wenigen Monaten stand seine Regierung in direktem Konflikt mit dem Schah und über den Schah mit den USA, trotz Mossadeghs anfänglichen Versuchen, diese für sich zu gewinnen. Schließlich wurde Mossadegh im August 1953 von einer Koalition aus iranischen und ausländischen Kräften abgesetzt – ebenso wie das bei der Konstitutionellen Revolution der Fall gewesen war. Als Mossadegh versucht hatte, die Unterstützung der USA zu gewinnen, hatte er vor allem deswegen wenig Erfolg gehabt, weil die amerikanischen Präsidentschaftswahlen von 1952 die aggressiv-antikommunistische Regierung von Eisenhower und Dulles an die Macht gebracht hatten. Obwohl Mossadegh selbst kein Kommunist war, glaubte man, er würde dem kommunistischen Einfluß die Tür öffnen, und angesichts des gespannten internationalen Klimas zur damaligen Zeit wollten die USA in diesem Lande kein Risiko eingehen. Wäre es Mossadegh gelungen, seine Position zu festigen, hätten die USA ihn vielleicht akzeptiert – besonders da die Tudeh-Partei Mossadegh erst im letzten Jahr seiner Regierung offen unterstützte. Aber Mossadegh war nicht in der Lage, die Situation zu stabilisieren, und am Ende wurde er von einer Koalition innerer und äußerer Feinde gestürzt.

Es besteht kein Zweifel, daß die US-amerikanische Regierung und besonders der CIA eine aktive Rolle bei der Organisierung des Putsches vom 19. August 1953, durch den Mossadegh abgesetzt wurde, spielten und daß diese Intervention das Ergebnis der seit dem Krieg aufgebauten zunehmenden US-Präsenz im Iran war.[2] Aber es ist irreführend, alles allein diesem Faktor zuzuschreiben: iranische Nationalisten neigen dazu – und gelegentlich tut das auch der CIA, der gern eine erfolgreiche Operation zu seinen Gunsten verbuchen möchte. Die Wirklichkeit ist nicht so einfach, denn die Intervention des CIA war nur möglich wegen des inneren Gleichgewichtsverhältnisses der Kräfte im Iran, wegen der Existenz von Elementen in der dominierenden Klasse, die ein Interesse daran hatten, gegen das Mossadegh-Regime zu handeln, und wegen der Schwächen von Mossadeghs eigner Position. Ohne letztere hätten die USA nicht so handeln können, wie sie es taten. Hätte Mossadegh über eine organisierte Anhängerschaft, bestehend aus den Unterdrückten in Stadt und Land, verfügt, so wäre der Widerstand gegen den Putsch weit massiver gewesen. Außerdem besteht kein Zweifel, daß Mossadeghs Rückhalt im Volk in dem Maße zurückging, wie sich der Ölkonflikt fortsetzte und die wirtschaftliche Situation nach dem Ausbleiben der Erdöleinkünfte verschlechterte. Sein Versuch, den Monarchen und die Armee herauszufordern, konnte sich auf keine ernstzunehmende alternative soziale Basis stützen, und sein Versuch, die Struktur der innenpolitischen und internationalen Ausrichtung des Iran zu verändern, mißlang daher. Infolgedessen wurde der Pahlavi-Staat noch stärker, als er es vor der Ölkrise gewesen war.

5. Seit 1953 ist es dem Schah gelungen, die Macht des Staates im ganzen Iran zu stärken. Alle gesetzlichen und verfassungsmäßigen Freiheiten wurden abgeschafft, und in wenigen Monaten waren die wichtigsten Zentren der Opposition vernichtet. Nach 1953 konzentrierte sich das Regime sieben Jahre lang darauf, seine Position wiederherzustellen. Dann kam es, in der Zeit zwischen 1960 und 1963, zu einer neuen Krise, durch die sich der Staat endgültig der Zwänge entledigte, unter denen er bis dahin gestanden hatte, und die ihn in die Lage versetzte, die kapitalistische Entwicklung im Iran ungehindert in die Wege zu leiten. Wiederum setzte sich die Krise sowohl aus nationalen als auch aus internationalen Elementen zusammen.

In der iranischen Wirtschaft hatte es seit 1958 eine Rezession gegeben, der Haushalt war defizitär, und der Schah stand im Konflikt mit einer Anzahl ziviler und militärischer Beamter. Im Januar 1961 kam in Washington die Kennedy-Regierung an die Macht und erklärte, sie würde ihre Unterstützung für den Schah nur unter der Bedingung fortsetzen, daß er ein Reformprogramm durchführte. Die Vergabe eines US-Kredits von 35 Mio. Dollar wurde an die Bedingung geknüpft, bestimmte politische Programme durchzuführen. Die USA verhielten sich im Iran ähnlich wie in Lateinamerika, wo unter dem Etikett »Allianz für den Fortschritt« ein Reformprogramm initiiert wurde, das den Wirkungen der kubanischen Revolution zuvorkommen sollte.[3] In beiden Fällen glaubte die Kennedy-Regierung, daß aus politischen Gründen der einzige Weg zur Erhaltung prowestlicher (d. h. kapitalistischer) Staaten in der Dritten Welt darin bestünde, ein Reformprogramm durchzuführen, in dem die Landreform einen besonderen Platz einnahm.

Diese Denkweise deckte sich bis zu einem gewissen Grade mit der gewisser Kreise im Iran, die dem Schah kritisch gegenüberstanden. Dessen Reaktion bestand darin, die Parolen seiner Gegner zu übernehmen und einige der von Washington vorgeschlagenen Reformen intensiv zu betreiben. Er kündigte ein Landreformprogramm sowie Erweiterungen auf dem Sozial- und Bildungssektor an, und dieses ganze Paket wurde in charakteristisch übertriebenen Worten als eine »Weiße Revolution« präsentiert. Er ließ auch einige Staatsangestellte wegen Korruption vor Gericht stellen und gab vor, die Militärausgaben zu kürzen. Doch bei der Durchführung anderer Reformen, die zu seiner Logik der Konsolidierung der Staatsmacht in Widerspruch standen, war er weniger konsequent. Obwohl er 1960 Wahlen zuließ, ließ er das Majlis nie unabhängig arbeiten, und im Juli 1962 entließ er den proamerikanischen Ministerpräsidenten Ali Amini, der einer der Hauptbefürworter der Reformen gewesen war, aber als zu unabhängig vom Schah selbst angesehen wurde. Im Juni 1963 kam es zu so heftigen Ausbrüchen der Opposition des Volkes, daß die Armee eingesetzt werden mußte, um in Teheran und anderen Städten von *olamâ* angeführte Massendemonstrationen niederzuschlagen; dabei sollen mehrere Tausend Menschen getötet worden sein.[4]

All das zeigt, daß die Zeit von 1960 bis 1963 einen Wendepunkt in der Entwicklung des iranischen Staates darstellte. Einerseits ist dies der Zeitpunkt, von dem an die vom Staat geförderte beschleunigte kapitalistische Entwicklung datiert. Andererseits wurden nun die verschiedenen politischen Kräfte, die gegen die Konsolidierung der Macht des Schahs und die allgemeine Stärkung des Pahlavi-Staates Widerstand geleistet hatten, in die Defensive gedrängt: Grundbesitzer, Stammesführer, *olamâ* aus dem traditionellen Sektor der Opposition auf der einen, die Nationale Front, die Tudeh, die Studenten und Lehrer auf der anderen Seite. Diese Periode beendete alle Hoffnung, daß die Kräfte, die sich zwischen 1941 und 1953 hatten entwickeln können, die Entscheidung des Putsches von 1953 bald würden rückgängig machen können. Bis in die zweite Hälfte der 70er Jahre lag die Initiative bei dem Regime, und der Anstieg der Öleinnahmen seit 1971 vervielfachte die Einkünfte der Regierung und verlieh so den Aktivitäten des Staates eine zusätzliche Dynamik. Das Regime hatte nun alle öffentlichen Aktivitäten auf iranischem Boden vollkommen unter Kontrolle. Jede unabhängige politische Betätigung war verboten. Der Staat wurde die wichtigste ökonomische Kraft, und die Entwicklungspläne der Regierung diktierten das Tempo des Wirtschaftslebens im Lande. Unabhängige ökonomische Akteure – sei es in Landwirtschaft oder Industrie – arbeiteten mit Mitteln, die vom Staat stammten. Das kulturelle und ideologische Leben im Iran war ebenfalls vom Staat dominiert. Diese Situation dauerte bis 1978 an, als es zu einer Massenbewegung kam, die die sechste Krise des iranischen Staates einleitete.

Die Bedeutung der Vergangenheit

Diese historische Übersicht soll dazu beitragen, eine der wichtigsten Fragen in der aktuellen Diskussion über den Iran zu beantworten, nämlich die nach der Bedeutung der Vergangenheit für die Gegenwart. Der heutige iranische Staat ist offensichtlich ein Produkt der jüngsten Geschichte des Iran; weniger offensichtlich ist, *wie* ihn diese Geschichte beeinflußt hat. Auf der einen Seite gibt es eine beträchtliche Menge von Literatur, die den iranischen Staat oder das politische System unter dem Aspekt einer zugrundeliegenden *Kontinuität* analysiert. Solche Analysen argumentieren beispielsweise, daß der Iran immer von Schahs regiert worden ist, bzw. daß der Iran ein asiatisches oder orientalisches Land ist, in dem die Despotie ein unvermeidliches Kennzeichen des politischen Lebens ist. Wenn diese Merkmale auch, wie manche Analysen einräumen, an Bedeutung verlieren, so sind sie doch, so wird argumentiert, noch immer einflußreich, und daher kann man das iranische politische System als Übergangssystem bezeichnen.
Ein anderer derartiger Ansatz besteht darin, auf die unbezweifelbare Tatsache zu verweisen, daß die meisten Iraner (98%) Moslems sind, und daraus zu schließen, daß der iranische Staat oder das iranische »politische Verhalten« in irgendeinem Sinne islamisch sein müssen, daß es vielleicht irgendetwas gibt, was man legitimerweise als eine »islamische Gesellschaftsstruktur« bezeichnen kann. Sowohl Historiker als auch Politologen haben derartige Analysen produziert und versucht, das gegenwärtige monarchische Regime im Iran durch den Verweis auf fortdauernde Einflüsse aus der iranischen Vergangenheit zu erklären.
Es gibt jedoch gute Gründe dafür, anders zu argumentieren: daß es nämlich eine tiefgreifende Diskontinuität zwischen dem Iran vor dem 1. Weltkrieg und dem Iran danach gibt. Der iranische Staat heute ist ein Produkt der Geschichte, aber im Sinne einer Neuschöpfung, und nicht in dem Sinne, daß er in irgendeiner grundlegenden Hinsicht durch traditionelle Merkmale der iranischen Gesellschaft charakterisiert wäre. Diese weiter zurückreichenden historischen Elemente können nur einiges erklären, und es ist Aufgabe derjenigen, die die Kontinuität hervorheben, zu beweisen, auf welche Weise genau Züge des iranischen Staates und iranischer Politik, wie sie für die Vergangenheit erkennbar waren, noch immer in der Gegenwart wirksam sind.

Bis zu einem gewissen Grad ist es wahr, daß der Iran während der vergangenen zweieinhalb Jahrtausende Schahs gehabt hat. Tatsächlich gab es aber zwischen 635 (der arabischen Invasion) und 1502 (der Entstehung des Safaviden-Staates) keine Monarchen, die über einen vereinten Iran regierten. Doch davon einmal abgesehen, gibt es sicher eine lange Geschichte monarchischer Herrschaft im Lande. Das bedeutet, daß die Institution der Monarchie im 20. Jahrhundert zumindest bis zu einem gewissen Grade von dem ideologischen Erbe profitiert haben muß, das aus dieser älteren Geschichte stammt. Aber das erklärt sehr wenig: Werte müssen in jeder Generation neu geschaffen oder neu produziert werden, und es hat viele andere Monarchien gegeben, die jahrhundertelang kontinuierlich als Dynastien existierten und dann weggefegt wurden – die Habsburger in Österreich nach fünf Jahrhunderten und die Wittelsbacher in Bayern nach zehn, beide am Ende des 1. Weltkriegs. Die Frage bleibt: warum hat die Monarchie im Iran fortbestanden? Bei näherer Betrachtung wird deutlich, daß die Kontinuität eine oberflächliche ist. Die beiden Schahs der Pahlavi-Dynastie haben in einer Weise regiert, die sich vollkommen von der ihrer Vorgänger unterscheidet; und die sozialen Klassen, die mit dem Regime heute assoziiert sind, sind völlig verschieden von denen, auf die sich die Monarchie im 19. Jahrhundert stützte. (Es gibt weitere Unterschiede zwischen Reza Shah und seinem Sohn.) Und weiter: Während die Monarchie vor einem Jahrhundert sehr wenig Macht über den Rest des Landes hatte, herrscht sie heute über ein geeintes und hochzentralisiertes Land. Es gibt keine wesentliche Kontinuität zwischen der Monarchie von heute und der früherer Jahrhunderte; tatsächlich verschwand die Institution im wesentlichen in den 20er Jahren und wurde erst von dem Militärdiktator Reza Khan auf einer ganz neuen Basis wiedererrichtet.
Dieser Staat ist daher ganz verschieden von dem, der vor 100 Jahren existierte: der eine ist kapitalistisch, während der andere vorkapitalistisch war. Der eine kontrolliert das gesamte nationale Territorium, während die Gesetze des anderen außerhalb der größten Städte keine Gültigkeit besaßen. Der eine fördert die Wirtschaftsentwicklung, während der andere sie vernachlässigte. Er unterhält ein großes stehendes Heer, während der andere praktisch über keine Streitkräfte verfügte. Er hat die sozioökonomischen Verhältnisse auf dem Lande in beträchtlichem Maße umgestaltet, während sich der andere nicht um die ländlichen Gegenden kümmerte. Das sind die auffälligsten Unterschiede zwischen dem Pahlavi-Staat und seinem ghajarischen Vorgänger: sie sind das Ergebnis der Art und Weise, in der der Staat durch die fünf Krisen im 20. Jahrhundert gekommen ist, und sie signalisieren den Abgrund zwischen beiden Staaten, einen Abgrund, der weit bedeutsamer ist als die Tatsache, daß an der Spitze beider Staaten Männer standen und stehen, die sich »Schah« nennen.
Ähnliche Probleme ergeben sich bei Erklärungsansätzen, die davon

ausgehen, der Iran habe einen islamischen »Staat« oder eine islamische »Gesellschaft«. Da die meisten Iraner Moslems sind, trifft es zu, daß sich in der Vergangenheit einige politische Proteste in islamische Terminologie kleideten und daß die soziale Gruppe, die mit der Leitung von Gebeten in der Moschee betraut war, die *olamâ* oder die *mollâs,* eine aktive und hervorragende Rolle spielte. Sicher existiert heute in religiösen Kreisen eine massive Opposition gegen die Politik des Schahs, und wie in der Türkei, in Pakistan und Ägypten wird dieser Protest vielfach in islamischen Begriffen formuliert.
Doch aus theoretischen und empirischen Gründen kann man die Nützlichkeit von Kategorien bezweifeln, die auf dem Einfluß des Islam als solchem basieren. Zunächst einmal lassen sich die Prinzipien des Islam sowohl als Rechtfertigung von Rebellion als auch von Unterwerfung unter Autorität interpretieren: es gibt Elemente, die die Gläubigen dazu anhalten, die bestehenden Mächte zu akzeptieren, und andere, die weltliche Autorität als eine Art Usurpation zurückweisen. Beide Tendenzen lassen sich in den Lehren des schiitischen Islam, der im Iran vorherrscht, finden. Die tatsächliche Wahl politischer Positionen folgt nicht aus der Religion als solcher, sondern aus anderen Kräften in der Gesellschaft, die die Wirkungsweise der Religion bedingen. Empirisch spielte die islamische Ideologie in der iranischen Gesellschaft bis vor kurzem eine geringere Rolle als in anderen Moslemländern. Verglichen mit den arabischen Nachbarn im Mittleren Osten oder mit Pakistan und der Türkei ist das politische Leben im Iran in den letzten Jahrzehnten in geringerem Maße vom Islam beeinflußt worden. Mossadegh beispielsweise kleidete seine nationalistischen Appelle in weltliche Worte, und die politischen Gruppen, die ausdrücklich islamisch waren, verfügten bis jetzt über keinen Massenanhang. Außerdem ist der Islam, wie wir weiter unten (S. 63f.) diskutieren werden, ein ziemlich unbedeutender Teil der offiziellen Ideologie des Regimes. Das Auftauchen einer breiten Oppositionsbewegung, die sich auf den Islam beruft und gegen die Politik des Regimes protestiert, stellt daher eine Abweichung vom Muster früherer Jahrzehnte dar.
Noch weniger nützlich als die Heranziehung des Islam ist eine Erklärung des Iran durch seinen angeblich »asiatischen« Charakter: es gibt kein spezifisch »asiatisches« politisches System, und es hat keinen Wert, auf den Begriff eines »asiatischen Despotismus« zurückzugreifen, um die iranische Geschichte zu erklären. Das gesamte Modell eines spezifisch asiatischen ökonomischen, sozialen oder politischen Systems ist unbegründet und hat beim Studium von Gesellschaftsformationen in der Dritten Welt mehr zur Verschleierung als zur Erhellung beigetragen.[4a]

Ursachen der Diktatur

Nur wenn man auf andere historisch begründete Kategorien zurückgreift, wird es möglich, einige Punkte zu benennen, an denen die Vergangenheit *tatsächlich* den gegenwärtigen Charakter des Iran geprägt hat. Besondere Aufmerksamkeit sollte man dabei der Beziehung des Iran zum Imperialismus widmen und dem Wachstum der Klassenkräfte. Die Beziehungen, die das Land zur äußeren Welt unterhielt, waren zugleich weniger eng und enger als bei anderen Ländern der Dritten Welt. Der Iran wurde nie kolonisiert in dem Sinne, daß er formell von außen regiert wurde oder daß weiße Emigranten sich dort ansiedelten oder daß ein wesentlicher Teil seiner Wirtschaft für die ökonomischen Erfordernisse der entwickelteren kapitalistischen Länder umgestaltet wurde. Das eigentliche Problem bei der Erdölindustrie ist ein anderes als beim Bergbau oder der Plantagenwirtschaft, wo große Mengen von Menschen beschäftigt werden und so die ganze Wirtschaft bis zu einem gewissen Grade beeinflußt wird: das Erdöl hatte keinerlei derartige Wirkung. Daher erhielt sich trotz des Umfangs der Erdölproduktion und der Rolle, die das Öl in der internationalen Wirtschaft spielte, die vorkapitalistische Klassenstruktur im Iran viel länger als anderswo, und der Kapitalismus entwickelte sich in der iranischen Wirtschaft als ganzer viel später als in vielen anderen Ländern der Dritten Welt. Nach 1921 schuf Reza Shahs Staat zwar einige der Bedingungen für die Transformation des Iran durch den Kapitalismus, aber die Mehrheit der iranischen Bevölkerung lebte bis nach dem 2. Weltkrieg auf dem Lande, wo vorkapitalistische Produktionsverhältnisse herrschten (siehe S. 103). Erst durch staatliche Intervention über die Landreform verwandelte sich der Iran in ein vorwiegend kapitalistisches Land.

Das Ergebnis dieser Geschichte war, daß der von Reza Shah errichtete Staat im Gegensatz zu vielen anderen asiatischen und afrikanischen Ländern kein postkolonialer Staat war; wobei wir einen Staat als postkolonial bezeichnen, wenn er seine eigentliche Existenz den Verbindungen zwischen lokalen Bürokraten und imperialistischen Staaten verdankt.[5] Der iranische Staat entwickelte sich vielmehr verhältnismäßig unabhängig, und erst nachträglich entstanden enge Beziehungen zu einer stärkeren auswärtigen Macht. Ein anderes Merkmal, das oft in Zusammenhang mit dem postkolonialen Staat erwähnt wird, ist die enge Beziehung, die zwischen Bürokraten und Grundbesitzern besteht: auch diese fehlte im Iran. Der frühe Pahlavi-Staat verließ sich zwar auf die passive Unterstützung der Grundbesitzer, aber ansonsten bewahrte er sich eine weitgehende Eigenständigkeit; als sich in den 60er Jahren die Gelegenheit bot, die Produktionsverhältnisse auf dem Lande umzugestalten, war der Staat deshalb in der Lage, den Grundbesitzern, die sich einem Wandel widersetzten, seine eigene Politik aufzuzwingen.

Was das besondere Interesse auswärtiger Mächte am Iran erregt hat, war dessen strategische Lage zwischen Rußland und dem Persischen Golf. Das war wichtig im 19. Jahrhundert, als die Engländer an den Zufahrtswegen nach Indien interessiert waren (und als das Erdöl noch nicht einmal entdeckt war), und dies ist bis auf den heutigen Tag der Hauptgrund geblieben: den Verlust des iranischen Erdöls könnte die fortgeschrittene kapitalistische Welt überleben. Sie tat es im Jahre 1951 und könnte es wieder tun. Doch ein antikapitalistischer Staat im Iran, der die ölproduzierende Golfregion als ganze beeinflussen würde, wäre eine tödliche Bedrohung. Seit dem 2. Weltkrieg war es der globale Konflikt zwischen der Sowjetunion und den USA, der letztere dazu brachte, direkt in die iranische Politik und Gesellschaft zu intervenieren und dem Iran seit der Mitte der 60er Jahre eine derart bedeutende Rolle zuzumessen. Der Pahlavi-Staat hat daher, wenn auch mit Verspätung, eine Macht gefunden, die ihn beschützt. Dieser Schirmherr ist es, der den iranischen Staat in den drei Krisen seit dem 2. Weltkrieg gestützt und ihn dazu befähigt hat, eine neue und dynamische internationale Rolle zu spielen.

Ein weiterer ebenso wichtiger Zug der neueren iranischen Geschichte ist, daß es bis jetzt keine Kraft gab, die in der Lage gewesen wäre, den diktatorischen und monarchischen Charakter des Staates in Frage zu stellen – weder unter den Ghajaren noch unter den Pahlavis. Jeder Versuch, von der Konstitutionellen Revolution bis zu den Widerstandsbewegungen von 1946, 1951–53 und 1960–63 ist gescheitert. Warum entstand im Iran keine bürgerliche Demokratie? Und warum hat, wenn es zu keiner bürgerlichen Demokratie kam, die bürgerliche Diktatur ihre spezifische Form, die der Monarchie, angenommen? Es ist ein Fehler zu glauben, daß die Diktatur als Form bürgerlicher Herrschaft eine unnatürliche Form des kapitalistischen Staates sei: die Zahl sich entwickelnder kapitalistischer Staaten, die eine dauerhafte Form von bürgerlicher Demokratie erlebt haben, ist sehr gering. Außerdem haben die kapitalistischen Länder, die im Prozeß der ökonomischen Entwicklung zurückblieben, oft zumindest Perioden diktatorischer Herrschaft durchgemacht – besonders auffällig ist das beim Faschismus in Deutschland, Italien und Japan.[6] Das verweist auf die grundlegende Frage, unter welchen Bedingungen bürgerliche Demokratie möglich wird und wie sie entsteht.

Daß der Kapitalismus im Iran sich bis in die 60er Jahre nur sehr begrenzt entwickeln konnte, zeigt vor allem, daß die Bourgeoisie selbst sehr schwach war. Die Tatsache, daß es dem Imperialismus nicht gelungen war, den Iran zu unterjochen – so wie er andere Länder der Dritten Welt unterjocht hatte –, hemmte die Entwicklung kapitalistischer Klassenkräfte und ermöglichte das Überleben der vorkapitalistischen Struktur. Aber auch wenn sie sich früher entwickelt hätte, hätte die Bourgeoisie nur sehr schwer mit demokratischen Mitteln regieren können; denn die Macht der Grundbesitzer wäre intakt geblie-

ben, sie hätten wahrscheinlich dafür gesorgt, daß Macht in einer im wesentlichen undemokratischen Form ausgeübt worden wäre – nach dem Muster der faschistischen Länder. Auf der anderen Seite unterbrach die wiederholte Intervention ausländischer Mächte die Entwicklung all der sozialen oder politischen Kräfte im Iran, die die Ghajaren und Pahlavis mit Erfolg hätten herausfordern können. Es war das Unglück des Iran, daß er zu weit vom Hauptstrom kapitalistischer ökonomischer Entwicklung entfernt war und zugleich zu dicht an den strategischen Rivalitätszonen der Großmächte lag. Zusätzlich gibt es einen dritten Faktor, der den Staat gestärkt hat und von dem schon die Rede war. Da Erdöleinnahmen an den Staat gehen und da diese Einnahmen die Hauptquelle des ökonomischen Überschusses sind, war der Staat in der Lage, sich die dominierende Position im Gesamtprozeß kapitalistischer Entwicklung zu verschaffen und zu halten; und dieses ökonomische Gewicht verband sich mit dem vorhandenen soziopolitischen Gewicht der Monarchie, die von US-amerikanischer Intervention gestützt wurde.
Die Bourgeoisie hat sich im Iran als Gehilfe des Staates entwickelt; als eine Bourgeoisie, die – wegen der besonderen Form kapitalistischer Entwicklung im Iran – ihre politische und ökonomische Macht an den Staat abgetreten hat. Wäre das jüngste ökonomische Wachstum im Iran Ergebnis einer Expansion von privater Industrie gewesen oder auch von staatlicher Industrie, in der eine Klasse privilegierter Manager sich hätte herausbilden können, so hätte ein offeneres politisches Leben mit identifizierbaren Parteien und Diskussion entstehen können. Das geschah in zwei Nachbarländern des Iran – in der Türkei und in Pakistan – trotz mehrfacher Interventionen der einheimischen Armee. Der Iran dagegen – ein Land, das durch den Verkauf von Erdöl viel höhere Einkünfte verbuchen konnte – hat seit 1953 (mit einem kurzen Zwischenspiel nach 1960) unter ununterbrochener diktatorischer Herrschaft gelebt; und das zum Teil deshalb, weil diese Einkünfte dazu beigetragen haben, das System der Diktatur zu stärken. Die Bourgeoisie ist politisch im Schatten geblieben, unfähig, den diktatorischen Charakter des Regimes in Frage zu stellen.
Wenn auch keine Kraft in der Lage gewesen ist, den Staat mit Erfolg anzugreifen, so hat es doch Gelegenheiten gegeben, bei denen die Stärke der Volksbewegungen im Iran zu einer Bedrohung für den Pahlavi-Staat und seine auswärtigen Schutzherren wurde und daher gewaltsame Reaktionen hervorrief: der Erfolg der Konstitutionellen Revolution provozierte nach 1908 die russische Intervention; 1921 drängten die Engländer Reza Khan zu seinem Putsch, weil sie sich durch die von Kommunisten geführte Bewegung in den Bergen von Gilan, in der Nähe des Kaspischen Meeres, sowie den allgemeinen Zerfall des Landes bedroht fühlten; der breite Rückhalt im Volke, den die Tudeh-Partei genoß, und die Existenz autonomer, prosowje-

tischer Republiken in Azerbaijan und Kordestan sowie später die Bedrohung durch Mossadegh brachten die USA dazu, nach dem 2. Weltkrieg zum wichtigsten Schirmherrn des Pahlavi-Staates zu werden. In ähnlicher Weise war die Kombination von stärkerer Repression und ökonomischem Wandel, die nach 1960 eingeleitet wurde, eine Reaktion auf die Instabilität eines Regimes, das sich der Bedrohung durch inneren Widerstand gegenübersah. Der militärische Ausbau in den 70er Jahren dagegen war weniger eine Reaktion auf das Wiederaufleben von bewaffnetem Widerstand im Innern (obwohl dies einige der Waffenkäufe erklärt), als vielmehr auf die Entwicklung von nationalistischen und Klassenkräften in den Ländern *rings um* den Iran.

Es scheint, daß einstweilen nur ein diktatorisches Regime dieser Art die Interessen der herrschenden Klasse im Iran und ihrer internationalen Verbündeten garantieren konnte und kann. Die grundlegenden Ursachen dafür, daß der Staat eine diktatorische Form annimmt, liegen *in* der iranischen Gesellschaft und in der Unfähigkeit des Staates, irgendein weniger repressives System zuzulassen. In diesem Sinne ist die Betonung, die so viele Iraner auf *ausländischen* Einfluß legen, einseitig. Allerdings war die Hilfe, die er von außen erhielt, sicherlich Voraussetzung dafür, daß der Staat in der Lage war, diese Repression durchzusetzen. Das soll allerdings nicht heißen, daß es seit der Gründung des Pahlavi-Staates eine breite und anhaltende Oppositionsbewegung gegeben hätte. Nationalistische und linke Gegner des Schahs neigen dazu, das so hinzustellen, aber die oppositionellen Organisationen und Bewegungen sind mit Unterbrechungen tätig gewesen; Darstellungen, die diese Tatsache verschleiern, machen es unmöglich, der wirklichen Geschichte des iranischen Volkswiderstandes, seinen Wechselfällen, den verschiedenen darin vertretenen Richtungen und den *Grenzen* seiner Anhängerschaft nachzugehen. Die vielleicht auffälligste Schwäche war, daß eine der größten sozialen Gruppen in der iranischen Gesellschaft, die Bauernschaft, praktisch keinen Widerstand hervorgebracht hat. Widerstand der Stammesbevölkerung hat es immer wieder gegeben, aber er blieb natürlich räumlich begrenzt. Die städtische Opposition hat zu verschiedenen Zeiten aus Kaufleuten, Intellektuellen, Arbeitern und Studenten bestanden; aber bis gegen Ende der 70er Jahre wurden diese nur in dem Zeitraum zwischen 1941 und 1953 von Organisationen mit einer Massenanhängerschaft geführt.

Unter den fünf früheren Krisen in diesem Lande stellte die dritte, d.h. die am Ende des 2. Weltkrieges, die ernsthafteste Bedrohung dar. Denn in den 40er Jahren war der Pahlavi-Staat am schwächsten und die Volksbewegung am stärksten. Einige US-Beobachter glaubten, daß die Tudeh in freien Wahlen gewinnen würde.[7] Sie verfügte über eine massenhafte Anhängerschaft und – etwas Einzigartiges für eine persische politische Organisation – eine über das ganze Land verbreitete Organisation, wenn auch die Bauern nicht einbegriffen waren. In Kordestan und Azerbaijan existierten besondere regionale Staatsstrukturen, die der Opposition im Rest des Landes hätten helfen können. Dies war der günstigste Zeitpunkt für einen Angriff auf den Pahlavi-Staat. Die Niederlage der Opposition ebnete den Weg für die Wiedererrichtung der monarchischen Diktatur: der spätere, berühmtere Konflikt zur Zeit von Ministerpräsident Mossadegh wurde dann in einem Rahmen ausgefochten, der für den Volkswiderstand sowohl intern wie international schon weit ungünstiger war; die konterrevolutionären Kräfte hatten bereits einige ihrer früheren starken Positionen wiedererlangt.

Ein Teil der Verantwortung für die Niederlage von 1941–47 liegt bei der Tudeh-Partei und den mit ihr verbündeten Parteien in Kordestan und Azerbaijan. Ein anderer bei der Sowjetunion, die die ihr nahestehenden iranischen Parteien in eine ausgesprochen katastrophale Richtung lenkte; durch ihren Versuch, eine Ölkonzession zu bekommen, ähnlich wie sie England gewährt worden war, trug sie außerdem dazu bei die Position des Schahs zu stärken. Wie in Griechenland, Frankreich, Italien und China drängte die Sowjetunion die kommunistischen Parteien dazu, mit den bourgeoisen Kräften Frieden zu machen; nur in China und Vietnam war die Partei stark genug, sich diesem Rat zu widersetzen. Die Lage des Iran an der Grenze der Sowjetunion – ein Faktor, der den Westen besonders beunruhigte – ließ der Tudeh allerdings auch besonders wenig Handlungsspielraum.

Als Mossadegh in Konflikt mit dem Schah geriet, hatte sich die Situation gegenüber der von 1946 gewandelt. Zu Beginn nahm Mossadegh selbst eine Position ein, die viel weiter rechts lag als die der früheren Opposition – er war ein Grundbesitzer und Antikommunist; er tat nichts, um der Arbeiterbewegung, den Frauen oder den Nationalitäten zu helfen; und er versuchte durchaus, ein Bündnis mit den USA zustandezubringen. Selbst in Teheran verfügte er über nichts, was man als politische Organisation hätte bezeichnen können. Besonders wichtig ist, daß der Pahlavi-Staat und die USA in der Zeit zwischen 1946 und 1951 Gelegenheit gehabt hatten, die konterrevolutionären Kräfte im Iran und besonders die Armee zu reorganisieren. Beim Angriff gegen Mossadegh befanden sie sich daher in einer viel stärkeren Position; seine Regierung fiel fast kampflos. Aus der Perspektive des Zeitraums seit Beginn der dritten Krise, 1941, war es das Jahr 1946, das den Niederlagen von 1953 und 1963 den Weg ebnete. In den anderthalb Jahrzehnten nach 1963 konnte sich der Pahlavi-Staat mit Hilfe der USA weiter konsolidieren und sah sich erst 1977 und 1978 wieder massenhafter Opposition gegenüber. Der Staat, der zwischen 1963 und 1978, in der Windstille zwischen der fünften und der sechsten Krise, geschaffen wurde, ist das Thema des folgenden Kapitels.

3. Der Staat: allgemeine Kennzeichen

Was sind die bestimmenden Merkmale des heutigen iranischen Staates, und wie setzt das Regime seine Kontrolle durch? Die folgende Analyse geht von fünf allgemeinen Kategorien aus, die sich auf den iranischen Staat anwenden lassen. Alle diese Kategorien finden sich zwar in größerem oder geringerem Umfang auch in anderen Ländern der Dritten Welt, aber im Iran hat jede einzelne eine ganz spezifische Form angenommen, und sie alle zusammen kennzeichnen den iranischen Staat der 70er Jahre.

Der grundlegendste Punkt ist, daß der iranische Staat ein *kapitalistischer* Staat ist, d.h. ein Staat, der die Bedingungen für die Reproduktion kapitalistischen Eigentums und kapitalistischer Produktion garantiert. Ganz allgemein gesprochen ist der Kapitalismus ein System, in dem die Produktionsfaktoren – Land, Güter, Arbeit – sich in privatem Eigentum befinden und Waren darstellen, d.h. auf dem Markt gekauft und verkauft werden können. In einer kapitalistischen Gesellschaft werden Privateigentum und Güterproduktion, d.h. Produktion für den Tausch, durch die Gesellschaft verallgemeinert. Das unterscheidet den Kapitalismus von anderen Produktionsweisen wie Feudalismus und Kommunismus.

Die Einführung des Kapitalismus, eines Systems der Warenproduktion, hat zwei weitere Konsequenzen. Erstens durchbricht er dadurch, daß er sowohl innerhalb einer bestimmten nationalen Wirtschaft wie auch international einen Markt schafft, die bestehenden Schranken für den Austausch und liefert den Rahmen für eine Ausweitung von Nachfrage und Produktion. Historisch ist er von einem Wachstum der Produktion im Weltmaßstab begleitet worden, ein Prozeß, der mit der Zerstörung vorkapitalistischer Gesellschaften und Produktivkräfte einherging. Zweitens hat sich aufgrund der Natur des Privateigentums im Kapitalismus eine Klasse entwickelt, die durch ihre Position im Produktionsprozeß von diesem System profitiert. Wo der Staat eine aktive Rolle in der kapitalistischen Produktion spielt, verteidigt er die Interessen dieser Klasse. Gleichzeitig entwickelt sich wegen der besonderen Rolle, die der Staat spielt, eine bürokratische Schicht; ihre Mitglieder sind nicht direkt Kapitaleigentümer, aber sie profitieren von ihrer Position in den oberen Rängen des Staatsapparates durch die ökonomischen Vorteile, die sie daraus ziehen. Diese Schicht teilt sich mit den Privateigentümern die Verwaltung der Wirtschaft und bildet eine Komponente der dominierenden Klasse in einer solchen Gesellschaft.

Die Entwicklung des Kapitalismus im Iran ist durch die beiden folgenden Erscheinungen gekennzeichnet: einerseits eine beträchtliche Expansion in den Produktivkräften des Landes, die sich in Produktions- und Einkommensziffern niederschlägt, ein Prozeß, der mit der Zerstörung vorhandener Produktivkräfte verknüpft ist; andererseits das beschleunigte Wachstum einer iranischen Kapitalistenklasse, einer Bourgeoisie, die sich durch die ökonomische Expansion in der Zeit seit der Mitte der 50er Jahre entwickelt hat.[1] Diese Definitionen und Charakterisierungen mögen ganz selbstverständlich erscheinen, aber es ist nötig, sie auszusprechen; es gibt nämlich erhebliche Auseinandersetzungen über die Frage, ob es überhaupt relevant oder zutreffend ist, den Iran als »kapitalistisch« zu bezeichnen. Nichtmarxistische Autoren sehen oft von dem spezifischen Charakter des iranischen Gesellschaftssystems ab und liefern eine ökonomische und soziale oder auch eine politische Analyse, die einzelne Indikatoren losgelöst von der kapitalistischen Entwicklung des Iran behandelt. Diejenigen, die über ökonomische und soziale Entwicklung ohne Bezugnahme auf den spezifisch kapitalistischen Charakter dieser Prozesse schreiben, verwenden so allgemeine Begriffe wie »Modernisierung« und »Entwicklung«; das Problem ist, daß sie nicht bestimmen, in wessen Interesse diese Prozesse ablaufen oder was der Klasseninhalt des gesetzten Ziels »entwickelt« und »modern« ist. Diese Sorte Abstraktheit fällt an den Arbeiten einer Reihe nichtmarxistischer Politikwissenschaftler auf, die die politischen Abläufe im Iran mit Hilfe von Untersuchungen über Verhaltensweisen und Eliten diskutiert haben oder in Hinblick auf bestimmte Techniken, die der Schah zur Festigung seiner Position anwendet.[2] Manche versuchen auch, Gruppierungen innerhalb der iranischen »Elite« zu identifizieren, ohne – obwohl es darüber reichlich Informationen gibt – sich wirklich darum zu kümmern, in welcher Beziehung diese Elite zur Einkommens- und Eigentumsverteilung im Iran steht. Andere widmen der Darstellung von Verhaltensweisen im Herrschaftssystem des Schahs beträchtlichen Raum und vernachlässigen dabei den sozioökonomischen Rahmen, in dem dieses angesiedelt ist. Diese Arbeiten enthalten eine beträchtliche Menge deskriptiven Materials; aber der von ihnen gewählte theoretische Ansatz hindert sie daran, die Beantwortung der allgemeineren Fragen zu versuchen, die der iranische Staat und die Beziehung zwischen diesem Staat, der Entwicklung des Kapitalismus und dem Wachstum einer iranischen Bourgeoisie aufwerfen.

Andererseits haben auch marxistische Autoren der Entwicklung des Kapitalismus im Iran und der spezifischen Art und Weise, in der diese auf den Staat eingewirkt hat, wenig Aufmerksamkeit geschenkt. Einer der Ausgangspunkte leninistischer und marxistischer Analyse der Entwicklung des Kapitalismus ist, daß diese Entwicklung in mancher Beziehung eine *progressive* Erscheinung ist, die Sozialisten als eine Verbesserung gegenüber vorkapitalistischen Systemen und als Wegbereiter für den Sozialismus begrüßen sollten.[3] Dagegen hat die von iranischen Marxisten geübte Kritik am Wachstum des Kapitalismus oft versucht, die Realität kapitalistischer Entwicklung zu bestreiten oder sie zu beklagen; als wäre die vorherige verarmte Lage des Iran etwas, was hätte bewahrt werden müssen. Andere bestreiten, daß überhaupt eine kapitalistische Entwicklung stattgefunden hat. Eine spezifische Version hiervon findet man bei denen, die auf den Iran die Analyse anwenden, die Mao Tse-tung für China entwickelt hat, wonach der Iran noch immer »halbfeudal« und »halbkolonial« ist: diese Behauptung ist in den 70er Jahren unhaltbar; denn wenn auch vorkapitalistische Elemente im Iran fortbestehen, so ist er doch seit der Landreform zu Beginn der 60er Jahre in keinem ernsthaften Sinne mehr feudalistisch.[4] Andererseits neigen diejenigen, die den kapitalistischen Charakter des Iran zugeben, dazu, sich mit allgemeinen moralischen Anklagen gegen das Regime oder mit der Charakterisierung des Regimes als »faschistisch« oder als »abhängig« vom westlichen Kapitalismus zu begnügen; nur selten gehen sie über dicse Formeln hinaus, um eine spezifischere und analytischere Untersuchung des iranischen Staates zu liefern.

Unter dem Kapitalismus beinhaltet das Gewaltmonopol des Staates und die von ihm übernommene Garantie für die bestehenden Formen des Eigentums, daß er die Interessen einer kapitalistischen herrschenden Klasse und ihrer internationalen Verbündeten verteidigt. Dies gilt für alle kapitalistischen Gesellschaften, während in kapitalistischen Entwicklungsländern der Staat außerdem noch ökonomisch interveniert; hier garantiert er nicht nur die Bedingungen, unter denen sich das Kapital reproduziert, sondern er fördert aktiv die kapitalistische Entwicklung und Akkumulation. Im Iran, wo die Öleinnahmen direkt an den Staat gezahlt werden, ist er die dominierende Kraft in der Wirtschaft geworden, wenn auch sein Ziel die Förderung *kapitalistischer* Entwicklung bleibt.

Die politischen Funktionen des kapitalistischen Staates können in verschiedener Weise ausgeübt werden. Auch wenn er die Position der herrschenden Klasse immer garantiert, muß er nicht (und tut das tatsächlich auch selten) als einfaches *Instrument* dieser Klasse handeln. Ob eine Bourgeoisie mit ihren Untergruppen die Macht auf demokratische Weise durch eine Art von parlamentarischem System ausübt, hängt davon ab, wie die Entwicklung in dieser Gesellschaft verlaufen ist, ob die Voraussetzungen für eine bürgerliche Demokratie erfüllt sind. Selbst in dieser handeln Klassen durch gewählte Vertreter. Wenn wie im Iran die Bedingungen für eine Demokratie nicht erfüllt sind, ist der Staat in einer mehr indirekten Weise als Garant für die Position der dominierenden Klasse tätig; in einzelnen politischen Fragen mag er von den ausdrücklichen Wünschen großer Teile dieser Klasse unabhängig sein oder sogar in Konflikt zu ihnen stehen. Solche Staaten sind eine ebenso übliche Form kapitalistischer Herr-

schaft wie bürgerlich-demokratische Arten von Regimen. Eine solche Beziehung zur Bourgeoisie bedeutet nicht, daß der Staat, seinem Gesamtcharakter nach, kein kapitalistischer Staat ist.
Der iranische Staat ist eine derartige Institution. Er garantiert die Reproduktion und Entwicklung des Kapitalismus, ohne direkt den Einflüssen der iranischen Bourgeoisie zu unterliegen. In ihm spiegelt sich jedoch die Existenz einer solchen Klasse wieder, denn (a) liefert diese die soziale Basis des Staates, den Sektor, auf dessen Kooperation er beruht und ohne den er nicht bestehen bleiben könnte; (b) organisiert der Staat die Verteilung des Reichtums derart, daß diese Klasse davon überproportional profitiert; und (c) reguliert er Akkumulation und Investitionen in Übereinstimmung mit den Interessen dieser Klasse. Diese hat drei Hauptkomponenten: die Oberschicht der Staatsangestellten, kapitalistische Grundbesitzer und diejenigen, die in Finanzen, Handel und Industrie tätig sind. Gemeinsam bilden diese drei Komponenten die iranische Bourgeoisie, die Klasse, die mit dem Wachstum des Kapitalismus im Iran zugenommen hat und deren Interessen der Pahlavi-Staat verteidigt. In der Tat verdankt jede einzelne Gruppe ihren gegenwärtigen Charakter der Intervention des Staates. Ganz offensichtlich ist das bei den Staatsangestellten, die aus einem kleinen Verwaltungskern in den 20er Jahren zu einer einflußreichen Schicht angewachsen sind. Die oberen Ränge der Zivilverwaltung und des Militärs haben den Bourgeoisien zur Rekrutierung neuer Mitglieder gedient, und sie sind in bezug auf Beschäftigung und Privilegien vollständig von staatlicher Politik abhängig; die Verfügbarkeit von Öleinkünften hat Zahl und Einkommen dieser Leute stark erhöht. Auch die Grundbesitzer in Stadt und Land sind durch die staatliche Politik, die Transformation der ländlichen Gebiete nach kapitalistischen Grundsätzen, geprägt: diejenigen, die bereit waren, bei dieser kapitalistischen Transformation zu kooperieren, behielten ihr Eigentum, während diejenigen, die ihr Land verloren, entschädigt bzw. dazu angeregt wurden, sich in der Industrie und im städtischen Handel zu engagieren (siehe S. 128). Die letzte Gruppe schließlich, die in Handel und Industrie Tätigen, hat von der Politik des Regimes seit den 50er Jahren enorm profitiert: davor stand ein bedeutender Teil dieser Gruppe in Opposition zum Schah und befürwortete eine nationalistischere Wirtschaftspolitik, die die ausländische Konkurrenz reduzieren sollte. Durch den Erlaß einiger protektionistischer Maßnahmen und, was noch wichtiger ist, durch großzügige Kreditvergabe und niedrige Besteuerung (ermöglicht durch das Erdöl) hat der Schah inzwischen, jedenfalls einstweilen, die widerwillige Unterstützung dieses Teils der Bourgeoisie gewonnen, der sich infolge der in den letzten zwei Jahrzehnten verfolgten Politik in Anzahl und Reichtum stark ausgedehnt hat. Es gibt Einwände dagegen, daß man diese drei Gruppen als eine einzige Klasse behandelt und behauptet, der Staat spiegele ihre Unter-

stützung wider. Die Schwierigkeit, sie als eine Klasse zu behandeln, liegt darin, daß diese Klasse noch im Prozeß ihrer Herausbildung begriffen ist; aber es gibt keinen Fall, in dem die Zusammensetzung einer sozialen Gruppe je statisch wäre, und die Komponenten bestehen lange genug, um klar identifizierbar zu sein: die kapitalistischen Grundbesitzer seit Beginn der 60er Jahre, die Bourgeoisie in Handel und Industrie seit den 40er Jahren und die Oberschicht der Staatsangestellten seit den 20er Jahren, bevor das kapitalistische Wachstum eingeleitet wurde. Die Frage, in welcher Beziehung diese Klasse zum Staat steht, ist schwieriger zu beantworten, jedenfalls was ihren privatkapitalistischen Teil angeht. Zwischen dem Regime und den iranischen Industriellen und Geschäftsleuten besteht ein erheblicher Grad von Feindschaft; in den Worten eines Berichtes:

»Die Haltung der iranischen Bourgeoisie ist ambivalent, ›schizophren‹, wie ein Soziologe meint. Sie bejaht das von der ›Weißen Revolution‹ des Schahs geschaffene sozioökonomische System, das ihr trotz allem zu Wohlstand verhilft; aber gleichzeitig hegt sie eine starke Abneigung gegenüber einem politischen System, das auf persönlicher Macht beruht, sie aus Entscheidungszentren ausschließt und zu willkürlichen Entscheidungen neigt.«[5]

Diese scheinbare Verwirrung verweist auf das Grundproblem der iranischen Bourgeoisie: aus den genannten Gründen unfähig, eine direkte Rolle in der Staatspolitik zu übernehmen, mußte sie Macht an die Monarchie abtreten; sicherlich brauchte die Bourgeoisie einen repressiven Staat dieser Art, um ihre Position zu erhalten, und sicherlich brachte die »Weiße Revolution« ihr Vorteile. Tatsächlich mußte sich die Bourgeoisie der Politik des Regimes unterwerfen, aber diese Unterstützung für den Staat geschieht nur unter der Bedingung, daß dieser weiterhin die Bourgeoisie begünstigt. Wenn der Staat einmal nicht in der Lage wäre, dies zu tun, könnte es eine tiefgreifende politische Krise im Iran geben.

Der Nutzen, den die Bourgeoisie aus der kapitalistischen Entwicklung zieht, läßt sich ganz allgemein angeben: auf die oberen 10% der Bevölkerung entfallen 40% des Konsums, und der Ölboom der 70er Jahre hat den Abstand zwischen reich und arm im Iran vergrößert (siehe S. 157). Kein Regime kann sich allein auf Zwang stützen, und ohne die Unterstützung dieser Klasse, deren Interessen er fördert, würde der Pahlavi Staat zusammenbrechen. Sollte er das tun, so wäre die iranische Bourgeoisie aufgrund ihrer eigenen Unfähigkeiten zweifellos gezwungen, eine andere Staatsform, durch die sie indirekt repräsentiert würde, zu akzeptieren, diesmal eine von Militärs geführte. Auch dies wäre ein kapitalistischer Staat, der auf ähnlich indirekte Weise versuchen würde, die Interessen dieser Bourgeoisie zu repräsentieren und die Reproduktion des Kapitals zu garantieren.

Die Weiße Revolution

Das zweite Hauptmerkmal des iranischen Staates ist, daß er nicht nur in einem kapitalistischen Land, sondern auch in einem kapitalistischen *Entwicklungs*land angesiedelt ist. Das bedeutet, daß der Staat sowohl das Wachstum kapitalistischer gesellschaftlicher Verhältnisse fördert als auch die Ausdehnung der Produktivkräfte nach kapitalistischen Prinzipien. Darin liegt die Bedeutung der Weißen Revolution des Schahs, die 1962 eingeleitet wurde und die zu einer Anzahl von Reformen führte, deren Hauptzweck es war, den Weg für einen solchen Entwicklungsprozeß zu ebnen. Die ersten sechs Programmpunkte der Weißen Revolution waren: Landreform; Nationalisierung der Waldbestände; Verkauf von staatlichen Industrieunternehmen an private Interessenten; Gewinnbeteiligung in der Industrie; Stimmrecht für Frauen; die Aufstellung eines »Bildungskorps«, das auf die Dörfer gehen sollte. Bis September 1977 wurden dreizehn weitere Punkte hinzugefügt, darunter die Einrichtung eines Gesundheitskorps, Verwaltungsreform sowie ein Arbeiteraktienprogramm.
Obwohl diese Punkte vom Schah als zu einem Programm gehörig propagiert werden, sind sie in ihrer Bedeutung nicht wirklich miteinander vergleichbar. Die größte Bedeutung kommt dem Landreformprogramm zu; viele andere Punkte hatten weniger spezifischen Charakter und waren nur vage Ermahnungen zur Effizienz in Verwaltung und Wirtschaft. Arbeiteraktien und Gewinnbeteiligung sind reformistische Standardmaßnahmen, deren Bedeutung weit geringer ist, als das Regime selbst es vorgibt; die Einräumung des Stimmrechts für Frauen und die Einrichtung lokaler Dorfräte können in einem Land, in dem der Staat das politische Leben manipuliert, nur beschränkte praktische Folgen haben. Das Programm ist in keiner Weise originell, da die meisten Maßnahmen in jedem Prozeß kapitalistischer Entwicklung ohnehin hätten ergriffen werden müssen. Auf der anderen Seite meidet die »Revolution« jede Reform des wichtigsten Merkmals iranischen Lebens, der Verteilung politischer Macht und der Stellung der Monarchie selbst. Die Weiße Revolution, jetzt in Schah-Volks-Revolution umbenannt, ist natürlich überhaupt keine Revolution: sie ist vielmehr ein Reformprogramm, das in Kraft gesetzt wurde, um eine Revolution zu *verhindern* und die Position des Monarchen und des Staates zu stärken.
Ein Faktor, der von den meisten westlichen und offiziellen Kommentaren zu diesem Programm systematisch unterschätzt wird, ist der internationale Rahmen, in dem es ablief. Politisch waren die frühen 60er Jahre eine Zeit, in der die Kennedy-Regierung ihre Verbündeten in der Dritten Welt dazu drängte, notwendige Reformen durchzuführen, um Aufruhr im Volke abzuwenden – wie wir gesehen haben, ist dies der Hintergrund sowohl für die Weiße Revolution

im Iran als auch für die Allianz für den Fortschritt in Lateinamerika. Ökonomisch gesehen kam es seit Ende der 50er Jahre zu einer bemerkenswerten Verschiebung in den Beziehungen zwischen den fortgeschrittenen und den weniger fortgeschrittenen kapitalistischen Ländern: während die ökonomisch stärkeren Länder bis dahin die Industrialisierung in der Dritten Welt behindert hatten, war das nun nicht mehr in allen weniger entwickelten Ländern der Fall; ein gewisses Maß an Förderung der Industrie in den weniger fortgeschrittenen Ländern begann. Dies galt nicht für die Dritte Welt als ganze, aber es galt für eine Anzahl von Ländern und darunter für den Iran. Die US-Regierung, internationale Finanzagenturen und international aktive kapitalistische Firmen, von denen viele in den USA ansässig waren, förderten diesen Prozeß. Ohne diese beiden – politischen und ökonomischen – internationalen Bedingungen und den Wandel in der Politik der fortgeschrittenen kapitalistischen Länder, den sie reflektieren, wäre die kapitalistische Entwicklung des Iran unmöglich gewesen.[6] Dasselbe gilt für die späteren Entwicklungen in der iranischen Wirtschaft: der Anstieg der Preise für die iranischen Ölexporte seit 1971 wäre unmöglich gewesen, wenn es nicht die Aktivitäten der in der OPEC zusammengeschlossenen großen Erdölproduzenten gegeben hätte und wenn die Lage auf dem Weltmarkt nicht derart günstig gewesen wäre, daß die Preissteigerungen möglich wurden.
Die gesamte iranische kapitalistische Entwicklung seit Beginn der 60er Jahre hat daher Veränderungen in der Politik der großen kapitalistischen Länder und Veränderungen in den ökonomischen Beziehungen zwischen fortgeschrittenen und weniger fortgeschrittenen Staaten zur Voraussetzung gehabt.

Kontrollmechanismen

Das dritte Hauptkennzeichen des iranischen Staates besteht darin, daß die mit ihm verbundene Regierungsform die einer *Diktatur* ist. In allen Gesellschaften stützt sich der Staat auf eine Mischung von Zwang und Zustimmung, und erst das relative Gewicht dieser beiden Formen von Einfluß bestimmt, ob diese Herrschaft diktatorisch oder demokratisch ist. Viele kapitalistische Staaten waren oder sind Diktaturen, und der Iran ist seit 1953 zweifellos einer von ihnen. Die historischen Faktoren, die dies zur unvermeidlichen Form bürgerlicher Herrschaft gemacht haben – die Schwäche der Bourgeoisie, die Bedrohung durch die Volkskräfte – sind schon beschrieben worden. Nur durch ein solches Regime konnten das Privateigentum und die Interessen des internationalen Kapitals verteidigt werden; und angesichts der Aufspaltung und Schwäche der Bourgeoisie war nur ein Staat dieser Art in der Lage, das Landreformprogramm gegen den Widerstand eines Teils der grundbesitzenden Klasse durchzuführen.

Darüber hinaus ist ein repressiver Staat, der alle unabhängigen Volksbewegungen zerschlägt, oft attraktiv für ausländisches Kapital: das Lob ausländischer Geschäftsleute für die »Stabilität« des Iran spiegelt genau die Notwendigkeit einer derartigen Politik wider und zeigt, wie erfolgreich sie gewesen ist. Zwar sind bei Investitionsentscheidungen ökonomische Faktoren vorrangig, aber ein unsicheres demokratisches System und die damit einhergehenden Volksproteste, Streiks und Auseinandersetzungen sowie eine schwache Regierung wären sicher weniger anziehend für ausländisches Kapital gewesen als das unterdrückte und relativ ruhige Land, das der Schah nach 1953 regierte.

Der Pahlavi-Staat hat seine Kontrolle über Gesellschaft und Politik im Iran seit den 20er Jahren ständig ausgeweitet, und das gilt besonders für die Zeit seit 1953. In den Worten eines amerikanischen Beobachters:

»Man kann die gesamte Regierungszeit des Schahs, mit zeitweiligen Rückschlägen, als ein Vierteljahrhundert charakterisieren, in dem die zivilen und militärischen Bürokratien ihre Kontrolle über die Aktivitäten der gesamten Bevölkerung ständig erweitert haben, während der Schah noch unermüdlicher seine Macht über die Bürokratien erweitert hat.«[7]

Kennzeichnend für dieses System ist, daß im Iran keine unabhängige politische Aktivität irgendwelcher Art erlaubt ist, obwohl formell seit 1957 ein Parteiensystem existiert. Von diesem Jahr an bis 1975 ließ der Schah die Tätigkeit zweier politischer Parteien zu: einer »Regierungspartei« (Melliyun, später Iran Novin Party) und einer »Opposition« (Mardom Party). Jede stellte Kandidaten für das Majlis auf. Doch diesen Parteien war es nicht gestattet, irgendwelche Kandidaten vorzuschlagen, die nicht zuvor von SAVAK gebilligt worden waren, und auch die Grenzen der Kritik waren festgelegt. Das Majlis, in das sie gewählt wurden, war machtlos, und der Ministerpräsident wurde und wird vom Schah ernannt.

Niemand glaubte im Ernst, daß es sich bei diesem System um ein Zweiparteiensystem handelte[8], doch der Schah selbst gab vor, es ernst zu nehmen, und erklärte:

»Wenn ich ein Diktator wäre und nicht ein konstitutioneller Monarch, dann könnte ich versucht sein, eine einzige dominierende Partei zu fördern, so wie es Hitler tat oder wie man das heute in kommunistischen Ländern findet.«[9]

In der Praxis besaßen diese sogenannten Parteien keinerlei Substanz und standen beide vollkommen unter der Herrschaft des Schahs. In den wenigen Fällen, in denen die Führer der Mardom-Partei aus der Reihe tanzten und ernsthafte Kritik äußerten, wurden sie entlassen: 1972 wurde Ali Naqi Kani seines Amtes enthoben, und seinen Nachfolger Nasser Ameri traf 1974 dasselbe Schicksal.[10]

1975 beschloß der Schah dann, dieses Spiel zu beenden und eine aktivere Politik zur Mobilisierung von Unterstützung für das Regime zu betreiben; er beschloß, die politische Rolle des Staates zu stärken, statt weitgehend passiv solle er aktiv in die iranische Gesellschaft eingreifen. In einer unerwarteten Initiative kündigte er die Gründung einer neuen Einheitspartei mit Namen Rastakhiz (Partei der Nationalen Auferstehung) an. Auf alle Iraner wurde Druck ausgeübt, ihr beizutreten; im Gegensatz zu den beiden früheren Gebilden, die außerhalb des Majlis praktisch über keinerlei Organisation verfügten, sollte dies eine Massenpartei werden. Es wurde behauptet, bis 1977 seien ihr 5 Mio. Iraner beigetreten, und im ganzen Land wurden Ortsgruppen gegründet.

Der Gedanke, der hinter der Gründung von Rastakhiz stand, war wahrscheinlich, daß das Regime ein positiveres Mittel brauchte, um Unterstützung zu gewinnen und um Leute, vor allem im Staatsdienst oder bei vom Staat betriebenen Organisationen wie den Gewerkschaften, dazu zu zwingen, öffentlich ihre Loyalität zu erklären. Diese Initiative entstand gegen Ende des Booms, der sich an das Jahr 1973 anschloß, als erste Anzeichen ökonomischer Schwierigkeiten sichtbar wurden und als der Schah begann, die Notwendigkeit von Disziplin in Verwaltung und Industrie zu betonen. Die eignen Worte des Schahs in dieser Sache waren offen genug:

»Wir müssen Klarheit in die Reihen der Iraner bringen. Darum unterteilen wir sie in zwei Gruppen: diejenigen, die an die Monarchie, die Verfassung und die Revolution des 6. Bahman [d. h. das Datum, an dem 1963 die Weiße Revolution verkündet wurde] glauben, und diejenigen, die das nicht tun ... Ein Mensch, der der neuen politischen Partei nicht beitritt und nicht an die drei Grundprinzipien glaubt, von denen ich sprach, kann zwischen zwei Möglichkeiten wählen. Entweder gehört er einer illegalen Organisation an, oder er steht in Beziehung zu der verbotenen Tudeh-Partei, ist mit anderen Worten ein Verräter. Ein solches Individuum gehört in ein iranisches Gefängnis oder kann, falls er es wünscht, das Land morgen verlassen, sogar ohne Ausreisegebühren zu zahlen; er kann gehen, wohin er will, denn er ist kein Iraner, er hat keine Nation, und seine Aktivitäten sind illegal und nach dem Gesetz strafbar. Ein Individuum, das weder ein Element der Tudeh-Partei und/oder staatenloser Verräter ist, das aber nicht an die drei Prinzipien glaubt, ist frei, unter der Bedingung, daß es seine Mißbilligung offen verkündet, und wenn es nicht antinationalistisch ist, werden wir es frei lassen. Wenn sich derjenige aber zweideutig äußert oder etwas zu vertuschen versucht oder Unsinn macht, wie wir das in einigen Fällen erlebt haben, dann ist das nicht akzeptabel. Jeder muß Manns genug sein, seine Position in diesem Lande klarzustellen. Entweder billigt er die Verhältnisse oder nicht. Wie ich schon sagte, wenn seine Mißbilligung verräterische Untertöne hat, ist sein Schicksal klar. Wenn sie ideologische Wurzeln hat, ist er frei im Iran, aber er sollte sich nichts erhoffen. Allerdings wird er von den Gesetzen des Iran als Individuum dieser Gesellschaft vollkommen geschützt werden. Wir erwarten von jedem, von jedem Individuum, das das Wahlalter erreicht hat, daß er entweder dieser neuen politischen Struktur beitritt oder seine Position am besten gleich morgen oder so bald wie möglich klarstellt.«[11]

Es wurde also, für jeden sichtbar, Druck ausgeübt, dem neuen Gebilde beizutreten: der ominöse Satz »er sollte sich nichts erhoffen«

gewinnt besondere Bedeutung in einem Land, in dem der Staat der wichtigste Unternehmer ist und über das Fortkommen jedes einzelnen bestimmt. Es wäre ein Fehler, Rastakhiz einfach nur als eine Organisation anzusehen, die den Anschein erwecken soll, im Iran gäbe es eine Form der Demokratie, die in Wirklichkeit nicht existiert. Diese Organisationen haben einen zusätzlichen wichtigen Zweck: Sie sollen Unterstützung für das Regime mobilisieren, und sie sollen die Menschen dazu zwingen, sich durch Loyalitätserklärungen bloßzustellen. Beförderung, Sicherheit, Verbindungen – viel kann davon abhängen, ob jemand ein Parteimitglied ist oder nicht.
Die Kontrolle des Staates erstreckt sich im Iran auf alle Bereiche des öffentlichen Lebens. Der Schah mag behaupten, er verteidige die Verfassung (die von 1906); in Wirklichkeit hat er sie und die darin garantierten Freiheiten längst abgeschafft. Keine anderen politischen Organisationen können tätig sein: SAVAK stellt sicher, daß Individuen und Organisationen, die dem Regime kritisch gegenüberstehen, vernichtet werden. Auch die Emigration wird kontrolliert: während man der unpolitischen Mittelklasse gestattet, ins Ausland zu strömen, werden mehreren tausend Menschen, die man politisch abweichender Meinungen verdächtigt, wie man hört, die Pässe verweigert. Juristen werden praktisch daran gehindert, bei politischen Delikten tätig zu werden, denn hierfür sind ausschließlich Militärgerichte zuständig. Die Presse steht ebenfalls unter staatlicher Kontrolle, auch wenn die beiden wichtigsten Tageszeitungen, *Keyhân* und *Ettelâ'ât,* privaten Unternehmern gehören. Diese Zeitungen sind unerträglich kriecherisch; der meiste Raum ist für die neuesten offiziellen Verlautbarungen reserviert, und die Richtlinien der Zensur, die SAVAK monatlich herumschickt, werden respektiert. 1975 ging die Regierung noch weiter und verbot 95% aller Druckerzeugnisse im Iran, indem sie verfügte, daß jede Publikation eine Auflage von mehr als 3000 haben müßte. Buchverleger stehen vor der zusätzlichen Schwierigkeit, daß die Zensurbehörden Bücher erst abnehmen, wenn sie gedruckt sind. Das bedeutet, daß Verlage das Risiko eingehen, ein Buch nicht verkaufen zu können, nachdem sie die Unkosten für den Druck bereits gehabt haben: eine äußerst vorsichtige Verlagspolitik ist das unvermeidliche Ergebnis. Auch begnügt sich die staatliche Kontrolle der Medien nicht mit Verboten: die vom Staat betriebene Pars News Agency gibt ihr eigenes Material heraus, und viele der staatlichen Organisationen wie die Gewerkschaften oder die Rastakhiz haben ihre eigenen Zeitschriften.
Staatliche Kontrolle erstreckt sich aber noch auf andere Institutionen. Alle Gewerkschaften werden von der Regierung betrieben, ihre Aufgabe ist die Durchsetzung von Arbeitsdisziplin und die Mobilisierung von Unterstützung für das Regime. Die religiösen Führer waren lange Zeit dadurch eingeschränkt, wenn nicht vollständig kontrolliert, daß sie staatliche Gehälter empfingen; ihre Predigten wur-

den von Regierungsagenten in der Moschee überwacht. In den Stammesregionen hat die Regierung versucht, Stammesführer in die Regierungsmaschinerie einzubeziehen, indem sie ihnen Ämter und Mittel zur Durchsetzung von Regierungsprogrammen gab. Ein ähnlicher Prozeß hat in den Dörfern stattgefunden, wo seit der Landreform Dorfoberhäupter und andere reichere Bauern in die vom Staat geleiteten Landwirtschaftsbüros eingegliedert wurden: tatsächlich hat die größte politische Wirkung der Landreform darin bestanden, die Macht der Grundbesitzer durch die des Staatsbeamten im Dorf zu ersetzen.[12] Auch die Intellektuellen wurden aufgefordert, der Regierungslinie zu folgen: da alle Anstellungen im Bildungswesen durch den Staat geschehen, ist Beschäftigung in diesem Bereich garantiert – vorausgesetzt man kooperiert; über die Universitäten oder SAVAK hat der Staat sogar Zeitschriften gekauft, die von kollaborierenden Schriftstellern betrieben werden.
Die staatliche politische Kontrolle im Iran hat ein Ausmaß erreicht, das viel weiter geht als in einigen anderen kapitalistischen Staaten in der Dritten Welt, die oberflächlich gesehen ähnlich repressive Regimes besitzen. Zum Vergleich könnte man Brasilien in der Zeit zwischen 1964 und 1974 heranziehen. Das Regime war eine Militärdiktatur, unter der Tausende getötet und gefoltert wurden und alle Macht in den Händen der Militärherrscher lag. Doch die Presse in Brasilien genoß einen Freiraum für Kritik und Satire, der im Iran undenkbar wäre, und marxistisch orientierte Bücher, sofern sie nicht von bewaffnetem Widerstand handelten, waren ganz allgemein erhältlich. Die katholische Kirche war ebenfalls in der Lage, als unabhängige Organisation tätig zu sein und die Folter sowie die Wirtschaftspolitik des Staates anzuprangern. Selbst die ziemlich schwache Oppositionspartei, die Brasilianische Demokratische Bewegung (MDB), konnte gelegentlich eigene Kandidaten für Wahlen aufstellen und im Parlament das Regime in ganz direkten Worten attackieren. Andere Gruppen kritischer Intellektueller stellten Untersuchungen über den sozialen und politischen Charakter des Regimes an und veröffentlichten sie, was im Iran nicht möglich wäre. Damit soll nicht der brutale und repressive Charakter der brasilianischen Junta geleugnet werden; es soll nur das Ausmaß der Repression im Iran gezeigt werden, selbst gemessen an solchen Regimes.[13]
Warum, könnte man fragen, hatte es das Schahregime nötig, das politische Leben und die öffentlichen Äußerungen im Iran in derartigem Umfang zu kontrollieren? Ein Teil der Antwort liegt in der Stärke der Kräfte, die in Opposition zum Schah stehen. Doch das allein ist keine hinreichende Antwort, denn die Repression setzte sich lange nach 1953 und 1963 fort, als sie zur Niederschlagung der Opposition sicherlich am notwendigsten war. Ein weiterer Grund dürfte wohl die unsichere Basis der Pahlavi-Monarchie selbst sein, ihr problematisches Verhältnis zur iranischen Bourgeoisie und die schwache ideo-

logische Unterstützung, die letztere ihr gewährt. Die schwache Verwurzelung des Pahlavi-Staates – selbst ein halbes Jahrhundert nach seiner Gründung – ist wahrscheinlich der tiefste Grund dafür, warum er Diskussion und Kritik unterdrücken mußte, auch wenn keine zusammenhängende Oppositionsbewegung ihn bedrohte.

Formen der Diktatur

Es reicht jedoch nicht, einfach nur festzustellen, im Iran existiere eine kapitalistische Diktatur, denn eine solche Diktatur kann eine Anzahl von Formen annehmen. Und es wäre weiter verfehlt, den Begriff »faschistisch«, wie das viele Autoren tun, unterschiedslos für alle repressiven kapitalistischen Regierungen zu gebrauchen, denn Faschismus ist nur eine der Formen, die solche Regimes annehmen können. Es gibt keine angemessene Typologie solcher Regimes, und auch die marxistische Diskussion arbeitet bis heute mit nur drei Kategorien: Faschismus, Bonapartismus und Militärdiktatur. Doch obwohl jede dieser drei Kategorien einige Züge mit dem iranischen Regime gemeinsam hat, kann keine es angemessen charakterisieren, denn die spezifische Form, die die iranische Diktatur angenommen hat, ist die einer *Monarchie.* Das kann man zeigen, indem man diskutiert, inwiefern das iranische Regime diesen drei Typen entspricht oder nicht entspricht.[14]
In einer Militärdiktatur sind die Streitkräfte die Hauptstütze des Regimes; dies war der Fall im Iran und ist es auch weiterhin. Obwohl die Armee zwischen 1963 und 1978 nicht auf der Straße eingriff, war sie immer dazu bereit, und SAVAK, ein Element des Militärsystems, war für die alltägliche Repression verantwortlich. Außerdem nehmen die Streitkräfte auch ganz zweifellos eine besonders privilegierte Position ein, was die Verteilung der Erdöleinkünfte betrifft. Doch es gibt ein weiteres Kennzeichen von Militärdiktaturen, das sich in neuerer Zeit in Griechenland, Chile und Indonesien gezeigt hat: das Entscheidungszentrum liegt bei den Kommandeuren der Streitkräfte oder bei einem individuellen Diktator, der aus den Streitkräften aufgestiegen ist und, theoretisch jedenfalls, durch einen anderen Amtsträger ersetzt werden könnte. Die wichtigsten Regierungsbeamten stammen vorwiegend, wenn nicht ausschließlich, aus den Reihen des Militärs, und ideologisch stellen sich die Streitkräfte als Hüter des Schicksals der Nation dar. Im Iran ist das nicht der Fall: hier kontrolliert der Schah die Streitkräfte, symbolisch und tatsächlich, und nicht umgekehrt. Obwohl sein Vater, Reza Khan, ursprünglich ein Oberst war, schuf er einen Abstand zwischen sich und den Streitkräften, indem er Monarch wurde und indem er der unbestrittene Diktator wurde. Sein Sohn hat diesen Abstand vergrößert und es sehr viel schwieriger für irgendeinen Kommandeur der Streitkräfte gemacht,

seine Position in Frage zu stellen, ohne die Gesamtstruktur des Regimes anzugreifen. Hier stützt sich also der Monarch auf die Streitkräfte, ohne daß das Regime in direktem Sinne eine Militärdiktatur wäre.

Die zweite Form bürgerlicher Diktatur, der Bonapartismus, wurde theoretisch von Marx und Engels in ihrer Diskussion über das Frankreich nach 1848 behandelt.[15] Kriterium des Bonapartismus war die relative Autonomie des Staates, die Tatsache, daß, in Engels' Worten, »die bonapartistische Halbdiktatur ... die großen materiellen Interessen der Bourgeoisie selbst gegen den Willen der Bourgeoisie vertritt, aber der Bourgeoisie keine Teilnahme an der Regierungsmacht gestattet«.[16] Was Marx über Bonaparte schreibt, läßt sich bis zu einem gewissen Grade auf den Iran unter dem Schah anwenden: »Erst unter dem zweiten Bonaparte scheint sich der Staat völlig verselbständigt zu haben. Die Staatsmaschine hat sich der bürgerlichen Gesellschaft gegenüber so befestigt, daß an ihrer Spitze ... ein aus der Fremde herbeigelaufener Glücksritter (genügt) ...«[17] Da die Bourgeoisie unfähig ist, Macht direkt zu übernehmen, hat das bonapartistische Regime, das sich auf die Armee stützt, ein parlamentarisches Regime abgelöst. Doch wenn auch das bonapartistische Frankreich in den 60er Jahren des 19. Jahrhunderts und der von einem Pahlavi regierte Iran in den 70er Jahren des 20. Jahrhunderts diese Züge gemeinsam haben und beides Staaten sind, die gegenüber der Klasse, deren Interessen sie vertreten, autonom sind, so gibt es doch auch wesentliche Unterschiede. Der bonapartistische Staat entstand in einer Situation, in der eine militante Arbeiterklasse den Staat schon bedrohte, zumindest in Paris. Die Arbeiterklasse im Iran ist politisch jedoch schwächer als die in Frankreich vor einem Jahrhundert, und sie ist noch nicht zu einer Bedrohung geworden, die der in Frankreich im Jahre 1848 vergleichbar wäre. Zweitens hatte der bonapartistische Staat seine soziale Basis in den konservativen Bauern; deren Mangel an Klassenbewußtsein, in dem sich ein Parzellenpachtsystem widerspiegelte, ermöglichte dem diktatorischen Staat das Überleben. Aber im Iran gibt es keine Bauernschaft, wie sie in Frankreich existierte, und die Differenzierung auf dem Lande, die der kapitalistischen Entwicklung folgt, ist ein ganzes Stück weiter fortgeschritten. Trotz der Ähnlichkeiten kann man daher die iranische Diktatur nicht als bonapartistisch klassifizieren.

Die dritte Form bourgeoiser Diktatur ist die faschistische, und oft hört man, daß Kritiker des Schahregimes es so bezeichnen. Doch für gewöhnlich meinen sie damit einfach, daß das Regime ein repressives kapitalistisches ist, das sich auf Folter, die Geheimpolizei und Verhaftungen stützt, um seine Gegner zu vernichten. Bei einer Anwendung dieses Begriffes auf den Iran ebenso wie auf die repressiven Regimes in Lateinamerika vermeidet man die Frage, worin die *besondere Form* des repressiven kapitalistischen Staates besteht. Auch zum

Faschismus gibt es hier deutliche Ähnlichkeiten. Repression ähnlicher Art findet statt. Seit dem Ende der 50er Jahre ist der Geheimpolizei eine zentrale Rolle bei der Sicherung der politischen Stabilität des Regimes zugefallen – wie unter dem Faschismus. Mehr noch, das Pahlavi-Regime verbreitet – wie die Regimes in Nazideutschland und dem faschistischen Italien – eine stark nationalistische Ideologie, die auf Chauvinismus, imperialer Nostalgie und Führerkult basiert. Ein Punkt besonderer Übereinstimmung ist, daß der Schah selbst immer wieder seinen Glauben an die rassistische Theorie betont, nach der der Iran ein »arisches« Land ist, und daß er als einen seiner offiziellen Titel den Namen *Âryâmehr* (Sonne der Arier) angenommen hat.[18]

Es gibt auch noch tieferreichende Parallelen, und zwar bei den Bedingungen, die zur Entstehung des Staates führten. Im Iran ist dieser diktatorische Staat das Produkt eines Gegenangriffs einer schwachen Kapitalistenklasse gegen eine revolutionäre Bewegung; in einem Land, das im Prozeß kapitalistischer Entwicklung zurückgeblieben ist. Erst dann konnte diese Klasse ihre Position durch Repression und ökonomisches Wachstum unter staatlicher Lenkung zurückerobern. Das war auch in Italien, Deutschland, Japan und Spanien der Fall.[19]

Der Iran kann jedoch nicht als ein faschistischer Staat in irgendeinem präzisen Sinne dieses Begriffes klassifiziert werden. Zunächst einmal waren die Länder, in denen der Faschismus entstand, kapitalistische Länder, die zwar im Vergleich zu den entwickeltsten zurückgeblieben, verglichen mit der kolonialen und halbkolonialen Welt aber immer noch fortgeschritten waren. Es waren Länder, in denen eine frühere Periode kapitalistischer Entwicklung bereits eine Industrie-und Finanzbourgeoisie hervorgebracht hatte und in denen sich eine starke Arbeiterklasse herausgebildet hatte. Der Iran hat kein vergleichbares Stadium erreicht, und seine Bourgeoisie ist weit weniger entwickelt. Darüber hinaus hatten die faschistischen Staaten der 30er Jahre den Punkt erreicht, an dem sie zu Konkurrenten der fortgeschrittensten kapitalistischen Länder geworden waren und schließlich Krieg mit ihnen führten; während der iranische Staat die Form, die er hat, gerade durch die Protektion der USA annehmen konnte. Trotz seiner bedeutenden Öleinkünfte gibt es keinen Bereich, in dem der Iran mit den großen imperialistischen Ländern so konkurrieren könnte wie Deutschland im 2. Weltkrieg: der internationale Rahmen für die Herausbildung des modernen iranischen Staates ist daher ganz anders.

Es gibt weitere bedeutende Unterschiede in der politischen Zusammensetzung der beiden Regimes. Das zentrale Instrument einer faschistischen Bewegung ist die Partei: sie benützt die Partei zur Machtergreifung und als das wichtigste Instrument für die politische Konsolidierung nach ihrer Machtergreifung. Vor dem Putsch von 1953 existierte im Iran tatsächlich eine kleine faschistische Partei nach dem Vorbild der Nazi-Partei: aber diese Organisation, die Sumka (Nationalsozialistische Arbeiterpartei des Iran), spielte weder bei dem Putsch noch in dem Regime, das auf ihn folgte, eine bedeutende Rolle – und sie ist seit langem verschwunden. Andere Gruppen mit extrem nationalistischer Ideologie führten gleichfalls eine Randexistenz. Seit dem Putsch hat es unter der Pahlavi-Diktatur keine Partei gegeben, die diesen Namen verdiente, und die vom Staat geschaffenen und von ihm abhängigen Gebilde haben weit geringere Bedeutung gehabt als die Parteien unter dem Faschismus. Es gibt einen weiteren Unterschied zwischen dem Faschismus und dem Pahlavi-Regime: kein faschistisches Regime hat jemals eine Landreform durchgeführt. Obwohl der Nazi-Staat keineswegs einfach nur Ausdruck der landbesitzenden Oligarchie war, hütete er sich davor, zu dieser in Widerspruch zu geraten,und in seiner Ideologie gab es eine mystische Beschwörung des Bodens und seiner Werte, eine ländliche Komponente, für die es im Iran keine Entsprechung gibt. Natürlich war eine solche Toleranz nur möglich, weil die ländlichen Gebiete schon kapitalistisch geworden waren, wenn auch in einer konservativen Form; im Iran dagegen mußte das Regime der grundbesitzenden Klasse Reformen aufzwingen, um den Prozeß kapitalistischer Entwicklung zu befördern.

Jedes dieser drei klassischen Modelle bürgerlicher Diktatur sagt uns daher etwas über den Iran, doch jedes ist in seiner Weise unzureichend. Die Form, die die bürgerliche Diktatur im Iran angenommen hat, ist in ihrer Art einmalig; sie läßt sich auf nichts anderes reduzieren und ist untrennbar mit der Rolle, die der Monarch spielt, verknüpft. Das erste, was einem am Iran auffällt, ist, daß hier der Schah die volle Exekutivgewalt in einem sich rasch entwickelnden kapitalistischen Staat ausübt und daß er in der Lage gewesen ist, im Verlauf dieser Entwicklung seine Macht zu vergrößern. Es ist daher zwar eine Vereinfachung, aber nicht vollständig irreführend, sich bei der Analyse iranischer Politik auf die Aktionen und die Position des Monarchen zu konzentrieren. Man sollte die Originalität dieses Phänomens nicht übersehen, selbst wenn der Schah nicht in einem Vakuum agiert und sich auf die passive soziale Basis des Regimes sowie die internationalen politischen und ökonomischen Verhältnisse stützt, um an der Macht zu bleiben.

Die Konzentration politischer Macht in den Händen eines Mannes ist in keiner Weise spezifisch für den Iran; Vergleichbares hat es im 20. Jahrhundert in einer Vielzahl verschiedener Länder gegeben. Solche Macht läßt sich durch die Ausschaltung von Rivalen aufbauen, durch die Zersplitterung der Opposition, durch die Schaffung einer abhängigen Gefolgschaft und eines zunehmenden Führerkults. Techniken für die Etablierung und ebenso für die Aufrechterhaltung eines solchen Systems sind wohlbekannt, und an der Art und Weise, in der der Schah seine Herrschaft gefestigt hat, gibt es wenig, was spezifisch für die iranische Monarchie wäre. Wie alle Monarchen hat er von der Tatsache profitiert, daß es schwieriger ist, einen König anzugreifen als einen zivilen Diktator; denn die einzigen legitimen Herausforderer müßten aus der königlichen Familie selbst stammen, und der Schah hat keine derartigen Rivalen.

Das auffälligste Merkmal der iranischen Monarchie ist, daß es ihr gelungen ist, ihre Position im Verlauf der kapitalistischen Entwicklung zu stärken, und in dieser Hinsicht steht sie im 20. Jahrhundert fast einzigartig da. In einigen westeuropäischen Ländern hat der Monarch überlebt – aber nur als eine Art ideologisches Ablenkungsmanöver, als Symbol nationaler Einheit. Das ist der Fall in Holland, England, Schweden und Dänemark. In einigen anderen kapitalistischen Ländern haben die Monarchen weiter eine aktivere Rolle gespielt, aber das geschah in Konkurrenz oder in Kollaboration mit anderen Kräften im Staate: Kaiser Hirohito von Japan teilte in den 30er und 40er Jahren die Exekutivgewalt mit dem Militär, und der König von Thailand hat sich durch Kooperation mit seinem Militär einige Macht bewahrt. Doch in vielen anderen weniger entwickelten Ländern hat der Prozeß kapitalistischer Entwicklung zu einer Situation geführt, in der die Monarchen früher oder später abgeschafft wurden. Haile Selassie von Äthiopien wurde 1974 nach einer Regierungszeit von fast 6 Jahrzehnten abgesetzt. In der unmittelbaren Nachbarschaft des Iran ist es den Monarchen kaum besser ergangen. Sämtliche Monarchien in Ländern, die an den Iran grenzen, sind in diesem Jahrhundert weggefegt worden: in Rußland (1917), in der Türkei (1923), im Irak (1958) und in Afghanistan (1973). Die Umstürze in Ägypten (1952) und Libyen (1969) führten ebenfalls zu Republiken. Die einzigen Länder, in denen Monarchen noch ähnliche Macht haben, sind Nepal, ein paar pazifische Inseln und einige arabische Staaten: Marokko, Jordanien, Saudi-Arabien, Oman und die kleineren Scheichtümer am Golf. Doch keiner dieser Staaten, abgesehen vielleicht von Marokko, hat vergleichbare soziale, politische und ökonomische Umwälzungen durchgemacht wie der Iran. Wahrscheinlich ist der Iran das einzige Land auf der Welt, in dem der Staat gleichzeitig die kapitalistische Entwicklung forciert und ein voll ausgebildetes monarchistisches Regime aufgebaut hat.

Wie wichtig ist das spezifisch monarchistische Element in dieser Diktatur? Wäre es nicht möglich, Mohammad Reza Pahlavi als erfolgreichen Diktator zu sehen, wie es viele unter republikanischen Systemen gegeben hat – mit dem einzigen Unterschied, daß er von kaiserlichen Symbolen umgeben ist? Es ist wahr, daß sich das monarchische System von Systemen republikanischer Diktatur weit weniger unterscheidet, als das die Anhänger beider Systeme behaupten würden. Und doch gibt es Unterschiede, die über Formalitäten hinausgehen. Das wird aus der Tatsache ersichtlich, daß in einigen Ländern der

Dritten Welt republikanische Diktatoren den Versuch unternommen haben, ihre Regimes in monarchische zu verwandeln, und daß diese Versuche auf die eine oder andere Weise gescheitert sind. In China versuchte Yüan Shi-kai im Jahre 1916, sich zum Kaiser ausrufen zu lassen, und provozierte dadurch seinen eigenen Sturz; in Ländern wie Haiti (Duvalier) und der Zentralafrikanischen Republik (Bokassa) ist es Diktatoren gelungen, sich zu Monarchen zu erklären, aber derart, daß niemand ihre Legitimität als Monarchen anerkannte. Die ideologische Mythologie, die vom iranischen Regime gepflegt worden ist, mag zwar künstlich sein, aber zweifellos ist es den Pahlavi-Monarchen gelungen, ein viel stabileres imperiales System zu errichten, als das ein individueller Diktator hätte tun können. Dies lag daran, daß die Pahlavis von den dominierenden Klassen als ihre Vertreter akzeptiert wurden und daß sie die monarchische Tradition im Iran für ganz neue Zwecke verwendeten. Diese monarchische Diktatur datiert erst von den frühen 60er Jahren: der Zeitpunkt, an dem der Schah die effcktive Herrschaft über die anderen Gruppen im Staat, die bürgerlichen Politiker und dic Armee, erlangte, mit denen er seit dem Putsch von 1953 die Macht gelegentlich hatte teilen müssen. Die Streitkräfte stehen jetzt voll unter seiner Kontrolle. Die meisten bürgerlichen Politiker handeln nach seinen Befehlen und wagen keine Kritik. Das Majlis und die Presse sind gefügige Werkzeuge. Der Schah hat sichergestellt, daß alle Mitglieder des Staatsapparates, die durch ihre Aktivitäten Popularität erlangen, entlassen werden: so geschah es mit Hassan Arsanjani, dem Landwirtschaftsminister, der 1963 abgesetzt wurde; mit dem Bürgermeister von Teheran, Ahmad Nafici, der 1963 entlassen und ins Gefängnis gesteckt wurde; und mit den Führern der Mardom-Partei zu Beginn der 70er Jahre. Offensichtlich kann ein Mensch ein Land nicht allein verwalten, und es muß daher ein Element von Machtdelegierung geben. Doch der Schah hat dafür gesorgt, daß die Kooperation zwischen seinen Untergebenen in weitestem Maß über ihn laufen muß; er fördert Rivalitäten zwischen verschiedenen Gruppen, die sich gegenseitig ausspionieren und miteinander konkurrieren. Dies ist insofern erfolgreich gewesen, als die meisten führenden Regierungsbeamten die Vorherrschaft des Schahs akzeptieren; negativ hat es sich insofern ausgewirkt, daß das System äußerst unflexibel wurde, weil alle Initiativen von oben kommen und Rivalitäten zwischen Abteilungen der Verwaltung große Energien verbrauchen. In den Worten eines Beobachters:

> »Von persönlichen Unsicherheiten geplagt, mißtrauisch sich selbst und ihren Kollegen gegenüber und zynisch hinsichtlich der Motive aller Personen und der Ergebnisse aller Programme, reagiert die Elite durch Anpassung, denn sie muß mit einem System klarkommen, das sie nicht grundlegend zu ändern wünscht. Und das heißt, sie muß lernen, wie man im Rahmen seiner Normen agiert und dabei die Vorteile, die sich daraus ziehen lassen, maximiert.«[20]

Ein konstitutiver Bestandteil dieses Herrschaftssystems, dem man im Zusammenhang mit solchen Diktaturen auffällig oft begegnet, ist die Korruption. Korruption bezeichnet ein System, das seinen staatlichen Funktionsträgern gestattet, a) bedeutende Summen staatlicher Gelder sowie staatliche Einrichtungen zur eigenen Bereicherung zu verwenden, und b) von Geschäftspartnern dieses Staates als Gegenleistung für Vertragsabschlüsse u. ä. große Geldsummen zu kassieren. Diese Art von Korruption erhöht, ja vervielfacht in manchen Fällen das Einkommen von Spitzenministern und Generalen und eröffnete den meisten der engeren Schah-Verwandten eine breite Palette von Verdienstmöglichkeiten. Vor allem über die Pahlavi-Stiftung verfolgt die königliche Familie weitreichende und völlig unverhüllte Interessen, etwa bei Banken, Unternehmen, Casinos, Farmen und Hotels. Die nationale Ölgesellschaft unterhält einen Geheimfonds, aus dem Agenten und Freunde des Regimes im Ausland bezahlt werden, und die meisten Geschäftsabschlüsse im Iran erfordern geheime Bestechungsgelder an bestimmte Leute am Hof und in den einschlägigen Ministerien. Diese Korruption spiegelt teilweise die fehlende Legitimität des Regimes wider, insofern diese seinen Anhängern solche eigensüchtigen Machenschaften als Ersatz für ideologische Loyalität zugesteht. Aber das Ausmaß der Korruption, das angesichts des wachsenden »Umsatzes« dramatische Dimensionen angenommen hat, mußte die Monarchie nur noch deutlicher in Mißkredit bringen und damit isolieren.
Der Schah selbst hat ganz deutlich zu erkennen gegeben, daß er an sein eigenes Recht, auf diese Weise zu regieren, glaubt. In seinen eigenen Worten:

»Wenn es keine Monarchie gibt, gibt es Anarchie oder eine Oligarchie oder eine Diktatur. Außerdem ist eine Monarchie das einzig mögliche Mittel, um den Iran zu regieren. Wenn es mir gelungen ist, etwas oder sogar eine Menge für den Iran zu tun, dann liegt das an dem möglicherweise geringfügig erscheinenden Detail, daß ich sein König bin. Um etwas zu erreichen, braucht man Macht, und um die Macht zu behalten, darf man niemanden um Erlaubnis oder Rat fragen. Man darf Entscheidungen mit niemandem diskutieren.«[21]

Berichte von Kabinettssitzungen oder anderen Regierungsdiskussionen zwischen dem Schah und seinen Untergebenen lassen darauf schließen, daß das gestelzte Veranstaltungen sind, bei denen wenig sachliche oder offene Diskussion stattfindet.[22] Dies ebenso wie bewußte Übertreibung seitens des Schahs könnten die Gründe gewesen sein für die vollkommen unvernünftigen Voraussagen über die zukünftigen Fähigkeiten des Iran im wirtschaftlichen und militärischen Bereich, die der Schah gemacht hat.
Denn wenn der Schah eine persönliche Schwäche hat, die sich auf die Politik auswirkt, ist es seine Unfähigkeit, die Komplexität wirtschaftlicher Probleme zu verstehen, und sein Vertrauen allein auf Befehle und moralische Ermahnungen, die die Schwierigkeiten des

Iran lösen sollen. Diese Schwäche zusammen mit dem servilen Verhalten der Leute um ihn herum war solange nicht so folgenreich, wie sich die Öleinnahmen des Iran vervielfachten; aber in der sich verschlechternden ökonomischen Situation der Jahre danach hat dieser Faktor eine viel größere Bedeutung angenommen. Die Kritiker, sei es im CIA oder in der Opposition, die dem Schah Größenwahnsinn vorwerfen und seine Regierungspolitik hierauf zurückführen, gehen aber wahrscheinlich an der Sache vorbei. Der Schah hat zwar Anflüge grandioser Irrationalität, aber was Öl, Waffenkäufe und Wirtschaftsentwicklung betrifft, war seine Politik im allgemeinen ganz rational für jemanden in dieser Position; und es gibt keinen tatsächlichen Hinweis darauf, daß er verrückt oder besonders wankelmütig wäre. Auf lange Sicht kommt solchen Faktoren ohnehin begrenzte Bedeutung zu. Die Ursachen der politischen und ökonomischen Probleme des Iran liegen nicht so sehr in der Psychologie seines Herrschers wie im Charakter der iranischen Gesellschaft.

Nationale Mythologie

Eine wichtige Komponente des monarchischen Systems ist die vom Regime gelieferte Ideologie. Kein Staat stützt sich auf Repression allein, und der iranische Staat betreibt – wie viele andere Staaten in der Dritten Welt – eine umfassende ideologische Kampagne zur Mobilisierung von Unterstützung, sowohl unter seiner unmittelbaren sozialen Basis als auch unter der Bevölkerung als ganzer. Wesentlicher Bestandteil dieser Ideologie ist ein ausgeprägter Nationalismus, der die Größe der iranischen Vergangenheit beschwört und die Tatsache hervorhebt, daß es Monarchen waren, die diese zustande brachten. Mit der Erfindung einer spezifisch iranischen »Nationalmythologie« begannen im 19. Jahrhundert einige Intellektuelle, und unter Reza Khan wurde das Vorhaben sehr gefördert. Er ließ die iranische Geschichte neu schreiben, um die islamische Periode, die im 7. Jahrhundert mit der Eroberung des Iran durch die Araber begann, herunterzuspielen. Statt dessen glorifizierte er die vorislamische Vergangenheit vom 5. Jahrhundert v. u. Z. an. Der Staat unterstützte die Bemühungen der Archäologen, Zeugnisse dieser Epoche auszugraben. Diese propagandistische Geschichte wurde den Kindern in der Schule beigebracht, und iranische Zeitschriften von heute enthalten chauvinistische Geschichten darüber, wie der und der König eine militärische Strategie erfand oder wie die iranische Kultur alle anderen an Glanz übertraf. Monarchismus und Nationalismus werden hier mit Bedacht verwendet, um sich gegenseitig zu verstärken; denn das immer wiederkehrende Thema ist, daß der Iran nur stark sein kann, wenn er einen starken Schah hat. Die 2500-Jahr-Feier der Monarchie im Jahre 1971 sollte diesen Zusammenhang hervorheben.

Mit der Ablehnung der islamischen Periode ist die Propagierung einer chauvinistischen Einstellung gegenüber den Arabern verbunden, deren »Barbarei« (*vahshigari-ye arab*) für die späteren Übel im Iran verantwortlich gemacht wird. Darin liegt eine ziemliche Ironie, denn nach allem, was man weiß, haben die Araber den Iran deshalb so leicht erobern können, weil sie von der Masse der iranischen Bevölkerung begrüßt wurden. Diese sah die arabische Invasion als ein Mittel, ihre unterdrückerischen Schahs abzuschütteln, und trat zum Islam über, weil dieser, wenigstens teilweise, eine demokratischere Religion war als der hierarchische zoroastrische Glaube, der bis dahin vorgeherrscht hatte. Eine weitere Entstellungsaktion des Regimes, die von Reza Khan 1936 begonnen wurde, war der Versuch, die persische Sprache von ausländischen – besonders arabischen und türkischen – Wörtern zu reinigen und diese durch neue »rein persische« (*fârsi-ye sare*) Ausdrücke zu ersetzen. Offizielle Dokumente der Armee sollen in diesem neologistischen Stil geschrieben werden. Aber insgesamt ist diese Politik gescheitert: der Schah selbst spricht nie in diesem »reinen Persisch«; im übrigen hat das Regime die Einführung der allerdringendsten Reform immer wieder gescheut, nämlich der Ersetzung der äußerst unpraktischen arabischen Schrift durch eine, in der Vokale ebenso wiedergegeben werden wie Konsonanten. Atatürk führte diese Reform im Jahre 1928 für die Türken durch. Zu dem Versuch, eine offizielle Ideologie zu fördern, gehörte auch, daß der Staat Richtlinien für den Unterricht nicht nur in Geschichte, sondern auch in Literatur erließ: die Schüler werden angehalten, Gedichte – die wichtigste literarische Form im Iran – zu lesen, um besondere Tugenden zu entwickeln, wie etwa den Gehorsam gegenüber der Autorität und das Hinnehmen des Schicksals. Diese Art von ideologischer Lektüre wird als *nasihat* bezeichnet; sie hat ihre Parallele im militärischen Bereich, wo das im 10. Jahrhundert von dem Dichter Ferdausi verfaßte epische Gedicht *Shâhnâme* der Armee das Material für patriotische Lieder liefert.

Das Regime versucht, die akzeptableren Parolen der Opposition nach Möglichkeit zu übernehmen. Der Schah selbst gibt vor, in der Verkündung nationalistischer Gefühle und in seiner Verteidigung iranischer Interessen hinter niemandem zurückzustehen. Die Antwort des Regimes auf ausländische Kritiker, sei es der US-Kongreß, Amnesty International oder politische Emigranten, besteht darin, die Kritik als eine Einmischung in die inneren Angelegenheiten des Iran und als das Werk von Feinden der iranischen Nation zurückzuweisen. Das Regime läßt in seiner Rhetorik auch ein populistisches Element anklingen; oft kritisiert der Schah Geschäftsleute, weil sie zu große Profite machen und ihre Arbeiter nicht ordentlich behandeln. Im Zuge einer Antiinflationskampagne erhielten 1975 mehr als 8000 Geschäftsleute eine Geld- oder Haftstrafe. In ähnlicher Weise hat der Schah eine Reihe von Wohlfahrtsprogrammen für Arbeiter eingeleitet, die sich zwar nur auf wenige Arbeiter auswirken, in den Medien aber als Beweis für die Sorge des Schahs um das Volk dargestellt werden. Auch das ganze Gerede über die »Revolution« des Schahs gehört zu dieser Politik; und obwohl das meiste leere Worte sind, die von kaum jemandem ernst genommen werden, wäre es voreilig anzunehmen, daß es überhaupt keine Wirkung hat. Solange das Regime einige der materiellen Vorteile bereitstellen kann, die sich die Bevölkerung wünscht, mag eine beträchtliche Zahl von Iranern mit der Ideologie des Regimes konform gehen, was auch immer sie insgeheim denken mögen. Da die Verbreitung von Bildung und Massenmedien auf den Dörfern in den vergangenen zehn Jahren vom Regime selbst organisiert wurde, wäre es nicht überraschend, wenn es auf dem Lande eine vage Pro-Schah-Stimmung gäbe; zum einen als Ergebnis der stark monarchistischen Inhalte des Materials, mit dem die ländliche Bevölkerung konfrontiert wird, und zweitens als Ergebnis der verbesserten Lebensbedingungen eines Teils der ländlichen Bevölkerung.

Eine merkwürdige Lücke hat die offizielle Ideologie – es fehlt jede besondere Betonung des Islam. Gegen Ende des 19. Jahrhunderts war die nationalistische Bewegung ausdrücklich islamisch in ihrem Inhalt und wurde von *olamâ* geführt; aber im 20. Jahrhundert waren die Gruppen, die eine ausgesprochen islamische Politik vertraten, nicht mehr so bedeutend, und beide Schahs sind durch die Säkularisierung von Bildung und Recht in Konflikt mit religiösen Führern geraten. Bis zum Ende der 70er Jahre gab es keine vergleichbare offen islamische Gegenbewegung gegen die Säkularisierung, wie sie sich in der Türkei seit dem Ende des 2. Weltkrieges abspielt – trotz der Existenz einer diffusen religiösen Feindschaft gegenüber dem Programm des Schahs. Und doch wird der Islam, auch wenn er von vergleichsweise geringerer Bedeutung ist, immer noch in verschiedener Weise benutzt. Der Staat bleibt offiziell islamisch, und das Regime hat sich sehr bemüht, die religiösen Führer für sich zu gewinnen. Die Pahlavi-Monarchen haben auch Konzessionen an islamische Empfindlichkeiten gemacht: es ist sicher kein Zufall, daß der Schah den Namen Mohammad Reza trägt – Mohammad ist der Prophet Gottes im Islam, und Reza ist der Name einer wichtigen Gestalt im schiitischen Zweig des Islam, dem die meisten Iraner angehören. Darüber hinaus hat das Regime bei den Zusammenstößen mit dem Irak, zu denen es bis 1975 immer wieder kam, schiitische Gefühle ausgenutzt: im Propagandakrieg zwischen beiden Ländern zu Beginn der 70er Jahre bestand die Politik des Regimes darin, die irakische Regierung mit Yazid, dem Herrscher von Irak, zu identifizieren, der im 7. Jahrhundert Hossein, einen der Gründer des schiitischen Islam, tötete. Es ist natürlich typisch für diesen Gebrauch des Islam, daß er einen Konflikt *innerhalb* des Islam aufnimmt und Teil einer antiarabischen iranischen Ideologie ist; die islamische nationalistische Ideologie in Pakistan, der Türkei, Indonesien und der arabischen Welt da-

gegen ist gegen Nicht-Moslems und vorwiegend gegen westliche kolonialistische oder imperialistische Mächte gerichtet.
Die »Nationalmythologie« des Iran gehört also untrennbar zu den Mitteln, die das Regime zu seiner Verstärkung gebraucht, und in diesem System nimmt der Monarch eine besondere Stellung ein. Die Tatsache, daß dieses ideologische Gebräu historisch falsch ist und auf Illusionen beruht, ist nicht entscheidend: darin dürfte diese Ideologie kein bißchen besser sein als andere vergleichbare nationale Mythologien in anderen Ländern; im übrigen ist diese Tatsache ein wichtiger Reflex der spezifischen Form eines diktatorischen kapitalistischen Staates, der monarchistischen Diktatur, die sich im Iran gebildet hat.
Das fünfte und letzte Merkmal des iranischen Staates kann man kürzer abhandeln. Es ist die Tatsache, daß der Staat in beträchtlichem Maße von der Unterstützung *abhängig* ist, die er von den USA und der fortgeschrittenen kapitalistischen Welt im allgemeinen erhält. Der Begriff »Abhängigkeit« ist Gegenstand vieler Kontroversen gewesen und wird hier in ganz allgemeinem Sinne benutzt. Seit 1946 ist der Iran auf politischer und militärischer Ebene eng an die USA gebunden. Ohne die US-amerikanische militärische und politische Unterstützung in dem Jahrzehnt nach dem 2. Weltkrieg wäre der iranische Monarch wohl abgesetzt und möglicherweise ein kapitalistischer Staat überhaupt vernichtet worden. Seit Beginn der 60er Jahre sind es der Druck und die Unterstützung aus den USA, die sowohl die »Weiße Revolution« möglich gemacht haben als auch die vom Schah betriebene Entwicklung des militärischen Arsenals, das für die Beherrschung der Golfregion notwendig ist. Allgemeiner gesprochen ist die kapitalistische Entwicklung des Iran durch Kooperation zwischen dem iranischen Staat und auswärtigen Interessen zustande gekommen, sowohl auf der Ebene des Staates als auch auf der von Privatunternehmen. Irans Übernahme von qualifiziertem Personal, Technologie und Ausbildungshilfe aus den fortgeschrittenen kapitalistischen Ländern verweist auf den fortgesetzten Bedarf für solche Kooperation, wenn die kapitalistische Entwicklung anhalten soll. Andererseits müßte es dem Iran möglich sein, da er sich tatsächlich nach kapitalistischen Grundsätzen entwickelt, diesen Grad der Abhängigkeit zu verringern – jedenfalls in der politischen Sphäre. Der Iran ist beispielsweise mit den USA wegen des Erdölpreises aneinandergeraten, seit es im iranischen Interesse liegt, einen möglichst hohen Preis zu erzielen. Doch wenn sich auch die Beziehungen zwischen dem Iran und den fortgeschrittenen kapitalistischen Ländern seit dem Ende des 2. Weltkrieges sicher in vieler Hinsicht geändert haben, bleibt der Iran ein schwächerer Partner im internationalen kapitalistischen System und wird noch für viele Jahre auf wirtschaftlichem und militärischem Gebiet von äußerer Hilfe abhängig sein. Vorausgesetzt, man präzisiert, was man mit dem Begriff meint, und vorausgesetzt, man nimmt die stattfindenden Veränderungen zur

Kenntnis, ist es richtig, den iranischen Staat nach wie vor als »abhängig« zu bezeichnen.

Diese Analyse hat fünf charakteristische Merkmale ergeben, die den iranischen Staat definieren: er ist *kapitalistisch,* er ist *sich entwickelnder* Kapitalismus, er ist *diktatorisch,* er ist eine *monarchistische* Form der Diktatur und er ist in gewissem Sinne *abhängig* von den fortgeschrittenen kapitalistischen Ländern. Diese Kategorien sagen uns mehr über den Iran von heute als Beschwörungen einer islamischen, asiatischen oder despotischen Tradition. Vor diesem allgemeinen Hintergrund wird es jetzt möglich, einige der neueren Veränderungen in der iranischen Gesellschaft und Politik detaillierter zu untersuchen. Die aktuelle Politik des Regimes reflektiert die kapitalistische Entwicklung des Iran und zielt darauf, die Umgestaltungen zu fördern, die die langfristige Stabilität des Kapitalismus im Iran garantieren. Solange der Staat seinen ökonomischen und sozialen Anforderungen genügen konnte, waren die politischen Herausforderungen, denen er sich gegenübersah, größtenteils kontrollierbar. Doch wie jetzt ganz deutlich erkennbar, ist die Politik des Regimes nur teilweise erfolgreich, und die politischen Konflikte sowohl innerhalb des Regimes als auch zwischen dem Regime und seinen Gegnern nehmen zwangsläufig schärfere Formen an; langfristig könnte das die Bereitschaft der internationalen Verbündeten des Regimes unterhöhlen, es zu unterstützen. Diesen spezifischen Fragen über den gegenwärtigen Iran wenden wir uns jetzt zu.

4 Die Streitkräfte und SAVAK

Die iranischen Streitkräfte und die daran angeschlossenen Sicherheitseinheiten stellen in jeder Hinsicht einen außergewöhnlichen Komplex von Institutionen dar. Mitte der 70er Jahre erregte der Militärapparat als der zeitweilig größte Einzeleinkäufer von US-Waffen in der Welt besondere Aufmerksamkeit, und durch diese Käufe wurde der Iran in kurzer Zeit zu einer bedeutenden Macht im westlichen Asien. Dieser militärische Ausbau wird zwangsläufig für mindestens einige Jahrzehnte Auswirkungen auf das Gleichgewicht der Kräfte in dieser Gegend sowie auf die internationalen Beziehungen der Region haben. Doch es gibt einen weiteren Grund dafür, dem Militärapparat des Iran Aufmerksamkeit zu schenken, einen Grund, der älter ist als die gegenwärtigen Waffenkäufe und der zum Teil den Gebrauch bestimmt, der von den neuen Waffen gemacht wird. Dies ist die Tatsache, daß das iranische Regime seit den 20er Jahren auf der Armee beruht und daß die Repression das wichtigste Mittel zur Sicherung der politischen Kontrolle durch die Regierung ist. Der Iran ist wahrscheinlich der Staat, in dem eine auf dem Militär basierende Herrschaft länger die Regel gewesen ist als irgendwo anders in Asien oder Afrika. Was sich in den letzten Jahren geändert hat, ist, daß der Iran große Geldsummen durch den Verkauf von Erdöl eingenommen hat, die ihn dazu befähigten, enorme Mengen von Waffen zu kaufen, und daß er gleichzeitig von den USA darin unterstützt wurde, eine Regionalmacht zu werden. Die gegenwärtige militärische Expansion im Iran und deren äußere wie innere Auswirkungen sind also die Folgen einer besonderen Konstellation: einerseits ein repressives Regime, das von der Armee gestützt wird, und andererseits eine veränderte internationale politische und wirtschaftliche Situation. Das ist eine verhängnisvolle Kombination, die in der heutigen Welt einzigartig ist.

Die Monarchie und die Streitkräfte

Wie wir gesehen haben, ist der Iran in verschiedener Hinsicht eine ausgesprochene Militärdiktatur. Keinerlei unabhängige politische Aktivität wird von der Regierung zugelassen; viele Gegner werden ins Gefängnis geworfen, gefoltert und getötet. Es kann folglich kein Zweifel daran bestehen, daß der Iran eine *Diktatur* ist. Es gibt auch überzeugende Gründe für die Annahme, daß diese Diktatur eine *militärische* ist. Erstens ist der Repressionsapparat ganz allgemein

(d. h. die Streitkräfte und die Sicherheitseinheiten) die wichtigste Institution, die das Regime im Innern trägt. Zweitens spielt dieser Apparat, besonders die Armee, eine wichtige Rolle im gesellschaftlichen und wirtschaftlichen Leben. Darüber hinaus verdankt das Regime historisch seine Existenz Militärputschen (1921, 1953). Beide Pahlavi-Herrscher wurden von der Armee an die Macht gebracht, und beide haben sich auf sie gestützt, um den Iran zu beherrschen. Beide haben es auch als ihre oberste Pflicht angesehen, die Loyalität der Streitkräfte zu stärken und zu erhalten.

Und doch ist der Iran *keine* Militärdiktatur, und zwar aus einem Grund, der alle anderen aufwiegt – nämlich wegen der Stellung des Monarchen. Wie wir in Kapitel 3 gesehen haben, ist es den beiden Pahlavi-Schahs gelungen, das Militär zu beherrschen und ein monarchisches Regierungssystem zu entwickeln, das sich in Ideologie und Praxis deutlich von dem, was man in Militärdiktaturen findet, unterscheidet. Der Vater des Schahs war zwar Oberst, aber ein Oberst, der sich selbst eine Krone aufsetzte. Ihm gelang es dann, sich eine Position persönlicher Vorherrschaft zu schaffen, die die Form der Monarchie annahm und die sein Sohn nach anfänglichem Zögern bis 1953 weiterentwickelt hat.

Zu den Faktoren, die zum Wachstum dieses Systems, in dem ein Monarch die Armee kontrolliert, beitrugen, gehört die Tatsache, daß der Iran ein ausnehmend schwaches Militär besaß. Seine gegenwärtige Armee ist eine Schöpfung des 20. Jahrhunderts ohne besonders vorgeprägten sozialen Charakter oder eine bestimmte historische Rolle. Einige Schahs stellten in der Vergangenheit große Armeen auf: die altpersischen Monarchen, die Safaviden im 16. Jahrhundert, Nadir Shah, der einen Zug auf die arabische Halbinsel unternahm und 1739 Delhi mit, wie es heißt, 160000 Mann berittener Truppen eroberte. Doch es gab lange Pausen zwischen diesen Perioden militärischer Stärke, und seit der Mitte des 19. Jahrhunderts besaß der Iran überhaupt kein stehendes Heer von Bedeutung. 1914 verfügte die Regierung über eine zusammengewürfelte Truppe von 5000 Mann. Die besser bewaffneten Einheiten, die es gab, waren zerstritten und unter ausländischem Einfluß: 1879 hatten russ... che Kosakenoffiziere im Norden des Landes eine Brigade aufg... ellt; 1911 errichteten schwedische Offiziere eine Gendarmerie z... Kontrolle der ländlichen Gebiete; und 1915 wurden von den Eng... dern im Süden Irans die South Persia Rifles, eine von indischen ... izieren kommandierte Truppe, gebildet. Bis 1920 umfaßten di... rei Verbände insgesamt 22000 Mann: 8000 in der Kosakenb... e, 8400 in der Gendarmerie und 6000 bei den South Persia R... Die wichtigsten anderen bewaffneten Einheiten im Lande sta... nter der Kontrolle regionaler Oberhäupter, die sich mehr o... niger im Konflikt mit der Zentralregierung befanden.[1] ... änder die Russen als

Nach der Revolution von 1917 lösten d...

Schirmherren der Kosakenbrigade ab, die sie als Stabilisierungsinstrument benutzen wollten. Sie waren es auch, die den Oberst Reza Khan im Februar 1921 dazu veranlaßten, auf Teheran zu marschieren und die Macht zu übernehmen. Doch obwohl Reza Khan bei seinem Putsch mit britischer Unterstützung handelte, war er kein Anhänger der Engländer – tatsächlich zeigte er später außerordentliche Sympathien für Nazideutschland. Er bemühte sich eher, den Iran so unabhängig zu machen, wie das unter den bedrängten ökonomischen und strategischen Bedingungen der damaligen Zeit möglich war; seine erste und wichtigste Sorge galt dem Aufbau einer starken Armee als Grundlage seiner Herrschaft. 1922 machten Militärausgaben 47 % des gesamten Haushalts aus, und 1925 war eine einheitliche Armee von 40000 Mann entstanden. 1926 wurde das erste Gesetz über allgemeine Wehrpflicht erlassen; 1930 umfaßte die Armee schon 80000 Mann, und diese Zahl stieg bis 1941 auf 125000. Reza Khan gründete in Teheran zwei Militärakademien und schickte Offiziere nach Frankreich, Deutschland und Rußland zur Ausbildung. 1924 wurde eine kleine Luftwaffe gegründet und 1932 eine Marine. Reza Khan bediente sich der Armee, um die Opposition sowohl in den Städten als auch auf dem Lande zu unterdrücken; und mit ihrer Hilfe schuf er erstmals in zwei Jahrhunderten iranischer Geschichte einen zentralisierten Staat.

Im Iran gibt es daher kein bedeutendes erbliches Offizierskorps in der Art, wie man es in manchen europäischen Ländern – am auffälligsten bei der deutschen Armee – und in vielen ehemaligen Kolonien findet, in denen der Aufbau der Streitkräfte von den Kolonialmächten selektiv gehandhabt wurde. Da der Iran nie ein kolonisiertes Land im eigentlichen Sinne des Wortes war, ist die Armee keine Exkolonialarmee. Ebensowenig stammt das Offizierskorps aus der Klasse, die die ökonomische Macht besitzt: in den 20er und 30er Jahren gingen die Söhne der reichen Grundbesitzer und städtischen Kaufleute nicht in die Armee; es gab daher keine engen gesellschaftlich-politischen Verknüpfungen zwischen dem Repressionsapparat und der herrschenden Klasse. Der Vater des Schahs war der Sohn eines Offiziers, aber es gab wenig erbliche Kontinuität; viele von denen, die in den 20er und 30er Jahren in das Offizierskorps gingen, waren einfacher Herkunft, Söhne von kleinen Grundbesitzern und Behördenangestellten. Über die gegenwärtige klassenmäßige Herkunft der Offizierskorps haben wir keine Informationen, aber es ist wahrscheinlich, daß sie sich in neuerer Zeit aus ähnlichen Bereichen rekrutieren. [illegible]ischerweise versucht das iranische Regime heute einen Sinn für kontinuierliche militärische Stärke durch alle Zeiten hindurch zu propagieren. Doch abgesehen von dem offensichtlich chauvinistische[illegible] gefährlichen Charakter dieser Art der Propaganda handelt es sich auch um eine ideologische Konstruktion, die die vorwiegende [illegible] *Kontinuität* in der Militärgeschichte des Iran verschleiern soll. Die gegenwärtige iranische Armee ist ein Produkt des letzten halben Jahrhunderts: sie hat nicht mehr Verbindungen mit den Armeen von Xerxes und Nadir Shah als die Armee Mussolinis mit den Legionen des Römischen Reichs.

Die dominierende Position des Monarchen zusammen mit seinem besonderen Vertrauen auf das Militär ist im Iran von heute besonders auffällig. Formell ist der Schah gemäß der Verfassung Oberbefehlshaber. Er erscheint oft in Militäruniform und nimmt an vielen Paraden teil. Alle Mitglieder der Streitkräfte schwören ihrerseits drei Dingen die Treue: *khodâ, shâh, mihan* (Gott, Schah, Vaterland); bei ihrer Ausbildung werden sie ständig an ihre Loyalität gegenüber dem Schah erinnert und an die Notwendigkeit, die vergangene Größe des Iran neu zu schaffen, eine Größe, die in der gängigen Mythologie untrennbar mit der Institution der Monarchie verknüpft ist. Aber im Iran ist das nicht nur eine Formalität und in keiner Weise vergleichbar etwa mit der Rolle, die die Monarchie bei den britischen oder niederländischen Streitkräften spielt. Der Schah mag auf die Armee vertrauen, aber er kontrolliert sie auch; und es ist ihm in zunehmendem Maße gelungen, sie zu entpolitisieren. In den 40er Jahren und zu Beginn der 50er Jahre, als der Monarch sich in einer schwachen Position befand, war die Armee in erkennbare politische Richtungen gespalten, und einige Generale hatten ihren eigenen Anhang. Doch das hat sich seit 1953 geändert. Eine bedeutende prokommunistische Organisation mit mehreren hundert Mitgliedern im Offizierskorps wurde 1954 zerschlagen. Der einzige Putschversuch, von dem man seitdem weiß, erfolgte 1958, als General Gharani, der Chef des Militärischen Nachrichtendienstes, wegen einer Verschwörung zum Sturz des Schahs angeklagt wurde. Der erste Chef der SAVAK, General Bakhtiar, wurde 1961 angeklagt, gegen den Schah zu opponieren; aber das Ausmaß von Unterstützung, das er angeblich besaß, ist vom Regime wohl übertrieben worden, denn er wurde ohne Schwierigkeiten entlassen. Der Schah selbst verbringt zwei Vormittage in der Woche mit den Befehlshabern des Militärs; die drei Waffengattungen hingegen dürfen nur über den eigenen Stab des Oberbefehlshabers (d.h. des Schahs) miteinander in Verbindung treten.

Die Kontrollmechanismen des Schahs erstrecken sich auf alle Bereiche. Kein General kann nach Teheran kommen oder sich mit einem anderen General treffen, ohne die besondere Erlaubnis des Schahs einzuholen. Es heißt, daß er die Beförderungen oberhalb des Majorsrangs kontrolliert, und bei der Luftwaffe (seiner Lieblingstruppe) werden alle Ausbildungsbewerber von ihm überprüft. Darüber hinaus räumt der Schah dem Offizierskorps materiell zwar eine privilegierte Position ein, doch er ist immer bemüht, dafür zu sorgen, daß es seine Abhängigkeit von ihm nicht vergißt. Oft versetzt er hohe Kommandeure, um zu verhindern, daß sie Machtzentren oder dauerhafte Bündnisse bilden. Er setzt eine persönliche Geheimpolizei, die Kaiserliche Organisation, ebenso wie den konventionellen militärischen Nachrichtendienst ein, um das Offizierskorps zu überwachen. Das vielleicht krasseste Beispiel für die Macht des Schahs über das Militär ereignete sich 1961, als er auf einen Schlag General Bakhtiar, den Leiter der SAVAK, General Abdollah Hedayat, den Stabschef des Oberbefehlshabers und mächtigsten Militär nach dem Schah, sowie General Alavi Kia, den Leiter des Militärischen Nachrichtendienstes, entließ. Dies illustriert die *außerordentliche Herrschaft* des Monarchen über die Streitkräfte. Seitdem hat er bei verschiedenen Gelegenheiten Offiziere entlassen, die mangelnder Loyalität verdächtigt wurden, vorgeblich im Zuge von Anti-Korruptions-Kampagnen. Niemand glaubt ernsthaft daran, daß der Schah die Korruption beseitigen kann oder auch nur will. Doch was diese krampfhaften Kampagnen illustrieren, ist die Fähigkeit des Schahs, jeden Offizier nach Belieben zu Fall zu bringen. Ein Autor formulierte es so:

»Oft werden Mitglieder der Elite der Korruption angeklagt, und sie werden aus ihrem Amt entfernt, verbannt oder ins Gefängnis geworfen, obwohl ihr Vergehen in Wirklichkeit rein politischer Natur war. Solche Anschuldigungen werden erhoben, um die vorhandene politische Unruhe zu verdecken, die unter der friedlichen Fassade iranischer Einheit und Stabilität fortdauert.«[2]

1974 wurden drei Generale und zwei Obersten, alle vom Transportkorps des Heeres, wegen Korruption vor Gericht gestellt. Im Februar 1976 wurden der frühere Chef der Marine, Konteradmiral Ramzi Abbas Attaie, und sein Vertreter, Konteradmiral Hassan Rafaie, wegen Bestechung zu fünf Jahren Gefängnis verurteilt; in demselben Verfahren wurden vierzehn Personen, zwölf davon Marineoffiziere, abgeurteilt. Davor, zu Beginn der 60er Jahre, hatte der Schah mehrere hundert Offiziere einschließlich fünf Generale wegen Korruption entlassen; allein 1963 wurden 300 Obersten aus der Armee ausgestoßen. Es kann keinen Zweifel daran geben, daß die persönliche Kontrolle des Schahs über das Offizierskorps heute noch stärker ist, als sie es damals war.

In den letzten Jahren hat sich die Macht des Schahs in einer weiteren Dimension gezeigt – der der Waffenbeschaffung. Diese Frage wird im einzelnen weiter unten in diesem Kapitel diskutiert, aber es soll hier schon erwähnt werden, daß über alle großen Waffenkäufe der Schah entscheidet, und er allein. Dies – die Abhängigkeit vom Wissen und von den Motiven eines Menschen, der nicht immer ein realistisches Bild der Möglichkeiten seines Landes hat – ist der Grund dafür, daß sich der Iran jetzt auf den Kauf von Waffen festgelegt hat, die er nur verwenden kann, wenn er Zehntausende von US-Amerikanern ins Land holt.

Die langjährigsten Mitglieder des Offizierskorps sind diejenigen, die ihm die ganzen Jahre hindurch Loyalität demonstriert haben: während also in einer konventionellen Militärdiktatur diejenigen Offiziere ihre Stellung am längsten behaupten können, die sich die stärksten persönlichen Machtzentren aufbauen konnten, ist im Iran das Gegenteil der Fall. Vier der Offiziere, die zu Beginn der 70er Jahre in diese Kategorie fielen, sollen hier als Beispiel genannt werden:

1. General Hossein Fardust: Er wurde 1919 als Sohn eines Armeeleutnants geboren und mit dem Schah zur Erziehung in die Schweiz geschickt; seitdem ist er dessen persönlicher Diener. Er wurde in den USA ausgebildet, hat bei SAVAK gearbeitet und leitet heute die Kaiserliche Inspektionsorganisation, die persönliche Geheimpolizei des Schahs.

2. General Hassan Toufanian: Stellvertretender Kriegsminister und unter dem Schah mit der Beaufsichtigung von Waffenkäufen aus dem Ausland betraut. Er ist einer der mächtigsten Offiziere und soll ein enger Freund des Schahs sein.

3. General Mohammad Khatami: 1920 geboren und von 1946 bis 1958 der persönliche Pilot des Schahs, der ihn 1953, als der Schah aus dem Lande floh, in Sicherheit brachte. Khatami heiratete später Fatima, die Schwester des Schahs, und war von 1958 bis zu seinem Tode bei einem Segelflugunglück im Jahre 1975 Kommandeur der Luftwaffe.

4. General Nematollah Nassiri: Er wurde 1907 geboren und war der Tutor der Klasse des Schahs in der Offiziersschule von Teheran. Ab 1950 hatte er den Oberbefehl über die kaiserliche Garde in Teheran, und er war der Mann, den der Schah im August 1953 ausschickte, um Mossadegh zu verhaften. 1965 wurde er zum Leiter der SAVAK ernannt, und diesen Posten hatte er inne, bis er 1978 als Botschafter nach Pakistan entsandt wurde.

Diese vier Generale gehörten zu der Handvoll der einflußreichsten Militärs im Iran; daß ihre Macht so zwiespältiger Natur ist, liegt an der besonderen Stellung, die sich der Monarch geschaffen hat. Doch selbst wenn der Monarch über vollständige Kontrolle zu verfügen scheint, so bedeutet das nicht, daß es für das Militär keinen politischen Spielraum gibt. Ein führender US-Experte für den Iran, der 1973 von einem Kongreßausschuß über die »Wahrscheinlichkeit« eines Putsches im Iran befragt wurde, antwortete folgendermaßen:

> »Was meiner Ansicht für den Iran – wie wohl für die meisten Militärdiktaturen – typisch ist, ist die Allgegenwart von Militärcliquen, die eine Machtübernahme planen. Ich glaube, Sie können absolut sicher sein, daß sie existieren; aber ich sehe mich nicht in der Lage einzuschätzen, wer sie sind oder wie stark sie sind, und aus diesem Grunde würde ich nicht wagen zu sagen, daß so etwas wahrscheinlich ist.«[3]

Gegenwärtig betreffen die strittigsten Punkte wohl vor allem Armee-Interna – Sold, Beförderungen, Waffensysteme, Haushaltszuweisungen, Abgrenzung der Verantwortlichkeit. Politik spielt wahrscheinlich eine weniger zentrale Rolle, als das zwischen 1941 und dem Anfang der 60er Jahre der Fall war. Aber der Schah weiß, daß die Armee, wenn sie gegen ihn geeint oder auch nur ernsthaft in Pro- und Anti-Schah-Fraktionen gespalten wäre, seiner Herrschaft ein Ende setzen könnte. Er weiß, daß alle vier Monarchien, die an den Iran angrenzten, in diesem Jahrhundert durch Putsche beseitigt worden sind – und er hat öffentlich seine Besorgnis über die Möglichkeit eines republikanischen Putsches in Saudi-Arabien geäußert.[4] Seine Möglichkeiten, die Armee zu kontrollieren, sind dadurch, daß er sie materiell zufrieden und ihre höchste Führung in Unsicherheit hält, jedoch noch nicht ausreichend gesichert; sie sind vor allem von der allgemeinen wirtschaftlichen und politischen Stabilität des Iran abhängig. Solange der Staat das Geld hat, um die Forderungen der Armee zu befriedigen und den Wohlstand für die iranische Bourgeoisie zu sichern, werden die Möglichkeiten des Schahs, den Repressionsapparat zu kontrollieren, beträchtlich sein; wenn diese Bedingungen nicht mehr bestehen, wird sich die Gefahr eines Putsches vergrößern. In einer solchen Situation könnten die Generale Nassiri, Toufanian und Fardust oder andere Männer, die gegenwärtig im kaiserlichen Schatten stehen, sehr wohl in den Vordergrund treten und ihre politische Macht offener ausüben.

Ökonomische und soziale Macht

Zusätzlich zu seiner Rolle als Instrument politischer Unterdrückung spielt der iranische Militärapparat eine bedeutende ökonomische und soziale Rolle. Das ökonomische Gewicht des Militärs zeigt sich an mindestens fünf Punkten:

1. Seit den 20er Jahren haben die Streitkräfte einen großen Teil der Regierungseinnahmen verbraucht, also der Gelder, die an den iranischen Staat von den Ölgesellschaften gezahlt wurden. Unter Reza Khan machte der Militärhaushalt durchschnittlich ein Drittel der Gesamtausgaben aus; trotz des enormen Anstiegs der Regierungseinnahmen in den letzten Jahren haben die Militärausgaben weiterhin einen bedeutenden Teil davon verschlungen.
Zwischen 1953 und 1970 stiegen die Verteidigungsausgaben von 67 Mio. Dollar auf 844 Mio. Dollar, d. h. um mehr als das Zwölffache; zwischen 1970 und 1977 stiegen sie wiederum nahezu im gleichen Verhältnis auf 9,4 Milliarden Dollar. Im Jahre 1974, als sich die Ölpreissteigerungen in einer 141prozentigen Erhöhung der Ausgaben gegenüber dem Vorjahr niederschlugen, betrugen die Verteidigungsausgaben 32% des Gesamthaushalts; wenn diese Prozentzahl danach auch etwas zurückging, so wurde doch geschätzt, daß in dem Plan für 1973–78 31% aller geplanten Kosten oder mehr als 9% des Bruttosozialprodukts für die Verteidigung vorgesehen seien.[5] 1976 gab der Iran ebensoviel für Verteidigung aus wie die Volksrepublik

China, deren Streitkräfte zehnmal so stark waren; die Pro-Kopf-Ausgaben für Verteidigung waren im Iran mit 314 Dollar *26mal so hoch* wie in China mit 12 Dollar; und die Gesamtausgaben wurden auf achtmal so hoch geschätzt wie im benachbarten Irak, dessen Truppenstärke nur etwa die Hälfte der iranischen betrug (158000 gegenüber 300000).
2. Seit den 20er Jahren sind die Streitkräfte ein bedeutender Beschäftigungsfaktor gewesen. 1976 stellten die 300000 Mann in Waffen 3% der Beschäftigten insgesamt und 5% der außerhalb der Landwirtschaft Beschäftigten dar. Die Zahl derjenigen, die indirekt für die Streitkräfte tätig sind, muß weitere Zehntausende ausmachen. Doch der Ölboom hat das Verhältnis des Militärs zum Arbeitsmarkt verändert: während es früher einen relativ privilegierten Beschäftigungszweig darstellte, hat die konkurrierende Nachfrage nach Technikern aus dem Privatsektor die vergleichsweisen Vorteile beider Bereiche verändert und die Streitkräfte ins Hintertreffen geraten lassen. Ebenso wie der private Sektor haben die Streitkräfte einen wachsenden Mangel an ausgebildetem Personal, und beide konkurrieren miteinander. 1974 betrug der Sold eines einfachen Soldaten 500 bis 600 Rial monatlich, der eines Hauptmanns etwa 30000 Rial, während ein Oberst 60000 und ein General 70000 bis 100000 Rial im Monat verdiente (34 Rial = 1 DM). Die Einkommen der unteren Ränge standen in einem ungünstigen Verhältnis zu den Facharbeiterlöhnen auf dem Privatsektor, obwohl sie nach Umfang und Regelmäßigkeit besser waren als die der Masse der Armen in Stadt und Land.
3. Das iranische Militär spielt eine wichtige Rolle in der Produktion. Reza Khan begann mit der Herstellung von Munition und Armeeuniformen, und heute hat der Iran eine Anzahl von Fabriken, die Transportfahrzeuge zusammensetzen und Panzerplatten sowie Militärausrüstungen produzieren. Diese Betriebe stehen unter der Kontrolle der Iranischen Militärindustrieorganisation: ihre Fabriken werden von Generalen geleitet und sind nach militärischen Prinzipien organisiert.
4. Die Streitkräfte haben auch ihre eigenen Dienstleistungsbetriebe. Die 1925 gegründete *Bânk-e sepâh* (Armeebank), die heute der Armeepensionskasse gehört, ist auf billige Kredite für Offiziere spezialisiert. Die 1941 gegründete Kooperative Organisation der Ordnungskräfte liefert billige Nahrungsmittel, Kleidung und andere Güter: ihre Importe sind vom Zoll befreit, die Eisenbahnen sind gesetzlich verpflichtet, ihre Güter kostenlos zu transportieren; außerdem hat sie seit der Landreform die direkte Kontrolle über die Produkte einiger Dörfer.
5. Schließlich spielen die Streitkräfte auch bei den gegenwärtigen Entwicklungsprogrammen eine Rolle. Das Militär – sowohl die Armee als auch SAVAK – hat das Bildungs- und das Gesundheitskorps organisiert, die im Rahmen des Landreformprogramms auf die Dör-

fer geschickt wurden. Auch die Ausweitung von Stützpunkteinrichtungen in den 60er und 70er Jahren, besonders im Süden des Landes, hat tiefgreifende wirtschaftliche Folgen gehabt: die Bevölkerung von Bandar Abbas, dem Hafen am Persischen Golf, der zum neuen Hauptquartier der Marine gemacht wurde, stieg von 18000 im Jahre 1960 auf 200000 zu Beginn der 70er Jahre und soll bis 1980 auf 400000 anwachsen. Straßen- und Eisenbahnbau sind ebenfalls Teil der militärischen Expansion gewesen. Auf diese Weise hat die militärische Entwicklung einen Großteil der laufenden Ausgaben bestimmt; andererseits hat die dem Militärhaushalt eingeräumte Priorität Ressourcen von anderen Projekten abgezogen, was zu einer Verzerrung der Gesamtentwicklung des Iran führte. Trotz seiner Öleinkünfte ist der Iran, gemessen an seinen Bedürfnissen, immer noch knapp an Kapital, wegen der hohen Militärausgaben fehlen die Gelder für produktive Investitionen. Das gleiche gilt für qualifizierte Arbeitskräfte und das Wachstum der Infrastruktur. Zweifellos ergibt sich aus diesen Militärausgaben ein gewisser positiver Beitrag zur Wirtschaftsentwicklung; aber dieser ist extrem gering, gemessen an den Nachteilen, die dem Iran bei seinem Versuch, die Entwicklung der Wirtschaft voranzutreiben, durch die enorme Verringerung der Ressourcen entstehen.

Das Militär spielt auch eine ausgeprägte soziale Rolle, die sich in mindestens vier Bereichen zeigt:

1. Die Streitkräfte sind ein Vermittler sozialer Mobilität. Uns stehen zwar keine Details über die soziale Herkunft des iranischen Offizierskorps zur Verfügung, aber wir können davon ausgehen, daß viele relativ unprivilegierter Herkunft (kleinere Staatsangestellte, Bauern) sind; und es scheint, daß der Aufstieg des Offizierskorps zu einem Machtfaktor in der iranischen Gesellschaft unter dem Pahlavi-Regime der herrschenden Klasse eine neue Komponente hinzugefügt hat. Diese soziale Zusammensetzung mag unter anderem erklären, warum die Armee die Landreform unterstützte und nicht die Großgrundbesitzer schützte. In den unteren Rängen hat auch die Wehrpflicht als Mittel sozialer Mobilität gewirkt: obwohl eine allgemeine Wehrpflicht für die Dauer von 24 Monaten besteht, werden die meisten Wehrpflichtigen (sie müssen im Alter von 19 Jahren am 21. März, dem persischen Neujahr, zur Musterung erscheinen) wegen körperlicher Untauglichkeit zurückgewiesen. Doch für die Bauern, die in die Armee eintreten, ist das ein Weg, der Armut der Dörfer zu entkommen – auch wenn es Anpassungsschwierigkeiten gibt, wenn solche jungen Männer zu ihren Familien zurückkehren.
2. Die Armee ist von beiden Schahs als ein Instrument nationaler Integration benutzt worden. In den 20er und 30er Jahren setzte Reza Khan die Armee ein, um den Widerstand der Stammesbevölkerung zu brechen. Die letzte größere Stammesrevolte fand 1963 in der Pro-

vinz Fars statt; doch obwohl es solche Kämpfe heute nicht mehr gibt, wird die Armee auf andere Weise für dieselben Ziele benutzt: Söhne von Stammesführern werden dazu veranlaßt, Armeeoffiziere zu werden, und das Regime hat versucht, die Anwerbung von Männern aus den unterdrückten Minderheiten zu fördern. Wir kennen die ethnische Zusammensetzung der Streitkräfte nicht, aber es gibt sicher eine Rekrutierungspolitik, die auf alle Gruppen ausgerichtet ist. Das steht im Gegensatz zu der Situation in anderen Staaten des Mittleren Ostens, wie Jordanien und Saudi-Arabien, wo die Rekrutierungspolitik ethnisch und regional selektiv funktioniert.

3. Die Streitkräfte wirken als Instrument zur Verbreitung der Ideologie des Regimes und besonders zur Festigung der Loyalität gegenüber dem Monarchen. Innerhalb der Ausbildung bei der Armee spielt deshalb der Unterricht in kaiserlicher Geschichte, chauvinistischen Liedern und monarchistischen Werten eine große Rolle. Da das Regime versucht, arabische und türkische Wörter aus dem Persischen zu entfernen, sollen offizielle militärische Dokumente in einem konstruierten »reinen Persisch« geschrieben werden: Rekruten müssen besondere Wörterverzeichnisse studieren, um sich von »unreinen« Wörtern zu befreien. Diese Funktion der Ideologievermittlung beschränkt sich jedoch nicht auf die Streitkräfte; die 1960 geschaffenen paramilitärischen Korps vermitteln dieselben Werte auf den Dörfern, und der Schah benutzt seine Position des Oberbefehlshabers als Teil seines Images in der Öffentlichkeit. Die Verhältnisse werden so dargestellt, daß die Stärke der iranischen Streitkräfte von der Existenz eines starken Schahs abhängt.

4. Die Streitkräfte stellen auch Personal für die Durchführung anderer Regierungsaktivitäten zur Verfügung, wie das in vielen ausgesprochenen Militärdiktaturen der Fall ist. So haben Generale Landreformprogramme durchgeführt und Fabriken betrieben, oder auch Teile des Repressionsapparates befehligt, die in anderen Gesellschaften vielleicht von Polizisten oder sogar Zivilisten geleitet würden (SAVAK, die Gendarmerie). Das Offizierskorps ist also auch eine Personalreserve, auf die das Regime zurückgreifen kann, um breitere Teile der Wirtschaft zu verwalten.

Politische Repression

Die wichtigste Funktion, die der Repressionsapparat ausübt, ist jedoch immer noch die, das Überleben des Regimes zu garantieren. Wenn das klargestellt ist, sollte man jedoch untersuchen, *wie* der Apparat angewendet wird und auf welche Weise seine verschiedenen Abteilungen eingesetzt werden. Wie wir gesehen haben, haben beide Schahs ihre effektive Macht durch die direkte Intervention der Armee erlangt – in den Putschen von 1921 und 1953. Und beide Monarchen haben die Armee gebraucht, um den Widerstand in Stadt und Land zu besiegen. Der gegenwärtige Schah benutzte die Armee zur Niederschlagung der autonomen Bewegungen in Azerbaijan und Kordestan, in den Jahren 1946–47, sowie zur Niederwerfung der Kommunisten und der Nationalen Front nach 1953. Beide Aktionen haben in der offiziellen Mythologie des Regimes einen besonderen Platz erhalten. Die erste ist von besonderer ideologischer Bedeutung, weil sie dazu gedient hat, die erniedrigende Niederlage von 1941 zu verschleiern, in der britische und russische Truppen das Land gegen nur symbolischen Widerstand einnahmen. Die zweite Aktion beendete die Auslöschung der Opposition, die 1946 begonnen hatte. Seitdem werden der 12. Dezember (der 21. Azar), der an die Einnahme von Azerbaijan erinnert, und der 19. August (der 28. Mordad) als Nationalfeiertage begangen. In den 50er Jahren war es dann kein Geheimnis, daß die wichtigste bzw. die einzige Funktion der iranischen Armee darin bestand, die innenpolitische Position des Regimes zu erhalten; die Lieferung von US-Waffen wurde damit gerechtfertigt, daß der Iran sie zur Abwehr eines sowjetischen Angriffs brauchte –aber das war nur ein Vorwand. US-Senator Hubert Humphrey erklärte 1960:

»Wissen Sie, was der Chef der iranischen Armee einem von unseren Leuten erzählte? Er sagte, die Armee sei in gutem Zustand, dank US-Hilfe – sie sei jetzt in der Lage, mit der Zivilbevölkerung fertig zu werden.«[6]

Seit jener Zeit hat sich die politische Rolle der Armee jedoch geändert; sie steht nicht mehr in vorderster Front der Repression. Bevor die Armee 1978 gegen Demonstranten eingesetzt wurde, war sie das letzte Mal 1963 für eine größere Operation in einer Stadt eingesetzt worden: zur Niederschlagung des Massenaufstands vom Juni 1963 in Teheran und einer Anzahl anderer Städte; damals wurden mehr als 1000 Menschen getötet. Von 1965 bis 1978 blieb die Armee in ihren Kasernen in Stadtnähe, besetzte Universitäten und wurde bei einer Anzahl kleinerer Unternehmungen in Stammesgebiete geschickt. Politische Prozesse liefen zwar vor Militärgerichten ab, doch es war nicht die Armee, die die aktivste repressive Rolle spielte: diese verteilte sich auf die anderen Teile des Unterdrückungsapparates, hinter denen die Armee in Reserve stand. Über Wesen und Zweck dieser anderen Abteilungen kann man bis zu einem gewissen Grad nur Mutmaßungen anstellen; jedenfalls bemüht sich der Schah, wie andere Autokraten, Rivalitäten zwischen ihnen zu schüren und für ihre gegenseitige Überwachung zu sorgen. Das rührt vor allem daher, daß die beiden gefährlichsten Bedrohungen seiner Herrschaft aus dem Repressionsapparat selbst von den Nachrichtendiensten kamen – von General Gharani, dem Leiter des Militärischen Nachrichtendienstes, 1958, und von General Bakhtiar, dem Leiter von SAVAK, im Jahre 1961.

Außer den drei Hauptabteilungen der Streitkräfte oder in ihrem Innern kann man mindestens acht verschiedene Repressionseinheiten unterscheiden, von denen vier in gewisser Weise offen arbeitende Polizeieinheiten sind, während die anderen vier verschiedene nachrichtendienstliche und geheimpolizeiliche Funktionen ausüben.[7]

A. Polizeieinheiten:
1. Militärpolizei
2. Städtische Polizei (*Shahrbâni*)
3. Kaiserliche Garde
4. Kaiserlich Iranische Gendarmerie

B. Nachrichtendiensteinheiten:
5. SAVAK
6. Militärischer Nachrichtendienst (bekannt als *rokn-e do,* Abteilung Zwei)
7. Kaiserlich Iranische Inspektion
8. Sonderbüro (*daftar-e vizhe*)

Militärischer Nachrichtendienst, Militärpolizei und Städtische Polizei scheinen die Aufgaben zu erfüllen, die man üblicherweise mit diesen Institutionen verbindet, wobei die Städtische Polizei ihre eigne Nachrichtenabteilung hat. Die anderen fünf haben eine speziellere Funktion in der Gesamtstruktur des Repressionsapparates. Die Kaiserliche Garde ist eine Einheit von etwa 2000 Mann: alle sind Offiziere und das seit 1965, als ein Soldat aus dieser Einheit versuchte, den Schah zu töten. Sie sind in Teheran stationiert, wo sie den Schah bewachen, und gehören zu einem Elitekorps von 70000 Mann, das auch Fallschirmspringer und Counter-insurgency-Einheiten umfaßt, die in der Hauptstadt und in ihrer Nähe stationiert sind. Die 1958 nach dem Putschversuch von General Gharani und als Reaktion auf eine Masse von Korruptionsanschuldigungen aus den USA eingerichtete Kaiserlich Iranische Inspektion ist das persönliche Instrument des Schahs zur Überwachung der Streitkräfte und zur Verhinderung weiterer Verschwörungen. Das Sonderbüro hat weitergehende Befugnisse: von allen Einheiten arbeitet es mit der größten Geheimhaltung, und es ist unter anderem dafür verantwortlich, SAVAK im Auge zu behalten.
Im Gegensatz dazu ist die Kaiserlich Iranische Gendarmerie eine äußerst sichtbare paramilitärische Truppe. Sie wurde 1911 mit Hilfe von schwedischen Offizieren gegründet und von 1942 bis 1976 von einer Gruppe von US-Spezialisten beraten; seit einigen Jahrzehnten ist sie das wichtigste Kontrollinstrument auf dem Lande – d. h. in den Gebieten, in denen die reguläre Polizei nicht tätig ist: das sind alle Gemeinden von weniger als 5000 Einwohnern, was zusammen immer noch die Hälfte der Bevölkerung und mehr als 80% der Fläche des Landes ausmacht. Die Armee wird nur eingesetzt, wenn die Gendarmerie mit irgendwelchen Ereignissen nicht fertig wird. Gendarmerie-Stationen, von denen es mehr als 2000 gibt, befinden sich in Dörfern und an Straßenkreuzungen auf dem Lande; aber im

Gegensatz zu früher, als ihre wichtigste Funktion die Kontrolle der Stämme und der Bauern war, ist sie heute vor allem eine Counterinsurgency-Truppe. Aus diesem Grunde ist sie in den letzten Jahren, als der ursprüngliche Grund für ihre Errichtung an Bedeutung verlor, stark erweitert und modernisiert worden. Mitte der 60er Jahre hatte sie eine Stärke von 35000 Mann, und diese Zahl hat sich bis heute auf 70000 verdoppelt. Seit 1970 stehen alle Gendarmerie-Stationen direkt über Funk mit dem Hauptquartier in Teheran in Verbindung. Die Gendarmerie ist auch eine hochmechanisierte Einheit: sie hat eigene Flugzeuge, Hubschrauber, Kraftfahrzeuge, Jeeps und Streifenwagen. Ihre Offiziere sind in der Armee ausgebildet, und auch hier müssen alle Beförderungen oberhalb eines gewissen Ranges vom Schah gebilligt werden. Das bedeutet, daß die ländlichen Gebiete im Iran für den Aufbau einer Guerillatruppe oder überhaupt irgendwelcher oppositioneller Aktivitäten – wie es sie in einigen anderen Ländern der Dritten Welt gibt – sehr ungünstige Bedingungen bieten: durch die Gendarmerie hat der Staat seine Kontrolle in äußerst wirksamer Weise über die Gesamtheit der ländlichen Gebiete ausgedehnt.

SAVAK

Das allgegenwärtigste aller Sicherheitsinstrumente ist natürlich SAVAK. Reza Khan hatte noch sein eigenes System von Nachrichtendiensten in den 20er und 30er Jahren: SAVAK ist ein Produkt der Repression nach 1953 und der Rolle, die die USA darin spielten. Schon zu Beginn der 50er Jahre konnte man beobachten, daß sich einige der aktivsten Gegner von Mossadegh innerhalb der Streitkräfte im Militärischen Nachrichtendienst befanden; Mossadegh versuchte, die Streitkräfte für sich zu gewinnen und dann zu säubern; aber dazu fehlte ihm die Machtbasis, und schließlich wurde er vom Militär gestürzt. In dieser Hinsicht gibt es viele auffällige Ähnlichkeiten mit dem Schicksal von Präsident Allendes Unidad-Popular-Regierung in Chile genau 20 Jahre später, wo eine US-Intervention über die Armee ebenfalls eine verfassungsmäßig gewählte Regierung stürzte.
Nach dem Putsch war das Hauptinstrument der Repression das Amt des Militärgouverneurs von Teheran, an dessen Spitze General Teimour Bakhtiar stand; ihm unterstanden zwei spezialisierte Nachrichteneinheiten: die eine, der Militärische Nachrichtendienst, hatte die Beseitigung von Opponenten innerhalb der Streitkräfte zur Hauptaufgabe; die andere, die Geheimpolizei (*kâr-âgâhi*), wurde gegen oppositionelle Parteien, Gewerkschaften und Publikationen eingesetzt. Zu dieser Zeit erhielt Bakhtiar Hilfe von US-Beratern, und als 1957 eine neue Nachrichteneinheit errichtet wurde, bildeten

diese eine permanente US-Geheimmission, die ihr angegliedert war. Diese neue Einheit war SAVAK – *Sâzmân-e ettelâ'ât va amniyat-e keshvar,* die Organisation für Nachrichten und innere Sicherheit. Das Gesetz, durch das SAVAK gegründet wurde, enthielt drei Hauptartikel, welche festsetzten, daß

1. SAVAK ein Teil des Amtes des Ministerpräsidenten ist; ihr Leiter wird vom Schah ernannt und hat den Rang eines stellvertretenden Ministerpräsidenten.
2. SAVAK befaßt sich mit der Beschaffung von Informationen, die »für die Aufrechterhaltung der nationalen Sicherheit erforderlich sind«; mit Spionageabwehr; und mit denjenigen, die verdächtigt werden, Gesetze zu übertreten, die sich auf antimonarchische Aktivitäten, bewaffneten Widerstand, militärische Verbrechen und Anschläge auf das Leben des Monarchen und des Kronprinzen beziehen. Von diesen Gesetzen wird am häufigsten das Hochverratsgesetz von 1931 (22. Khordad 1310) angewendet, das die Befürwortung »kollektivistischer« (d.h. sozialistischer oder kommunistischer) Ideen zu einem Verbrechen erklärt.
3. SAVAK-Beamte sind als Militärrichter bei der Aburteilung von Verbrechen tätig, die ihren Bereich betreffen, gemäß dem Militärgerichtssystem, das zur Behandlung politischer Verbrechen aufgebaut wurde.[8]

Die SAVAK hat ihre besondere Position erst nach 1963 erlangt. Sie wurde *nach* der Niederschlagung der wesentlichen Opposition Anfang der 50er Jahre gegründet, und zu Beginn der 60er Jahre zeigte sich, daß sie nicht in der Lage war, die politische Situation in den Griff zu bekommen und Unruhen zu verhindern: aus diesem Grunde ließ man im Juni 1961 die Armee wieder in Aktion treten. Der Schah geriet auch mit den ersten beiden Leitern der Organisation in Konflikt. General Bakhtiar, der bis 1961 an der Spitze der SAVAK stand, wurde entlassen; zum einen weil es ihm nicht gelungen war, eine Wahl wirksam zu inszenieren, zum anderen weil er sich eine eigene Machtbasis in den Streitkräften aufgebaut hatte: er ging dann ins Exil, wo er Ansätze einer Opposition organisierte, bevor er 1970 im Irak von einem SAVAK-Mörder erschossen wurde. Der zweite Leiter der SAVAK, General Hassan Pakravan, war vorher Chef des Militärischen Nachrichtendienstes und dann Bakhtiars Stellvertreter bei SAVAK gewesen; aber er erwies sich als zu nachgiebig für den Geschmack des Schahs und fiel nach dem Aufstand vom Juni 1963 in Ungnade. Endgültig hinausgeworfen wurde er 1965, nachdem ein Soldat einen Anschlag auf das Leben des Schahs unternommen hatte; an seine Stelle trat General Nassiri, der Mann, der im Juni 1963 zum Militärgouverneur von Teheran ernannt worden, d.h. *de facto* seitdem Sicherheitschef war.

Nassiris Amtszeit dauerte bis 1978, und dieser Zeitraum brachte das Ende der inneren und verwaltungsmäßigen Unsicherheiten der ersten acht Jahre von SAVAK. Nassiri erwies sich als ebenso rücksichtslos wie Bakhtiar, ohne jedoch, wie es scheint, dessen persönliche Ambitionen zu besitzen. Was wir über SAVAK wissen, erlaubt uns zumindest einen Einblick in den Umfang ihrer Aktivitäten. Der offizielle Haushalt für 1972–73 betrug 255 Mio. Dollar, für 1973–74 310 Mio. Dollar; vielleicht ist das sogar noch eine Untertreibung, denn andere Ausgaben könnten in anderen Posten des Sicherheitshaushalts versteckt sein. Schätzungen darüber, wieviele Menschen für SAVAK arbeiten, schwanken zwischen 3120 (der Schah, 1976) und 30000 bis 60000 (*Newsweek*, 1974)[9]; während die Zahl der hauptamtlichen Angestellten also unsicher ist, leugnet niemand, daß SAVAK eine weit größere Armee von Teilzeitinformanten besitzt, die über den ganzen Iran und die iranischen Gemeinschaften im Ausland verbreitet sind. *Newsweek* behauptete 1974, daß bis zu 3 Mio. Iraner auf die eine oder andere Weise als SAVAK-Informanten tätig wären, und in einer der seltenen öffentlichen Erklärungen von SAVAK bestätigte ein Beamter 1971, daß zu diesen Teilzeitinformanten »Arbeiter, Bauern, Studenten, Professoren, Lehrer, Vereinsmitglieder, politische Parteien und andere Verbände« gehörten.[10] Die SAVAK hat eine derartige Macht, daß sie eine ganze Anzahl von früheren Mitgliedern der Opposition angeworben hat; einige sind Exkommunisten, und mindestens einer ist ein früheres Mitglied der studentischen Opposition, ein lautstarker Vertreter des Che Guevarismus, der in der Mitte der 60er Jahre zeitweilig im Gefängnis war.

Die Verantwortlichkeiten der SAVAK erstrecken sich auf einen viel weiteren Bereich, als man ihn gewöhnlich mit einer einzelnen Sicherheitsbehörde in Verbindung bringt – Spionage und Spionageabwehr, Nachrichtendienst auf politischem und militärischem Gebiet. Es scheint, daß die Organisation in neun getrennte Einheiten unterteilt ist: eine ist für Personal zuständig; eine für Gefängnisse; eine für die Verbindung mit ausländischen Spionagediensten; eine für die Zusammenarbeit mit der Polizei und dem Militärischen Nachrichtendienst; und eine schließlich für die Bespitzelung von Iranern im Ausland. Die wichtigste Abteilung, bekannt als »Innere Sicherheit und Aktion«, ist für Repression im Inland verantwortlich. Sie ist in verschiedene Regionalsektionen unterteilt und in Abteilungen mit besonderen Aufgaben für einzelne politische Gruppen. An der Spitze von »Innere Sicherheit und Aktion« stand zunächst General Nasser Moqaddem, der diese Stellung 15 Jahre lang innehatte, bevor er Leiter des Militärischen Nachrichtendienstes und 1978 Leiter der SAVAK wurde. Gegenwärtig wird diese Abteilung von dem 1936 geborenen Parviz Sabeti geleitet, der der Bruder eines führenden Geschäftsmannes ist. Sabeti soll in Israel ausgebildet worden sein. Er wird offiziell als »stellvertretender Direktor der SAVAK« und Vorsitzender des gemeinsamen Komitees der Nationalen Polizeistreitkräfte und der SAVAK bezeichnet. Sabetis Büro befindet sich im

Hauptgebäude von Polizei und SAVAK im Zentrum von Teheran, dem berüchtigten *Comité*-Gebäude, in das politische Gefangene gewöhnlich zuerst gebracht werden, da dort die Folterungen stattfinden.

Die Hauptaufgabe der SAVAK ist die Identifizierung aller, die in irgendeiner Weise gegen die Diktatur des Schahs opponieren; aber bei der Ausführung dieser Aufgabe geht sie über die engen Grenzen dessen hinaus, was man als Tätigkeit einer Geheimpolizei bezeichnen könnte. Zu allererst ist SAVAK eine *geheime* Organisation mit einem öffentlichen Gesicht. Es gehört zur Politik des Regimes, die Existenz eines derartigen Gebildes bekanntzumachen; gelegentlich rechtfertigen Beamte die Existenz der SAVAK, indem sie auf Bedrohungen verweisen, denen sich der Iran gegenübersehe, sowie auf die Tatsache, daß andere Länder ebenfalls Sicherheitsbehörden besitzen. Im Iran selbst geben Beamte wie Sabeti gelegentlich Interviews, und die Iraner werden daran erinnert, daß diese allgegenwärtige Institution existiert: Einwohner von Städten wie Teheran oder Tabriz können Besuchern sagen, welche Gebäude bekanntermaßen von der SAVAK benutzt werden. Studenten der Universität Teheran wissen, daß seit den Unruhen von 1962 zwei nahegelegene Häuser – in der Azar-Straße 21 und in der Anatole-France-Straße – von SAVAK-Agenten und gewöhnlicher Polizei belegt sind; sie sollen abweichende Meinungen unter den Studenten unterdrücken. Durch eine ausgewogene Mischung von geheim und offen werden Angst und Mißtrauen auf höchst wirksame Art und Weise aufrechterhalten.

Die Rolle der SAVAK im Inneren geht weit über die bloße Repression hinaus. In jeder Gesellschaft, in der freie Meinungsäußerungen verboten sind, muß das Regime den Anschein wenigstens einiger Freiheiten fördern; und es muß durch die Geheimpolizei Informationen über die Volksmeinung sammeln. So ist die SAVAK die Zensurbehörde im Iran: aber sie veröffentlicht auch Bücher und Zeitschriften und benutzt sogar einige ihrer früher der Opposition angehörenden Mitglieder, um gewisse Arten von »oppositionellen« Gedanken, die Verwirrung stiften sollen, zu verbreiten. SAVAK betreibt auch die etwa 600 Regierungsgewerkschaften, und SAVAK-Beamte haben in einigen Fabriken Büros; wiederum unterdrücken sie nicht einfach Streiks, sondern sie vermitteln auch zwischen Arbeitern und Eigentümern und versuchen, unter den Arbeitern Unterstützung für das Regime und für erhöhte Produktion zu gewinnen. Das Mißtrauen der Iraner gegenüber der SAVAK geht so weit und ihre Aktivitäten sind so vielfältig, daß fast jeder, der Kritik an der Regierung äußert, in Gefahr gerät, als SAVAK-Agent verdächtigt zu werden. Andererseits fördert das Regime sowohl im Inland als auch im Ausland unter Dissidenten ein feindseliges Klima, indem jeder den anderen verdächtigt, für SAVAK zu arbeiten. Das ist eine sehr wirksame und heimtückische Art, eine Opposition zu demoralisieren.

Die Aktivitäten der SAVAK gehen in mindestens vier Punkten über die Grenzen des Iran hinaus – Spionage, Geheimaktionen im Ausland, Zusammenarbeit mit ausländischen Nachrichtendiensten und Überwachung von iranischen Oppositionellen. Iranische Agenten operieren mit Sicherheit in den Ländern des westlichen Asien, da der Iran an diesen Ländern – seiner eigenen Aussage nach – ein strategisches Interesse hat. In einer Quelle heißt es: »Westliche Spionagechefs schätzen die Qualität ihrer nachrichtendienstlichen Operationen im Mittleren Osten, besonders am Persischen Golf, in Ägypten und im Libanon außerordentlich hoch ein.«[11] Die SAVAK-Operationen in der arabischen Welt standen einige Jahre lang unter der Leitung von Mansur Ghadar, der verschiedentlich als iranischer Botschafter im Libanon und in Jordanien tätig war. Wiewohl er in offensichtlich zweitrangigen Ländern diente, erschließt sich die Wichtigkeit seiner Person aus der Tatsache, daß er neben Ardeshir Zahedi in Washington der einzige Botschafter mit direkter Telefonleitung zum Schah war. Ghadar war nicht nur für die Spionagetätigkeit in den arabischen Ländern verantwortlich, sondern sammelte auch Informationen über iranische politische Aktivisten, die mit dem palästinensischen Widerstand zusammenarbeiteten oder von diesem ausgebildet wurden. Um 1970 gelang es Ghadar, für einen hohen Preis eine Liste mit den Namen aller Iraner zu kaufen, die in palästinensischen Lagern in Jordanien aktiv waren. Bei ihrer Rückkehr in den Iran wurden die meisten von ihnen gefangengenommen und heimlich umgebracht. Ghadar hingegen erhielt vom Schah für seine Bemühungen eine hohe militärische Auszeichnung.
Es ist kein Fall bekannt, in dem ein iranischer Spion in irgendeinem dieser Länder gefaßt worden wäre, aber das Ausmaß iranischer Geheimaktivität im Irak ist ein anschauliches Beispiel: Im Juli 1969 konspirierten iranische Agenten mit irakischen Armeeoffizieren in einem erfolglosen Putsch. 1970 ermordete ein SAVAK-Agent General Bakhtiar auf der Jagd. Zwischen 1972 und 1975 arbeiteten SAVAK-Agenten mit den Truppen des Kurdenführers Barzani zusammen, der gegen die Regierung in Bagdad revoltierte: SAVAK-Agenten unterstützten offen ausländische Journalisten, die die kurdischen Gebiete über den Iran besuchten; und SAVAK-Personal unterhielt in den kurdischen Bergen ein ihnen unterstelltes Sicherheitsnetz; diese Einheit, bekannt als *Parastin,* war nur Barzani persönlich verantwortlich und wurde zur Unterdrückung von Widerstand in der kurdischen Bevölkerung benutzt.
Die beiden ausländischen Geheimdienste, mit denen die SAVAK am längsten zusammengearbeitet hat, sind die der USA und Israels. Die Gründung der SAVAK fand, wie schon gesagt, unter US-Aufsicht statt; bemerkenswert ist, daß nicht nur der CIA, d.h. die *ausländische* Spionageorganisation Hilfe leistete, sondern auch der FBI, der *inländische* Geheimdienst (in den USA wird der FBI sowohl zur Ver-

brechensbekämpfung als auch zur Aufspürung politischer Feinde verwendet). Da der Iran seine ausländischen Spionageaktivitäten weiterentwickelt hat, ist anzunehmen, daß ein weiterer US-Dienst – die für elektronische Überwachung zuständige National Security Agency – Verbindungen zu SAVAK hergestellt hat. Seit 1973 ist Teheran das Hauptquartier des CIA im Mittleren Osten (vorher befand es sich in Nikosia). Daß der frühere CIA-Chef Richard Helms zwischen 1973 und 1976 als US-Botschafter fungierte, ist in diesem Zusammenhang ebenfalls bezeichnend. Tatsächlich leugnet niemand diese Verbindung: ein Beamter des State Department bestätigte mir das im Oktober 1976: »Die Kooperation zwischen SAVAK und dem CIA ist gar kein Geheimnis.« Die Zusammenarbeit des Iran mit Mossad, dem israelischen Nachrichtendienst, geht zurück bis in die frühen 50er Jahre, als Iran und Israel einen gemeinsamen Feind hatten – den arabischen Nationalismus. In den letzten Jahren hat SAVAK Verbindungen mit anderen Nachrichtendiensten hergestellt: in Pakistan, Jordanien, Ägypten und bis zum Linksputsch vom April 1978 auch in Afghanistan. Informationen werden ausgetauscht, und gemeinsame Feinde werden beobachtet.
Der Aktionsbereich der SAVAK im Ausland, der die meiste Aufmerksamkeit erregt hat, ist ihre Verfolgung der iranischen Oppositionellen. Dokumente aus der iranischen Botschaft in Genf, die dort 1975 gefunden wurden, weisen darauf hin, daß hier das Hauptquartier der SAVAK-Aktivisten in Europa lag: Unter den Anweisungen von Sabeti aus Teheran war eine an die Botschaft in London gerichtet und enthielt die Anweisung, Informationen über zwei Labour-Abgeordnete zu sammeln, deren kritische Äußerungen gegenüber dem Schah bekannt waren. Diese Dokumente bezeugen, daß SAVAK-Agenten im Ausland Telefone anzapfen, Mikrofone installieren, Oppositionelle fotografieren und Einbrüche begehen. Diese Agenten handeln unter diplomatischem Schutz. Im August 1976, nach der Veröffentlichung dieser Dokumente, wies die Schweizer Regierung einen Ersten Sekretär der Botschaft, Ahmed Malek Mahdavi, aus, den sie für einen höheren SAVAK-Beamten mit Gesamtverantwortung für Westeuropa hielt. Die Genfer Dokumente bestätigten auch, daß ein Beamter in der Pariser Botschaft namens Homayun Keikabusi tatsächlich ein SAVAK-Agent war. Im Oktober 1976 behauptete die *Washington Post* unter Berufung auf Quellen der US-Nachrichtendienste, Mansur Rafizadeh, ein Beamter bei der UN-Mission des Iran, sei der Leiter der SAVAK in den USA.[12] Obwohl Rafizadeh selbst leugnete, irgend etwas mit SAVAK zu tun zu haben, gaben sowohl der Schah als auch Sabeti in Interviews mit US-Journalisten zu, daß SAVAK iranische Oppositionelle im Ausland observiert.[13] Auch in England ist die SAVAK in Aktion getreten: am 12. Mai 1974 berichtete die *Sunday Times,* wie der SAVAK-Direktor für Großbritannien, der in der Botschaft angestellte Ali Abdol Ja-

hanbin, einen iranischen Studenten dazu zu überreden versuchte, Informationen über Exil-Oppositionelle zu sammeln.
In den letzten Jahren konnte man viele Ähnlichkeiten zwischen der SAVAK und anderen Sicherheitsorganisationen in anderen repressiven kapitalistischen Staaten der Dritten Welt beobachten. Die meisten Ähnlichkeiten bestehen zu Organisationen, die wie die SAVAK in Ländern der Dritten Welt gegründet wurden, in denen es einen breiten Volkswiderstand gibt, den das Regime mit US-Unterstützung zu vernichten versucht. Sowohl in Brasilien nach dem Putsch von 1964 als auch in Chile nach 1973 entstanden Einheiten vom Typ SAVAK in ganz ähnlicher Weise wie diese: sie wurden vom Hauptverband der Armee und der Polizei abgetrennt und mit US-Hilfe reorganisiert. Diese Organisationen – im ersten Falle DOPS (Abteilung für politische und soziale Ordnung) und im zweiten DINA (Nationale Nachrichtendirektion) – wurden gegründet, um die Repression zu einem ständigen Merkmal des neuen Regimes zu machen, zusätzlich zu dem bereits erdrückenden Gewicht der Armee und anderer Ordnungstruppen. Ein anderer vergleichbarer Punkt ist traurigerweise das systematische Vorkommen von Folter, die in allen drei Ländern ebenso wie in vielen anderen stattfindet. SAVAK wendete in den 50er Jahren Folter an, die jedoch verhältnismäßig grob war. Von den 70er Jahren an wurde dann eine raffiniertere Art von Folter normaler Bestandteil der Verhöre, denen SAVAK routinemäßig politische Gefangene unterzog, ebenso wie in Chile und Brasilien. Die in allen drei Ländern verwendeten Methoden ebenso wie die Instrumente haben auffällige Ähnlichkeiten. Bisher hat noch niemand beweisen können, daß US-Berater in diesen Ländern Folter gelehrt oder an Folterungen teilgenommen haben; aber die Verbreitung ähnlicher Techniken und die US-Patenschaft für alle drei Organisationen weisen darauf hin, daß ihr gemeinsamer Schirmherr, die US-Regierung, ein Großteil der Verantwortung trägt für das, was geschehen ist – ebenso wie für andere abhängige Geheimpolizeikräfte wie den koreanischen CIA und bis 1975 die Geheimpolizei der Saigoner Diktatur.

Die Verletzung der Menschenrechte

Die Fakten über die Brutalität der SAVAK sind seit einer Reihe von Jahren bekannt und waren zum Inbegriff systematischer Anwendung von Grausamkeit durch eine Regierungsbehörde geworden. Wie der Generalsekretär von Amnesty International erklärte, »hat sich kein Land auf der Welt in Sachen Menschenrechte Schlimmeres zuschulden kommen lassen als der Iran«.[14] Aufgrund der Berichte von Amnesty International und der Internationalen Juristenkommission läßt sich die Situation bis Ende 1976 folgendermaßen zusammenfassen:[15]

1. Verhaftungen: SAVAK verhaftet jede Person nach Belieben. Es gibt keine gesetzlichen Einleitungsmaßnahmen für Durchsuchungen und Festnahmen, keine zeitliche Begrenzung von Inhaftierungen und kein Recht des Verhafteten auf unabhängigen Zugang zu einem Rechtsanwalt. Die Macht der SAVAK ist willkürlich und absolut.

2. Prozesse: Alle politischen Prozesse werden vor Militärgerichten abgehalten. Die Richter sind entweder Armeeoffiziere oder SAVAK-Beamte. Wer sie sind, wird geheimgehalten. Zeugen für die Verteidigung werden nicht zugelassen. Amnesty berichtet, daß seit März 1972 keine ausländischen Beobachter zu solchen Prozessen zugelassen wurden und daß »kein Fall bekannt ist, in dem ein Angeklagter freigesprochen worden wäre«.

3. Verhältnisse in den Gefängnissen: Im Iran gibt es drei Arten von Gefängnissen – Polizeihaftzentren, die hauptsächlich für kurze Haftstrafen bestimmt sind; Gerichtsgefängnisse, in denen kriminelle Täter sitzen; und Zuchthäuser, in die die Opfer der SAVAK kommen. Die bekanntesten politischen Gefängnisse liegen in und um Teheran – Qasr, Evin und Qezel Qale. Andere gibt es in Tabriz, Shiraz, Rezaiye, Rasht, Arak, Bandar Abbas, Mashhad, Mahabad, Borazjan, Bushehr, Zahedan, Semnan und Kermanshah. Ein Oberst M. A. Kasrai, stellvertretender Direktor der Allgemeinen Gefängnisabteilung, erzählte einem englischen Besucher im Mai 1975, es gebe insgesamt 6000 Gefängnisse im Iran. Sofern man nicht jede Polizeistation mitzählt, scheint das etwas übertrieben, die Masse der politischen Gefangenen konzentriert sich wahrscheinlich auf etwa ein Dutzend Zentren. Unabhängigen Beobachtern ist es nicht einmal gestattet worden, diese Gefängnisse zu besuchen, aber es hat viele Berichte über menschenunwürdige Bedingungen gegeben. Der Amnesty-Report stellt fest, daß Häftlinge vor dem Prozeß

»in kleine feuchte Zellen eingeschlossen werden, in denen es zum Schlafen nur einen Strohsack gibt ... Das Fehlen von Heizung im Winter und Kühlung im Sommer, was oft von Häftlingen erwähnt wurde, bedeutet eine zusätzliche Härte. Die Waschmöglichkeiten sind unzureichend und Gelegenheiten zum Waschen selten. Die Nahrungsrationen sind knapp und unzulänglich, und es gibt keine Bewegungsmöglichkeiten.«

Ähnliche Verhältnisse herrschen nach der Verurteilung, und darüber hinaus gilt:

Eine medizinische Versorgung ist praktisch nicht existent, und es kommt fast nie vor, daß Häftlinge von einem Arzt untersucht oder ins Krankenhaus gebracht werden oder daß man ihnen den Empfang von Medikamenten erlaubt. Die Disziplin ist streng, und bei Verstößen gegen die Disziplin können Häftlinge beliebig bis zu drei oder vier Monaten in Einzelhaft gesteckt werden.«[16]

4. Entlassung: Politische Gefangene, die vor Gericht widerrufen oder die bereit sind, in öffentlichen Erklärungen ihre früheren Ansichten zurückzunehmen, erhalten leichtere Strafen. SAVAK legt

besonderen Wert darauf, solche Häftlinge im nationalen Fernsehen erscheinen zu lassen, wo sie Geständnisse ablegen und ihre Gefährten denunzieren sollen. Häftlingen, die nicht widerrufen, kann es durchaus passieren, daß man sie im Gefängnis behält, auch nachdem ihre Haftstrafen offiziell abgelaufen sind. Amnesty berichtet, daß eine besondere Abteilung des Gefängnisses Qasr für diejenigen bestimmt ist, die ihre Strafen abgesessen haben, aber nicht entlassen werden sollen.

Es gibt keine genauen Informationen über die Zahl der Verhafteten, Verurteilten oder aus politischen Gründen Inhaftierten. Da alle politischen Verbrechen nach dem Gesetz von 1931 als »kriminell« eingestuft werden, bestreiten die Behörden oft, daß es überhaupt politische Gefangene gibt. Bei einer bestimmten Gelegenheit gab der Schah selbst 1977 die Existenz von 3200 Gefangenen zu[17]; ausländische Beobachter haben Zahlen zwischen 25000 und 100000 genannt.[18] Angesichts der Verhältnisse im Iran kann man die exakte Zahl unmöglich schätzen, und es ist erst recht nicht möglich festzustellen, wieviel kurzzeitig und wieviel langzeitig Inhaftierte es gibt. Aber die absoluten Zahlen sind nicht der eigentliche Punkt, um den es geht: das Gravierendste ist die fortgesetzte Verletzung der Menschenrechte durch das Schahregime. Zusätzlich zu den bereits diskutierten Problemen in Zusammenhang mit Verhaftungen und Gefängnisbedingungen stellt sich die noch ernstere Frage nach der Folter.

SAVAK hat die Folter vor Gerichtsverfahren angewendet, um von Verhafteten Informationen und Geständnisse zu erhalten; und nach Verfahren, um Häftlinge einzuschüchtern und unter Druck zu setzen, so daß sie öffentliche Geständnisse ablegten. Folter ist bei der iranischen Polizei keine außergewöhnliche Vorgehensweise mehr: seit Ende der 60er Jahre ist sie ein normaler Teil des Verhör- und Haftsystems geworden. Amnesty faßt die ihr vorliegenden Berichte so zusammen:

»Zu den Foltermethoden, von denen die Rede ist, gehören Auspeitschen, Schlagen, Elektroschocks, Ausreißen von Nägeln und Zähnen, Einleiten von kochendem Wasser in den Darm, Anhängen schwerer Gewichte an die Hoden, Anbinden des Häftlings an einen Metalltisch, der glühend gemacht wird, Einführung einer zerbrochenen Flasche in den After und Vergewaltigung.«[19]

Die folgenden vier Einzelfälle, die nur einen Bruchteil des Leidens darstellen, das Menschen in den Gefängnissen des Schahs zugefügt wird, veranschaulicht, was geschieht:

1. 1972 wohnte der französische Rechtsanwalt Nuri Albala in Teheran dem Prozeß gegen den Ingenieur Masud Ahmadzadeh bei, der später vom Regime hingerichtet wurde. Während der Verhandlung schob Ahmadzadeh seinen Pullover hoch, um auf die Zeichen der Folter an seinem Körper hinzuweisen. Albala berichtet:

»Seine Brust und sein Bauch waren in der Mitte vollständig von einer Masse verschlungener Narben bedeckt, die von sehr tiefgehenden Verbrennungen herrührten. Sie sahen erschreckend aus. ... Sein Rücken war sogar noch schlimmer. Auf ihm zeichnete sich ein vollkommenes Rechteck ab, das von einer durchgehenden Linie von Narbengewebe gebildet wurde. Innerhalb des Rechtecks war die Haut wiederum von glänzenden Brandnarben bedeckt. Ich würde schätzen, daß die Breite der Tischmarkierung auf seinem Rücken mindestens 23 cm betrug.«

Weitere Nachforschungen Albalas ergaben, daß Ahmadzadeh und andere Häftlinge auf einem speziellen heißen Tisch geröstet worden waren – »ein eiserner Rahmen, ähnlich wie ein Bettgestell, der mit einem Drahtgitter bespannt war, das elektrisch wie ein Toaströster erhitzt wurde«.[20]

2. Ashraf Dehqani, eine Guerillakämpferin, die später aus dem Gefängnis entfloh, erzählt in ihren Erinnerungen, wie sie während ihres Verhörs durch die SAVAK von ihren Folterern vergewaltigt wurde und wie man lebende Schlangen auf ihren Körper setzte. Sie nannte besonders Hauptmann Bijan Niktab, einen SAVAK-Offizier, von dem auch andere Häftlinge berichten, er habe im *Comité*-Gefängnis von Teheran gearbeitet.[21]

3. Ein iranischer Student, den ich 1976 interviewte, beschrieb, wie er 1973 verhaftet und in das *Comité*-Gefängnis gebracht worden war. Während des Verhörs wurde er an ein Bett gefesselt, und seine Fußsohlen wurden mit einem Drahtseil geschlagen (*falake,* eine traditionelle Form der Brutalität im Mittleren Osten). Dann – als er sich weigerte, Aussagen zu machen – wurden ihm die Hosen heruntergezogen, und ein am Ende elektrisch geladener Stab wurde an seine Genitalien gehalten: dieser Stab, der bei iranischen Häftlingen als der elektrische Stock (*asâ barghi*) bekannt ist, ist ein abgewandelter Viehtreibstock, der auch allgemein von Folterern in Lateinamerika verwendet wird. In diesem Falle wendeten die drei Männer, die das Verhör durchführten (und die sich gegenseitig mit »Doktor« anredeten), dieses Gerät einige Stunden lang bei ihm an, wobei sie ihn die ganze Zeit beschimpften. Nach den Aussagen dieses Studenten befinden sich die Hauptfolterräume im dritten Stock des *Comité,* und nachts kann man die Schreie der Opfer der SAVAK im ganzen Gebäude hören.

4. Reza Baraheni, ein Schriftsteller, der 1973 102 Tage lang im *Comité*-Gefängnis festgehalten wurde, beschreibt eine ähnliche Erfahrung:

»Die Folter am zweiten Tage meiner Verhaftung bestand in 75 Schlägen mit einer geflochtenen Drahtpeitsche auf die Fußsohlen. Auch auf die Hände bekam ich Peitschenschläge, und der Anführer der Folterer nahm den kleinen Finger meiner linken Hand und brach ihn; er sagte, er würde meine Finger einen nach dem anderen brechen, jeden Tag einen. Dann sagte man mir, wenn ich nicht gestände, würden meine Frau und meine 13jährige Tochter vor meinen Augen vergewaltigt werden. Während dieser ganzen Zeit wurde ich von

Kopf bis Fuß geprügelt. Dann hielt der Anführer der Folterer, Dr. Azudi, mir eine Pistole an die Schläfe und machte Anstalten zu schießen. Tatsächlich ertönte der Knall eines Schusses, und ich wurde ohnmächtig. Als ich die Augen öffnete, wurde ich von jemandem verhört, der sich Dr. Rezvan nannte. Das Verhör, verbunden mit psychischer Folter und manchmal mit weiteren Schlägen, ging 102 Tage lang, bis ich entlassen wurde.«[22]

Der Grund der Folter ist zunächst, daß man Informationen erhalten und die Häftlinge *vor* dem Prozeß brechen will. Es gibt in der Tat zwei Formen des vorbereitenden Verhörs: die eine, *bâzjui,* wird von SAVAK durchgeführt und ist in Wirklichkeit dazu bestimmt, so viele Informationen wie möglich herauszuholen, bevor das juristische Verfahren beginnt; die andere Form, *bâzporsi,* wird von Leuten durchgeführt, die zu den Militärgerichten gehören, und steht speziell mit der Vorbereitung des Materials für die Anklage in Verbindung. Folter kommt gewöhnlich eher bei *bâzjui* als bei *bâzporsi* vor. Doch die harte Behandlung ist mit dem Prozeß nicht zu Ende: es wurde von zahlreichen Folterfällen nach einem Prozeß berichtet, und eine unbekannte Zahl von Menschen wurde getötet, während sie ihre Strafe absaßen. 1974 starben zwei Mitglieder der Tudeh-Partei infolge brutaler Behandlung im Gefängnis. Im April 1975 kam heraus, daß neun Männer – alles Mitglieder einer Oppositionsgruppe, die man 1967 verhaftet hatte – erschossen worden waren. Obwohl sie ihre Strafen nahezu abgesessen hatten, behauptete das Regime, sie seien »auf der Flucht erschossen worden«. Ihren Angehörigen wurde nie erlaubt, ihre Leichen zu sehen, und viele Menschen haben den Verdacht, daß sie getötet wurden, als sie sich weigerten, in öffentlichen Erklärungen zu widerrufen.
SAVAK tötet auf mindestens drei verschiedene Arten. Erstens ist eine unbekannte Zahl von Menschen einfach erschossen worden – bei Zusammenstößen mit der Polizei oder bei »Widerstand gegen Festnahme«. Seit 1971 der Guerilla-Widerstand begann, sind Dutzende junger Leute nach offizieller Verlautbarung auf diese Weise getötet worden – die tatsächliche Zahl kann durchaus noch höher sein. Es scheint, daß SAVAK Oppositionelle manchmal planmäßig getötet hat, anstatt sie zu verhaften. Zweitens ist eine beträchtliche Anzahl von Menschen nach dem Prozeß vor einem Militärgericht erschossen worden. In den 50er Jahren, bevor SAVAK selbst geschaffen wurde, wurden der frühere Außenminister in Mossadeghs Regierung und mindestens 36 Armeeoffiziere so erschossen. Von 1971 bis 1976 wurden mehr als 300 Menschen nach der Verurteilung durch ein Militärgericht offiziell hingerichtet.[23] Drittens ist eine unbekannte Zahl von Menschen aufgrund von Mißhandlungen und Folter im Laufe von Verhören oder im Gefängnis gestorben.
Die iranische Regierung bestreitet diese Behauptungen. Der Schah leugnet, daß physische Folter angewendet wird, obwohl er zugibt, daß sie in der Vergangenheit angewendet wurde. Sabeti hat erklärt:

»Wir foltern nie.«[24] Der Presseattaché der iranischen Botschaft in Washington, Manucheir Ardalan, erklärte dem Autor im Oktober 1976, im Iran würde keine Folter angewendet. Botschaftsbeamte an anderen Orten erklären dasselbe. Der wichtigste Verbündete des Iran, die USA, hat ebenfalls versucht, die Anwendung von Folter abzustreiten. Ein Beamter des Außenministeriums erklärte einem Kongreßausschuß im September 1976, er glaube nicht, daß es Folter im Iran gäbe, wenn er auch einräume, daß es »harte Behandlung« gäbe.[25] Der Iran hat in diesen Dingen jedoch niemals unabhängige Nachforschungen zugelassen. Und es gibt offensichtlich weder eine unabhängige Presse noch unabhängige Richter oder Rechtsanwälte im Iran, die diese Angelegenheiten kontrollieren könnten. Der Iran ist sicher nicht das einzige Land auf der Welt, das die Menschenrechte auf diese Weise verletzt. Doch dies mindert in keiner Weise die Schrecken dessen, was im Iran geschieht und geschehen ist.

1977 nahm das Regime einige Veränderungen in der Politik, die es bis dahin verfolgt hatte, vor. Dem Roten Kreuz und ebenso einigen ausländischen Journalisten wurde gestattet, bestimmte Gefängnisse zu besuchen. Die ersten ausländischen Beobachter, die die Erlaubnis erhielten, an einem Prozeß teilzunehmen, wohnten einer Verhandlung bei, in der 11 Mitglieder der Opposition angeklagt waren. Es wurden Gesetze erlassen, die politische Prozesse für öffentlich erklärten – sofern dem nicht gewichtige Gründe entgegenstanden – und die den Angeklagten gestatteten, sich zivile Anwälte zu nehmen. Es ging das Gerücht, die Zahl der Fälle, in denen gefoltert wurde, sei zurückgegangen. Diese Berichte sollten jedoch mit Vorsicht behandelt werden. Erstens hat es solche Veränderungen auch schon in der Vergangenheit gegeben, aber sie haben sich immer nur als vorübergehend erwiesen, z. B. zu Beginn der 60er Jahre. Zweitens ist die einzige echte Garantie gegen solche Praktiken die Existenz eines Juristenstandes und einer Presse, die in der Lage sind, sie zu überwachen. Der Druck aus dem Ausland war so groß, daß sich das Regime möglicherweise verpflichtet gefühlt hat, einige Änderungen einzuführen: nur die Zeit wird lehren, wie weit diese Änderungen gehen oder wie lange sie dauern. Denn die wesentlichen Faktoren, die hinter diesen Mißständen stehen – die politischen Verhältnisse und die staatlichen Institutionen, die Folter verwenden – sind intakt geblieben, und die Menschen, die dort tätig sind, sind dieselben. Was in einem Jahr abgeändert wurde, kann leicht im nächsten wieder eingeführt werden.

Die Rolle der USA

Der gegenwärtige Charakter des Repressionsapparates im Iran ist durch die Beziehung zu den USA geprägt – von den Phantom-Düsenjägern der Luftwaffe bis zu den Verhörpraktiken der SA-

VAK, die sie vom FBI gelernt hat. Wie wir gesehen haben, gelangten die Streitkräfte im Iran in den 20er Jahren in eine dominante Position, *bevor* die USA irgendeine bedeutende Rolle spielten. Doch seit 1941 sind es vor allem die Beziehungen zu den USA, die die Rolle des Militärs gefestigt und es dazu befähigt haben, ganz neue Dimensionen anzunehmen – sowohl im Ausland wie im Inland. Die USA haben Waffen an viele andere Länder der Welt verkauft, aber in keinem Falle, nicht einmal bei Israel oder Brasilien, hat die Kundenbeziehung zu den USA ein Land der Dritten Welt so verändert, daß es sich zu einer bedeutenden Regionalmacht entwickeln konnte – wie das beim Iran der Fall war.
Die militärische Beziehung zu den USA hat vier verschiedene Phasen durchlaufen, und in jeder dieser Phasen haben neue ökonomische und strategische Faktoren das Bündnis auf eine höhere Ebene gebracht:
1. *1942–47:* Als England und Rußland den Iran 1941 besetzten, bahnten sie 30000 US-Soldaten des Persian Gulf Command den Weg in den Iran, von wo diese Nachschub nach Rußland transportierten. Die iranischen Streitkräfte waren 1941 zerstreut, und 1942 schickten die USA zwei kleine Gesandtschaften, die beim Wiederaufbau dieser Truppen helfen sollten. Eine Militärmission wurde der Armee zur Beratung beigegeben; eine andere, mehr auf Einsatz ausgerichtete Mission, GENMISH, arbeitete bei der Gendarmerie. GENMISH war zu dieser Zeit das wichtigste Verbindungsglied zwischen dem US-amerikanischen und dem iranischen Sicherheitsapparat: durch GENMISH und seinen Leiter, Oberst Norman Schwartzkopf, der früher FBI-Beamter und Chef der New Jersey State Police war, leisteten die USA einen aktiven Beitrag zur Niederschlagung des Volkswiderstandes in Azerbaijan und Kordestan nach deren Wiederbesetzung 1946–47.
2. *1947–64:* Ausgehend von diesen ursprünglich begrenzten Anfängen festigten die USA ihre Beziehungen zum Iran, als der kalte Krieg begann. Der Iran war ein Frontstaat, und die USA, die den Fuß in der Tür hatten, waren entschlossen, den Iran zu einer Festung in der antirussischen Offensive zu machen. 1947 wurde die früher nur beratende Militärmission in eine mit Einsatzaufgaben umgewandelt – ARMISH –, und die USA begannen, überschüssiges Kriegsmaterial einzuführen, um die iranischen Streitkräfte aufzurüsten. Der finanzielle Rahmen wurde anfangs auf 10 Mio. Dollar festgesetzt, aber schon 1948 wurde er auf 60 Mio. Dollar erhöht; 1950 wurde eine Übereinkunft über gegenseitige Verteidigungshilfe unterzeichnet. Das war die Grundlage für viele spätere Erweiterungen. *Insgesamt* erhielt der Iran zwischen 1946 und 1970 für 1,3656 Milliarden Dollar Militärhilfe von den USA; davon kamen 830,4 Mio. Dollar in Form von militärischer Unterstützung – das waren 7% der gesamten US-Hilfe im Rahmen ihres Militärischen Unterstützungsprogramms in

diesem Zeitraum; die restlichen 504,1 Mio. Dollar kamen in Form von Krediten. In dem Zeitraum vom Kriegsende bis 1975 wurden insgesamt mehr als 11000 Angehörige des iranischen Militärs auf Einrichtungen in den USA ausgebildet.
Von 1947 bis zu Beginn der 60er Jahre war das wichtigste, ja das einzige Ziel des iranischen Militärs die Repression im Innern; und es waren Hilfe und Rat aus den USA, die sowohl den Putsch von 1953 als auch die Festigung des Schah-Regimes danach möglich machten. Sherman-Panzer, die die USA 1951 geliefert hatten, wurden dazu benutzt, um Volksunruhen in Teheran niederzuschlagen; günstige US-Kredite für militärische und wirtschaftliche Zwecke in den Monaten nach dem Putsch gaben dem Regime die Mittel, die es zur Stabilisierung seiner Position brauchte. In diesem gesamten Zeitraum unterhielten die USA mindestens vier verschiedene militärische Missionen im Iran: GENMISH, die sich um die Kaiserlich Iranische Gendarmerie kümmerte; ARMISH und MAAG, die beiden Missionen für die Streitkräfte; und eine Geheimmission bei der SAVAK. Gegen Ende der 50er Jahre waren 900 US-Amerikaner bei den iranischen Streitkräften tätig.
Niemand gab vor, daß das notwendig gewesen wäre, um den Bedürfnissen des Iran nach Grenzverteidigung zu entsprechen: die Sowjetunion hatte von der iranischen Armee nichts zu fürchten; die Feinde, gegen die der Schah aufgerüstet wurde, waren die im Innern des Landes und nicht die außerhalb. Doch in den frühen 60er Jahren hatte die Kritik der USA an der iranischen Regierung erheblich zugenommen; man sah in Washington ein, daß ein derartiges Regime in seiner bestehenden Form langfristig kein Garant für Stabilität im Iran war. Die Kennedy-Regierung drängte den Schah daher zu sozialen Reformen. Zum Teil richtete sich die Kritik der USA aber auch gegen die Streitkräfte selbst. Theodore Sorensen, ein persönlicher Berater Kennedys, erklärte:

»Im Iran bestand der Schah darauf, daß wir eine teure Armee unterstützten, die zu groß für Grenzzwischenfälle und innere Sicherheit war und in einem allgemeinen Krieg unnütz. Seine Armee ... ähnelte dem sprichwörtlichen Mann, der zu schwer war, um irgendeine leichte Arbeit zu tun, und zu leicht, um irgendeine schwere Arbeit zu tun.«[26]

Der Schah reagierte darauf mit einigen Veränderungen: Hunderte von Offizieren wurden in Anti-Korruptions-Kampagnen entlassen, und die formelle Größe der Armee wurde von 125000 auf 100000 Mann reduziert. Doch während der Schah seine Reformen vorantrieb, erinnerte er die Iraner gleichzeitig daran, welche Funktion die Armee bei der Aufrechterhaltung von Ordnung hatte: ihre Rolle bei der Niederschlagung der Unruhen in den Städten im Juni 1963 und des Widerstandes der Stammesbevölkerung in Fars sollte alle Zweifel in diesem Punkt beseitigt haben.
3. *1964–72:* Das kritische Klima zu Beginn der 60er Jahre normali-

sierte sich bald, und der Iran konnte den Zufluß von US-Waffen nunmehr verstärken. Dies wurde durch zwei weitere Entwicklungen erleichtert. Zum einen begann der Iran erstmalig, eine regionale Außenpolitik zu entwickeln; der Schah konnte argumentieren, daß er gegenüber radikalen arabischen Regimes wie dem in Nassers Ägypten und dem des republikanischen Irak an der Grenze des Iran westliche Interessen verteidigte. Zum anderen änderte sich die US-Waffenpolitik: statt direkter Bereitstellung von Hilfe lieferte sie jetzt Waffen auf Kredit. Der Iran war für die Vergabe derartiger Kredite geeignet, weil er ein Verbündeter war und weil er es sich mit steigenden Öleinnahmen leisten konnte, in beträchtlichem Umfang Kredit aufzunehmen. Drei Daten sind in diesem Zeitraum von Bedeutung:
(a) Juni 1964: Bei einem Besuch in Washington überredete der Schah den vorher noch zögernden Präsidenten Johnson, dem Iran Kredit für Militärlieferungen einzuräumen. Dieser Kredit stieg von anfangs 48 Mio. Dollar im Jahre 1965 auf 300 Mio. Dollar 1973. Diese Kredite markierten eine strategische Schwenkung in der US-Politik zu einer neuen Form von Waffenlieferungen. Das Militärische Unterstützungsprogramm der USA lief 1969 aus, aber die zwischen den Regierungen abgewickelten Verkäufe nahmen sogar noch zu. Zwischen 1950 und 1964 hatten sie sich auf insgesamt nur 1,3 Mio. Dollar belaufen, aber dann stiegen die Bestellungen auf 208 Mio. Dollar allein im Jahre 1966.
(b) Januar 1968: England kündigte an, es würde seine Truppen bis Ende 1971 vom Persischen Golf abziehen, und der Iran teilte mit, er wäre entschlossen, als die dominierende Militärmacht an die Stelle der Engländer zu treten. Das Hauptinteresse der iranischen Verteidigungsplanung galt nun dem Golf und dem nördlichen Indischen Ozean: Truppen wurden von der russischen Grenze an die irakische Grenze im Westen und in die südlichen Provinzen des Iran am Golf verlegt. Die drei wichtigsten Armeekorps verlegten ihre Hauptquartiere entsprechend dieser neuen Situation: das 1. Armeekorps war in Kermanshah stationiert, das 2. in Teheran und das 3. in Shiraz.
(c) Juli 1969: US-Präsident Nixon erklärte auf der Insel Guam, die USA seien jetzt daran interessiert, Staaten der Dritten Welt zur Übernahme größerer Verantwortung für ihre Verteidigung zu ermutigen; die USA würden diesen Prozeß fördern. Obwohl sich diese neue Doktrin ganz unmittelbar auf Vietnam bezog, hatte sie auch Auswirkungen für den Iran; der Schah besaß das Geld und die strategische Position, um die Gelegenheit auszunutzen – sie kam drei Jahre später.
4. *Seit 1972:* Dem Iran gelang es aufgrund zweier weiterer Ereignisse, in eine ganz neue Dimension von Waffenkäufen vorzustoßen:
(a) Im Mai 1972 besuchte Präsident Nixon Teheran, und in einer Geheimvereinbarung, für die es in den Beziehungen der USA zu anderen nichtindustrialisierten Ländern keine Parallelen gibt, erklärte

sich Nixon bereit, dem Iran alle konventionellen Waffen zu verkaufen, die dieser benötigte. Insbesondere sollte der Iran Kampfflugzeuge vom Typ F-14 und F-15 erhalten, das waren damals die modernsten Maschinen.
(b) Ende 1973 erhöhten die OPEC-Staaten den Erdölpreis um das Fünffache. Dadurch vervielfachten sich die Öleinkünfte des Iran – und damit seine Fähigkeit zu Waffenkäufen. Diese beiden Ereignisse lösten den größten Waffenboom in der Geschichte aus.

Der Waffenboom

Die Dimensionen des Waffenstroms, der durch diese Konjunktur ausgelöst wurde, kann man summarisch darstellen. Erstens sind die Verteidigungsausgaben des Iran in den vergangenen zwei Jahrzehnten eskaliert: von 78 Mio. Dollar 1954 auf 241 Mio. Dollar 1964 und auf 3,68 Milliarden Dollar 1974. Im Rahmen des Fünfjahrplans von 1973–78, der nach den OPEC-Preissteigerungen von 1973 revidiert wurde, wird der Iran 31% aller seiner Gelder für Militärausgaben verwenden.

Tabelle 4: Verteidigungshaushalt des Iran 1970–77 (in Mio. US-$)

Jahr	*Verteidigungshaushalt*	*Zuwachs gegenüber Vorjahr (in %)*
1970	880	—
1971	1065	17
1972	1375	29
1973	1525	11
1974	3680	141
1975	6325	72
1976	8925	41
1977	9400	5

Quelle: *US Military Sales to Iran,* Staff Report to the Subcommittee on Foreign Assistance of the Senate Foreign Relations Committee, Washington 1976, S. 13.

Zweitens werden zwischen 50 und 80% dieser Ausgaben für Auslandskäufe verwendet, besonders für Käufe aus den USA. Mitte der 70er Jahre war der Iran der größte Einzeleinkäufer von US-Waffen auf der Welt; der Gesamtverkauf belief sich in den Jahren 1972–76 auf 10,4 Milliarden Dollar; die Gesamtsumme für 1970–83 wird auf 18,5 Milliarden Dollar geschätzt.

Tabelle 5: Verkauf von US-Rüstungsgütern an den Iran 1950–77

Jahr	*Wert (in Mio. US-$)*
1950–69	757,0
1970	113,2
1971	396,8
1972	519,1
1973	2157,4
1974	4373,2
1975	3021,0
1976	1458,7
1977*	4213,0
1950–77	17009,4

* = Schätzung

Quelle: Michael Klare, auf der Basis von Veröffentlichungen des US-Verteidigungsministeriums.

Die in diesen Jahren gekauften Waffen trafen nicht alle in demselben Zeitraum ein – einige werden erst zu Beginn der 80er Jahre geliefert; aber bis dahin werden vermutlich auch neue Käufe für die Zukunft getätigt worden sein. Als Ergebnis dieses enormen Waffenstroms haben die iranischen Truppen ihren Umfang, ihre Feuerkraft und ihre Stationierung stark ausweiten können. Die Anzahl der Soldaten in allen Waffengattungen ist von 161000 im Jahre 1970 auf 350000 1978 gestiegen; davon sind 200000 beim Heer. Doch der Zuwachs an Waffen ist noch spektakulärer:

1. Bis 1976 hatte die iranische Armee fast 3000 moderne Panzer bestellt oder erworben, bis zu Beginn der 80er Jahre wird sie möglicherweise auf 6000 kommen. Zwischen 1975 und 1977 kaufte sie mehr als 9000 TOW-Panzerabwehrraketen. Neu aufgebaut wurde eine große Heeresluftwaffeneinheit sowie eine Counter-insurgency-Truppe, die bis 1978 über 14000 Mann und mehr als 890 moderne Hubschrauber verfügen soll. Nach neueren Berechnungen verfügte der Iran 1978 über doppelt soviel Soldaten, Waffen und Kriegsausrüstung wie die britische Armee.
2. Die iranische Marine hat die größte Armee von Luftkissenbooten auf der Welt gekauft und vier Spruance-Zerstörer aus den USA bestellt, die 1980–81 geliefert werden sollen. Diese Schiffe sollen im Indischen Ozean stationiert werden; sie lassen sich ebenso für Operationen gegen U-Boote und Schiffe an der Oberfläche wie für die Küstenbombardierung verwenden. Die Beschaffungskosten pro Stück stiegen von 120 Mio. Dollar 1974 auf 339 Mio. Dollar 1976. Außerdem hat die Marine drei U-Boote der Tang-Klasse für den Einsatz im Indischen Ozean gekauft.
3. Den größten Umfang hatten Flugzeugkäufe – bis Ende 1976 belie-

fen sie sich auf 11,8 Milliarden Dollar. 1965 bestellte der Iran F-4-Phantom-Jäger, von denen die ersten 1968 geliefert wurden. Weitere 290 Phantom-Bomber, 33 leichte Abfangflugzeuge vom Typ F-5, 80 F-14, 160 F-16 bestellte der Iran 1977, die alle bis Ende 1978 geliefert sein sollen. Die Luftwaffe des Iran wird dann numerisch die viertgrößte der Welt sein, und zumindest hinsichtlich hochgezüchteter Waffen wird sie an dritter Stelle stehen. Dieser Waffenboom wurde von einer enormen infrastrukturellen Expansion begleitet. Die Luftwaffe besitzt sieben Hauptbasen sowie drei weitere Operationsbasen im Osten. Gegenwärtig werden 50 kleinere Flugplätze gebaut, auf denen Flugabwehrraketen vom Typ Hawk stationiert werden sollen. Die Marine hatte 1976 sechs Marinestützpunkte an der Küste des Golfs, und es gibt Pläne für den Bau eines neuen, größeren Stützpunkts in Chah Bahar am Indischen Ozean. Dieser soll als Basis für die Spruance-Zerstörer und die Tang-U-Boote dienen. Größtenteils hat die Ausweitung der Stützpunkte im Süden des Landes stattgefunden, und es gibt Pläne, zwischen 1975 und 1982 bis zu 30 Milliarden Dollar in die Golf-Provinzen zu investieren, das meiste davon Ausgaben in Zusammenhang mit Verteidigung. Es mag zu früh sein, über die Auswirkungen dieser Entwicklungen zu spekulieren; aber schon jetzt ist offensichtlich, daß eine ganze Anzahl von Problemen und Gefahren entstanden ist. Diese fallen in zwei Hauptkategorien: erstens Probleme, die sich aus dem Waffenstrom selbst ergeben, und zweitens die politischen Implikationen dieses militärischen Wachstums innerhalb und außerhalb des Iran.

Probleme des Waffenstroms

Nach der Übereinkunft von 1972 zwischen Nixon und dem Schah und besonders nach dem Anstieg des Erdölpreises stürzte sich ein Heer von US-Waffenverkäufern auf den Iran, und in geringerem Umfang taten das auch ihre Kollegen aus England und Frankreich. Es wurde jedoch bald klar, daß selbst dann, wenn man sich in die Lage der iranischen Regierung und ihrer ausländischen Lieferanten versetzt – d. h. jenseits der politischen Problematik –, ernsthafte Schwierigkeiten entstanden waren:

1. Der Waffenstrom war außer Kontrolle geraten: keine US-Behörde übersah mehr, was der Iran bestellte, und die iranischen Regierungsbehörden ebensowenig. Die einzige Verantwortung für größere Käufe lag beim Schah, und er machte sich nicht die Mühe, die Einzelheiten des vom Iran erworbenen Geräts zu untersuchen. 1976 hatten sich die Beziehungen zwischen den beteiligten Beamten in den USA und im Iran verschlechtert. Der Schah beschuldigte US-Firmen, den Iran mit nutzloser Ausrüstung zu überschütten und die Preise ungerechtfertigt in die Höhe zu treiben; Untersuchungsbeamte des US-

Kongresses hingegen stellten die Fähigkeit des Iran in Frage, die bezogenen Waffen zu verwenden. Selbst der Vorsitzende des gemeinsamen Oberkommandos, General George Brown, bemerkte einmal: »Bei den Militärprogrammen, die der Schah entwickelte, kann man sich nur fragen, ob er nicht eines Tages der Vision eines Persischen Weltreichs erliegt«, und der US-Botschafter in Teheran, Richard Helms, erklärte, mit Teilen des Militärverkaufsprogramms der USA hätte er nichts zu tun haben wollen.[27]

2. Das ernsteste grundsätzliche Problem war, daß es im Iran zu wenig Leute gab, die für die Wartung und Benutzung der neuen Ausrüstung ausgebildet waren. Einem Kongreßbericht zufolge wird der Bedarf an technischem Personal in der iranischen Luftwaffe wahrscheinlich von 20000 im Jahre 1976 auf 40000 1981 steigen. Das Defizit 1976 betrug 7000 und könnte 1981 auf 10000 ansteigen. Auch die Marine hatte Schwierigkeiten, Rekruten für ihre U-Boot-Mannschaften zu bekommen, da solches Personal für das Spruance-Programm gebraucht wurde. Derselbe Bericht wies darauf hin, daß die meisten Ausbildungsprogramme beträchtlich hinter der Planung hinterherhinken.[28] Der große Mangel an qualifiziertem Personal in der iranischen Wirtschaft als ganzer (700000 im Planzeitraum 1973–78) wird den Druck auf das Militär nur verstärken.

3. Es existieren keine genauen Schätzungen, wie effizient die iranische Militärmaschinerie ist; da es keine ernsthafte Gefechtserfahrung gibt, kann man sie praktisch nicht mit anderen asiatischen Truppen vergleichen – beispielsweise mit denen Indiens, Pakistans, Jordaniens oder Israels. US-Beamte schätzen, daß die 40% Verschwendung, die für die Wirtschaft als ganze kennzeichnend sind, wahrscheinlich auch für die Streitkräfte gelten. Der Feldzug, den die Armee des Schahs zwischen 1973 und 1976 in Dhofar führte, spielte sich auf so niedrigem Niveau ab, daß man daraus keine Schlüsse darüber ziehen kann, wie die Militärmaschinerie mit einem Konflikt großen Ausmaßes fertig werden würde. Der Schah hat diese Gelegenheit allerdings dazu benutzt, möglichst viele Männer in Kampfbedingungen zu trainieren: die 3000 Mann starke Expeditionstruppe wurde alle vier Monate abgelöst, um möglichst viele Soldaten mit dieser Erfahrung vertraut zu machen. Nichtiranische Beobachter haben berichtet, daß die Iraner in Dhofar zögerten, sich in den direkten Kampf mit den Guerillas einzulassen, und daß sie sich eher auf ihre starke Feuerkraft verließen. US-Piloten an der Luftfahrtschule in Isfahan haben sich auch kritisch, oft sogar abschätzig über ihre Schützlinge geäußert: nach einem Streik von Angehörigen des US-Personals im Jahre 1975 beklagten sich diese, sie würden gedrängt, Piloten ihre Prüfung bestehen zu lassen, die nicht richtig qualifiziert wären. Was die Marine betrifft, kann man nur darauf hinweisen, daß es sich dabei um eine in allerneuester Zeit erweiterte Truppe mit wenig Erfahrung im Umgang mit ihrer neuen Ausrüstung handelt.

Der britische Marineattaché in Teheran äußerte 1975, sie sei »ineffizient und leide an Personalmangel«.

4. Der Strom von US-Waffen hat die Notwendigkeit mit sich gebracht, mehr und mehr US-Militärpersonal zu importieren. 1976 gab es 2941 ehemalige Mitglieder der US-Streitkräfte, die für US-Firmen arbeiteten, und weitere 1435, die direkt dem US-Verteidigungsministerium unterstanden. In Untersuchungen des US-Senats wird damit gerechnet, daß bis 1980 möglicherweise 50000 bis 60000 Amerikaner mit ihren Familien im Iran sein werden, die meisten unter Verträgen im Verteidigungsbereich. Der Iran wird nicht in der Lage sein, einen auch nur etwas längeren Krieg ohne die aktive Mitwirkung von US-Experten zu führen. Obwohl mehr und mehr Iraner in der Wartung und Bedienung dieser Waffen ausgebildet werden, wird es die ganzen 80er Jahre hindurch eine größere US-Militärkolonie im Iran geben – Geiseln der Politik des Schahs und des Zorns seiner Feinde. Zwischen 1973 und 1976 wurden sechs Amerikaner, die im Iran im Sicherheitsbereich tätig waren, von iranischen Guerillas ermordet; die Häufigkeit solcher Fälle könnte sich durchaus erhöhen. Ein weiteres gefährliches Anzeichen ist die Tatsache, daß es schon Beweise dafür gibt, daß US-Personal aktiv an Militäroperationen mit iranischen Truppen teilgenommen hat. US-Flugzeugpersonal flog Einsatzmissionen während des Krieges in Irakisch-Kurdistan und Überwachungsflugzeuge im Krieg in Dhofar; eine kleine Gruppe von US-Experten war in die Bodenkämpfe in Dhofar verwickelt; und ein Teil der Überwachung des Golfs und des nördlichen Indischen Ozeans durch iranische Flugzeuge vom Typ F-14 wird von US-Personal durchgeführt.[29]

5. Der Iran verläßt sich auch in bedenklicher Weise auf die USA, was den ständigen Nachschub betrifft. Erst jetzt unternimmt er den Versuch, eine militärische Industrieproduktion aufzubauen. In Isfahan entsteht mit britischer Hilfe für 800 Mio. Dollar eine Geschützfabrik; in Shiraz begann man 1976 mit der Montage von Hubschraubern (Bell AH-1J). Aber dieses Montageprogramm verringert die Abhängigkeit des Iran von importiertem Nachschub und importierter Technologie in keiner Weise. Der Iran hat jetzt auch eine Flotte von Waffentransportflugzeugen und umgebauten Boing 707, die während des Fluges aufgetankt werden können, gekauft, um sich während eines etwaigen Konflikts seinen eigenen Nachschub aus den USA heranfliegen zu können. Doch auch diesen Nachschub wird der Iran nur bekommen können, wenn sein Schutzpatron und Verbündeter zustimmt.

6. Der iranische Waffenboom ist, wie zu erwarten war, von beträchtlicher Korruption begleitet gewesen; dabei ging es vor allem um die Annahme von Bestechungsgeldern oder Provisionen durch Mittelsmänner, die für amerikanische und andere Waffenfirmen tätig waren. Der Schah hat versucht, die Aufmerksamkeit auf die in solche

Vorgänge verwickelten Mitglieder der Streitkräfte zu konzentrieren – wie die Chefs der Marine und der Gendarmerie, die 1976 bzw. 1974 strafrechtlich verfolgt wurden. Doch Nachforschungen durch den US-Kongreß im Jahre 1976 offenbarten, daß hier weit wichtigere Leute beteiligt waren: zu ihnen gehörte Prinz Sharam, der Neffe des Schahs, und General Khatami, der Leiter der Luftwaffe, die beide Agenten für Northrop waren. Die Lavi-Brüder, drei iranische Brüder, die jetzt in den USA wohnen, erhielten von Grumman 6 Mio. Dollar für ihre Dienste.[30] Inzwischen ist sich der Schah darüber klargeworden, daß der Iran nicht nur für die Bestechungsgelder zahlen muß (die US-Firmen schlagen sie auf die Kosten auf), sondern daß in manchen Fällen die so erworbene Ausrüstung den Bedürfnissen des Iran nicht entspricht – selbst wenn man von den Vorstellungen ausgeht, die der Schah davon hat.

Die politischen Konsequenzen

Die technischen Schwierigkeiten, die das Waffenprogramm begleiten, und die heftigen Kontroversen unter den amerikanischen Geschäftsleuten und Verteidigungsspezialisten über das iranische Programm sind letztlich nur von sekundärer Bedeutung. Entsetzen muß man sich über die Gier und die Kurzsichtigkeit, die sich in den Entwicklungen nach 1972 zeigen; nicht wegen des ineffizienten Gebrauchs von Waffen, sondern weil sie wieder einmal beweisen, wie sehr die Gelder, die der Iran für seine Entwicklung so dringend braucht, verschwendet werden. Doch bei allen internen Problemen hatte die militärische Festigung des Schahregimes im Laufe des vergangenen Jahrzehnts vor allem weitreichende politische Folgen, über die wir kurz eine Übersicht geben können.
Was den innenpolitischen Rahmen betrifft, so haben die Waffenkäufe zweifellos die Position des Militärs weiter gestärkt. Sein Repressionspotential ist im allerdirektesten Sinne angehoben worden; zwar sind Spruance-Zerstörer und F-14-Flugzeuge beim Kampf gegen Guerillas nutzlos, aber eine vergleichbare Expansion hat es auch bei der Counter-insurgency-Ausrüstung gegeben. Die 890 Hubschrauber und das im Aufbau befindliche Informationssystem auf Computerbasis für die Polizei dienen alle diesem Zweck, und die neuen Panzer sind auf den Straßen von Teheran verwendet worden. Zweitens haben die Streitkräfte dadurch, daß sie solche enormen Mengen von Waffen erworben haben, ihre ökonomische Position gestärkt: mehr und mehr Menschen sind von ihnen in bezug auf Beschäftigung oder auf Nachfrage nach Produkten abhängig; im übrigen wird das Militär aller drei Waffengattungen angesichts der immensen laufenden Investitionen, die nötig sind, weiterhin erhebliche Anforderungen an den Haushalt stellen. Es besteht jedenfalls kein

Zweifel, daß die Streitkräfte willens und in der Lage wären zu intervenieren, falls der Schah ermordet werden sollte oder falls sein Prestige ernsthaft angeschlagen würde.

Der militärische Ausbau hat auch verhängnisvolle Folgen für die iranische Außenpolitik gehabt. Der Iran hat im letzten Jahrzehnt eine Anzahl von aggressiven Aktionen im Ausland durchgeführt, einige offen und einige geheim. Er hat Truppen nach Oman, Irak und in die Vereinigten Arabischen Emirate geschickt (siehe S. 248 f.), und er hat einer Reihe anderer Regierungen Waffen geliehen oder geliefert – Südvietnam, Somalia, Jordanien, Marokko und Nordjemen. In dem Maße, wie der Iran stärker wird, wird die Versuchung zur Intervention im Ausland sicherlich größer werden; diese Entwicklung ist zwar nicht zwangsläufig, aber es gibt eine Anzahl von Faktoren, die zusammengenommen Angriffe des Iran auf seine Nachbarn wahrscheinlicher machen werden (siehe S. 247). Bei allen diesen ökonomischen und strategischen Veränderungen ist der Iran natürlich eng an die USA gekettet. Von dem gegenwärtigen Waffenboom haben die USA in verschiedener Weise profitiert. Für Waffenfirmen und Militär bedeuteten die iranischen Bestellungen eine beträchtliche Verringerung der Forschungs- und Produktionskosten für neue Waffen. Die Luftfahrt- und Verteidigungsindustrie in den USA hat unmittelbar von den Exporten in den Iran profitiert. Für Washington hat die Entwicklung des Iran zu einer Regionalmacht bedeutet, daß westliche Interessen verteidigt werden, ohne daß der Westen für sie bezahlen muß: in der Tat funktioniert die Nixon-Doktrin noch immer so, daß die Öleinkünfte des Iran zur Bezahlung seines Militärausbaus dienen. Darüber hinaus haben die besonderen Bedingungen des gegenwärtigen Waffenstroms – trotz der zunehmenden Unabhängigkeit des Iran – in vieler Hinsicht neue Formen von Abhängigkeit im wirtschaftlichen, militärischen und außenpolitischen Bereich geschaffen.

Der Iran dient auch, wie er das seit den 40er Jahren getan hat, als vorgeschobene Basis für Spionage gegen die Sowjetunion: gemeinsam entwickeln die USA und der Iran für 500 Mio. Dollar ein neues Überwachungssystem mit elf Bodenstützpunkten und sechs fliegenden Stationen zur Auskundschaftung der Sowjetunion. Zu diesem Projekt, das unter dem Namen Ibex läuft, gehören mehrere hundert US-Überwachungsexperten, die ständig im Iran arbeiten; dieses Unternehmen ist ein Beweis für das fortdauernde strategische Bündnis der beiden Staaten nicht nur am Golf und am Indischen Ozean, sondern auch gegenüber dem nördlichen Nachbarn des Iran.[31]

Das Militär ist heute in zahlreichen Ländern der Dritten Welt eine mächtige Institution, und in vielen dieser Länder ist es offenkundig, daß diese Institution von den USA und anderen fortgeschrittenen kapitalistischen Staaten unterstützt worden ist und unterstützt wird, um demokratische Bewegungen zu zerschlagen. Da diese Truppen immer auch Waffen kaufen, tragen sie zu den Profiten der großen kapitalistischen Wirtschaft bei. Aus diesem Grunde kann keine Untersuchung der Häufigkeit und der Dauerhaftigkeit von Militärherrschern in der Dritten Welt die internationalen Faktoren unberücksichtigt lassen, die seit dem 2. Weltkrieg die Verbreitung des Militärs in ärmeren Gesellschaften begünstigt haben. Der Fall des iranischen Militärs ist allerdings, wie wir gesehen haben, in verschiedener Hinsicht ungewöhnlich. Wegen der Position des Schahs als eines tatsächlich handelnden Monarchen liegt hier keine Militärdiktatur vor wie in Griechenland, Chile, Brasilien oder Indonesien. Im übrigen war die Armee historisch gesehen bereits vorherrschend, *bevor* die USA intervenierten, d.h. sie verdankt ihre Position nicht einer Unterstützung von außen. Der bedeutsamste regionale Unterschied aber ist, daß der Iran aus ökonomischen und strategischen Gründen bei der Entwicklung einer neuen Art von Bündnis mit den USA weiter gegangen ist als irgendein anderer: Der iranische Militärapparat hält nicht nur das iranische Volk brutal nieder, sondern er wirkt auch als Garant der konterrevolutionären Regimes im westlichen Asien. Darüber hinaus spielt er eine wichtige Rolle beim Ausgleich der Konten des Verteidigungsapparats und der Verteidigungsindustrie in den USA. Schließlich und vor allem entwickelt sich der Iran in Richtung auf eine Situation, in der die Wahrscheinlichkeit aggressiver Aktionen gegen seine Nachbarn immer größer wird.

5 Landwirtschaftliche Entwicklung

Das iranische Landreformprogramm lief 1962 an und ging 1971 offiziell zu Ende. Für die Umgestaltung der iranischen Gesellschaft in den letzten Jahren ist es ungeheuer wichtig.[1] Erstens wohnt noch immer mehr als die Hälfte der iranischen Bevölkerung auf dem Lande und lebt daher unter dem Einfluß dieser Reform. Zweitens hat der Schah selbst beliebt, die Landreform zum Symbol seiner »Revolution« und zum wichtigsten Zeichen seiner Fürsorge für sein Volk zu machen. Es gibt jedoch noch weitere Gründe, warum die Reform für jede Untersuchung des Iran von zentraler Bedeutung ist. Sie ist das wichtigste Mittel gewesen, durch das der Staat die kapitalistische Umgestaltung der ländlichen Gebiete vorangetrieben hat. Obwohl das Reformprogramm unter der Parole »das Land dem, der es bebaut« durchgeführt wurde und sich damit den Anschein gab, als habe es einen egalitären Charakter, ist die faktische Umsetzung der Reform ganz anders verlaufen, auf dem Lande entstanden neue soziale Schichten, d.h. daß anstelle der früheren vorkapitalistischen eine kapitalistische Klassenstruktur geschaffen wurde. Wir wissen nicht, welcher Grad von Klassenantagonismus jetzt in den ländlichen Gebieten herrscht, aber es ist zumindest vorstellbar, daß die enormen Ungleichheiten, die durch die Reform entstanden sind, zukünftig zu Konflikten führen werden. Eine Konsequenz für die Zukunft steht jedoch bereits fest: Während die Reform selbst ein politischer Sieg für den Schah gewesen sein mag, hat sich die gesamte Landwirtschaftspolitik des Regimes als wirtschaftlicher Fehlschlag erwiesen; die fortgesetzten Krisen der ländlichen Gebiete des Iran in den 70er und 80er Jahren – d.h. nach der Reform – werden die Fähigkeit des Iran beschränken, eine allumfassende Entwicklung seiner Wirtschaft zuwege zu bringen. Aus diesem Grund ist die Reform Teil eines viel umfassenderen Wandlungsprozesses auf dem Lande seit 1960.

Die meisten Untersuchungen über die iranische Landreform haben sich bisher auf die spezifischen Bedingungen konzentriert, unter denen sie eingeleitet wurde: vor allem auf die Krise zu Beginn der 60er Jahre und den Druck der Kennedy-Regierung. All das gehört zwar vollkommen zur Sache, aber es führt zu gewissen Verzerrungen, denn gemessen an den beschränkten politischen Interessen jener Periode war die Reform ein Erfolg. Die Amerikaner waren zufrieden, und der Schah konnte seine Position stärken. Die Reform und die Niederlage der Opposition im Zeitraum von 1960 bis 1963 stellten einen weiteren Schritt in dem vom Staat eingeleiteten Konsolidie-

rungsprozeß dar. Andererseits sind diese historischen Faktoren für die Einschätzung der Bedeutung der Landreform nur von beschränktem Nutzen, denn die Landreform war unvermeidlich, wenn der Iran versuchen wollte, die kapitalistische Entwicklung seines Landes einzuleiten. Kein Land, das den ländlichen Sektor nicht umgestaltet hat, kann sich entwickeln. Deshalb sollte die Reform vor allem unter diesem Aspekt beurteilt werden.
Im wesentlichen kann man die Verbreitung des Kapitalismus – einer klassischen Definition Lenins folgend – durch drei Prozesse bestimmen[2]: (1) Die Verbreitung von Warenbeziehungen: Die wichtigsten Produktionsfaktoren der Landwirtschaft (Land und Arbeitskraft) werden voneinander getrennt und zu Tauschobjekten, die auf dem Markt gekauft und verkauft werden; dadurch werden auch die landwirtschaftlichen Produkte zu Waren. Wo früher Brauch, Gesetz und nicht auf Geld beruhende Vereinbarungen vorherrschten, regelt jetzt Geld die Verteilung der Produktionsfaktoren der Landwirtschaft und ihrer Produkte. (2) Die Entwicklung eines einheimischen Marktes und damit einhergehend eine Ausweitung in der Produktion des Landwirtschaftssektors ebenso wie im Warentausch zwischen dem agrarischen und dem nichtagrarischen Sektor der Wirtschaft. (3) Die Herausbildung einer kapitalistischen Klassenstruktur: Das Wort »Bauer« kennzeichnet nicht mehr die Zugehörigkeit zu einer bestimmten Klasse, selbst wenn es das früher tat, denn es umfaßt sowohl die, die Land besitzen (ländliche Bourgeois und Kleinbürger), als auch die, die nur ihre Arbeitskraft zu verkaufen haben (ländliches Proletariat).
Diese Transformation der ländlichen Gebiete, die für die kapitalistische Entwicklung wesentlich ist, kann allein durch private Aneignung und Marktkräfte in Gang gesetzt werden. Das war in England der Fall. Doch in den meisten kapitalistischen Ländern hat der Staat in dem einen oder anderen Stadium interveniert, um den ländlichen Sektor an den Rest der Wirtschaft anzugleichen, und zwar vor allem durch eine Veränderung der Grundbesitzstruktur auf dem Lande. Genaugenommen ist das das Wesen einer Landreform – die Veränderung der Grundbesitzverhältnisse durch den Staat, um das Wachstum eines einheimischen Marktes und einer kapitalistischen Klassenstruktur auf dem Lande anzuregen. Landreformen im Sozialismus erfüllen andere Aufgaben, sollen aber auch den ländlichen Sektor mit den Erfordernissen einer allumfassenden Entwicklung in Übereinstimmung bringen.
Zwei Dinge kann man nicht als automatische Bestandteile von Landreform und kapitalistischer Entwicklung auf dem Lande behandeln. Vor allem: Kapitalistische Entwicklung hat nicht zwingend eine spezifische Form von Grundeigentum zur Folge – es kann große Güter geben, Anwesen mittlerer Größe, Kooperativen oder kleine Familienhöfe. Es genügt daher nicht festzustellen, daß im Iran auf dem

Lande des Kapitalismus eingeführt worden ist; man muß hinzufügen, welche spezifischen Eigentumsverhältnisse in diesem Falle eingeführt worden sind. Zweitens genügt das bloße Faktum der Landreform und der Durchdringung für sich allein nicht, um sicherzustellen, daß der Agrarsektor den Erfordernissen der restlichen Wirtschaft genügt. Die neue ländliche Bourgeoisie kann nämlich die Forderungen der restlichen Wirtschaft nach Investitionskapital ignorieren, und sie kann einen Teil der landwirtschaftlichen Produktion, der von diesem anderen Sektor gebraucht wird, zurückhalten: das ist in Indien seit der Reform der 60er Jahre der Fall. Auch im Iran ist die Situation die, daß der Staat – verspätet zwar, aber geplant – den ländlichen Gebieten kapitalistische Verhältnisse auferlegt hat, daß es ihm jedoch nicht gelungen ist, ländliche Ressourcen in einer Weise zu mobilisieren, die auch nur im entferntesten mit den Bedürfnissen der restlichen Wirtschaft in Übereinstimmung stünden.

Vor der Reform

Die iranische Landwirtschaft steht einer feindlichen, unwirtlichen Umwelt gegenüber. Von der gesamten Landfläche des Landes (165 Mio. ha) sind 55% Wüste, Gebirge oder Sumpf und daher nicht nutzbar, und weitere 30% oder mehr sind Wald und Weideland. Nur schätzungsweise 12% werden kultiviert, und davon muß fast die Hälfte jeweils brachliegen gelassen werden wegen des Fortbestehens traditioneller Anbaumethoden. Nur 5% (8 Mio. ha) werden ständig bestellt. Einige Beamte behaupten zwar, daß insgesamt 20 Mio. ha kultivierbar sind, aber es gibt beträchtliche Schwierigkeiten bei ihrer Nutzung, vor allem wegen Wassermangel. Schätzungsweise werden nur etwa 500000 ha vollständig bewässert und sind nur 4,5 Mio. ha potentiell bewässerbar.[3] Der Schah selbst bemerkte einmal ganz zu Recht, daß es für den Iran besser wäre, wenn er kein Öl hätte und dafür jedes Jahr genügend Regen.

Es gibt keine genauen Statistiken über ländliche Besitzungen vor der Reform; die ursprüngliche Maßeinheit für Eigentum, nämlich das Dorf und ein Sechstel eines Dorfes (*dâng*), entspricht keiner festgelegten Fläche. Dörfer, von denen es schätzungsweise 50000 gab, konnten zwischen 20 und 500 Einwohnern haben. Es gibt aber doch einige Angaben, die eine gewisse Vorstellung von der Eigentumsstruktur vermitteln und die die Zusammensetzung der iranischen Grundbesitzerklasse in dieser Zeit illustrieren.

Die grundbesitzende Klasse war eine Ansammlung verschiedener Komponenten, die sich im Laufe des vorigen Jahrhunderts zusam-

Tabelle 6: Grundbesitz vor der Reform

Eigentumsform	*Anteil am Landbesitz in %*	*Anzahl der Dörfer*	*Anteil aller Dörfer in %*
Großeigentümer	56,0	13 569	34,43
(dav. mit Besitz über 100 ha)	33,8	—	—
Kleineigentümer	10–12	16 522	41,93
Königliche Domäne	10–13	812	2,06
Religiöse Stiftung	1–2	713	1,81
Stammesbesitzungen	13,0	—	—
Öffentliche Ländereien	3–4	1 444	3,67
Andere Besitzungen	—	6 346	16,10

Quelle: *The Cambridge History of Iran,* Bd. 1, Cambridge 1968, S. 687.

mengefunden hatten. Ihr gehörten Mitglieder des Hofes an, die vom Schah Land erhalten hatten; traditionelle Grundbesitzer; Stammesführer, die sich die individuelle Kontrolle über Ländereien, die vorher in gemeinschaftlichem Eigentum waren, hatten verschaffen können, und Kaufleute, die Land mit Handelsüberschüssen gekauft hatten. Die meisten Eigentümer wohnten in den Städten und hatten persönliche sowie familiäre Beziehungen zu der Handels- und Staatsbourgeoisie. Die mächtigste Gruppe bestand aus 400 bis 450 Familien, von denen einige bis zu 300 Dörfer besessen haben sollen. Nach einer Schätzung besaßen 37 Familien allein 19000 Dörfer, d.h. etwa 38 % der Gesamtzahl; eine andere Gruppe, die mittleren Grundbesitzer mit je ein bis fünf Dörfern, besaßen 7000 Dörfer oder 14% der Gesamtzahl. Reza Khan eignete sich in den 20er und 30er Jahren 2100 Dörfer an und machte damit sich und die Pahlavi-Familie zum größten Grundbesitzer im Lande.[4] Viele der kleineren Grundstücke gehörten auch abwesenden Grundbesitzern, und den wenigsten Bauern, schätzungsweise 5%, gehörte der Boden, den sie bebauten.

Die beiden wichtigsten Formen der Anwendung der Arbeitskraft waren die der Fronarbeit für den Grundbesitzer (*bigâri*) und verschiedene Arten von Pachtverhältnissen, bei denen Bauern den Boden für einen Anteil an der Ernte bearbeiteten; dieses Anteilsystem variierte beträchtlich; am üblichsten war es, daß die Ernte durch fünf geteilt wurde, entsprechend den fünf Produktionsfaktoren – Land, Arbeitskraft, Wasser, Zugvieh und Saatgut. Danach erhielt ein Bauer, der nur seine Arbeitskraft zur Verfügung stellte, 20% der Ernte, während der Grundbesitzer automatisch seine 20% bekam. Doch das iranische Dorf war gewöhnlich nicht einfach eine Kombination von Eigentümer und Landarbeiter, es gab zwei weitere Arten von Unterteilung. Die Bauern, die Anrecht auf den Anteil hatten, gehörten zu der Gruppe, der es traditionell gestattet war, das fragliche Stück Land (*nasagh*) zu bebauen; außerdem gab es noch eine Gruppe von Gelegenheitsarbeitern (manchmal als *khosh-neshin* bezeichnet[5]), die eine noch geringere Entschädigung erhielten. Zweitens gab es zwischen den nasagh-Inhabern und den Grundeigentümern oft noch eine Schicht, die die drei anderen Produktionsfaktoren – Saatgut, Wasser und Zugvieh (gewöhnlich Ochsen) – kontrollierte. In vielen Dörfern gehörten die Ochsen einer besonderen Gruppe, die außerdem noch ihre eigene Arbeitskraft bereitstellte und vielleicht auch noch einiges Land besaß. Das Ergebnis war, daß es vor der Landreform ein hierarchisches System auf dem Dorf gab; der typische Fall sah so aus: Die eigentlichen Grundeigentümer, die Zwischengruppe der Zugvieh-Eigentümer, die *nasagh*-Inhaber und die Landarbeiter. Obwohl diese Einteilung vorkapitalistischen Ursprungs war, lieferte sie den Rahmen, in dem die Landreform selbst stattfand, und sie bestimmte weitgehend den Charakter der Gesellschaftsstruktur nach der Reform.[6]

Die iranischen Landgebiete hatten viele Probleme mit anderen vergleichbaren Ländern der Dritten Welt gemeinsam, aber es gab auch spezifische historische Eigentümlichkeiten. Vor allem war das Land – da der Iran nie unter Kolonialherrschaft gestanden hatte – nicht durch die Prozesse des Kolonialismus berührt: Es gab keine wirksame Besteuerung, und der Anbau wirtschaftlicher Produkte für den Export wurde kaum gefördert. Vor der Landreform war der einzige wichtige landwirtschaftliche Exportartikel Baumwolle, von der 40% ins Ausland gingen. Auch einige getrocknete Früchte und Nüsse wurden exportiert. Aber im Gegensatz zu Indien, Ceylon, Kenia oder Lateinamerika gehörte der Iran nicht zu den Ländern, deren ländlicher Sektor nachhaltig durch die Einwirkung des Kolonialismus und des internationalen Handels umgestaltet worden wäre. Und das mag einer der Faktoren gewesen sein, die die Landreform für den Schah leichter machten: Es gab keine starke grundbesitzende Klasse mit internationalen Verbindungen und einem ausgeprägten Klassenbewußtsein, die seiner Politik entschiedenen Widerstand entgegensetzen konnte. Die Kaufleute, die ihre Profite in den Erwerb von Grundbesitz investierten, entwickelten diese Ländereien damals nicht nach kommerziellen Prinzipien. Sie besaßen das Land als eine Art von Reichtum an sich und gleichzeitig als Mittel zur Erzielung weiterer Profite.

Eine andere auffällige Eigentümlichkeit besteht darin, daß es in den iranischen Landgebieten in der neueren Geschichte scheinbar keine Bauernrevolten gab. Es ist nachgewiesen worden, daß Bauernbewegungen selten auf nationaler Ebene stattfinden, sondern meist als lokale, oft spontane Ausbrüche auftreten.[7] Wahrscheinlich hat es

auch eine Reihe lokal begrenzter Bauernrevolten gegeben, die nie richtig dokumentiert worden sind, so daß das »Fehlen« solcher Revolten nur auf die Tatsache verweist, daß sie nicht aufgezeichnet wurden. Doch selbst unter Berücksichtigung dieser Faktoren scheint es im 19. und 20. Jahrhundert nur selten Revolten und Widerstand bei den Bauern gegeben haben. Wo es zu Erhebungen auf dem Lande kam, fanden diese bei Stämmen oder Nationalitäten statt (Kurden, Araber, Ghashghai usw.), oder es handelte sich um regionale Bewegungen in Zeiten, wo der Staat schwach war (die Gilani-Bewegung nach 1917). Trotz der Verschlechterung der Verhältnisse auf dem Lande in der ersten Hälfte dieses Jahrhunderts und dem relativ geringen Ausmaß der Abwanderung in die Städte wissen wir von keinem nennenswerten Widerstand der Bauern.
Zur Erklärung dieser Tatsache ist eine Anzahl von Faktoren angeführt worden: die geographische Verstreutheit der Dörfer, die ständige Bedrohung durch Überfälle von Nomaden, das Fehlen einer Mittelbauernschaft.[8] Möglicherweise haben auch Faktoren, die aus der Struktur des Dorflebens selbst herrühren, zum friedlichen Verhalten der Bauern beigetragen: wegen des Wassermangels gab es zwischen den Dörfern eine enge Kooperation, und daher waren Rebellionen von abtrünnigen Gruppen schwieriger. Was auch immer die Gründe sein mögen, im Ergebnis sah sich das Regime keiner direkten Bedrohung von seiten der Bauernschaft gegenüber, die sie – wie die Regierungen anderer Länder – dazu gezwungen hätte, vorsorglich eine Landreform durchzuführen. Es mag sein, daß die langfristige Bedrohung durch eine Bauernbewegung für den Schah und seine Berater ausschlaggebend war; aber in der unmittelbaren Situation damals waren es vor allem die Notwendigkeit einer ökonomischen Umgestaltung der Landgebiete und die kritische Entwicklung, die die Beziehungen zwischen dem Schah und seinen Gegnern genommen hatten, die zu dem Landreformprogramm führten.[9]

Die Reform und ihre Phasen

Der Schah war keineswegs der erste, der im Iran eine Landreform forderte; die Notwendigkeit einer derartigen Reform war für viele Beobachter seit langem offenkundig. Das erste Majlis, das während der Konstitutionellen Revolution eingesetzt worden war, hatte allerdings niemals eine Landreform gefordert, weil in ihm die Grundbesitzer dominierten; aber in der Republik Gilan von 1917–21 wurden in den von den Rebellen besetzten Gebieten große Güter auf die Bauern aufgeteilt. Eine ähnliche Reform fand in Azerbaijan während der autonomen Republik von 1945–46 statt. In beiden Fällen war es jedoch so, daß diejenige revolutionäre Gruppierung, welche damals an der Macht war, über die Landverteilung entschied und daß es sich nicht in erster Linie um Ergebnisse der Forderungen einer Bauernbewegung handelte. Ein weiterer Befürworter einer Landreform seit der Mitte der 40er Jahre war Hassan Arsanjani, ein radikaler Liberaler, der später der erste Minister für Landreform wurde. In einer ersten Maßnahme, die der Kritik den Wind aus den Segeln nehmen sollte, verteilte der Schah 1949 selbst 517 der 2100 Dörfer, die Reza Khan an sich gerissen hatte, an die dort ansässigen Bauern. Doch im allgemeinen konnten die Grundherren in den iranischen Dörfern ihre Macht bis zur Reform bewahren, und noch 1959 blockierten sie einen Landreformvorschlag, der im Majlis eingebracht worden war.

Der Umschwung kam mit der Krise von 1961 und der Einsetzung der Amini-Regierung; mit Unterstützung und Beratung durch US-Beamte wurde im Januar 1962 eine erste Verordnung über Landreform veröffentlicht. Dieses Gesetz, das später als die »erste Phase« bezeichnet wurde, enthielt vier Hauptbestimmungen:

1. Persönliches Eigentum wurde auf ein Dorf oder sechs *dângs* in verschiedenen Dörfern beschränkt. Ausgenommen waren Obstpflanzungen, Teeplantagen, Einzelgehöfte, Waldungen und Land, das mit mechanisierten Verfahren unter Einsatz von Tagelöhnern bebaut wurde.
2. Die Grundbesitzer sollten vom Staat über einen Zeitraum von 10 Jahren (später auf 15 Jahre ausgedehnt) entschädigt werden, und zwar auf der Basis der Steuern, die sie bisher gezahlt hatten. Die Bauern, die Land erhielten, sollten dessen Wert plus 10% in einem Zeitraum von 15 Jahren zurückzahlen; diejenigen, die die Zahlung drei Jahre hintereinander schuldig blieben, sollten vom Land vertrieben werden.
3. Das Land sollte vor allem an diejenigen umverteilt werden, die schon Land bestellten, vorzugsweise an solche Bauern, die mehr als nur ihre Arbeitskraft zur Verfügung stellten: d.h. Eigentümer von Ochsen wurden bevorzugt. Dann kamen *nasagh*-Inhaber und schließlich Landarbeiter. Alle, die Land erhielten, mußten Mitglieder von Kooperativen werden.
4. Wo keine Verteilung stattfand, d.h. in Dörfern, die im Besitz von Grundherren waren, sollte die willkürliche Vertreibung der Bauern ein Ende finden. Die Ernteanteile für Pächter wurden auf bewässertem Land um 5% der Ernte und auf unbewässertem um 10% erhöht.

Dieses Gesetz scheint auf dem Lande erhebliche Begeisterung ausgelöst zu haben: es zeigte, daß der Grundherr seine totale Kontrolle über das Dorf verloren hatte, und versprach der ländlichen Bevölkerung Wohlstand. Doch die anfängliche Begeisterung über das Gesetz, die auf der Hoffnung beruht hatte, daß die Bauernschaft das ganze Land bekommen würde, stellte sich als ein Irrtum heraus. An den offiziellen Zahlen für die erste Phase fällt vor allem auf, daß das

Gesetz bis zum Oktober 1972, d.h. 10 Jahre nach Beginn der Durchführung, nur etwa 30% der Dörfer im Iran (14646) erfaßt hatte und daß weniger als 10% (3920) vollständig umverteilt worden waren. In den übrigen Dörfern waren nur ein paar *dângs* an die Bauern verkauft worden. Die Gesamtzahl der Familien, die im Rahmen dieser Phase Land erhielten, betrug 690466: angesichts der Tatsache, daß die Landbevölkerung etwa 3,5 Mio. Familien (17 Mio. Menschen) ausmacht, bedeutet dies, daß weniger als ein Fünftel aller Bauern von dieser ersten Phase der Reform profitiert zu haben scheinen.
Darüber hinaus konnte eine beträchtliche Zahl von Grundbesitzern der Umverteilung entgehen. Das Gesetz ermöglichte es reichen Eigentümern, überschüssiges Land Verwandten zu übertragen; ein Ausweg, von dem viele Gebrauch gemacht haben sollen. Andere führten Mechanisierungen ein, die nur auf dem Papier standen: 850 Eigentümer behaupteten, sie hätten ihre Besitzungen mechanisiert, und einige vertrieben die Bauern von ihrem Land, um die Voraussetzungen hierfür zu erfüllen. Weitere 1500 wählten den Ausweg gemäß der Bestimmung, die sich auf »Obstpflanzungen« bezog: das mag erklären, warum zwischen 1960 und 1968 die iranische Pistazien- und Apfelproduktion um 600% anstieg. Ohne jeden Zweifel haben sich einige Eigentümer auch auf die eine oder andere Weise mit den Verhältnissen arrangiert und die Reformbeamten bestochen, damit sie einige der Ländereien, auf die sie kein Anrecht mehr hatten, behalten konnten. Schließlich sind auch die Angaben über die Anzahl der Dörfer, die vollständig in Privatbesitz waren, sehr zweifelhaft: Die von staatlicher Seite angegebene Zahl in neueren Statistiken ist 3920, während der Minister für Landreform Arsanjani 1962 erklärte, es gäbe 15000 Dörfer im Besitz von Leuten, denen mehr als fünf Dörfer gehörten. Der Rückgang bei der Zahl von Dörfern, die vollkommen hätten umverteilt werden sollen, ist also ziemlich verdächtig.[10]
Eine zweite Stufe der Landreform wurde im Januar 1963 wirksam; aber sie wurde als zu radikal angesehen und 1964 auf verschiedene Weisen wieder verwässert. Sie sollte das Land erfassen, das von der ersten Stufe nicht berührt worden war; die Grundherren, die ihr Land weiterhin behielten, sahen sich vor fünf Alternativen gestellt. Sie konnten sich zwischen folgenden Möglichkeiten entscheiden (in Klammern die Prozentzahlen der jeweils betroffenen Bauern):
1. Das Land mit 30jährigen Verträgen an Bauern zu verpachten (80,08%).
2. Das Land an die Bauern zu einem frei vereinbarten Preis zu verkaufen (3,67%).
3. Das Land im Verhältnis der vorherrschenden Verteilung der Ernteanteile aufzuteilen (10,04%).
4. Aktiengesellschaften mit Grundherren und Bauern als Teilhabern zu gründen (5,35%).
5. Das Land von den Bauern zu kaufen (0,86%).

Wie man sehen kann, entschlossen sich die meisten Grundbesitzer, an ihren Ländereien festzuhalten und Pachtvereinbarungen mit den Bauern zu treffen. Insgesamt bekamen 1246652 Bauernfamilien Pachtverträge für ihr Land. Demnach betraf die zweite Phase zwar mehr Bauernfamilien als die erste (1,6 Mio. gegenüber 700000), aber weit weniger Bauern kamen tatsächlich in den Besitz von Land: 57164 Familien kauften ihr Land, und weitere 156279 bekamen Land durch Aufteilung. Insgesamt erwarben etwa 210000 Familien Land in Phase zwei gegenüber 700000, die es unter Phase eins erhalten hatten. Die so in Phase zwei erzielten Vereinbarungen waren unzureichend; insbesondere stieg die landwirtschaftliche Produktivität nicht genügend, und es wurde vom Widerstand der Bauern gegen Pachtverhältnisse berichtet; daher wurde 1968 eine dritte Phase der Reform eingeleitet, die darauf zielte, die Pachtvereinbarungen von Phase zwei in Eigentum zu verwandeln. Land, das unter die Abschnitte 1. und 4. von Phase zwei fiel, d.h. verpachtetes und im Eigentum von Aktiengesellschaften befindliches Land, sollte an die Bauern verkauft werden. Doch es scheint, daß nach vier Jahren Neuordnung, in denen dieses Land umverteilt wurde, nur 738119 von den 1,3 Mio. berechtigten Familien tatsächlich Land erworben hatten, d.h. in Phase drei *verloren* etwa 592000 Familien die Position, die sie in Phase zwei erlangt hatten.[11] Alles in allem kann man davon ausgehen, daß in den Phasen eins bis drei etwa 1638000 Familien Land bekommen haben: 690000 in Phase eins, 210000 in Phase zwei und 738000 in Phase drei. Diese Zahl von 1,6 Mio. Familien ist, wie weiter unten in diesem Kapitel diskutiert werden wird, weniger als die Hälfte der Gesamtzahl der Bauernfamilien im Iran.
Vom Standpunkt der Regierung aus ist das Hauptproblem jedoch nicht ihre einseitige Verteilungspolitik, sondern vielmehr die Tatsache, daß die Reformen nicht in befriedigender Weise zu einer Erhöhung der landwirtschaftlichen Produktion führten. Viele der Bauern, die durch die Reform tatsächlich ein Stück Land bekamen, erhielten es in Parzellen, die zu klein waren, um wirtschaftlich zu sein. 68% erhielten weniger als 5 ha; das Minimum für einen wirtschaftlichen Betrieb – abgesehen vom Norden – liegt aber bei 7 ha pro Familie. Seit der Mitte der 60er Jahre zeigt sich in der Regierungspolitik deshalb eine neue Tendenz, die darauf zielt, individuelles Eigentum durch landwirtschaftliche Betriebe größeren Stils zu ersetzen. Phase drei war teilweise eine Vorbereitung für diesen Prozeß, der vor allem ländliche Besitzungen konsolidieren sollte. Die neue Politik ermuntert die Bauern, entweder sich an neuen, vom Staat betriebenen Landwirtschaftsgesellschaften zu beteiligen, oder sie vertreibt sie durch die privaten Landwirtschaftsfirmen, zu denen sich iranische und ausländische Geschäftsinteressen zusammenschlossen, um kapitalintensive Techniken auf dem Lande anzuwenden. Das Vorbild für die Landwirtschaftsgesellschaften sind die israelischen *Moshavim,*

Kooperativen von Einzelproduzenten, und viele Manager dieser Einheiten sind in Israel ausgebildet[12]; die privaten kapitalintensiven Farmen arbeiten nach dem Vorbild der Agribusiness-Gesellschaften in den USA. Gesetze über Landwirtschaftsgesellschaften wurden 1967 erlassen, und bis zum Frühjahr 1973 waren 43 gegründet worden. Sie sind auf ausgewählte Gebiete des Landes beschränkt; bis Ende 1978 soll es 140 von ihnen geben. Der Zweck dieser Einrichtung ist die Einführung moderner mechanisierter Anbautechniken und die Zusammenfassung unökonomischer Besitzungen zu Einheiten von mindestens 20 ha. Nach dem Gesetz von 1967 werden solche Gesellschaften gebildet, wenn 51% der Eigentümer, die die Voraussetzungen für solche Gesellschaften erfüllen, ihre Zustimmung geben. Die Mitglieder erhalten Anteile an den Gesellschaften, aber die Nutzung ihrer Ländereien geht an die Gesellschaften über, und die Macht liegt faktisch bei den vom Staat ernannten Managern. Diese Maßnahme läuft offensichtlich dem offiziellen Sinn früherer Reformmaßnahmen zuwider. Sie schafft nicht nur das Individualeigentum an den entsprechenden Gebieten ab, sondern sie hat auch Auswirkungen auf die Mehrheit der Bauern, die nicht zu den Gesellschaften gehören: sie sehen, daß der Staat das, was er gibt, auch wieder wegnehmen kann. Der Effekt dieser Gesellschaften, die die Produktion erhöhen sollten, wird wahrscheinlich der sein, daß die neuen Eigentümer anderswo – wegen der allgemeinen Unsicherheit, die durch die Errichtung dieser Gesellschaften entstanden ist – davor zurückschrecken, ihre Produktion zu erhöhen und ihre Profite zu investieren. Daß es Widerstand gegen die Errichtung der Gesellschaften gegeben hat, zeigt ein 1975 erlassenes Gesetz, das die ursprünglichen Vorschriften aus dem Jahre 1967 verschärft. Die Bauern, die sich weigern, Landwirtschaftsgesellschaften, die auf ihrem Land errichtet werden, beizutreten, oder die dazu nicht in der Lage sind, sollen zwangsweise enteignet werden, und alles auf diese Weise übernommene Land soll der Kontrolle einer Regionalen Landwirtschaftsentwicklungsorganisation unterstellt werden. In einem Bericht, der die Gedanken der Regierung ausspricht, findet sich die folgende Formulierung: »Die kleinen und relativ unproduktiven Bauern des Iran sind eine Extravaganz, die sich das Land nicht mehr leisten kann.«[13] Offensichtlich hat der iranische Staat in anderthalb Jahrzehnten die egalitäre Parole der frühen 60er Jahre – »das Land dem, der es bebaut« – weitgehend aufgegeben, oder war gezwungen, sie aufzugeben.

Eine weitere Verschiebung in diese Richtung brachte das »Agribusiness«, der Eingriff ausländischer und iranischer Kapitalisten in die landwirtschaftliche Produktion.[14] Ausländische Geschäftsinteressen drangen erstmals in den 50er Jahren in den Iran ein, nachdem David Lilienthal, der frühere Leiter der Tennessee Valley Authority, den Iran besucht hatte, um die Möglichkeiten einer ähnlichen Organisation in diesem Lande zu untersuchen. Das Ergebnis war ein großan-

gelegter Entwicklungsplan für die Provinz Khuzestan, die durch den Bau des Dez-Damms Wasser erhalten sollte. Trotz des erfolgreichen Aufbaus einer Zuckerrohrplantage in Haft Teppeh wurden in der Gegend des Dez-Bewässerungsprojektes anfangs die geforderten Produktionszahlen nicht erreicht; 1968 beschloß deshalb die Wasser- und Energiebehörde Khuzestan, ein Staatsunternehmen, die Bauern, die auf diesen 100000 Hektar saßen, zu enteignen. Die Behörde kaufte das Land der Bauern in 58 betroffenen Dörfern auf und übereignete es sechs Privatfirmen. Eine dieser Firmen, die 8000 ha kontrollierte, wurde beispielsweise von Hashim Naraghi geleitet, einem ausgewanderten Iraner, der in Kalifornien erfolgreich gewesen war. Ihm gehörten 51% der Firma, 30% waren im Besitz der First National City Bank of New York, und der Rest verteilte sich auf kleinere iranische Beteiligungen. Ähnliche Konsortien mit US-amerikanischem und iranischem Kapital wurden in dem restlichen Gebiet des Khuzestan-Projekts errichtet, und in der ganzen ersten Hälfte der 70er Jahre förderte die Regierung weiterhin das Engagement solcher Unternehmen in den ausgewählten Wachstumsgebieten. Es heißt, daß bis Ende 1978 8 % des bewässerten Landes in der Hand dieser Firmen sein werden.
Diese Politik hat mehrere negative Konsequenzen, und nach 1975 konnte man eine deutliche Abkehr von ihr feststellen. Vor allem vermehrt die Einführung von Mechanisierung in Landwirtschaftsgesellschaften und noch mehr die in Unternehmen wie denen in Khuzestan die Arbeitslosigkeit auf dem Lande. Nicht nur Gelegenheitsarbeiter werden vertrieben, sondern sogar viele mit Anrecht auf ein bestimmtes Stück Land. In Khuzestan waren bis 1974 schätzungsweise 17000 Menschen vertrieben worden; sie wurden in fünf neuen, *shahrak* genannten Städten angesiedelt, wo sie in ärmlichen Verhältnissen leben und als Saisonarbeiter auf dem Land arbeiten müssen, das ihnen früher gehörte. Ihre Dörfer sind von Bulldozern dem Erdboden gleichgemacht worden. Im übrigen kommt es den privaten Geschäftsleuten darauf an, Erträge aus ihren Investitionen zu ziehen; wenn es für sie günstiger ist, werden sie sich aus diesen Unternehmen also auch wieder zurückziehen. Hashim Naraghi selbst verkaufte seine Besitzung 1975 an den Staat, nachdem man ihn wegen schlechter Betriebsführung angeklagt hatte; ein Jahr später wurde er in Abwesenheit zu einer Gefängnisstrafe verurteilt.
Eine Anzahl von US-Aktionären eines 10000-ha-Unternehmens namens Iran-California verkaufte ihre Anteile ebenfalls, als sich bessere Investitionsmöglichkeiten boten. Doch selbst gemessen an den exaktesten Kriterien, nämlich der Nahrungsmittelproduktion, ist der Erfolg dieses Programms äußerst zweifelhaft. Bei einem Vergleich von Ernteerträgen in Kalifornien und Khuzestan ergab sich, daß die kalifornischen Farmer ihre höchsten Erträge auf Flächen von etwa 300 ha erzielten; die iranischen Einheiten waren aber Tau-

sende von Hektar groß. Von einem gewissen Punkt an erweisen sich Großbetriebe in der Landwirtschaft normalerweise nicht mehr als wirtschaftlich; und wenn Landwirtschaft in großem Maßstab betrieben wird, fallen auch sehr große allgemeine Unkosten an, was sich schon bei den Unternehmen in Khuzestan zeigte. Aus diesem Grunde begann eine neue Politik, die mittelgroße Farmen förderte und die frühere Begeisterung für Agri-business ablöste.

Es kann überhaupt kein Zweifel bestehen, daß – unabhängig von den langfristigen Wirkungen auf die Produktion – die erste und die zweite Phase der Reform tatsächlich eine grundlegende kapitalistische Transformation der iranischen Landgebiete im Leninschen Sinne förderten, d. h. sie führten Warenbeziehungen ein und schufen einige der Elemente einer kapitalistischen Klassenstruktur. Land ist zu einer Ware geworden: Grundherren werden dafür in bar oder in Ratenzahlungen entschädigt, und die Bauern müssen ihre Käufe in jährlichen Beträgen abzahlen. Das Eindringen kapitalistischer Interessen aus Bereichen, die ganz außerhalb des Agrarsektors liegen, bestätigt ebenfalls den Warencharakter von Land nach der Reform. Auch die Arbeitskraft hat einen Geldwert erhalten, obwohl es daneben eine entgegengesetzte Tendenz gibt; die zweite Phase der Reform setzte den nicht auf Geld beruhenden Beziehungen, die vorher *Eigentümer und Landarbeiter* verbunden hatten, ein Ende; das alte Pachtsystem, unter dem die Entlohnung in Ernteanteilen bestanden hatte, wurde in gewöhnliche Pachtverhältnisse verwandelt. Fronarbeit (*bigâri*) und Praktiken wie das Beschenken (*reshve*) der Grundherren – d. h. eine Form der Bestechung – sind ebenfalls weitgehend verschwunden. Frühere *nasagh*-Inhaber und Landarbeiter arbeiten jetzt für die Grundherren der Gesellschaften auf Lohnbasis. Andererseits hat die Reform die Arbeit auf nichtmonetärer Basis in der Familie nicht beendet und konnte das auch gar nicht; wegen der praktizierten Verteilungspolitik hat diese Art von Arbeit seit dem Beginn der Reform anscheinend sogar noch zugenommen.

Die Rolle des Geldes hat auch durch die Expansion sowohl staatlicher als auch privater Kreditinstitute an Bedeutung gewonnen. Die Bauern, die im Rahmen der Verteilungen Land erhielten, haben sich verschuldet und müssen oft auf die nächste Ernte Kredit aufnehmen, um ihre Raten zahlen zu können. Darüber hinaus hat die Landwirtschaftsbank über die Kooperativen Geldsummen aufs Land gepumpt, besonders im Rahmen der erhöhten Zuweisungen des Fünfjahresplans von 1973–78. Schließlich sind die Landwirtschaftsprodukte zu einer Ware geworden; tatsächlich belastet die erhöhte Nachfrage des nichtagrarischen Sektors die Produktionskapazitäten des iranischen Bauern zunehmend.

Lenins drittes Kriterium, die Herausbildung einer Klasse, kennzeichnet nicht nur den allgemeinen Charakter des Prozesses kapitalistischer Entwicklung, sondern auch die spezifische Form, die dieser im

Iran angenommen hat. Natürlich haben sich die Familien, denen vor der Reform das Land gehörte, nicht wie die deutschen Junker automatisch in eine kapitalistische Klasse verwandelt. Der Staat mußte eingreifen, um das Land umzuverteilen und die kapitalistische Entwicklung der Landwirtschaft anzuregen. Außerdem gelang es vielen der alten Landeigentümer, etwas von ihrem Land zu behalten, indem sie entweder verschiedene Arten von Ausweichmaßnahmen ergriffen oder indem sie den festgesetzten Bedingungen für Ausnahmefälle nachkamen. Diese Unterscheidung ist wichtig, denn es besteht ein grundlegender Unterschied zwischen einem Grundeigentümer, der sein Land dadurch behält, daß er die Reform umgeht, und einem, der es behält, indem er die Anforderungen, wie etwa Mechanisierung, erfüllt. Beide beschränkten das Ausmaß, in dem Land verteilt worden ist, aber letzterer leitet auch diejenigen Entwicklungen in der Landwirtschaft ein, die durch die Reform gefördert werden sollen. Sie stehen im Gegensatz zu dem egalitären Prinzip – »das Land dem, der es bebaut« – aber nicht zur Entwicklung des Kapitalismus.
Zu den Grundbesitzern, die einiges Land behielten, gesellten sich diejenigen, die im Rahmen der drei Phasen Land erwarben. Land wurde nicht gleichmäßig an alle Bauern verteilt: die schätzungsweise 47,5% der ländlichen Bevölkerung, die vor der Reform den größten Mangel litten, haben von der Verteilung nicht profitiert.[15] Der Grund dafür war, daß Land in Anlehnung an das vorherige System der Arbeitsteilung im Dorf verteilt wurde, d.h. an diejenigen, die mehr als Gelegenheitsarbeiter waren. Nutznießer waren die Eigentümer von Ochsen und die *nasagh*-Inhaber. Wie ein Vertreter der Reform sagte:

»Im Mittelpunkt der Aufmerksamkeit stand derjenige, dem nach dem Buchstaben des Gesetzes das Land nicht gehörte, der es aber mit Hilfe seiner Familie bestellt, der Ochsen besitzt und der im Austausch gegen die Nutzung des Landes und die Dienste des Grundherren diesem einen Teil der Ernte in Naturalien oder den Gegenwert davon in bar abgibt.«[16]

Der spezifische Charakter der iranischen Landreform wird hier deutlich: Die Reform ging vor allem planmäßig darauf aus, das Land ungleich, nämlich an die reichen Bauern zu verteilen und mindestens die Hälfte der Landbevölkerung aus ihrem Wirkungsbereich auszuschließen; außerdem bediente sie sich der existierenden vorkapitalistischen Struktur des Dorfes als Basis für diese Politik. Zwar gab es auch vorher ein gewisses Maß an kapitalistischer Differenzierung, aber erst die Reform setzte gezielt die beschleunigte Entwicklung einer ländlichen Bourgeoisie und eines ländlichen Proletariats in Gang, indem sie das alte Dorfsystem benutzte und umgestaltete.
In dem Maße, wie die Reform voranschritt, nahm die Zahl der landbesitzenden Familien ständig ab, und eine zunehmende Zahl ist in die Reihen der Landarbeiter verwiesen worden. Zunächst konnten einige Grundherren – mit Hilfe der Mechanisierungsbestimmungen von

Phase eins und zwei – Ochsenbesitzer und *nasagh*-Inhaber von ihrem Land vertreiben und nahmen ihnen so die Möglichkeit, einige der umverteilten Flächen in Besitz zu nehmen. Dann, im Rahmen von Phase zwei, »verkaufte« eine kleine Anzahl von Familien (57 000) ihr Land nach den geltenden Bestimmungen an die Grundherren: Mehr als die Hälfte dieser Familien lebte in einem Gebiet, das von der mächtigen Familie Alam kontrolliert wird. Dann, in der Übergangszeit zwischen den Phasen zwei und drei, waren anscheinend weitere 592 000 Familien nicht in der Lage, ihre Pachtverhältnisse in Eigentum umzuwandeln; die meisten von ihnen wurden dadurch zu einer Proletarierexistenz gezwungen. Jetzt findet eine viel umfassendere Enteignung dadurch statt, daß die Gesellschaften und die Firmen des Agri-business Bauern vom Land vertreiben und selbst die Nachfrage nach Gelegenheitsarbeit verringern. Man sollte auch nicht vergessen, daß wahrscheinlich auch eine ganze Reihe von denen, die in den ersten drei Phasen Land erhielten, ihre Zahlungen nicht leisten konnten und infolgedessen enteignet wurden. Auch diese werden aus der Klasse derjenigen, die besitzen, in die Klasse derer gedrängt worden sein, die nur ihre Arbeitskraft zu verkaufen haben.

Die Reform hat also eine neue ländliche Bourgeoisie und ein neues Proletariat geschaffen. Zu den Mitgliedern der Bourgeoisie gehören einige der alten Grundbesitzerfamilien, die auf die eine oder andere Weise Land behalten haben, sowie diejenigen Mitglieder der früher wohlhabenderen Bauernschaft, die ebenfalls zu Eigentümern geworden sind. Nach ihnen kommt eine weitere Gruppe im Dorf, die sich seit der Reform sehr ausgedehnt hat: die Ladenbesitzer und Geldverleiher, die von der Entwicklung von Warenbeziehungen und von der Ausweitung von Nachfrage und Verschuldung profitiert haben. Diese zuletzt genannte Gruppe überschneidet sich oft mit der ersten, da sowohl ein Bauer einen Laden eröffnen als auch ein Ladenbesitzer Land kaufen kann. Auf der anderen Seite steht das neue ländliche Proletariat. Es besteht in seiner Mehrzahl aus den Landarbeitern der Vorreformzeit; zu ihnen sind diejenigen Familien gekommen, die Land hätten erwerben können, daran aber gehindert wurden; oder die welches erwarben und es dann durch die Aushöhlung der Verteilungspolitik verloren; oder *nasagh*-Inhaber, die kein Land bekamen.

Im allgemeinen kann man sagen, daß die Landgebiete im Iran jetzt kapitalistisch sind. Vorkapitalistische Züge sind sicherlich noch vorhanden – alte Anbaumethoden, alte Haltungen und alte, nichtreformierte Eigentumsstrukturen verschwinden nicht mit einem Mal. Doch die vorherrschenden Beziehungen sind Warenbeziehungen, und die gesellschaftliche Struktur des Dorfes verwandelt sich in eine kapitalistische. Das ist die erste Haupterrungenschaft der Reform.

Es gibt jedoch ein weiteres Element auf dem kapitalistischen iranischen Dorf, das analysiert werden muß: der Staat. Das zweite Hauptergebnis der Reform ist nämlich die Tatsache, daß der Staat im Dorf

interveniert hat und dort jetzt auf dreierlei Weise zur dominierenden Macht wird. Vor allem hat er, wie alle Staaten, Privateigentum an Land garantiert und, wo nötig, geschaffen. Besonders in den Stammesgebieten, wo es früher nicht in entwickelter Form existierte, hat der Staat Privateigentum geschaffen. Zweitens hat der Staat, wegen der Zurückgebliebenheit der Landgebiete, Land durch die Reformen umverteilt. Meistens fand diese Verteilung friedlich statt; aber wo die Grundherren Widerstand leisteten – wie in Fars Ende 1963 –, griffen die Gendarmerie und die Armee ein, um den Willen der Regierung durchzusetzen. Dann, als Mitte und gegen Ende der 60er Jahre klar wurde, daß die bloße Verteilung von Land an reichere Bauern und die Schaffung von Kreditgenossenschaften nicht ausreichten, intervenierte der Staat auf einer dritten Ebene, dem Bereich der Produktion selbst; zunächst durch die Genossenschaften, dann über Landwirtschaftsgesellschaften und das Agri-business.
Die Förderung des Agri-business auf Kosten individuellen Eigentums mag den Anschein erwecken, daß die iranische Regierungspolitik inkonsequent sei; aber die seit 1962 vertretene Politik oder vielmehr die seither vertretenen Politiken sind durchaus konsequent, wenn man sie im Kontext der allgemeinen Erfordernisse eines sich entwickelnden Kapitalismus im Iran und der unvermeidlichen Konflikte, die in diesem Prozeß auftreten, sieht. Was die Reform und später das Agri-business deutlich machen, ist die immer stärker werdende Rolle des Staates bei der Umgestaltung der iranischen Landgebiete. Die Veränderung der ländlichen Eigentumsverhältnisse mußte bewußt organisiert werden, aber auch nachdem der Staat zur Veränderung dieser Verhältnisse interveniert hatte, trat das erhoffte Produktionswachstum nicht ein. Aus diesem Grund hat es der Staat jetzt selbst übernommen, die Produktion zu überwachen – im Bündnis mit den reicheren Bauern und mit privatem Kapital, das zu Investitionen im ländlichen Sektor ermutigt wird.
In allen Dörfern des Iran, ob sie zu Landwirtschaftsgesellschaften gehören oder nicht, hat der Staat den Grundbesitzer als dominierende Macht abgelöst. Die eigentlichen Instrumente der Staatsmacht, Gendarmerie und Armee, werden aber selten aktiv eingesetzt; in den meisten Fällen interveniert der Staat durch spezifische Institutionen, die im Laufe der Reform geschaffen worden sind. In den 60er Jahren wurden zwei besondere Korps eingerichtet, die neue Ideen aufs Dorf bringen sollten: ein 1963 gegründetes Bildungskorps und ein 1964 gegründetes Gesundheitskorps. Die Mitarbeit bei diesen Institutionen war eine Art von nationalem Dienst, und Tausende von Leuten aus der Stadt wurden in die ländlichen Gebiete geschickt. Zwischen 1963 und 1971 dienten insgesamt 62730 Menschen beim Bildungskorps; zunächst waren die meisten von ihnen Männer, aber 1969 wurde auch ein Frauenbildungskorps gegründet. In diesem Zeitraum wurden 13782 Grundschulen in Dorfgebieten errichtet, und die Gesamt-

zahl derer, die solche Schulen in den Landgebieten besuchten, stieg von 675000 auf 1830000. Die Aufgaben des Gesundheitskorps waren komplexer, aber in den ersten drei Jahren seiner Existenz errichtete es 500 medizinische Stationen auf dem Lande, und da diese oft mobil waren, konnten sie theoretisch jeweils mehrere Dörfer betreuen.

Der Erfolg dieser Korps war jedoch gering. Einer großen Menge offizieller Propaganda stehen magere Ergebnisse gegenüber. Jährlich gingen nur etwa 10000 Menschen durch das Bildungskorps, und selbst den offiziellen Zahlen zufolge erhielten im Jahre 1971 weniger als 15% der Landbevölkerung irgendeine Schulbildung. 1975 war die Analphabetenrate auf dem Lande noch immer sehr hoch – 60% bei Männern und 90% bei Frauen. Die Reichweite des Gesundheitskorps war ebenfalls beschränkt, denn wenn man einmal annimmt, daß jede medizinische Station 10 Dörfer erfaßte, so hätte das immer noch bedeutet, daß 90% der iranischen Dörfer keinerlei medizinische Einrichtungen hatten. Ein Bericht, der der Regierung 1974 vorgelegt wurde, kam zu der folgenden nüchternen Einschätzung:

»Trotz der in den letzten Jahren ergriffenen Maßnahmen und den von der Regierung getätigten Ausgaben bleiben viele der wichtigsten gesundheitlichen und medizinischen Probleme des Iran ungelöst. Von den 10000 Ärzten im Iran praktizieren 5000 in Teheran, mehr als 3000 in anderen Städten und nur 1500 in Landgebieten. Im ganzen Land gibt es 40000 Krankenhausbetten, alle in Teheran oder in anderen großen Städten. Die Mehrheit der iranischen Bevölkerung ist auf die Dienste von 1000 schlecht ausgerüsteten Apotheken angewiesen. Infolgedessen konzentrieren sich Personal und Einrichtungen auf Teheran, und in der Praxis haben 18 Mio. Iraner keinen Zugang zu irgendeiner der Leistungen, die die moderne Medizin bietet.«[17]

Außer diesen Korps gibt es noch andere staatliche Körperschaften, die in unmittelbarem Zusammenhang mit der Landreform stehen. Die Landreformorganisation hat selbst Land verteilt, aber sie arbeitet sehr eng mit Dorfoberhäuptern und den vorhandenen Grundherren zusammen. Nachdem die Reform durchgeführt worden war, wurden die Landwirtschaftsbank und die Kooperativen zu den wichtigsten Alltagsinstitutionen in Dörfern, die nicht von den Landwirtschaftsgesellschaften erfaßt waren. Die Bank zahlt enteigneten Grundherren ihre Raten, und die Bauern müssen an sie für das Land bezahlen, das sie erhalten haben. Die Bank leiht aber auch Geld an Bauern über die Kooperativen. Die Mitgliedschaft in einer Kooperative war eine Bedingung für den Erwerb von Land in den Phasen eins und zwei; aber viele Kooperativengründungen standen nur auf dem Papier. Ein wichtiger Grund dafür, daß sie in der Mitte der 60er Jahre nicht mehr gefördert wurden, war die Tatsache, daß dem Staat daran lag, die Entstehung starker, von Bauern betriebener Organisationen – wie sie ursprünglich von Landwirtschaftsminister Arsanjani vorgesehen waren – zu verhindern. Bis zu Beginn der 70er Jahre gab es etwa 6700 Kooperativen im Land, die rund zwei Drittel aller Dörfer erfaßten; die Regierung versuchte das System zu zentralisieren und auszubauen, wobei sie die Gesamtzahl auf 3000 reduzierte. Heute werden die Kooperativen von einer Regierungsinstitution, der Zentralorganisation für Landkooperativen, betrieben, die im wesentlichen eine von der Landwirtschaftsbank abhängige Kreditvergabestelle ist, die die reicheren Bauern unterstützen soll. Diese haben zunächst einmal günstigen Zugang zur Zentralorganisation, weil ein Mitgliedsanteil in der Kooperative davon abhängt, wieviel Land jemand besitzt; außerdem kann ein Mitglied einer Kooperative entsprechend seinen Anteilen an der Kooperative bei der Zentralorganisation Geld aufnehmen.

Eine gegen Ende der 60er Jahre in Gilan durchgeführte Untersuchung, die 18 Kooperativen erfaßte, ergab, daß von 104 Beamten 29 reiche Bauern waren und 54 Mittelbauern, während nur 11 als arm eingestuft wurden.[18] Dieselbe Studie fand heraus, daß es zwei verschiedene Kreditsysteme gab: während Kooperativenmitglieder zu 7,4% Zinsen Geld aufnehmen konnten, mußten ärmere Bauern von privaten Verleihern zu etwa 50% borgen. Da die meisten Kreditaufnahmen in der Zeit zwischen dem Frühjahr und dem Abschluß der Ernte stattfanden, belief sich der effektive Jahreszins auf 100%. Außerdem war es üblich, daß reichere Bauern von den Banken oder der Kooperative borgten und das Geld dann gegen höhere Zinsen an die ärmeren Arbeiter liehen. Im allgemeinen war es so, daß die Landreform- und Kooperativenbeamten in den Dörfern sich mit den reicheren Bauern und Ladenbesitzern verbündeten und daß der Staat durch seine Verteilungs- und Kreditpolitik zur Konsolidierung der neuen ländlichen Bourgeoisie beitrug. In den Gebieten, die von den Landwirtschaftsgesellschaften erfaßt sind, ist die Situation noch eindeutiger: Nur die reichsten Bauern können Partner des Staates und der vom Staat ernannten Farmmanager werden. Wenn man versuchen will, die Besonderheiten der iranischen Landreform zusammenzufassen und über die *allgemeine* Tatsache hinauszugehen, daß eine kapitalistische Umgestaltung stattgefunden hat, gibt es drei Veränderungen, die besonders auffällig sind. Erstens wurde die frühere Grundbesitzerklasse nicht beseitigt; entweder sie wurde in die städtische Bourgeoisie eingegliedert, mit der sie wahrscheinlich sowieso Verbindungen hatte, oder sie wurde in die neue ländliche Bourgeoisie überführt; wo man sie dazu zwang, ihr Land aufzugeben, wurde sie entschädigt und in die städtische Bourgeoisie integriert. Zweitens war die Verteilungspolitik selektiv, und die vorkapitalistische Sozialstruktur des Dorfes bildete die Basis für die Schaffung eines neuen kapitalistischen Klassensystems. Drittens ist der Staat jetzt die stärkste ökonomische wie politiche Kraft auf dem Lande im Iran.

Es ist wichtig, sich diese spezifische Besonderheit vor Augen zu halten, besonders in Zusammenhang mit der oft gehörten Behauptung, die iranische Landreform hätte Erfolg gehabt, weil es ihr gelang, die Macht der alten Grundbesitzerklasse zu beseitigen. Dies ist in einem wichtigen Sinne wahr. Aber es ist auch irreführend, weil die ursprüngliche Propaganda der Landreformperiode die Übertragung von Land an die Bauern betonte: und die stillschweigende Folgerung war, daß auch die Macht, die früher in den Händen der Grundbesitzer lag, auf die Bauern übertragen werden würde. Tatsächlich ist Land nur an einige Bauern übertragen worden, und die Macht im Dorf hat weitgehend der Staat an sich gerissen. Die iranische Bauernschaft ist ebenso machtlos, wie sie es vor 1962 war: nur ihr Herr ist ein anderer geworden. Die Behauptung, die Macht der Grundeigentümer sei gebrochen worden, ist auch deswegen falsch, weil viele Grundherren einiges von ihrem Land behalten haben und es ihnen freistand, ihr bestes Land zu behalten. Darüber hinaus haben diejenigen Grundherren, die enteignet wurden, Geld als Entschädigung erhalten, das sie dazu befähigte, weiterhin Mitglieder der herrschenden Klasse im Iran zu sein, wenn auch nicht auf dem Agrarsektor. Sie sind zwangsweise aus dem Agrarsektor entfernt worden, und wie alle anderen Gruppen der herrschenden Klasse haben sie die Exekutivgewalt an den sich ständig ausbreitenden Staat abgeben müssen. Doch als Gruppe der iranischen Gesellschaft sind sie nicht gezwungen worden, ihre Position relativer ökonomischer Privilegiertheit aufzugeben.

Das bedeutet, daß trotz der großen Begeisterung, die die erste Phase der Reform auslöste, es dem iranischen Staat gelungen ist, eine in einzigartiger Weise nichtegalitäre Politik durchzusetzen und diesen Charakter seiner Politik im Laufe der Jahre noch zu verstärken.

Im übrigen war der Verlauf der Reform sprunghaft. Es bestand ein deutlicher Unterschied zwischen Phase eins, in der Eigentum betont wurde, und Phase zwei, wo man Pachtverhältnisse schuf; und weiter zwischen der ursprünglichen Version von Phase zwei, die Obergrenzen für Eigentum festsetzte, und der späteren, revidierten Version von 1964, die unbegrenztes Eigentum an mechanisiert bestelltem und bewässertem Land zuließ, das vorher nicht bewässert war. Noch widersprüchlicher war das Verhältnis zwischen Phase zwei und Phase drei, denn die letztere versuchte die Pachtverhältnisse von Phase zwei in Eigentum zu verwandeln; da sie überstürzt durchgeführt wurde, verloren tatsächlich 40% derjenigen, die ein Anrecht auf Land gehabt hätten, ihre Rechte. Jetzt, nachdem Phase drei individuelles Eigentum gefördert hat, ersetzen Landwirtschaftsgesellschaften und Agri-business die individuelle Kontrolle über das Land durch die Macht des Staates oder privater Konsortien. Diese Wandlungen sind allerdings nicht so sprunghaft, wie sie auf den ersten Blick erscheinen mögen, denn sie lassen sich weitgehend durch einen Faktor erklären, der zwar selten offen zutage tritt, der aber während der ganzen Landreform immer eine Rolle gespielt hat – nämlich den Klassenkampf.

Zu Beginn der 60er Jahre gab es keine bedeutende Bauernbewegung im Iran, weder national noch lokal; die Bauernschaft spielte nur langfristig eine Rolle: Angesichts der Erfahrungen anderswo in Asien (beispielsweise in China und Vietnam) war klar, daß das Ausbleiben einer Reform zu einer Explosion unter den Bauern führen könnte. Der primäre Konflikt in dieser Zeit war der zwischen dem Staat und den Grundherren, also zwischen verschiedenen Fraktionen der herrschenden Klasse; er betraf die Frage, ob eine kapitalistische Entwicklung der Landgebiete stattfinden sollte oder nicht. Einige Grundbesitzer und einige religiöse Vertreter waren gegen die Reform; letztere sowohl aus dem Grund, daß die Reform die gesamten Bestrebungen des Schahs symbolisierte, als auch deshalb, weil die Reform unmittelbar religiöses Eigentum betraf. Sie unterlagen, und zwar sowohl in den Dörfern selbst – aufgrund der Durchführung von Phase eins – als auch in der politischen Arena – durch die Niederschlagung der Demonstrationen vom Juni 1963. Zur Durchsetzung dieser Politik mußte sich der Schah jedoch mit einem liberalen Flügel der herrschenden Klasse verbünden, zu dem Hassan Arsanjani, der Landwirtschaftsminister, gehörte. Im übrigen wandten sich der Schah und Arsanjani im Zuge der Kampagne gegen die Reformgegner direkt an die Bauern; als die ersten Besitzurkunden ausgehändigt wurden, in Maragheh in Azarbaijan, übergab der Schah persönlich die Dokumente an diejenigen Bauern, die Land erhielten. Aber dieses Bündnis konnte nicht halten, vor allem weil Arsanjani, der wohl eigene politische Ambitionen hatte, selbst damit begann, Unterstützung bei den Bauern zu mobilisieren. Es heißt, er habe vorgehabt, die Kooperativen zu aktiven Bauerninstitutionen unter seiner Leitung auszubauen; im Januar 1963 organisierte er eine Konferenz in Teheran, an der 4700 Kooperativenmitglieder teilnahmen. Diese Konferenz war aus mehreren Gründen von Bedeutung: obwohl die Delegierten ernannt und nicht gewählt waren, war es das erste Mal in der Geschichte, daß sich irgendwelche Vertreter der iranischen Bauernschaft *auf nationaler Ebene* trafen; in den Konferenzresolutionen erklärten die Delegierten, die unter Aufsicht standen, nicht nur ihre Loyalität gegenüber dem Schah, sondern sie forderten auch (undefinierte) Freiheit im Iran. Gleichzeitig begannen in einigen Teilen des Landes Bauern, die von Phase eins der Reform ermutigt worden waren, Regierungsbeamte zu übergehen und Ländereien zu besetzen, die ihrer Ansicht nach von dem Gesetz erfaßt werden müßten. Dies waren die Anfänge einer Entwicklung, in der die iranische Bauernschaft zum ersten Mal als nationale Kraft politisch mobilisiert wurde, und in Arsanjani hatten sie einen Organisator von nationaler Bedeutung.[19]

Wenige Wochen nach dem Bauernkongreß wurde Arsanjani jedoch entlassen, und als Phase zwei durchgeführt wurde, war die ursprüngliche Bauernbewegung zerfallen. Die anfängliche Auseinandersetzung in der herrschenden Klasse war gewonnen: Jetzt konnte sich der

Schah seiner liberalen Bündnispartner und der beginnenden Bauernbewegung entledigen. Phase zwei mit ihren weniger harten Bestimmungen folgte, und sie wurde noch durch die erneuten Abänderungen gemildert, die der neue Landwirtschaftsminister, General Valian, eingeführt hatte. Hätte der Schah ein Interesse daran gehabt, die Bauernschaft zu einer unabhängigen politischen Kraft werden zu lassen, so wäre dies der Moment gewesen, in dem man die durch Phase eins in Gang gesetzten Prozesse hätte unterstützen müssen; aber das war politisch nicht wünschenswert, und die zweite Phase wurde dazu benutzt, um den Charakter der Reform entschieden nach rechts zu verschieben. Die späteren Änderungen folgten hieraus: Phase drei und die Landwirtschaftsgesellschaften stellten einen weiteren Versuch dar, die reicheren Eigentümer zu stärken und kleinere Besitzer zu eliminieren. Doch daraus hat sich ein neuer Konflikt ergeben: nämlich der zwischen dem politischen Wunsch des Regimes nach einer sicheren ländlichen Basis und seinem ökonomischen Bedarf nach höherer Produktion. Die grundlegende Überlegung ist, daß die Bauern, die aus den Verteilungen Land erhalten haben, nicht genug produzieren; sie mögen dem Regime zwar irgendwie wohlgesonnen sein, weil sie Land erhalten haben, aber sie erhöhen entweder die Produktion nicht genug, oder sie verbrauchen mehr Nahrungsmittel und bringen weniger auf den Markt. Das ist der Grund, weshalb der Staat sich gezwungen sieht, zusätzlich einzugreifen und die Landwirtschaftsgesellschaften sowie die Konsortien des Agribusiness zu fördern. Doch diese Politik, die den früheren politischen Zielen der Reform zuwiderläuft, hat selbst auch wieder negative Folgen: die Bauern sind dem Regime gegenüber jetzt vorsichtiger als früher, weil sie sehen, daß sie das Land, das sie erworben haben, verlieren können; ein neuer, lautloser, aber allgegenwärtiger Kampf ist dabei, sich zu entwickeln, in dem die Regierung in zunehmendem Maße versuchen muß, die Bauern, denen sie Land gegeben hat, zu enteignen, um den langfristigen Erfordernissen kapitalistischer Entwicklung zu genügen.

Wenn man vom Klassenkampf auf dem Lande im Iran spricht, muß man daher von einer Anzahl getrennter Kämpfe sprechen, von denen sich jeder einzelne in einem Wandel der Regierungspolitik widergespiegelt hat. Der Staat gewann die erste Runde gegen die Grundbesitzer und *olamâ,* die gegen die Reform waren. Er gewann die zweite Runde gegen die Bauernbewegung, die sich herauszubilden begann. Er kämpft jetzt eine dritte Runde gegen die kleineren Eigentümer, um die Produktion in die Höhe zu treiben, und möglicherweise steht er vor einer vierten gegen die Millionen landloser Arbeiter, die bis jetzt stillgehalten haben. Die Bedürfnisse der Regierung sind groß, aber ihnen steht eine Bauernschaft gegenüber, die zwar kurzfristig kaum revoltieren dürfte, doch zu beharrlichem Widerstand in der Lage ist.

Erfolge und Mißerfolge

Die Eskapaden der Regierungspolitik lenken die Aufmerksamkeit auf die wichtigste und grundlegendste Frage hinsichtlich der Reform, nämlich was sie erreicht hat und was nicht. Es wurde gezeigt, daß die iranischen Landgebiete dem Kapitalismus unterworfen wurden und daß das die Form ungleicher Landverteilung unter zunehmender staatlicher Kontrolle annahm. Jetzt ist es möglich zu untersuchen, nicht nur welche Art von Reform stattgefunden hat, sondern auch, inwieweit die iranische Reform den allgemeinen Erfordernissen eines Entwicklungslands – ob kapitalistisch oder nicht – entsprochen hat. Das führt uns zu der Notwendigkeit, die Landwirtschaft umfassender zu analysieren als nur unter dem Aspekt der Reform selbst und ihrer Ursprünge in den Jahren 1961–62: ihr politischer Erfolg war langfristig gesehen nämlich sekundär. Weit wichtiger ist der Beitrag der Reform zur ökonomischen Entwicklung des Iran. Im folgenden werden sechs Kriterien aufgestellt, von denen vier vorwiegend ökonomischer und zwei sozio-politischer Natur sind; sie sollen die wichtigsten Möglichkeiten umreißen, wie eine Transformation des Agrarsektors die Gesamtentwicklung unterstützen kann.

1. *Befriedigung der Nachfrage nach landwirtschaftlichen Produkten:* Eine sich entwickelnde Wirtschaft braucht eine wachsende landwirtschaftliche Produktion, um ihre Bevölkerung zu ernähren, um die Industrie mit Rohmaterialien zu versorgen und um zu exportieren, damit der Import von Produktionsmitteln finanziert werden kann. Gewöhnlich wird versucht, der steigenden Nachfrage und der Abwanderung der Bevölkerung aus der Landwirtschaft durch erhöhte Produktivität mittels veränderter Anbaumethoden und der Einführung von Düngemitteln und neuem Saatgut zu begegnen. Der bei weitem dringendste Teil dieses Bedarfs ist die Notwendigkeit, die Bevölkerung zu ernähren. Denn die Nachfrage steigt in den meisten Ländern der Dritten Welt nicht nur deswegen um 2,5 oder 3% jährlich, weil der Bevölkerungszuwachs weit höher ist, als er es in früheren Industrialisierungsprozessen war; sondern auch das ansteigende Pro-Kopf-Einkommen erhöht die Nachfrage: in ärmeren Ländern liegt die Einkommenselastizität der Nachfrage nach Nahrungsmitteln bei 0,6 oder sogar 0,8, so daß selbst bei gleichbleibender Bevölkerung die Nachfrage nach Nahrungsmitteln steigen müßte, damit das Gleichgewicht gewahrt bliebe.[20]

Die iranischen Leistungen auf diesem Gebiet sind schlecht. Der Iran ist nie ein großer Exporteur von wichtigen Agrarprodukten gewesen, und das Geld zur Finanzierung von Kapitalimporten wurde vom Erdöl geliefert. Doch das Öl finanziert jetzt auch den *Import* von Nahrungsmitteln, da es der Reform nicht gelungen ist, die Produktion zu steigern. Seit Beginn der 60er Jahre ist die landwirtschaftliche

Produktion um höchstens 2,5 bis 3 % jährlich gestiegen, in manchen Jahren möglicherweise sogar nur um 1 %. Dieser Wert liegt unter dem des Bevölkerungszuwachses (3 %) und weit unter dem kombinierten Wert, der sich aus dem Ansteigen von Bevölkerung und Einkommen ergibt. Bis zur Mitte der 70er Jahre stieg die Nachfrage nach Agrarprodukten um 12,5 % jährlich, und in den nächsten 10 Jahren wird diese Steigerung etwa 14 % betragen, da auch die Einkommen in weiteren Bereichen steigen werden.[21] Die Nachfrage nach Fleisch, die äußerst einkommenselastisch ist, hat auf den Anstieg der Einkommen besonders stark reagiert: der Pro-Kopf-Verbrauch von jährlich 8 Kilo stieg in der Mitte der 70er Jahre auf 18 Kilo und soll 1992 47 Kilo betragen. In Teheran, wo die meisten Ausländer und reichen Iraner leben, stieg der Fleischverbrauch von 1974 bis 1975 um 100 %. Angesichts des enormen Anstiegs der Nachfrage nach Nahrungsmitteln rechnet man damit, daß der Gesamtverbrauch an Nahrungsmitteln von 245 Milliarden Rial im Jahre 1971 auf 1,3 Billionen Rial 1987 ansteigen wird.

Es überrascht nicht, daß es zunächst ein Defizit in der Agrarproduktion gab; das ist unmittelbar nach einer Landreform üblich: in China beispielsweise gingen im Jahre nach der Kollektivierung die verfügbaren Nahrungsmittelbestände um 33 % zurück. Doch im Iran hat sich diese Schwäche auch dann noch fortgesetzt, als die kurzfristige Erschütterung der Reform selbst längst vorbei war.

Tabelle 7: Produktionsindezes der iranischen Landwirtschaft 1961–73

Jahr	*Landwirtschaft insgesamt (1961–65 = 100)*	*Landwirtschaft pro Kopf (1961–65 = 100)*
1961–65	100	100
1964	97	94
1965	105	99
1966	110	101
1967	122	109
1968	133	115
1969	128	108
1970	131	107
1971	127	100
1972	133	102
1973*	135	101

* = vorläufig

Quelle: US Department of Agriculture, *Iran: Agricultural Production and Trade,* 1974, S. 11.

Folglich stand der Staat vor der Wahl, entweder das Angebot zu drosseln und so Unzufriedenheit unter der iranischen Mittelklasse zu schaffen oder aber Nahrungsmittel zu importieren, um den gestiegenen Bedarf zu befriedigen. Der Staat wählte die zweite Politik. Seit der Landreform sind die Lebensmittelimporte beträchtlich gestiegen; die Regierung ist sich bewußt, daß sie Unzufriedenheit vermeiden muß, und hat ein Programm für Nahrungsmittelsubventionen entwickelt, das im Jahre 1974/75 3 Milliarden Dollar kostete. 1977 beliefen sich die Nahrungsmittelimporte auf 2,6 Milliarden Dollar, und zu Beginn der 80er Jahre werden sie möglicherweise 4 Milliarden Dollar erreichen: dann würde ein Drittel des iranischen Nahrungsbedarfs importiert werden müssen.[22]
Natürlich hat das Erdöl das Geld zur Finanzierung dieser Importe geliefert; aber es hat auch bewirkt, daß die iranische Landwirtschaft viel länger ineffizient bleiben konnte, als das in einem Land ohne Öl möglich gewesen wäre, ohne daß es dadurch zu ernsthaften politischen Konsequenzen gekommen wäre.[23]
Es gibt verschiedene Gründe für dieses Defizit in der Produktion. Zum ersten hat der Produktionszuwachs eine absolute Grenze: die unüberwindliche Naturgegebenheit, daß der größte Teil des Iran nicht bebaubar ist. Ein weiterer Grund ist die Tatsache, daß es trotz der Veränderung der Eigentumsstruktur keine automatische Verbesserung der Anbaumethoden gab; tatsächlich hatte der Zusammenbruch des alten *nasagh*-Systems offenbar zur Folge, daß die traditionelle Form der Zusammenarbeit von Bauern in Arbeitsgruppen (*boneh*) verschwunden ist. Eigentümer von Ochsen setzen nicht mehr so viele Arbeitskraft ein. Hierzu kam die Tatsache, daß im Laufe der gesamten 60er Jahre nicht genug Kapital auf dem Lande investiert wurde. 1969 beispielsweise gingen nur 6% der Gesamtinvestitionen in die Landwirtschaft. Im Rahmen des Fünften Plans sind zwar mehr Mittel für die Landwirtschaft bereitgestellt worden, aber das allein kann nicht ausreichen: Ein großer Teil dieses Geldes geht an reiche Bauern und ist zur Befriedigung relativ kurzfristiger Bedürfnisse bestimmt, gewöhnlich zur Überbrückung der Zeit bis zur Ernte. Im Zeitraum von 1960–68 beispielsweise hatten mehr als 65% der Kredite eine Laufzeit von nur 6–12 Monaten, und weniger als 15% liefen über mehr als 5 Jahre.[24] All diesen technischen Faktoren liegt die relative Passivität der Bauernschaft zugrunde oder, anders formuliert: Es fehlte eine Bauernbewegung, und der Staat war nicht in der Lage, die loyale Haltung der Bauern ihm gegenüber in eine aktive, engagierte Verpflichtung zur Erhöhung der Produktion umzuwandeln. Die Unfähigkeit, genügend Nahrungsmittel zu produzieren, zeigt einmal mehr ganz deutlich den bürokratischen Charakter der Landreform. Die Landreform und der Einkommenszuwachs bei den reicheren Bauern haben auch den Verbrauch auf dem Lande erhöht: genaue Daten liegen zwar nicht vor, aber es gibt Berichte über Bau-

ern, die ihr neues Einkommen dazu verwenden, die Pilgerfahrt nach Mekka zu machen und ein zweites Mal zu heiraten, anstatt die Produktion zu erhöhen. Viele haben Angst, Profite wieder zu investieren, da sie sich über die Absichten der Regierung nicht sicher sind.

2. *Strukturierung des Arbeitsmarktes:* Was die Beschäftigungslage betrifft, besteht ein grundlegender Unterschied zwischen den Bedürfnissen der früher industrialisierten Länder und denen der Länder, die später industrialisierten. In den früher industrialisierten Ländern war die Bevölkerungszunahme geringer und die Industrie arbeitsintensiver: landwirtschaftliche Entwicklung und höhere Produktivität in der Landwirtschaft waren unter anderem erforderlich, um Arbeitskräfte freizusetzen, die im städtischen Sektor gebraucht wurden. Im größten Teil der Dritten Welt von heute gilt das Gegenteil: die Industrie ist kapitalintensiver, zumindest in ihrem »modernen« Sektor, und die Bevölkerung wächst insgesamt schneller als die städtischen Beschäftigungsmöglichkeiten. Daher sollte eine Landreform keine ländlichen Arbeitskräfte freisetzen, sondern ganz im Gegenteil Beschäftigungsmöglichkeiten in der Landwirtschaft schaffen oder zumindest stabilisieren. In dem Maße, wie sich die Wirtschaft entwickelt, mag es durchaus eine relative Verschiebung der Arbeitskräfte von landwirtschaftlichen auf nichtlandwirtschaftliche Tätigkeiten geben; wegen des Bevölkerungszuwachses und der beschränkten Zunahme anderer Beschäftigung werden die absoluten Zahlen derer, die in der Landwirtschaft arbeiten, aber erst in einer viel späteren Periode sinken. Viele Entwicklungsländer sind nicht in der Lage gewesen, dieses Problem zu lösen. Das Ergebnis sind Abwanderungen in die Städte, ohne daß es dort Beschäftigungsmöglichkeiten gäbe, die diese Ankömmlinge absorbieren könnten, und damit einhergehend eine ständige Unterbeschäftigung der ländlichen Arbeitskräfte. In Lateinamerika beispielsweise ist das ganz deutlich:

»In sieben lateinamerikanischen Ländern zeigen die Daten für die 50er Jahre, daß von 19 Mio. Menschen, um die die Bevölkerung der Landgebiete zunahm, 11 Mio. in die Städte abwanderten.«[25]

Dies ist eine Fehlentwicklung, deren Wirkungen weit über die Slumstädte selbst hinausgehen: Sie bedeutet eine schreckliche Verschwendung menschlicher Ressourcen und eine eindeutige Begrenzung inländischer Nachfrage. Sie könnte aber auch noch längerfristige politische Konsequenzen haben, wenn die Frustrationen dieser Zuwanderer irgendeinen organisierten Ausdruck finden.

Im Iran ist der Anteil der in der Landwirtschaft Beschäftigten zurückgegangen: von 56% 1956 auf 33% 1976. Doch wie schon erwähnt, steht dieser relativen Abnahme eine Zunahme der absoluten Zahlen gegenüber: von 3326000 im Jahre 1956 auf 3445000 im Jahre 1976. Dies unterstreicht die Tatsache, daß die Bevölkerung im Iran so rapide zunimmt, daß die Landwirtschaft ihren absoluten Beschäftigungsstand halten muß, um der ohnehin schon großen Zahl von Menschen, die auf den Arbeitsmarkt drängen, nicht noch mehr hinzuzufügen. Nach Angaben der ILO werden im Rahmen des Fünften Plans 1,5 Mio. neuer Arbeitsplätze anderswo in der Wirtschaft geschaffen werden müssen, nur um eine Zunahme der Arbeitslosigkeit zu vermeiden – sofern es keinen Rückgang der Beschäftigung in der Landwirtschaft gibt. Doch das vorliegende Material deutet darauf hin, daß die gegenwärtige Landwirtschaftspolitik tatsächlich die Nachfrage nach Arbeitskräften *verringert:* Mechanisierung und die Verbreitung von Obstpflanzungen, die schon in den Phasen eins und zwei der Reform gefördert wurden, haben die Anzahl der Beschäftigten reduziert; den gleichen Effekt hatte die durch die Phase drei bewirkte teilweise Konzentration. Die auf Agri-business und Landwirtschaftsgesellschaften basierende Politik ist ein planmäßiger Versuch zur Reduzierung des Arbeitskräfteanteils in der Landwirtschaft. 1973 wurde berichtet, daß Agri-business und Landwirtschaftsgesellschaften etwa 1,5% der Gesamtanbaufläche erfaßt hatten, aber nur 0,3% der landwirtschaftlichen Arbeitskräfte beschäftigten, also fünfmal weniger als im Landesdurchschnitt. Inzwischen beläuft sich die Unterbeschäftigung auf dem Lande auf etwa 40%. Daraus folgt zwangsläufig: Wo die Landreform die Produktionsmethoden nicht verändert hat, besteht die traditionelle Unterbeschäftigung fort, wo sie es getan hat, ist der Einsatz von Arbeitskräften zurückgegangen.

3. *Ausweitung des Inlandsmarktes:* ohne jeden Zweifel wurde im Iran ein Inlandsmarkt geschaffen, was bedeutet, daß Warenbeziehungen die Landgebiete durchdrungen haben und daß die landwirtschaftlichen Überschüsse auf dem Markt verkauft werden; äußerst zweifelhaft dagegen ist, wie weit die Reform zu einer *Ausweitung* des Marktes geführt hat und besonders zu einer erhöhten Nachfrage des ländlichen Sektors nach den Produkten der übrigen Wirtschaft. Eine der grundlegenden Funktionen der Transformation des Agrarsektors ist die Schaffung einer erhöhten Nachfrage aus diesem Sektor sowohl nach Produkten, die für die landwirtschaftliche Produktion verwendet werden können (Maschinen, Chemikalien) als auch nach Konsumgütern, die die Bauern jetzt mit ihren gestiegenen Einkommen kaufen. Doch es gibt verschiedene Hindernisse auf dem Wege dahin, und im Falle des Iran sind sie offensichtlich. Zunächst kann es sein, daß die Bauern zwar mehr produzieren, daß sie aber, wie schon erwähnt, auch mehr konsumieren oder ihr Geld für andere Güter als für die Produkte des industriellen Sektors verwenden.

Tabelle 8: Ländliche Pro-Kopf-Einkommen und -Ausgaben 1972 (in US-$)

Einkommen: Kategorie	*Durchschnitts-einkommen*	*Anteil der Landbevölkerung (in %)*	
über 400	1000	1,2	(Bauern mit über 50 ha)
200–400	302	19,2	(Viehzüchter und Bauern mit 11–50 ha)
100–200	131	32,9	(3–10 ha)
unter 100	70	46,7	(unter 3 ha und Landlose)
		100,0	
Ausgaben:			
über 395		2,2	
296–395		2,2	
211–316		6,9	
123–247		30,3	
89–148		33,6	
unter 133		24,8	
		100,0	

Quelle: Weltbank, *The Economic Development of Iran,* Bd. 2, Teil 1, 1974, S. 20.

Zweitens führte die ungleiche Verteilung von Land notwendigerweise zu Einkommensungleichheiten; die ungefähr 50% der Landbevölkerung, die kein Land erhielten, haben keine wesentliche Einkommenssteigerung zu verzeichnen.[26] Vor dem Anstieg der Erdölpreise verdienten 80% der Landbevölkerung, wie aus den Zahlen in Tabelle 3 hervorgeht, etwa 200 Dollar jährlich, wobei das Durchschnittseinkommen nur 96 Dollar betrug. Zur gleichen Zeit hatten 60% der Landbevölkerung jährliche Pro-Kopf-Ausgaben, die auf weniger als 150 Dollar geschätzt wurden. Angesichts der sich vertiefenden Kluft zwischen städtischen und ländlichen Einkommen (siehe S. 157) ist es höchst fraglich, ob die Vervielfachung der Erdölpreise große Auswirkungen auf die Mehrheit der Landbevölkerung gehabt hat.
Eine andere Bedingung für die Ausweitung des Inlandsmarktes ist die zunehmende Verflechtung zwischen dem agrarischen und dem nichtagrarischen Sektor; hier scheint es wenig Fortschritt gegeben zu haben. Die ILO berichtet, daß die Kooperativen nicht nur außerstande sind, die Produkte ihrer Mitglieder irgendwie zu vermarkten, sondern daß es ihnen auch nicht gelingt, ihren Mitgliedern diejenigen Güter zu liefern, die sie für die Produktion brauchen; sie bleiben vorwiegend Kreditvergabeorganisationen. Eine andere Analyse, die auf einer 1965 durchgeführten Untersuchung basiert, zeigte, daß die Verflechtungen zwischen Industrie und Landwirtschaft ebenfalls schwach sind:

»Die Landwirtschaft kaufte 15% ihres Bedarfs von der Industrie, während die Industrie etwa 30% ihres Bedarfs bei der einheimischen Landwirtschaft deckte. Die auf die Landwirtschaft wirkenden Impulse sind sehr schwach; die Industrie liefert der Landwirtschaft nicht die Bedarfsgüter, die für ihr Wachstum wichtig sind.«[27]

Langfristig muß die Tatsache, daß es nicht gelingt, den ländlichen Markt, in dem noch immer mehr als die Hälfte der Bevölkerung lebt, auszuweiten, als erhebliche Bremse für das Wachstum der iranischen Wirtschaft wirken.

4. *Erzeugung von Überschüssen:* Die konventionelle Methode eines Entwicklungslandes, die Industrialisierung durchzusetzen, besteht darin, die notwendigen Überschüsse durch Besteuerung, zwangsweisen Ankauf von Nahrungsmitteln und andere Mittel aus der Landwirtschaft herauszupressen: Japan zum Beispiel nahm in den 80er und 90er Jahren des vorigen Jahrhunderts auf dem Gipfel seiner anfänglichen Industrialisierung 80% seiner Regierungseinkünfte aus der Landwirtschaftssteuer ein. Ähnlich verhielt es sich sowohl in Rußland als auch in China, wo einer der umstrittensten Punkte der politischen Auseinandersetzung innerhalb der jeweiligen kommunistischen Partei die Frage war, wieviel man aus dem ländlichen Sektor herausholen sollte. Es ist eine Binsenwahrheit, daß das Erdöl den Iran davor bewahrt hat, seine Überschüsse aus der Landwirtschaft holen zu müssen. Aber das bedeutet nicht, daß die Landwirtschaft bei der Bereitstellung von Überschüssen für die Industrialisierung keine Rolle spielt. Tatsächlich lieferte die Landwirtschaft unter Reza Khan bis zu 20% der Staatseinkünfte, und das half ihm bei der Durchführung der begrenzten Industrialisierung der 30er Jahre. Da inzwischen das Erdöl die führende Rolle übernommen hat, konnte es der Staat verkraften, daß die Landwirtschaft noch mehr zurückblieb; die Besteuerung der Landwirtschaft ist seit der Landreform sogar reduziert worden. Aber das Erdöl ist ein vergänglicher Besitz, und die mangelnde Effizienz der Landwirtschaft hat dazu geführt, daß die Öleinnahmen mehr zu den Überschüssen beitragen mußten, als das bei einer effizienteren Landwirtschaft nötig gewesen wäre; inzwischen müssen die Öleinnahmen sogar die Einfuhr von Nahrungsmitteln finanzieren. Hinzu kommt, daß die Landwirtschaft Überschüsse schon deshalb erzeugen sollte, um die Landwirtschaft selbst zu entwickeln: tatsächlich sind die Mittel zur Förderung der Landwirtschaft in den 60er Jahren knapp gewesen, und erst in den 70er Jahren, im Rahmen des Fünften Plans, sind Gelder in größerem Umfang verfügbar. Der neue Strom geht jetzt nicht vom ländlichen zum industriellen Sektor, sondern von der Regierung zur Landwirtschaft: Solange die Öleinnahmen fließen, ist das an und für sich nicht ungünstig; bedenklich ist nur der erforderliche Umfang sowie die Tatsache, daß durch die gegenwärtige Lage des landwirtschaftlichen

Sektors die Möglichkeiten, diese Mittel nutzbringend einzusetzen, sehr reduziert sind.

Die ersten vier Funktionen der Landreform sind vorwiegend ökonomischer Natur; die letzten beiden sind hauptsächlich politisch und sozial.

5. *Transformierung der alten Grundbesitzerklasse:* Die vorkapitalistische grundbesitzende Klasse muß als solche beseitigt werden, da sie für die kapitalistische Entwicklung und für die staatliche Kontrolle der Landgebiete ein ökonomisches und politisches Hindernis darstellt. Wie wir gesehen haben, hat die grundbesitzende Klasse im Iran einiges von ihrem Land behalten können; einige Grundeigentümer sind in der städtischen Bourgeoisie aufgegangen, während diejenigen mit größeren Besitzungen in die neue gemischte ländliche Bourgeoisie integriert worden sind. Einige sind auf die eine oder andere Weise Staatsangestellte geworden; andere sind in Privatunternehmen gegangen. Der Staat hat in der Tat die Verwandlung von Grundeigentümern in städtische Kapitalisten gefördert, indem er einigen der enteigneten Grundeigentümer Entschädigungen in Form von Anteilen an Industrieunternehmen der Regierung gab. Das ist ein regelmäßig wiederkehrendes Element von Reformen, die nach dem Kriege in kapitalistischen Ländern durchgeführt wurden: auch in Taiwan und Peru war es zu beobachten. Es heißt, daß im Iran schätzungsweise 20% des in Phase eins durch Entschädigungen realisierten Gesamtwerts dazu verwendet wurden, Anteile an von der Regierung betriebenen Industrieunternehmen zu kaufen, obwohl das wahrscheinlich übertrieben ist, da die Preise der Aktien als überhöht betrachtet wurden und daher nicht attraktiv waren.[28] Grundbesitzer wurden dazu gedrängt, diese Aktien anstelle von Ratenzahlungen zu akzeptieren, da letztere nur 6% Zinsen erbrachten, während man sich von ersteren höhere Erträge erwartete. Wie weit dieser Prozeß ging, ist jedoch fraglich, denn die so erworbenen Aktien konnten wieder verkauft werden; viele wurden mit Verlust an Aktienhändler oder Kaufleute abgegeben, um eine bestimmte Bargeldsumme sofort zu realisieren. Was auch immer das spezifische Klassenschicksal der alten Grundeigentümer sein mag; ihre Macht auf dem Dorf ist durch die Intervention des Staates zweifellos gebrochen worden, und sie selbst wurden in die neue herrschende iranische Klasse als kapitalistische Bauern, Staatsangestellte, Kaufleute oder Industrieaktionäre reintegriert. Nie bestand irgendeine Absicht, diese Klasse grundsätzlich zu enteignen. Wie ein Vertreter der Reformpolitik formulierte:

> »Es war immer die Hoffnung Seiner Kaiserlichen Majestät des Shahanshah, daß die privaten Grundherren ... die Landreformpolitik nicht mit ungerechtfertigter Enteignung und doktrinären Philosophien angeblicher oder wirklicher Klassenkämpfe verwechseln würden.«[29]

Angesichts der Ergebnise des Reformprogramms müßten sie eigentlich zufrieden sein.

6. *Stabilisierung der ländlichen Gebiete:* Die Reform im Iran ist eine von vielen Landreformen, die von konservativen Regierungen durchgeführt wurden, nicht nur zur Erreichung der vier obengenannten Ziele, sondern auch, um eine politische Lösung für die Landgebiete durchzusetzen. Der Sinn einer derartigen Politik ist sowohl die Beseitigung einer realen oder möglichen Bedrohung von seiten einer unzufriedenen Bauernschaft als auch die Schaffung einer neuen sozialen Gruppierung in den ländlichen Gebieten, die die Regierungspolitik unterstützt. Dieser politische Zweck war oft der unmittelbare Antrieb für eine Reform, und er erklärt, warum auch konterrevolutionäre kapitalistische Regierungen solche scheinbar radikalen Veränderungen favorisierten. Diese zweigleisige Politik erklärt auch, warum die US-Regierung seit dem 2. Weltkrieg in Ländern, die unter ihrem Einfluß standen, Landreformen gefördert hat. Die ersten Überlegungen zu diesem Thema wurden in bezug auf Japan entwickelt, wo eine Gruppe von Soziologen, zu denen auch Talcott Parsons gehörte, die Notwendigkeit formulierte, daß ein stabiler Staat eine zufriedene Bauernklasse haben müßte. Nach den Reformen in Japan halfen US-Berater bei der Überwachung von Reformen in China (vor 1949), Korea, Taiwan, den Philippinen, Ägypten, Bolivien sowie im Iran. Alle diese Reformen hatten ein ausdrücklich konservatives Ziel: selbst wo es, wie sowohl in Japan als auch im Iran, keine unmittelbare Bedrohung durch eine Bauernbewegung gab, sahen die US-Berater die Notwendigkeit einer Reorganisierung der Landgebiete zur Herstellung langfristiger Stabilität. Ein Autor, der sich mit Entwicklungsfragen befaßt, schrieb:

»Keine Regierung kann hoffen, die Forderungen aufrührerischer Studenten zu befriedigen. Doch eine Regierung kann, wenn sie will, einen bedeutenden Einfluß auf die Bedingungen auf dem Lande ausüben und so die Neigung der Bauern zur Revolte verringern. Während Reformen in den Städten der Katalysator für Revolutionen sein können, können sie auf dem Lande ein Ersatz für eine Revolution sein.«[30]

Ähnlich äußerte sich Ministerpräsident Ali Amini im Jahre 1961:

»Wir dürfen nicht zulassen, daß sich der Zorn des Volkes erhebt. Er würde uns alle wegfegen, den Schah und die Aminis.«

Das andere wiederkehrende Merkmal dieser Reformen war, daß sie die soziale Ungleichheit nicht beseitigten, sondern sich vor allem zugunsten einer reichen Bauernklasse auswirkten. In Japan zum Beispiel erhöhten die Reformen nach dem Kriege den Anteil des vom jeweiligen Eigentümer bebauten Landes von 54% der Gesamtanbaufläche im Jahre 1947 auf 90% 1959; aber 43% aller Haushalte besaßen damals weniger als einen halben Hektar und mußten daher Land von anderen pachten oder, noch wahrscheinlicher, als Landarbeiter arbeiten. In Ägypten wurde seit 1952 die zulässige Obergrenze für Grundbesitz mehrmals reduziert; dadurch bekamen ungefähr

400000 Familien Land, und zwar 2 Hektar oder weniger. Doch es gibt insgesamt 3,2 Mio. Familien auf dem Lande, d.h. die große Mehrheit von ihnen besitzt keinen eigenen Boden.[31] In Indien haben die verschiedenen Veränderungen seit 1947 und die Grüne Revolution eine starke Schicht reicher Bauern hervorgebracht. Ein Experte schrieb:

»Die Kulaken sind auf dem besten Wege, die Herren der indischen Landgebiete zu werden. Die politische und soziale Macht ist vom Landadel alten Stils auf die reichen Bauern übergegangen, und reiche Bauern sind durchaus fähig, politische Macht auszuüben... Arme und mittlere Bauern sowie landlose Arbeiter jedoch haben durch die Landreform sehr wenig gewonnen.«[32]

Der wichtigste Unterschied zwischen Indien und dem Iran liegt in der Tatsache, daß der iranische Staat weit effektiver ist als der indische und daß er sich die Macht und die Initiative angeeignet hat. Doch die sozialen Folgen der Reform auf Dorfebene sind ähnlich.

Die Entscheidung, das Land auf diese Weise zu verteilen, wird von der iranischen Regierung oft damit gerechtfertigt, daß eine egalitäre Verteilung nicht möglich war. Es wird folgendermaßen argumentiert: es gibt zu wenig Land, als daß es für alle reichen könnte, und der beste Weg zur Ankurbelung der ländlichen Wirtschaft besteht darin, denjenigen Bauern Land zu geben, die einige Erfahrungen mit Anbautechniken haben – den Besitzern von Ochsen also, und nicht den »unwissenden« und »ungebildeten« Bauern. Hieran könnte etwas Wahres sein, vor allem solange es niemals zu einer Mobilisierung der Bauern kam – wie sie in China und Vietnam stattfand – und solange die Politik darauf ausgerichtet blieb, das Land in immer weitere einzelne Flächen aufzuteilen. Doch keine dieser beiden Voraussetzungen war ökonomisch notwendig: sie folgen aus den politischen Entscheidungen des Regimes und entsprechen der Art von sozialer Basis auf dem Lande, die der Staat zu begünstigen versucht hat. Darüber hinaus ist diese Art von Verteilungspolitik selbst ökonomisch anfechtbar: die Abkehr vom individuellen Anbau in den 70er Jahren zeigt, daß es einen Konflikt zwischen den politischen und den ökonomischen Zielen des Reformprogramms gab. Weit angemessener wäre ein wirklich kooperatives Verteilungssystem gewesen – nicht in dem verwässerten Sinne von Kooperative, wie es sie damals gab, sondern im Sinne einer anteiligen Kooperation der Bauern unmittelbar auf Produktionsebene.

»Das im Iran vorherrschende Landwirtschaftssystem mit offenen Feldern in Gemeindebesitz läßt sich von Natur aus leichter in eine kooperative Produktionsform überführen als in ein Produktionssystem, das auf individuellem Betrieb beruht. In einem kooperativen System lassen sich die Landfragmentierung und die Weideprobleme durch die Einführung von Produktionsplänen für das gesamte Dorf überwinden.«[33]

Die Art und Weise, wie die Reform im Iran durchgeführt wurde, war daher nicht unvermeidlich: sie war ein Produkt des kapitalistischen

Charakters des iranischen Staates und der speziellen Entscheidungen, die er traf.

Die schwierigste Frage in Zusammenhang mit der Landreform betrifft die politischen Auswirkungen der Reform auf die Landbevölkerung. Es kann kaum Zweifel daran bestehen, daß die Beseitigung der Macht der Grundherren auf den Dörfern sehr populär war und daß diejenigen Bauern, die Land erhielten, darüber froh waren. Gleichzeitig wurden die anfänglichen Hoffnungen, daß jeder Land bekommen würde, enttäuscht, und es ist daher ganz plausibel, daß unter den 50% Landlosen Unzufriedenheit vorherrscht. Auch die neueren Mechanisierungs- und Konsolidierungsprogramme könnten zu wachsender Verärgerung unter der Landbevölkerung führen. Das Regime hat sich sicher sehr bemüht, seine Macht auf den Dörfern dafür einzusetzen, der Landbevölkerung Loyalität gegenüber dem Staat und seinem obersten Repräsentanten einzuimpfen. Proteste, seien sie radikal oder geringfügig, werden ja für gewöhnlich an seine Adresse geäußert. Aber man hat nie von einer ausgesprochenen Feindschaft der Bauern gegenüber dem iranischen Staat gehört.

»Ausgehend von allgemeiner Furcht und allgemeinem Mißtrauen gegenüber dem Staat beginnen Bauerninitiativen immer mit einem Loyalitätsbekenntnis. Was oben entschieden worden ist, ist von vornherein gerecht und gut. Das kann gar keine Frage sein.«[34]

Doch unter der Oberfläche dieser Erklärungen, die an ähnliche »loyale« Deklarationen an die Adresse des Zaren aller Reußen erinnern, mag tieferer Groll liegen. Wir wissen einfach nicht, welcher Grad von Politisierung und gewachsenem Bewußtsein sich aus der Reform und den darauffolgenden kulturellen Veränderungen ergeben hat. Es ist möglich, daß dieses gespaltene Bewußtsein vorherrscht, in dem sich der Unmut der Bauern gegen reichere Landbesitzer und Staatsbeamte richtet, während sie den Schah immer noch verehren; doch das bleibt eine unsichere Situation, und vielleicht ist nicht einmal die Pahlavi-Diktatur imstande, ihr Explodieren zu verhindern.

6 Erdöl und Industrialisierung

Seit Beginn der 60er Jahre, als der Staat mit der planmäßigen Förderung kapitalistischer Entwicklung begann, hat die iranische Wirtschaft einen großen Wandel durchgemacht. Alle üblichen Wachstumsindizes zeigen dies. Das Bruttosozialprodukt zu Marktpreisen stieg in den 60er Jahren um 8% jährlich, 1972/73 um 14,2%, 1973/74 um 30,3% und 1974/75 um 42%. Zwischen 1972 und 1978 wuchs das Bruttosozialprodukt von 17,3 Milliarden Dollar auf geschätzte 54,6 Milliarden Dollar. Das Pro-Kopf-Bruttosozialprodukt ist ebenfalls erheblich gestiegen – von etwa 450 Dollar jährlich im Jahre 1971 auf 2400 Dollar 1978. Gleichzeitig hat es einen eindrucksvollen Zuwachs bei der Produktion des industriellen Sektors gegeben; seit 1968 stieg sie um jährlich 14%, und dieser Wert erhöhte sich in der Zeit von 1973 bis 1976 auf 17%: Der industrielle Sektor hat in der Wirtschaft als ganzer zunehmende Bedeutung erlangt und beschäftigt fast ein Viertel aller Arbeitskräfte; auf ihn entfallen 1977/78 16% des Bruttoinlandsprodukts. Weitere Untersuchungen werden zeigen, daß man die iranischen Wirtschaftsleistungen nicht einfach damit abtun kann, daß viele Statistiken übertrieben sind und daß es außerdem unwahrscheinlich ist, daß sich die Werte der frühen 70er Jahre fortsetzen. Denn welche Einschränkungen man auch macht, es kann kein Zweifel daran bestehen, daß die Leistungen des Iran sowohl an sich erheblich als auch im Vergleich zu anderen Ländern außergewöhnlich sind. Von allen Ländern der Dritten Welt, ob kapitalistisch oder kommunistisch, ist der Iran eines der entwickeltsten, und er hat eine der höchsten anhaltenden Wachstumsraten.

Grundlage dieser Expansion war natürlich das Erdöl, und die Eigenheiten dieses Bodenschatzes haben die Möglichkeiten und zugleich auch die Grenzen der iranischen Wirtschaftsentwicklung bestimmt. Eine Folge des Booms war, daß sich die Abhängigkeit der Wirtschaft vom Öl in der Tat vergrößert hat: während das Erdöl im Jahre 1967/68 17% des Bruttosozialprodukts ausmachte, stieg dieser Wert 1977/78 auf 38%. 1977 entfielen 77% der Regierungseinnahmen und 87% der Deviseneinkünfte darauf. Das Wachstum des Iran in der Vergangenheit und in der Zukunft wäre ohne Erdöl undenkbar. Der beredteste Ausdruck dieser Tatsache ist das Wachstum der Regierungseinkünfte aus Erdöl: sie stiegen von 817 Mio. Dollar im Jahre 1968 auf 2,25 Milliarden Dollar 1972/73 und auf 19,6 Milliarden Dollar 1975/76. Die Entwicklungspläne der Regierung verzeichneten entsprechende Zuwächse: der Erste Plan (1948–56) sah Ausgaben von 350 Mio. Dollar vor, der Vierte (1968–72) 8,284 Milliarden, und der Fünfte (1972–78) wurde nach der Erhöhung der Erdölpreise auf 69 Milliarden Dollar erweitert. Doch wenn Öl auch die Voraussetzungen für Wachstum geliefert hat, so hat es der Wirtschaft andererseits Beschränkungen auferlegt, die zwar nicht unüberwindlich sind, die sich mit Einnahmen allein aber nicht beseitigen lassen. *Der Strom der Öleinkünfte an den iranischen Staat hat dem Iran eine begrenzte historische Gelegenheit zur Entwicklung gegeben: es bleibt abzuwarten, ob und wenn ja, wie weit diese Gelegenheit genutzt werden wird.*

Diese Frage läßt sich ganz einfach an Hand von drei Problemen darstellen. Erstens hat Öl für sich allein keine Entwicklungseffekte, d. h. es stellt keine nennenswerten Verflechtungen mit der übrigen Wirtschaft her. Es hat keine »rückwirkenden Impulse« (»backward linkage«), da es sehr wenig Arbeitskräfte beschäftigt und sein Kapital sowie seine Technologie aus dem Ausland bezieht; in den ersten Jahrzehnten der iranischen Ölindustrie wurden selbst die Nahrungsmittel für die Ölgesellschaft aus anderen Ländern eingeführt. Öl hat auch keine »vorwärtsgerichteten Impulse« (»forward linkages«), da die meisten Produkte dieses Sektors exportiert werden: es führt nur dadurch zu Wechselwirkungen, daß es eine Energiequelle liefert und dadurch die Devisen spart, die sonst für den Import des notwendigen Energiebedarfs verwendet werden müßten. Erdöl hat nur einen einzigen bedeutenden Effekt: es liefert dem Staat ein Einkommen, das man praktisch als eine Art Rente bezeichnen kann.[1] Welche weiteren Wirkungen das Öl hat, hängt davon ab, was mit der Rente gemacht wird – d. h. vom Klassencharakter des Staates und von den Entwicklungsprogrammen, die er in Gang setzt. Die politischen und sozialen Prioritäten des Staates werden sich darin notwendigerweise widerspiegeln. Die Frage, die es zu stellen gilt, muß daher die ökonomischen, politischen und sozialen Aspekte verbinden – wie nämlich der Staat Einkommen *transformiert* und welches die Möglichkeiten wie auch die Hindernisse sind, die dieser Transformation gegenüberstehen.

Doch das Problem ist noch vielschichtiger, denn das Einfließen großer Kapitalmengen wirft zwei weitere Probleme auf. Eine Transformation bedeutet nicht nur die Überwindung von Hemmnissen in der Wirtschaft (z. B. Analphabetentum oder das Fehlen von Verkehrsverbindungen), sondern auch die Beseitigung neuer Hindernisse, die durch den Fluß der Ölgelder selbst entstanden sind, z. B. Inflation, nicht konkurrenzfähige Industrie, die Explosion unproduktiver ökonomischer Aktivitäten und Einkommensungleichheiten. In einem unterentwickelten ölproduzierenden Land wie dem Iran verstärken sich diese beiden Reihen von Problemen gegenseitig und lenken gemeinsam das Einkommen des Staates weg von Investitionen in den Konsum; dadurch verringert sich der Beitrag des Öls zu einer längerfristigen Entwicklung der Wirtschaft. Schließlich ist da noch

die Tatsache, daß Erdöl ein vergänglicher Besitz ist: Einnahmen, die in einem Jahr falsch ausgegeben worden sind, stellen einen 100prozentigen Verlust im Akkumulationsprozeß des Landes dar. Die Umwandlung von Öleinnahmen in erhöhte Produktion ist daher ein Wettlauf mit der Zeit, in dem das Öl verwendet wird, um die Wirtschaft bis zum Versiegen des Öls so unabhängig vom Öl und so entwickelt wie möglich zu machen.
Die folgende Analyse des Erdöls und seines Beitrags zur iranischen Entwicklung wird drei allgemeine Probleme untersuchen: die Entwicklung der Ölindustrie selbst und ihre Beziehung zum Staat; inwieweit die Öleinnahmen optimal für eine allumfassende Entwicklung angewendet werden; und inwieweit der Iran schnell genug und in der richtigen Richtung wächst, um in der Lage zu sein, sein nicht durch Erdöl bestimmtes Produktions- und Konsumptionsniveau zu erhalten und zu verbessern, wenn die Ölquellen einmal austrocknen. Eine Erörterung dieser drei Probleme wird es ermöglichen, die scheinbar so günstigen Wachstumsziffern des Iran in einem Lichte zu betrachten, das die Lage zwar nicht unausweichlich katastrophal, ganz sicher aber auch nicht optimistisch erscheinen läßt.

Die Erdölindustrie

Die Erdölproduktion im Iran begann im Jahre 1908, eher als in jedem anderen Land am Golf.[2] Seit damals ist sie um ein Vielfaches gestiegen, und 1975 stand der Iran mit täglich 5,4 Mio. Barrels (ca. 0,77 Mio. Tonnen) unter den Produzenten des Mittleren Ostens nach Saudi-Arabien an zweiter Stelle. Das Hauptgebiet der Produktion liegt in der südlichen Provinz Khuzestan; 1976 gab es 30 große Quellen, 19 auf dem Festland und 11 vor der Küste. Die iranischen Ölreserven werden auf 60 Milliarden Barrels geschätzt, was unter Zugrundelegung der Ausbeutungsrate von 1975 die Produktion für 31 Jahre, d.h. bis zum Jahre 2006, ermöglichen würde. Doch angesichts der erhöhten Inlandsnachfrage und steigender Förderungskosten für einige der Reserven ist der Iran möglicherweise schon 1990 oder sogar noch früher kein großer Exporteur von Erdöl mehr. Seine Reserven sind daher weniger bedeutend als die einiger anderer Staaten wie Irak, Kuwait und Saudi-Arabien, die damit rechnen können, den Export einige Jahrzehnte länger fortzusetzen als der Iran. Von Staaten wie Saudi-Arabien, Libyen und den kleineren Golfgebieten unterscheidet sich der Iran auch dadurch, daß er eine große Bevölkerung (34 Mio.) hat und darauf angewiesen ist, seine Einkünfte zu maximieren, um seine Entwicklungsprogramme voranzutreiben. Dieses Problem teilt er mit einigen der anderen Produzenten – z. B. mit dem Irak, Algerien, Nigeria, Venezuela, Indonesien und Angola –, und dadurch steht der Staat unter einem besonderen Druck, seine Erdöleinkünfte in der verfügbaren Zeit zu maximieren.

Die Ausbeutung des iranischen Erdöls lag bis 1951 in den Händen einer in britischem Besitz befindlichen Gesellschaft, die erst Anglo-Persian Oil Company, dann Anglo-Iranian Oil Company hieß und die jetzt den Namen British Petroleum trägt. Sie zahlte anfangs niedrige Abgaben, und selbst nachdem Reza Shah 1933 die Vereinbarungen neu ausgehandelt hatte, waren die an den iranischen Staat gezahlten Beträge gering: zwischen 1915 und 1950 machte die Gesellschaft einen Profit von 613 Mio. Dollar, zahlte aber nur 316 Mio. Dollar an die Regierung. Der Iran hatte daher Nachteile in zweierlei Hinsicht: er erhielt niedrige Abgaben, und sein Einkommen wurde nicht durch seine eigene Politik und seine eigenen Bedürfnisse bestimmt, sondern durch die ganz anderen Bedürfnisse der Gesellschaft. Als Reaktion hierauf wuchs im Iran nach dem 2. Weltkrieg eine Bewegung, deren prominentester Sprecher Mohammad Mossadegh war und die die Nationalisierung des Erdöls forderte. 1951 wurde das Erdöl verstaatlicht, aber BP und die iranische Regierung konnten sich über die Bedingungen eines Ausgleichs nicht einigen; die BP setzte daraufhin erfolgreich einen weltweiten Boykott des iranischen Öls durch. 1954, ein Jahr nach dem Sturz Mossadeghs, unterschrieb die iranische Regierung eine neue Vereinbarung: die Erdölindustrie war formell noch immer verstaatlicht, aber das war kaum mehr als eine juristische Fiktion; die tatsächliche Kontrolle über die beiden wichtigsten Punkte, Preise und Produktion, lag noch immer bei dem internationalen Konsortium, das die Erdölgesellschaft ablöste.[3]

Die wirklichen Veränderungen nach 1953 lagen auf drei anderen Gebieten. Erstens wurde der iranischen staatlichen Körperschaft, der National Iranian Oil Company (NIOC), ein kleiner Anteil an der Produktion überlassen: sie übernahm das, was als »nicht-grundlegende Tätigkeiten« bezeichnet wurde (Wartung); und sie wurde der einzige inländische Erdöllieferant im Iran. Zweitens, da die neue Gesellschaft auf das Gebiet beschränkt blieb, in dem sie damals produzierte, konnte die NIOC andere unabhängige Gesellschaften ins Land holen zu Bedingungen, die für den Iran günstiger waren: aber obwohl sie auf der Basis neuer Vereinbarungen operierten, entdeckten diese Firmen keine ausreichenden Erdölmengen, um für das Konsortium eine Herausforderung darzustellen; Mitte der 70er Jahre entfielen auf sie nur etwa 4% der Produktion. Die wichtigste Veränderung war, daß die BP ihre Monopolstellung verlor: ein neues Konsortium wurde gegründet, an dem jetzt US-Kapital beteiligt war. BP behielt 40%, Shell erwarb 14%, CFP 6%; die restlichen 40% verteilten sich auf die fünf größten US-Gesellschaften (je 7%) und auf eine Gruppe kleinerer US-Firmen (die sich die letzten 5% teilten). Vor allem diese Internationalisierung des Erdölbetriebs machte den Unterschied zu der Situation vor 1951 aus.

Viel grundlegendere Veränderungen fanden zwei Jahrzehnte später, zu Beginn der 70er Jahre, statt. Der Iran war der Organisation der erdölexportierenden Länder (Organisation of Petroleum Exporting Countries, OPEC) beigetreten, als diese 1960 gegründet wurde, aber der Erdölpreis änderte sich in dem darauffolgenden Jahrzehnt nicht. Dann, zuerst 1970, gelang es den OPEC-Staaten, die übermäßige Produktion zu reduzieren und den Preis um ein Mehrfaches zu erhöhen: er stieg von 1,79 Dollar pro Barrel im Jahre 1971 auf 11,65 Dollar im Dezember 1973. Der Iran, der zu den Produzentenstaaten gehörte, die am meisten auf Öleinnahmen angewiesen waren, unterstützte diese Schritte; im Februar 1971 hatte der Schah den Vorsitz bei einer OPEC-Konferenz in Teheran, bei der ein koordinierter Einbruch in die Kontrolle der Ölgesellschaften über die Preise erzielt wurde. 1973, als die größten Preiserhöhungen stattfanden, und in den Jahren danach gehörte der Iran zu den führenden Falken in der OPEC. Tatsächlich gibt es – nach den Äußerungen des algerischen Unterhändlers in dieser Organisation – nur zwei wirklich bedeutende Staaten in der OPEC: auf der einen Seite Saudi-Arabien und auf der anderen Seite den Iran. Saudi-Arabien ist wegen seiner viel kleineren Bevölkerung und seiner viel größeren Reserven immer viel zurückhaltender mit Ölpreissteigerungen gewesen als der Iran; im Dezember 1976 kam es zu einer offenen Spaltung zwischen den beiden Lagern, die von den Iranern beziehungsweise von den Saudis angeführt wurden, als erstere den Erdölpreis um 10% erhöhten und letztere nur um 5%.[4] Obwohl diese Spaltung nur sechs Monate dauerte, warf sie ein Schlaglicht auf die unterschiedlichen ökonomischen Interessen innerhalb der OPEC-Koalition.

Das Resultat aller dieser Veränderungen ist, daß die an den iranischen Staat gezahlten Abgaben seit Beginn der 70er Jahre spektakulär in die Höhe gegangen sind. Dieser Preisanstieg ging mit einer anderen Änderung einher, die dem iranischen Staat – durch eine Neuaushandlung der Vereinbarung von 1954 – die effektive Kontrolle über die Produktion der Erdölindustrie gab. Der formale Unterschied zwischen diesen beiden Veränderungen besteht darin, daß die Preiserhöhungen von den Erdölproduzenten über die OPEC *multilateral* ausgehandelt wurden, während es zu den Veränderungen in der Eigentumssituation über *bilaterale* Verträge in jedem Einzelfall gekommen ist. Doch das ist eine irreführende Unterscheidung, denn die Bedingungen, die es dem Iran ermöglichten, 1973 *de facto* die Kontrolle der Erdölindustrie zu übernehmen, waren ebenso international wie diejenigen, die die Preiserhöhungen möglich machten. Der Iran hätte nie in Neuverhandlungen über seine Vereinbarung mit dem Konsortium eintreten können, wenn die anderen Produzentenstaaten nicht das gleiche getan hätten. Die Tatsache, daß Mossadegh 1951–53 isoliert war, war der Grund dafür, daß er schließlich scheiterte. Die neue Abmachung gab der NIOC die volle Kontrolle über die Produktion im gesamten Gebiet, das vorher von dem Konsortium beherrscht worden war; die Rolle der Ölgesellschaften wurde offiziell auf die von Käufern iranischen Erdöls und Lieferanten einiger technischer Leistungen beschränkt.

Tabelle 9: Iranische Öleinnahmen (in Mio. US-$)

1938	17	1969	908	1974	18 523
1945	23	1970	1 093	1975	18 871
1950	45	1971	1 870	1976	20 488
1960	285	1972	2 308	1977	20 735
1965	513	1973	5 600	1978	17 000

Quelle: *Financial Times (Zahlen für 1978 geschätzt)*

Diese Entwicklungen werfen zwei allgemeine Fragen auf: Wie sahen die Beziehungen zwischen dem Staat und den Ölgesellschaften in der Situation nach 1973 aus; inwieweit kann sich der Iran in Zukunft auf das Erdöl und den Beitrag des Erdöls zu seiner Entwicklung verlassen. Die offizielle iranische Position ist, daß der Iran heute eine »unabhängige« Erdölpolitik betreibt; die Kritiker des Regimes behaupten, daß die Veränderungen von 1973 trügerisch sind und daß die Erdölgesellschaften noch immer das iranische Öl kontrollieren. Keine dieser beiden Positionen ist zutreffend: Einerseits hat die Macht, die der Iran über die Erdölindustrie ausübt, sicherlich zugenommen; andererseits gibt es für diese Macht viele Beschränkungen, die sich aus den internationalen Bedingungen ergeben, in deren Rahmen die Erdölindustrie operiert. Der von der Politik anderer Produzentenstaaten ausgeübte Einfluß ist schon erwähnt worden – sowohl bei der Erhöhung des Preises in der Zeit von 1971 bis 1974 als auch bei seiner Stabilisierung 1976/77. Es gibt auch keinen Zweifel daran, daß die Gesellschaften noch immer eine wichtige Rolle spielen, wenn auch nicht auf dieselbe Weise wie vor 1973. Wie einige andere Produzenten hat der Iran das Konsortium als eine Quelle technischen Sachverstands im Produktionsprozeß beibehalten. Dem Konsortium wiederum ist die Belieferung für eine Zeit von 20 Jahren garantiert worden. Aber das ist, was die fortdauernde Macht der Gesellschaften betrifft, relativ sekundär. Ihnen selbst kommt ein Anteil an den Preiserhöhungen zugute, und ihre wirkliche Macht – der wirklich springende Punkt der anhaltenden Abhängigkeit des Iran – besteht darin, daß die Gesellschaften den Absatz auf den Märkten, auf die der Iran exportiert, weiterhin kontrollieren. Wie der Produzent jeder Ware ist der Iran in dem, was er produzieren und verdienen kann, durch das beschränkt, was er verkaufen kann; und hierüber hat er in den 70er Jahren nicht mehr Kontrolle als in den 50er. Zwar kontrolliert der Iran jetzt den Preis und die Produktion des Erdöls, aber ebensowenig wie irgendeinem anderen Produzentenstaat ist es ihm bis heute gelungen, irgendwelche nennenswerten Einbrüche in den Absatz-

markt der Gesellschaften in den großen Industrieländern zu erzielen. Während *sie* sich daher auf die Produzentenstaaten verlassen, bleibt umgekehrt die Macht der Gesellschaften selbst unverändert – und hier werden die Grenzen der iranischen Abhängigkeit deutlich. Das zeigten die Ereignisse Anfang 1977, als infolge der Spaltung der OPEC die Nachfrage nach iranischem Öl fiel, weil die Käufer lieber billigeres Öl aus Saudi-Arabien und den Emiraten kauften, deren Preis 5% unter dem des Iran lag. Die iranischen Erdölexporte fielen daher um bis zu 30%, was ernste Folgen für die Einnahmen und die Entwicklungsprogramme des Staates hatte. Es ist infolgedessen irreführend zu behaupten, daß keine Veränderungen stattgefunden haben; aber aufgrund der Marktmechanismen bleibt der Iran in einer ziemlich verletzlichen Position, und er könnte diese Abhängigkeit nur dann beendigen, wenn es ihm gemeinsam mit den anderen größten Produzenten gelänge, die Absatzseite der Erdölindustrie zu kontrollieren. Aber aller Wahrscheinlichkeit nach werden das weder die Erdölgesellschaften noch die industrialisierten Staaten zulassen.
Die andere wichtige Frage betrifft die Zukunft und vor allem den Beitrag, den das Erdöl weiterhin zum iranischen Wachstum leisten wird. Im wesentlichen hat der Iran drei miteinander zusammenhängende Einkommensquellen aus Energieexporten: Erdöl, Petrochemikalien und Erdgas. Es wird geschätzt, daß der Iran bis gegen Ende der 80er Jahre ein großer Erdölexporteur bleiben wird; ein unerwarteter Anstieg der Inlandsnachfrage könnte den Zeitpunkt des Rückgangs näherbringen und die Entdeckung neuer Vorräte ihn in das nächste Jahrhundert hinausschieben. Nach dem gegenwärtigen Stand der Kenntnisse hat der Iran nur noch anderthalb Jahrzehnte, um sich unabhängig vom Erdöl zu machen. Der Iran hat versucht, seine Exporteinnahmen dadurch zu steigern, daß er Erdöl raffiniert, anstatt es roh zu exportieren, aber das hat nicht viel gebracht: Der durch Raffinieren erzielte Mehrwert ist sehr gering, und es gibt ohnehin einen weltweiten Überschuß von Raffineriekapazität. Petrochemikalien sind ganz eindeutig ein Gebiet, auf dem der Wert der Exporte gesteigert werden kann; die Investitionen in petrochemische Fabriken machen daher einen großen Teil des Fünfjahresplans von 1973–78 aus: nur auf die Metall- und Stahlindustrie entfällt ein höherer Anteil an den Mitteln für Industrieentwicklung. 1976 hatte die National Petrochemical Company schon vier Komplexe in Betrieb, die Düngemittel, PVC und andere Produkte herstellten. Doch auch hier gibt es ernstzunehmende Grenzen. Die Kosten für die Errichtung einer solchen Fabrik liegen um 50 bis 80% höher als in den Ländern der Endverbraucher wie Japan, und angesichts der zunehmenden Investitionen in Petrochemie in der ganzen Welt gibt es auf den Märkten für solche Güter eine erhebliche Konkurrenz. Im übrigen werden die Mengen, die als Devisenbringer verfügbar sind, in dem Maße zurückgehen, wie der iranische Inlandsbedarf wächst. Daher

wird die petrochemische Produktion des Iran, selbst bei optimistischer Betrachtung, die Abhängigkeit des Landes von Erdölexporten nicht wesentlich reduzieren.
Die Aussichten für Erdgasexporte sind günstiger. Der Iran verfügt über geschätzte Erdgasreserven von 10600 Milliarden Kubikmeter. Das sind 16% der Weltreserven und mehr, als irgendein anderes Land außer der Sowjetunion besitzt.[5] Unter Zugrundelegung der Werte für 1975 könnte der Iran die Produktion 234 Jahre lang fortsetzen. Hieraus ergibt sich potentiell eine große Einkommensquelle, und seit 1970 exportiert der Iran bereits Erdgas über eine Pipeline in die Sowjetunion. Man schätzt, daß das Einkommen des Iran aus Erdgas bis gegen Ende der 80er Jahre auf zwischen 3,4 und 5,6 Milliarden Dollar jährlich steigen könnte.[6]
Viel wird davon abhängen, ob Erdgas in den kommenden Jahrzehnten eine größere Rolle für den Energiebedarf der fortgeschrittenen kapitalistischen Länder spielen wird; aber selbst wenn es sehr wichtig würde, kann sich der Iran für die Schließung der Lücke, die das Öl hinterläßt, nicht auf Erdgas verlassen. Die höchsten Schätzungen in bezug auf das Einkommen aus Erdgas belaufen sich auf nur 25% von dem, was das Erdöl abwirft. Hinzu kommt, daß der Verkauf des iranischen Erdgases in Westeuropa auf die harte Konkurrenz der Niederlande und Algeriens stoßen wird, die beide in einer besseren geographischen Position sind: da die Transportkosten für Erdgas bis zu zehnmal so hoch sind wie die für Erdöl, ist das ein bedeutsamer Faktor. Man schätzt, daß die europäischen Länder 1985 zwischen 185 und 210 Milliarden Kubikmeter Erdgas importieren werden: 60 Milliarden Kubikmeter aus den Niederlanden, 42 bis 45 Milliarden aus Algerien und 40 bis 51 Milliarden aus dem Iran. Tatsächlich hat der Iran die Grenzen dieses von starker Konkurrenz bestimmten Marktes bereits zu spüren bekommen: Im Oktober 1976 annullierte er eine größere Vereinbarung, die 1974 mit zwei belgischen Gesellschaften und der El Paso Natural Gas Company aus den USA abgeschlossen worden war, weil er keine günstigen Verkaufsbedingungen sicherstellen konnte. Die Aussichten, die sich aus all dem ergeben, sind, daß der Iran in der Zukunft zwar erhebliche Profite aus den Erdgasexporten ziehen wird, daß deren Umfang aber ungewiß ist und die Einnahmeverluste bei zurückgehenden Ölexporten nicht in vollem Umfang wird wettmachen können.

Industrielle Entwicklung

Der Iran muß daher einen anderen Zweig wirtschaftlicher Aktivität finden, der die Inlandsnachfrage befriedigt und die für den Import von Gütern benötigten Devisen abwirft. Wenn irgendein anderer Wirtschaftszweig des Iran langfristig vergleichbare Vorteile böte, würde die weitere Entwicklung nicht zwangsläufig von der Industrialisierung abhängen. Aber vergleichbare Vorteile sind nirgendwo sonst abzusehen: Erdöl und die damit zusammenhängenden Bereiche werden über den Beginn der 90er Jahre hinaus nicht ausreichen, und die Landwirtschaft ist defizitär und wird das noch für lange Zeit bleiben. Der Iran muß daher industrialisieren.

Bei seinem Versuch zur Industrialisierung ist der Iran in mehrfacher Hinsicht im Vorteil. Anders als die meisten Länder der Dritten Welt hat er die nötigen Mittel für Investitionen und müßte daher in der Lage sein, Kapital zu bilden, ohne Kredite im Ausland aufzunehmen oder den ländlichen Sektor auszupressen. Der Iran hat auch einen potentiell großen Markt von 34 Mio. Menschen, und es gibt im Lande verschiedene mineralische und landwirtschaftliche Rohstoffe. Außerdem ist ein starker Staat vorhanden, der daran interessiert ist, ein Industrialisierungsprogramm durchzuführen. Das Wachstum der iranischen Industrie in der Zeit seit den 50er Jahren ist hauptsächlich ein Resultat staatlicher Interventionen gewesen. Weder eine einheimische iranische Bourgeoisie noch ausländisches Kapital waren in der Vergangenheit fähig oder bereit zu industrialisieren; aber unter den günstigen finanziellen und politischen Bedingungen, die sich seit 1953 herausgebildet haben, erklärten diese beiden privaten Zweige des Kapitals sich bereit, am Industrialisierungsprogramm mitzuwirken.

Die Industrialisierung des Iran ist jedoch trotz dieser beträchtlichen Vorteile und besonders trotz der reichlichen Verfügbarkeit von Kapital auf ernsthafte Hindernisse gestoßen. Dem Iran fehlt das Fach- und Managementpersonal, das seine Industrie braucht, und trotz beschleunigter Ausbildung iranischer Arbeitskräfte und der Einfuhr Zehntausender ausländischer Arbeiter ist seine Industrie äußerst ineffizient geblieben; die Verfügbarkeit von Regierungsmitteln hat außerdem dazu beigetragen, schwache Unternehmen länger zu halten, als das sonst der Fall gewesen wäre. Die Einkommensverteilung ist zunehmend ungleich geworden, und das Resultat davon ist, daß nur ein kleiner Prozentsatz der iranischen Bevölkerung einen wachsenden Markt darstellt. Die chronische Uneffektivität der Landwirtschaft wirkt ebenfalls als eine Bremse für die Industrialisierung, da sie zwar Mittel der Regierung verbraucht, aber weder in der Lage ist, die Rohmaterialbedürfnisse noch die Nachfragebedürfnisse der Industrie zu befriedigen: der Verflechtungsgrad zwischen Industrie und Landwirtschaft ist auffällig niedrig.[7] Vor allem muß der Iran angesichts des begrenzten Erdölvorrats Industriegüter exportieren; hier ist sein Versagen immens, und es wird immer deutlicher. Der Iran mag daher – was die Industrialisierungsvoraussetzungen betrifft – in einer günstigeren Position sein als viele andere Länder der Dritten Welt; aber trotz der Ausweitung der Produktion seit Beginn der 60er Jahre ist die iranische Industrialisierung nicht in der Lage,

die Ziele zu erreichen, die erreicht werden müssen, wenn eine Kontinuität in der Nach-Erdöl-Zeit ermöglicht werden soll.
Ebenso wie anderswo in Asien (Indien, Syrien) ging auch im Iran die lokale Handwerksproduktion durch das Eindringen billigerer Manufakturprodukte im 19. Jahrhundert zurück. Erst nachdem Reza Shah ein gewisses Maß an staatlicher Kontrolle über Produktion und Handel eingeführt hatte, konnte sich überhaupt eine Industrie entwickeln. Zwischen 1934 und 1940 ließ die bescheidene Industrieförderungskampagne der Regierung 200 Industrieanlagen entstehen, die 50000 bis 60000 Arbeiter beschäftigten. Auf dem privaten Sektor produzierten die meisten Textilien, während dem Staat eine Munitionsfabrik gehörte sowie Betriebe, in denen Zucker, Zement, Tabak und Textilien hergestellt wurden. Zu einer zweiten Industrialisierungswelle kam es während der beiden Jahre der Mossadegh-Regierung, als der Mangel an Devisen Privatunternehmer dazu zwang, Ersatz für fehlende Importe zu produzieren.[8] Doch das hauptsächliche Wachstum der Industrie hat seit der Mitte der 60er Jahre stattgefunden; in der Zeit von 1965 bis 1975 wuchs die Industrie um durchschnittlich 15% jährlich, und 1977 arbeiteten schon schätzungsweise 2,5 Mio. Menschen in der Industrie. Von den schätzungsweise 250000 Produktionsbetrieben beschäftigten 6000 zehn Menschen oder mehr und konnten als im weitesten Sinne moderne Industriebetriebe eingestuft werden. Abgesehen von dem petrochemischen Sektor gab es andere Großbetriebe – ein Stahlwerk in Isfa-

Tabelle 10: Industrielle Produktion

	1969	*1971*	*1973*	*1975 (Jan.— Sept.)*
Glasscheiben (1000 t)	17,7	30,6	86,9	59,5
Personenwagen (1000 Stück)	28,3	38,9	49,8	68,0
Lastwagen, Lieferwagen, Kombiwagen (Stück)	5089,0	12313,0	23258,0	33580,0
Busse und Kleinbusse (Stück)	3161,0	3008,0	5007,0	3482,0
Lastwagenanhänger (Stück)	961,0	586,0	1133,0	978,0
Traktoren (Stück)	399,0	3833,0	7124,0	6500,0
Kühlschränke (1000 Stück)	176,8	192,5	324,0	332,8
Steckdosen, Schalter usw. (1000 St.)	5832,0	6374,0	25237,0	25336,0
Fernsehgeräte (1000 Stück)	87,3	150,0	218,8	230,4
Ventilatoren (1000 Stück)	64,1	112,7	139,4	126,3
Warmwasserbereiter (1000 Stück)	42,9	55,6	83,7	98,0
Zement (Millionen t)	2,3	2,8	3,3	3,8
Farbe (1000 t)	14,1	16,9	22,4	24,0
Pappe (1000 t)	10,0	13,1	12,9	10,5
Bier (Mio. l)	25,8	29,7	39,0	41,2

Quelle: Bank Markazi.

han, eine wachsende Auto-, Lastwagen- und Busindustrie, Werkzeugmaschinenfabriken und elektronische Montageanlagen.
Die Automobilproduktion stieg von 2300 im Jahre 1964 auf 73000 Pkws, 1911 Autobusse und 29365 Lastwagen 1974/75. Das Ziel ist die Produktion von 2 Mio. Automobilen aller Art bis zum Ende des Sechsten Plans 1983. Innerhalb dieses Wachstums hat es jedoch bemerkenswerte Verschiebungen gegeben: Das Hauptziel in den 60er Jahren war die Ersetzung von Importgütern, und das führte zu einem Wachstum der Leichtindustrie in Teheran und Umgebung; der Fünfte Plan (1973–78) hat sich auf Stahl, Metalle und Petrochemikalien konzentriert; der Sechste hat denselben Schwerpunkt und soll außerdem versuchen, bestimmte Hindernisse zu beseitigen, die in den vergangenen 15 Jahren aufgetreten sind.
Als Empfänger der Öleinnahmen ist der Staat der Hauptförderer des industriellen Wachstums gewesen; dabei hat er verschiedene Wege beschritten. 1. Der Staat hat direkt in der Industrie investiert: Im Rahmen des Dritten Plans erfolgten 53,1% aller industriellen Investitionen durch den Staat; im Vierten Plan waren es 38,8% und im Fünften 40,0%. Die Preiserhöhungen für Erdöl 1973 ließen diesen Anteil weiter steigen, so daß 1975 volle 60% aller industriellen Investitionen direkt vom Staat kamen. Dieses Übergewicht ist besonders auffällig außerhalb des Leichtindustriesektors – bei Petrochemikalien, Stahl, Automontage und ähnlichen Unternehmen. 2. Der Staat hat Mittel für die Entwicklung des privaten Sektors zur Verfügung gestellt. Der private Banksektor ist nie stark gewesen und konnte daher nie eine Finanzierungsquelle für die Industrie sein. Auch die Teheraner Börse, die 1967 gegründet wurde, ist nur ein schwacher Abglanz entsprechender Institutionen in anderen kapitalistischen Ländern.[9] In der Vergangenheit nahmen die Händler Kredite im Basar auf, aber die dort verfügbaren Gelder waren für die Aufgaben moderner Industrialisierung vollkommen unzureichend. Darüber hinaus hat der Basar seit den 50er Jahren in dem Maße an Bedeutung verloren, wie seine soziale, ökonomische und politische Position durch die zunehmende Macht des Staates unterminiert wurde. Die Regierung hat daher die Mittel für die Industrie über eine Anzahl spezieller Institutionen zur Verfügung gestellt, die zu diesem Zweck gegründet wurden; die vier wichtigsten sind: die Industriekreditbank (Industrial Credit Bank), die Entwicklungsbank für Industrie und Bergbau des Iran (Industrial and Mining Development Bank of Iran), der Industriegarantiefonds (Industrial Guarantee Fund) und die Entwicklungs- und Investitionsbank des Iran (Development and Investment Bank of Iran). Die Bank Melli, die wichtigste Bank des Landes, vergibt ebenfalls große Summen als Kredit für industrielle Entwicklung. Durch diese Maßnahmen fördert der Staat in gewissem Umfang eine industrielle Bourgeoisie, die allerdings vom Staat abhängig ist; und da diese Schicht angewachsen ist, sind einige An-

teile an Regierungsindustrien an individuelle Käufer verkauft worden. 3. Auch steuerliche Maßnahmen haben eine wichtige Rolle gespielt. Auf Importe werden hohe Zölle erhoben, um die einheimische Produktion zu fördern: sie können bis zu 200 oder 300% erreichen; im Durchschnitt betragen sie etwa 80%. Ein staatliches Lizenzsystem beschränkt die Konkurrenz der Produktion im Iran. Außerdem befreit der Staat die Firmen in der Anfangszeit von Besteuerung und erhebt keinen Zoll auf die Investitionsgüter, die Firmen zum Bau ihrer Produktionsanlagen importieren müssen. Um den Druck auf die Region von Teheran zu verringern, gibt die Regierung Firmen, die Werke mindestens 120 Kilometer von Teheran entfernt ansiedeln, einen besonderen Steuernachlaß. Dieser Punkt soll im Sechsten Plan Priorität haben. 4. Wie anderswo hat der Staat auch im Iran die Hauptverantwortung für den Aufbau der Infrastruktur übernommen, die für die industrielle Expansion gebraucht wird: die Straßen, Häfen, Dämme und Kraftwerke, die private Geldgeber nicht selber bauen würden. Dieser Punkt ist besonders wichtig, da man jetzt versuchen will, die Verkehrs- und Energieengpässe zu beseitigen, die sich in der Mitte der 70er Jahre zeigten.
Der Staat spielt heute in allen kapitalistischen Ökonomien eine große Rolle, selbst in so entwickelten wie den USA (der New Deal) und Großbritannien. In Entwicklungsländern hat der Staat noch weitergehend eingegriffen, um Importe zu beschränken und die Inlandsproduktion direkter zu unterstützen, und zwar entweder durch staatliche Monopole oder durch Förderung von Privatkapitalisten. Im Iran ist ein noch weitergehendes Stadium erreicht worden: Da die Mittel aus der größten Einnahmequelle, dem Öl, dem Staat zufließen, muß dieser das Geld auf dem Wege seiner Entwicklungspolitik verteilen.
Der zweite Akteur der Industrialisierung ist die iranische Bourgeoisie. Historisch hat es im Iran keine starke Bourgeoisie gegeben, die die Industrialisierung angestrebt hätte; die privatkapitalistische Tätigkeit beruhte auf dem Handel, dessen Zentrum der Basar war.[10] Erst die Förderung der Industrie durch die Regierung und das Landreformprogramm haben eine bedeutende Fraktion der Bourgeoisie hervorgebracht, die an dem gegenwärtigen Industrialisierungsprogramm teilzunehmen gewillt ist. Da ihre Existenz von staatlichen Mitteln und staatlicher Politik abhängig bleibt, wäre es verfehlt, diese Bourgeoisie mit den Bourgeoisien in Indien und Brasilien zu vergleichen, denn letztere haben eine dynamische Industrialisierungspolitik verfolgt. Dazu kommt, daß sich die iranische Bourgeoisie auf Investitionen in weniger aufwendigen Bereichen der Wirtschaft – im Wohnungsbau und in der Leichtindustrie – konzentriert und andere Risiken dem Staat überlassen hat. Obwohl wir keine genauen Daten über diese Gruppe haben, kann man davon ausgehen, daß sich seit Ende der 50er Jahre eine identifizierbare soziale Gruppe entwickelt hat.

1974 kontrollierten 45 Familien 85% der Firmen mit einem Umsatz von mehr als 10 Mio. Rial. Diese Gruppe stammt im wesentlichen aus drei Bereichen. Erstens gibt es Ex-Grundbesitzer, die Entschädigungen für Land erhielten, das sie ganz oder zum Teil in den 60er Jahren verloren. Man muß berücksichtigen, daß die Verbindungen zwischen dem grundbesitzenden und dem kommerziellen Sektor im Iran immer eng waren: bis zu den 60er Jahren kauften Händler Grund und Boden auf dem Lande (anstatt in der Industrie zu investieren), und Grundbesitzer hatten oft auch Geschäfte in der Stadt. Als die Landreform kam, wurden diesen Eigentümern von Ackerland Anteile an von der Regierung betriebenen Industrien angeboten, die sie entweder behalten oder verkaufen konnten. Zwar war es nur ein kleiner Prozentsatz, der sie behielt, und der Übergang fand folglich nur teilweise statt; aber es ist trotzdem zutreffend, daß durch die Landreform eine Untergruppe der industriellen Bourgeoisie geschaffen oder zumindest dadurch, daß sie mehr Kapital erhielt, in neue Bereiche wirtschaftlicher Tätigkeit gelenkt wurde.
Ein anderer Teil der Industriebourgeoisie besteht aus Staatsangestellten, die ihr Kapital entweder durch Sparen oder durch Korruption angehäuft haben. Letztere ist ein untrennbarer Bestandteil des iranischen Staatsdienstes, und das Land könnte in seiner gegenwärtigen Form ohne Korruption nicht funktionieren. Details über diejenigen militärischen und ebenso auch zivilen Regierungsangestellten, die auf diese Weise Geld gemacht haben, sind verständlicherweise nicht verfügbar, aber es besteht kein Zweifel, daß es sich hierbei um ein weitverbreitetes Phänomen handelt. Ein ausländischer Berater der iranischen Regierung argumentierte mir gegenüber, das sei tatsächlich die beste Art und Weise, um die traditionelle Zurückhaltung bei der Investition von Geld in riskante Industrieunternehmungen zu überwinden, denn die Investoren hätten ihr regelmäßiges Einkommen sowieso garantiert und wären dadurch eher bereit, ihre Extragelder in der Industrie aufs Spiel zu setzen. Eine dritte Gruppe der industriellen Bourgeoisie sind ehemalige Basarhändler. Einige prominente iranische Kaufleute sind aus armen Verhältnissen über den Basar nach oben gekommen. Es gab Händler, die ihren Aufstieg in der Zeit der Spekulation und der Knappheit im 2. Weltkrieg begannen und später in die Industrie gingen; andere profitierten von den Zollbefreiungen für Importe in den 60er Jahren; sie verwendeten nur einen Teil davon tatsächlich für Investionen in der Industrie und verkauften den Rest erfolgreich und ohne Beschränkungen auf dem Markt.[11]
Die Unterteilung in drei Komponenten ist insofern eine unvermeidliche Vereinfachung, als das Typische an der Struktur ökonomischer und familiärer Bindungen im Iran darin liegt, daß viele Leute, die Land besitzen, Händler sind und Verwandte im Staatsdienst haben. Doch aus diesen drei Bereichen, in welcher Kombination auch im-

mer, kommen diejenigen Iraner, die die Industrie betreiben und die darin investieren. Die wichtigste Einschränkung, die gemacht werden muß, betrifft einen anderen Punkt, nämlich den Grad ihrer Unabhängigkeit. Die Politik des Staates ist durch und durch kapitalistisch – Förderung des Wachstums einer iranischen industriellen Bourgeoisie. Doch die Politik dieser Bourgeoisie ist eher darauf ausgerichtet, den Schutz und die Privilegien, die der Staat bietet, zu benutzen, um die Profite zu maximieren und sich an diejenigen Bereiche wirtschaftlicher Aktivität zu halten, die am sichersten sind. Diese Bourgeoisie ist daher in vieler Hinsicht vom Staat abhängig und hat weder den Willen noch das Interesse, von ihm unabhängig zu werden. Die Probleme werden daher entstehen, wenn der Staat nicht mehr in der finanziellen Position ist, diesen Schutz zu gewähren.
Der dritte und letzte Akteur in dem Industrialisierungsprozeß ist das ausländische Kapital. Vor den 50er Jahren gab es im Iran bedeutende ausländische Investitionen nur im Bereich der Erdölindustrie. Der iranische Staat baute diese ausländische Position schrittweise ab, so daß die Ölgesellschaften nach 1973 keine Rolle *in* der iranischen Wirtschaft mehr spielten, auch wenn ihre Politik weiterhin erhebliche Auswirkungen *auf* sie hatte. Die ersten Maßnahmen, die ausländischem Kapital einen Anreiz bieten sollten, in andere Bereiche der Wirtschaft zu investieren, wurden nach dem Putsch von 1953 ergriffen: 1955 wurde ein Zentrum für die Anwerbung und Förderung ausländischer Investitionen (Center for the Attraction and Promotion of Foreign Investment, CAPFI) gegründet[12], und unter der Oberaufsicht von CAPFI erhielten ausländische Firmen eine Anzahl von Garantien. Sie brauchten fünf Jahre lang keine Steuern zu zahlen, konnten Profite in der Währung transferieren, in der sie ursprünglich investiert hatten, und waren vom Zoll für notwendige Importe befreit. In den ersten Jahren, bis 1964, hielt sich das ausländische Kapital mit Investitionen im Iran zurück, und nur 32 Firmen investierten. Aber Mitte der 70er Jahre hatten schon über 200 Firmen im Iran investiert. An der Spitze lagen die USA, die Ende 1974 mit 43 Firmen vertreten waren. Aber nach dem Ölboom der frühen 70er Jahre wurden sie vom japanischen Kapital überholt. 1975/76 stammten schon 43 % aller ausländischen Investitionen aus Japan, ein großer Teil davon floß in kapitalintensive petrochemische Projekte.
Das Ziel des CAPFI war es, ausländische Investitionen in die Bereiche zu leiten, wo iranische Sachkenntnis fehlte: in den 60er Jahren waren die wichtigsten Gebiete ausländischer Investitionen daher Gummi, Chemikalien, Baumaterialien und Bergbau; in den 70er Jahren kamen hierzu noch Automobilherstellung, Stahl- und Rüstungsindustrie (sowie Agri-business). Da der Iran über reichlich Kapital verfügt, war das Hauptziel nicht – wie in vielen anderen Ländern der Dritten Welt – von diesen Firmen Gelder für Investitionen zu bekommen, und sie machen tatsächlich nur einen kleinen Teil der

Tabelle 11: Private ausländische Investitionen im Iran 1965–74

Land	*Anzahl der Unternehmungen*	*Kapital (in Mio. Rial)*
USA	43	5 711
BRD	23	1 669
Japan	23	2 737
Großbritannien	20	347
Schweiz	13	1 360
Frankreich	12	547
Gemischte Gesellschaften	17	1 435
Sonstige *	32	1 423
Gesamt	183	15 229

* Italien, Dänemark: je 5; Schweden, Niederlande: je 4; Belgien, Luxemburg: je 3; Israel: 2; Australien, Österreich, Griechenland, Indien, Kenia, Panama: je 1.

Quelle: *Iran: Past, Present and Future,* S. 379–80.

Gesamtinvestitionen aus: im Rahmen des Plans von 1973–78 waren ausländische Investitionen von 2,8 Milliarden Dollar enthalten, während der Staat 46,2 Milliarden Dollar investierte und der Privatsektor 23,4 Milliarden zuzüglich 2,7 Milliarden, die ihm der Staat geliehen hatte. Im übrigen wurden den Firmen zwar günstige Bedingungen garantiert, doch in anderer Hinsicht hat der iranische Staat auch sehr strenge Regelungen erlassen, wozu er durch die Öleinnahmen in der Lage war. Die ausländischen Firmen können nur in Gemeinschaftsunternehmungen mit einem privaten oder in Staatsbesitz befindlichen iranischen Partner tätig werden, und sie können an diesen Unternehmen nur eine Minderheitsbeteiligung halten. Seit 1975 das Arbeiteraktienprogramm eingeleitet wurde, haben die ausländischen Firmen durchschnittlich einen Anteil von 25%; es ist jedoch offensichtlich, daß ihr Monopol auf dem Gebiet des Managements und der Technologie ihnen eine Macht verleiht, die praktisch weit größer ist als ihr formal bestimmter Anteil. Der iranische Staat seinerseits ist mit seinem Industrialisierungsprogramm stark von diesen Firmen abhängig, denn nur mit ihrer Hilfe kann er unter kapitalistischen Verhältnissen die Ausrüstung installieren und betreiben, die für die Entwicklung der mittleren und Schwerindustrie erforderlich ist. Das bedeutendste Beispiel ist die Kooperation des Iran mit der Stahlfirma Krupp. Wenn der Iran seine industriellen Ziele erreichen will, dann liegt der Schlüssel zu dieser Expansion bei den Gemeinschaftsunternehmen.

Es gibt keine genauen Zahlen über die Profite in der iranischen Industrie, aber sowohl iranische als auch ausländische Investoren schei-

nen erheblich vom industriellen Wachstum profitiert zu haben. Iraner versichern, daß sie die von der Regierung gewährten Vorteile maximal ausnutzen, und ausländische Investoren haben von Gewinnraten bis zu 40 oder 50% bei iranischen Unternehmen berichtet. Doch das Verhältnis zwischen dem Staat und seinen Partnern ist in vieler Hinsicht auch schwierig, und diese Schwierigkeiten schränken das industrielle Wachstum ein.[13] Vor allem müssen private Kapitalisten beträchtliche Zeit und Kraft auf den bloßen Umgang mit dem Staatsapparat verwenden – man muß Erlaubnisse einholen, bestechen, mit neuen und widersprüchlichen Regelungen fertig werden usw. Der iranische Staatsapparat selbst ist nicht richtig auf die Bedürfnisse einer beschleunigten kapitalistischen Entwicklung zugeschnitten, so daß der Informationsfluß und die Kooperation zwischen den privaten Sektoren oft extrem schlecht sind. Selbst zu Beginn der 70er Jahre beklagten sich ausländische Firmen erheblich über dieses Problem; als dann der iranische Staat 1976/77 anfing, knapp mit Bargeld zu werden und Zahlungen schuldig zu bleiben, wurden die Schwierigkeiten noch viel größer. Einige Firmen zogen sich vollständig aus dem Iran zurück.[14]
Das Regime ist auch noch in einen anderen Konflikt verwickelt: Einerseits muß es dafür sorgen, daß die Kooperation der einzelnen Kapitalisten funktioniert, und andererseits sieht es sich der allgemeineren politischen Notwendigkeit gegenüber, die Regierung als volksverbunden und nationalistisch erscheinen zu lassen. Ein deutliches Beispiel hierfür war die Situation im Sommer und Herbst 1975, als die ersten Probleme der Zeit nach 1973 aufzutreten begannen und der Schah mit drei verschiedenen Kampagnen reagierte: eine gegen Preistreiberei, eine gegen Korruption und eine zur Einführung von Arbeiteraktion in der Industrie (siehe S. 180f.). Ein Teilziel des Aktienprogramms bestand darin, die Mobilität der Arbeitskräfte einzuschränken, indem man den Arbeitern einen Anreiz gab, dort zu bleiben, wo sie bereits beschäftigt waren. Die Preiskampagne führte dazu, daß mehr als 8000 iranische Geschäftsleute Haft- oder Geldstrafen erhielten; die Anti-Korruptions-Aktion führte zu Angriffen auf eine Anzahl ausländischer Firmen, zu denen die US-amerikanische Waffenfirma Grumman, die britische Zuckerfirma Tate and Lyle sowie die deutsche Firma Siemens gehörten; und das Arbeiteraktienprojekt wurde von fast allen Geschäftsleuten, sowohl von iranischen als auch von ausländischen, als eine Bedrohung ihrer Position gesehen, da es ihre Anteile noch weiter reduzierte. Als Reaktion darauf ließen die privaten Investitionen nach, und bis zu 2 Milliarden Dollar iranisches Privatkapital (10% der Öleinnahmen des Jahres) verließen in wenigen Wochen das Land. Ausländische Unternehmen, die im Iran tätig sind, sind ihrerseits entschlossen, alles dafür zu tun, daß sich ihre Investitionen so schnell wie möglich auszahlen; dies ist das Kriterium, das ihre Politik beherrscht, nicht die längerfristigen In-

teressen der iranischen Entwicklung. Ein für den Iran verantwortlicher Beamter des US-Außenministeriums, den ich im Oktober 1976 interviewte, erklärte, die US-Firmen im Iran arbeiteten nach dem Motto »rausholen, solange es noch geht«; sie gingen davon aus, daß sich eine Investition nur lohne, wenn sie ihr Geld in 4–5 Jahren zurückbekämen. Ironischerweise arbeiten viele iranische Unternehmen mit einer höheren Quote: Sie erwarten von einer Investition Erträge von 30% oder mehr.

Es ist weder überraschend noch neu, daß sowohl iranische als auch ausländische Privatfirmen auf dieser Basis operieren: Es ist die Logik des Kapitalismus, und es wäre merkwürdig, wenn sich diese Unternehmen anders verhielten. Sie sind weder prinzipiell gegen die industrielle Entwicklung des Iran, noch sind sie dafür – ihr Verhalten wird von anderen Faktoren bestimmt, und sollten diese Faktoren günstig sein, dann könnten und würden Privatfirmen die Industrialisierung des Iran begünstigen. Ein Teil der Ursache für die Schwierigkeiten der iranischen Industrialisierung muß im Charakter des Staatsapparates und in seinen eigenen Schwächen liegen. Entscheidungen werden selten in effizienter Weise geplant und ausgeführt: viele der für bestimmte Projekte angewiesenen Summen werden nie ausgegeben – während des Vierten Plans (1969–73) wurden nur 60% aller Anweisungen ausgezahlt. Es gibt auch nicht einmal einen richtigen Planungsapparat: In den Worten eines Experten »ist die einzige Art von Planung im Iran das, was der Schah will«. Derselbe Experte wies darauf hin, daß viele Statistiken übertrieben sind: nicht so sehr die für Industrieproduktion, aber die Zahlen für Preisänderungen sind erheblich zu niedrig angesetzt, während die für landwirtschaftliche Produktion um über 100% zu hoch liegen. Darüber hinaus sind viele der angeblich für Entwicklung ausgegebenen Kredite in den Konsum gelenkt worden oder in andere Zweige wirtschaftlicher Tätigkeit, wie etwa den spekulativen Wohnungsbau. Die Zahlen für das Wachstum des Bruttosozialprodukts in den 70er Jahren sind ebenfalls etwas irreführend, da das Erdöl einen großen Anteil des Bruttoinlandsprodukts darstellt und daher der Anstieg seines Preises auf einen quantitativen Anstieg der Produktion schließen läßt, der tatsächlich nicht stattgefunden hat.

Nicht alle angeblichen Veränderungen der iranischen Wirtschaft sind illusionär gewesen, aber es hat ein beträchtliches Maß an Phantasie und Betrug gegeben, selbst in den Bereichen, auf die die Regierung besondere Aufmerksamkeit lenken wollte. Das Regime stellt Ziele auf, die nicht richtig vorausgeschätzt sind, und oft ist es nicht in der Lage, sie zu erfüllen. Die iranischen Medien sind voll von grandiosen Behauptungen des Monarchen oder seiner Minister über den einen oder anderen Triumph; um das ökonomische Wachstum zu überblicken, ist ein Chaos von Komitees und Organisationen eingerichtet worden. Doch ein großer Teil von all dem ist Rhetorik – wie etwa die Angaben über die Steigerung der industriellen Exporte, die Zunahme der landwirtschaftlichen Produktivität oder die Kampagne gegen das Analphabetentum. Eine genauere Untersuchung der iranischen Industrie wird helfen, das zu verdeutlichen. Was dabei herauskommt, ist, daß das Erdöl zwar eine beträchtliche Expansion der Industrieproduktion und der Beschäftigung in der Industrie ermöglicht hat, daß die iranische Industrie aber noch in vieler Hinsicht rückständig und in höchstem Maße auf die Öleinkünfte zu ihrer Unterstützung angewiesen ist. Es scheint, als ob sie in keiner Weise in der Lage sein wird, den Herausforderungen, die sich beim Rückgang der Öleinnahmen einstellen werden, zu begegnen. Das Erdöl hat also einerseits als Motor der iranischen Entwicklung gewirkt, andererseits hat es aber auch dazu beigetragen, den Weg dieser Entwicklung derart fehlzuleiten, daß viele Gelegenheiten verpaßt wurden und eine gefährliche Abhängigkeit von Öleinnahmen geschaffen wurde.

Ökonomische Schwächen

1. Während die Industrieproduktion in den letzten Jahren zugenommen hat, ist ein steigender Anteil der Öleinnahmen für andere Zwecke ausgegeben worden, die keinen Beitrag zur Entwicklung der produktiven Möglichkeiten des Irans geleistet haben. Die eindeutigsten Beispiele hierfür sind Waffenkäufe und Dienstleistungen. Waffenkäufe (siehe S. 93) haben durchweg einen höheren Anteil der verfügbaren Mittel verbraucht als die Industrie und müssen trotz einiger indirekter (infrastruktureller) positiver Auswirkungen auf die Wirtschaft insgesamt als eine Belastung für die wirtschaftliche Entwicklung des Iran angesehen werden. Gleichzeitig mit dem Anstieg der Produktion ist der Dienstleistungssektor jedoch noch schneller gewachsen: während 1959/60 31,5% des Bruttoinlandsprodukts darauf entfielen, entfielen 1974/75 39,5% auf diesen Sektor, während die Industrie nur 16,1% ausmachte. Es ist allgemein so, daß auf Grundrente basierende Ökonomien den Dienstleistungssektor auf Kosten des Produktionssektors fördern: auf diesem Gebiet ist die Expansion leichter, und hier wachsen Ausgaben und Beschäftigung am schnellsten, wenn nicht wirksame Gegenmaßnahmen ergriffen werden. Doch ein solches Wachstum stellt nicht notwendig einen Nettogewinn für die langfristige Wirtschaftsstärke des Landes dar, und im Falle des Iran spiegelt sich in der Ausweitung des Dienstleistungssektors vor allem die Ausweitung einer aufgeblähten Beschäftigung im Staatsdienst und in Dienstleistungsberufen wider, die für die Konsumbedürfnisse der Wohlhabenderen sorgen; der Importanteil dieser letztgenannten Art von Bedürfnissen ist natürlich sehr hoch. Die wichtigste Fehlzuweisung von Geldern schließlich war ne-

gativ – die Tatsache, daß der Landwirtschaft die Mittel vorenthalten wurden, die sie in den 60er Jahren benötigt hätte, um die Landreform zu einem ökonomischen – im Unterschied zu einem politischen – Erfolg zu machen.
2. Die wichtigste Form der industriellen Expansion fand bei der Importsubstitution statt, und hier ist es zu einem Wachstum kleiner arbeitsintensiver Betriebe gekommen. 1976 arbeiteten nur 17% der Beschäftigten in den 6000 Produktionsbetrieben mit 10 oder mehr Menschen (siehe S. 170f.). Während die Entwicklung der modernen Industrie den Übergang von arbeitsintensiven Handwerksbetrieben zu mehr kapitalintensiven begleitet, hat die industrielle Expansion im Iran die Form einer unproportionalen Ausweitung des Handwerkssektors angenommen. Viele dieser Betriebe mögen ihre Arbeitskraft gut einsetzen und daher effizient sein, doch angesichts des hohen Anteils von Arbeitskraft für das Endprodukt muß die Produktivität notwendigerweise gering sein. Die verfügbaren Informationen lassen nun allerdings darauf schließen, daß es in der iranischen Industrie ein großes Ausmaß von Verschwendung gibt. In einem Bericht der US-Regierung von 1976 heißt es beispielsweise, der Verschwendungsfaktor in der iranischen Wirtschaft als ganzer betrage 40%. Selbst der moderne Industriesektor leidet unter ernsthaften Beeinträchtigungen, denn die meisten Betriebe, die Fertiggüter produzieren, montieren diese eher, als daß sie ihre Teile herstellen. Der Iran hat keine unabhängige Technologie, sondern ist darin von ausländischen Firmen abhängig. Die iranischen Betriebe sind viel weniger effizient als Betriebe in anderen Ländern: 1976 dauerte die Montage eines GM Chevrolet im Iran 45 Stunden, während für denselben Prozeß in der Bundesrepublik 25 Stunden gebraucht wurden. Auch das Argument, daß die iranischen Löhne viel niedriger seien als anderswo – eine übliche Rechtfertigung für solche Unfähigkeit – trägt nicht: Die Löhne für Facharbeiter stiegen 1974 und 1975 um bis zu 50%, und diese Kosten in Verbindung mit den Produktionsschwächen machen iranische Industriegüter im Vergleich zu ihren internationalen Gegenstücken teuer.
Was diesen Sektor geschützt hat, sind die extrem hohen Zölle. Diese Zölle sollten – ebenso wie die frühe Importsubstitutionsphase der Industrialisierung – der einheimischen Industrie eine Zeit zum Atemholen geben, in der sie international konkurrenzfähig werden könnte. Wenn die Zölle nun statt dessen dazu benutzt werden, die iranische Industrie dauernd von den Auswirkungen ausländischer Konkurrenz abzuschirmen, gilt die ursprüngliche Rechtfertigung nicht mehr. Im Iran haben die Schutzzölle diese Auswirkung gehabt: Eine Schätzung für 1972 stellte fest, daß im Iran hergestellte Güter 25–33% teurer waren als durchschnittlich auf dem Weltmarkt, und man kann nur vermuten, daß die Inflation nach 1973 im Iran diesen Abstand noch vergrößert hat.[15] Ein offizieller Bericht aus der BRD, der

1974 veröffentlicht wurde, lieferte die folgende nüchterne Einschätzung und lenkte die Aufmerksamkeit auf ein weiteres Problem – den hohen Importanteil der iranischen Industrie:

»Die iranische Industrie produziert zu teuer, und sie ist international nicht wettbewerbsfähig. Die Ursachen liegen in der hohen Importabhängigkeit, geringer Wertschöpfung, nicht optimaler Betriebsgröße und mangelhafter Projektplanung. Während beabsichtigt war, Einfuhren zu ersetzen und Devisen zu sparen, hat die Errichtung von Betrieben, die sich auf die technisch verhältnismäßig einfachen Endphasen eines Fertigungsprozesses beschränkten, wie die Montage von Kraftfahrzeugen, Radios und elektrischen Haushaltsgeräten, den Importbedarf an Einzelteilen überproportional ansteigen lassen.«[16]

3. Diese Ineffizienz stellt einen ernsten und ständigen Verlust von Ressourcen für das iranische Volk dar, sie ist aber auch ganz unmittelbar gefährlich, weil sie jede Hoffnung, die der Iran in eine Steigerung der industriellen Exporte zur Befriedigung von Devisenbedürfnissen bei der Abnahme seiner Erdöleinnahmen setzen kann, zunichte macht. Dies ist die eindrucksvollste Schwäche der iranischen Industrie, und sie läßt sich nicht nur an dem messen, was der Iran bis zu den 90er Jahren brauchen wird, sondern auch daran, wozu andere Länder der Dritten Welt heute bereits in der Lage sind. Das Problem ist, daß die Einfuhren des Iran als Ergebnis des Ölbooms spektakulär in die Höhe gegangen sind: von 400 Mio. Dollar 1958/59 auf 3,56 Milliarden Dollar 1972/73 und auf 18,45 Milliarden 1975/76. Bis 1983 werden sie möglicherweise einen Umfang von 29 Milliarden Dollar erreichen. Einiges von diesem Anstieg läßt sich als zeitweilige Maßnahme rechtfertigen, die nötig ist, um die Bedürfnisse der iranischen Entwicklung nach Investitionsgütern zu befriedigen; aber das macht weniger als ein Drittel der Gesamtsumme aus, und eine erhebliche Einschränkung der Importe hätte unweigerlich politische Folgen, weil sie den Strom von Konsumgütern abschnitte. Der Iran muß daher seine Exporte von Industriegütern steigern. Doch tatsächlich hat er ein großes und wachsendes Defizit in den Teilen seiner Bilanz, die nicht vom Erdöl bestimmt sind: Nicht-Erdöl-Exporte sind von etwa 22% der Importe im Jahre 1959 auf 19% im Jahre 1973 und 5% 1975 zurückgegangen. Während sich also einerseits die industrielle Produktion ausdehnte, tat sich andererseits eine zunehmende Kluft zwischen dem, was der Iran importiert, und dem, was er außer Erdöl exportiert, auf.

Obwohl die Regierung behauptet, sie habe versucht, diese Tendenz umzukehren, hat sich die Lage nur verschlechtert. Im Jahre 1975 machten die Nicht-Erdöl-Exporte nur 700 Mio. Dollar aus, während sich die Importe auf 19 Milliarden Dollar beliefen. In der ersten Hälfte 1976/77 stiegen die Importe um 42% und die Nicht-Eröl-Exporte nur um 6%. Zwischen 1971 und 1976 ging der Umfang der Nicht-Erdöl-Exporte um 10% zurück. Wenn man die Struktur die-

Tabelle 12: Die Zahlungsbilanz des Iran (in Milliarden US-$)

	1972/73	*1973/74*	*1974/75*	*1975/76*
Laufendes Konto:				
Einnahmen: aus Erdöl	2,25	4,47	18,20	19,1
aus anderen Exporten usw.	1,09	1,81	2,95	2,6
Gesamt	3,34	6,28	21,15	21,7
Ausgaben: für Güter	2,99	4,95	10,38	15,3
für Dienstleistungen	0,51	0,95	2,26	3,1
Gesamt	3,50	5,90	12,64	18,4
Saldo	–0,16	+0,38	+8,51	+3,3
Kapitalkonto (netto)	+0,66	+0,68	–3,26	–4,27
Gesamtsaldo	+0,50	+1,06	+5,27	–0,97

Quelle: *The Economist,* 28. August 1976.

Tabelle 13: Nicht-Erdöl-Exporte des Iran 1974/75 (in %).

1. Traditionelle und landwirtschaftliche Güter	72,0
Teppiche	20,5
Baumwolle	14,7
Frische und getrocknete Früchte	12,3
Leder und Häute	4,8
Mineralien und Metallerze	5,6
Sonstige	14,1
2. Neue industrielle Produkte	28,0
Waschmittel und Seife	2,1
Glyzerin und Chemikalien	3,8
Schuhe	1,2
Konfektion, Strickwaren und Textilien	7,6
Kraftfahrzeuge	3,6
Sonstige	9,7
Gesamt	100,0

Quelle: Außenhandelsstatistik des Iran.

ser Nicht-Erdöl-Exporte untersucht, erscheint die Situation noch beunruhigender, da diese überwiegend aus dem traditionellen Sektor kommen. 1974/75 stammten 72% der Nicht-Erdöl-Exporte des Iran aus diesem Bereich, der verhältnismäßig unelastisch ist; nur 28% der Nicht-Erdöl-Exporte kamen aus dem »neuen industriellen Sektor«, d. h. dem, in dem eine zukünftige Expansion stattfinden muß.

In diesem Rahmen läßt sich der Unterschied zwischen dem industriellen Wachstum des Iran und dem einiger anderer Länder der Dritten Welt feststellen, deren industrielles Wachstum in neuerer Zeit dem des Iran vergleichbar erscheinen könnte. Sie haben vergleichbare oder noch niedrigere Wachstumsraten, aber dieses Wachstum ruht auf einer solideren Basis, da der Export von Fertigwaren einen viel höheren Anteil an der Gesamtausfuhr ausmacht. Sie können daher für sich in Anspruch nehmen, ihre Produktionsmittel in konkurrenzfähiger Weise entwickelt zu haben, im Gegensatz zum Iran. Zum Beispiel waren 1975 mehr als 50% der indischen, 33% der mexikanischen und 60% der aus Singapur kommenden Exporte Fertiggüter.

Für die schwachen Leistungen des Iran auf diesem Gebiet gibt es zwei Hauptgründe: Erstens die Tatsache, daß die jahrelangen Schutz- und Subventionierungsmaßnahmen des Staates seit den 60er Jahren einen ineffizienten Industriesektor geschaffen haben, der international nicht konkurrenzfähig ist; die einzigen Märkte, auf denen der Iran Industriegüter verkaufen kann, ohne Konkurrenz fürchten zu müssen, sind die der kommunistischen Länder, wo der Handel auf der Basis von zwischenstaatlichen Tauschvereinbarungen, die über mehrere Jahre laufen, abgewickelt wird. Der Iran versucht, solche Vereinbarungen zu fördern; doch die Aufnahmefähigkeit dieser Märkte für die Exporte, die der Iran verkaufen möchte, ist begrenzt – und sie liefern prinzipiell keine Devisen für andere Importe. Der andere Grund ist die Tatsache, daß der Anstieg der Inlandsnachfrage den Anstieg der Produktion mehr als überholt hat. Dies hat im Gefolge der Erdölpreissteigerungen bedeutet, daß noch weniger von der Industrieproduktion für den Export verfügbar ist. 1975/76 zum Beispiel stellte der Irand 87000 Limousinen her, eine Steigerung von 12000 gegenüber dem Vorjahr; aber die Inlandsnachfrage war so groß, daß weitere 65000 importiert und trotz hoher Zölle gekauft wurden. Auf keinem Gebiet ist das deutlicher als bei der Stahlproduktion. 1976/77 produzierte der Iran 1 Mio. Tonnen Stahl, doch die Nachfrage war in nur drei Jahren von 2,2 Mio. Tonnen auf 5,5 Mio. gestiegen; obwohl für Ende 1979 eine Steigerung der Produktion auf 1,9 Mio. Tonnen vorgesehen ist, erwartet man vor Beginn der 80er Jahre keine zusätzliche Produktion. Daher muß der Iran zur Befriedigung der Inlandsnachfrage einschließlich des steigenden Bedarfs der Automobilindustrie mehr Stahl importieren.

Der einzige Weg zur Lösung dieses Problems wäre die Einschränkung der Inlandsnachfrage; aber das ist für das Regime politisch schwierig, denn wenn es das täte, würde das Gefühl fast unbeschränkten Wohlstands untergraben, auf dem die Unterstützung der reicheren Iraner beruht. Einige Einschränkungen der Einfuhr nicht notwendiger Produkte oder des Inlandsverbrauchs solcher Güter, die für den Export gebraucht werden, sind langfristig unvermeidlich;

aber obwohl der Staat die Industrie fördern will, ist dies eine Politik, die er – diktiert durch den Klassencharakter der Regimes – solange wie möglich aufzuschieben versucht. Über diese Frage gibt es innerhalb der Regierung selbst Meinungsverschiedenheiten.

4. Die Industrialisierungsaktion ist auch im Innern auf eine Anzahl großer Hindernisse gestoßen, die die Durchführung von Plänen verhindert und erhebliche Verschwendung von Ressourcen bewirkt haben. Die vorhandene Infrastruktur stellte sich bei den Versuchen, die bestellten Güter tatsächlich ins Land zu bringen, als völlig unzureichend heraus; 1975 warteten Schiffe mehr als 100 Tage in den südlichen Häfen Bandar Abbas und Khorramshahr. Wenn die Güter gelöscht waren, lagerten sie oft wochenlang im Hafen, und viele verdarben oder verrosteten dadurch. Allein 1975 zahlte der Iran 1,5 Milliarden Dollar (d.h. mehr als 7% seiner gesamten Öleinnahmen) an Liegegeldern wegen Verzögerungen beim Import von Gütern. Ein weiteres Problem war Feuer, Ein Feuer, das im August 1976 in der Grenzstation Jolfa an der Grenze zur Sowjetunion ausbrach, dauerte drei Tage und führte zu Versicherungsforderungen von 150 Mio. Dollar.[17] Obwohl einige dieser Engpässe im Laufe der Zeit reduziert wurden und in Zukunft effizientere und leistungsfähigere Infrastruktureinrichtungen verfügbar sein werden, bedeuten die Probleme im Binnenverkehr weiterhin eine ernsthafte Bremse beim Wettlauf des Iran mit der Zeit.

Ein zweites großes Problem besteht auf dem Gebiet des Managements und der Arbeitskräfte. Es wurde geschätzt, daß der Iran im Rahmen des Entwicklungsplans von 1973–78 2,1 Mio. Facharbeiter brauchen würde, von denen nur 1,4 Mio. zur Verfügung stehen; wie auch immer die genaue Situation aussieht, fest steht, daß das Niveau von Fachausbildung und Management äußerst mangelhaft ist. Unter Ökonomen ist es sehr umstritten, wie weit es wirklich einen Engpaß bei Arbeitskräften gibt und wie lange dieser anhalten wird, wenn die berufliche Ausbildung verstärkt wird. Doch selbst wo sich Arbeitskräfte fanden, konnten sie so hohe Löhne durchsetzen, daß in diesem Fall die Kosten des Endprodukts hochgetrieben wurden. Im übrigen ist das Bildungssystem des Iran den Bedürfnissen einer Nation im Prozeß der Industrialisierung ganz und gar unangemessen: Gegen Ende der 50er Jahre produzierte es ebenso viele Universitätsabsolventen wie Japan ein Jahrhundert zuvor; und in dem Maße, wie die höhere Bildung ausgeweitet wurde, ist die Qualität gesunken. Weiter unten auf der Skala leidet der Iran noch immer an einer Analphabetenrate von mehr als 60% – höher als in Indien –, und das muß ebenfalls große, wenn auch nicht meßbare Auswirkungen auf die gesamte Effizienz der Arbeitskräfte haben.

Diese und andere Probleme zeigen, daß die iranische Wirtschaft für das Einfließen großer Geldsummen relativ unvorbereitet war. Unmittelbar nach den Preiserhöhungen von 1973 wurden diese Probleme von einer Woge des offiziellen Optimismus zugedeckt; eine ganze Anzahl von Kommentatoren im Iran und auch anderswo ließen sich dadurch irreführen. Im November 1976 war die Lage jedoch so bedrohlich geworden, daß der Schah selbst die Notwendigkeit verkündete, einen Krieg gegen die Verschwendung zu führen: »Es ist Zeit, mit dem Träumen aufzuhören und an die Arbeit zu gehen«, erklärte er, ohne sich allzu genau darüber auszulassen, was das bedeuten sollte. Einen Hinweis darauf, woran das Regime dachte, konnte man dem Tätigkeitsbereich der Kaiserlichen Kommission entnehmen, die zu dieser Zeit eingesetzt wurde, um sich mit Verschwendung in der Wirtschaft zu befassen. Zu ihren Untersuchungsgebieten gehörte: das Verderben landwirtschaftlicher Produkte aufgrund mangelhafter Verpackung und mangelhaften Vertriebs; eine ähnliche Untersuchung für Industriegüter sowohl aus staatlicher als auch aus privater Produktion; Verzögerungen in den Häfen; Versagen in ländlichen und Konsumgenossenschaften; Stromausfälle (die 1976 und 1977 stark zunahmen); Mißstände im Bildungswesen. Daß diese Maßnahmen zu einer wirksamen Behandlung der Probleme führen würden, war ebenso unwahrscheinlich wie bei früheren kaiserlichen Ermahnungen; aber sie machten deutlich, wie ernst die Lage war, und innerhalb von zwei Monaten, als die Spaltung der OPEC die Öleinkünfte des Iran für 1977 zurückgehen ließ, sollte sie noch ernster werden.

5. Dies sind Probleme, die aus der Vergangenheit ererbt sind und die sich notgedrungen nur viel langsamer beheben lassen, als die Erdöleinnahmen zunehmen. Doch es gibt noch andere Probleme, die sich mehr oder weniger aus der Art und Weise ergeben, in der die Ölgelder ausgegeben worden sind. Der Klassencharakter des Regimes hat sich auch in der Tatsache gezeigt, daß es nicht in der Lage war, den Tendenzen entgegenzuwirken, die dadurch entstehen, daß große Geldbeträge in ein System einfließen und keine ausgleichenden Maßnahmen ergriffen werden. Ein derartiges Problem ist die Inflation: Obwohl offizielle Statistiken für die Zeit von Anfang bis Mitte der 70er Jahre bescheidene Inflationsraten verzeichnen, sind diese nachweislich falsch. Nach der Preissteigerung beim Erdöl zogen die Nahrungsmittelpreise um 30% jährlich an, 1974/75 stiegen die Mieten in Teheran gar um 200% und 1975/76 noch einmal um 100%.[18] Ein weiteres Problem ist der Import nicht notwendiger Güter: Zwischen 1972 und 1975 machten Investitionsgüter nur 29% der iranischen Importe aus. Auch der enorme Anstieg der Nahrungsmittelnachfrage und der Nahrungsmittelimporte hätte sich sicher durch staatliche Kontrolle und Rationierung verringern lassen; statt dessen wurden 1,5 Mio. Dollar jährlich für Nahrungsmittelsubventionen aufgewendet. Eine Kontrolle dieser Elemente der Wirtschaft würde jedoch ernste politische Schwierigkeiten nach sich ziehen und die optimistische Stimmung beeinträchtigen, die der Schah in seinen Reden über

den Iran erzeugt, der ein »neues Japan« werden und eine »Große Zivilisation« hervorbringen soll.
Ein weiterer Hinweis auf die unsichtbaren Kosten der Politik des Regimes findet sich im Bereich der Besteuerung. Da sich der Staat auf das Erdöl verlassen kann, spielen direkte Steuern in seinen Gesamteinnahmen nur eine geringe Rolle – 23% im Jahre 1969; nach dem Anstieg der Erdölpreise, der zu einer Erhöhung der Einkommen und der Einkünfte des Staates führte, ging dieser Anteil weiter zurück. Die individuelle Einkommensteuer ist niedrig und wird hinterzogen; bei den Unternehmen sieht es noch schlimmer aus: 1969 machten Körperschaftssteuern nur 5% der Regierungseinnahmen aus, und 1975 deckte ein Bericht des Finanzministers auf, daß von den 20000 eingetragenen Gesellschaften im Iran nur 9362 Steuererklärungen abgaben, wovon 43% Verluste auswiesen. Das Ergebnis war, daß nur ein Viertel der iranischen Firmen überhaupt irgendwelche Steuern zahlten und daß Steuern nur 3,5% des Bruttoinlandsprodukts ausmachten, im Gegensatz zu den 20–25%, die die Regierung nach ihren Angaben erreichen wollte.[19] Zweifellos ist die Steuerhinterziehung eine Folge des relativ frühen Stadiums kapitalistischer Entwicklung im Iran und der Rückständigkeit des Staatsapparats. Mit der Zeit mag der Staat in der Lage sein, mehr Steuern einzuziehen. Daß der Staat es sich leisten kann, diesen Sektor – ebenso wie die Landwirtschaft – derartig zu vernachlässigen, liegt zum einen an den Erdöleinnahmen, zum andern zeigt diese Nachlässigkeit aber auch, daß der Staat immer wieder zögert, sich die Klassenbasis des Regimes zum Gegner zu machen. Ein ähnliches Zögern gibt es bei Devisengeschäften: ein Teil der Privilegien, die die iranischen Reichen genießen, besteht darin, daß sie frei ins Ausland reisen können. Um das iranische Neujahrsfest (21. März) herum reisen viele Tausende nach Europa, und Ende 1976 hatten schon 20000 Iraner Häuser in London und Umgebung gekauft. Es gab damals noch keinerlei Einschränkungen für den Kapitalexport, d. h. ein Iraner konnte zur Bank gehen und 250000 Dollar in Reiseschecks abheben. Hierdurch wurde die Flucht von 2 Milliarden Dollar 1975 möglich und von 300 Mio. 1977, als Befürchtungen wegen einer Abwertung bestanden.
Die schädlichsten Auswirkungen hat diese Politik auf dem Gebiet der Einkommensverteilung. Es ist ein gängiges Argument der Entwicklungsökonomie, daß eine anfängliche Zunahme der Einkommensungleichheit für das langfristige Wachstum einer Wirtschaft nützlich ist oder nützlich sein kann und daß sich diese Ungleichheit einzuebnen beginnen sollte, sobald das Pro-Kopf-Einkommen die 500-Dollar-Grenze überschreitet. Doch selbst wenn es stichhaltig sein sollte, gilt dieses Argument nicht für auf Rente basierende Ökonomien, denn hier fehlen die korrigierenden Kräfte, die in anderen Wirtschaften wirksam werden; da die Einkommensverteilung den sozialen Charakter des Staates selbst widerspiegelt, addieren sich im

Gegenteil die Ungleichheiten, so daß sich die Kluft zwischen reich und arm auch jenseits der 500-Dollar-Grenze immer weiter vertieft; außerdem treten die angeblich nützlichen Folgen höherer Einkommen – Sparen und Investitionen – nicht ein, da der Staat selbst diese Funktionen ausübt und private Einkommen hauptsächlich in den Konsum gehen. Eine 1969 durchgeführte Berechnung zeigte, daß auf die obersten 10% der Bevölkerung 32,5% des Konsums entfielen und auf die nächsten 10% 15,5%; d.h. auf die obersten 20% kamen 48% oder beinahe die Hälfte des gesamten Konsums. Die Ölpreiserhöhung wird zu einer weiteren Vertiefung dieser Kluft geführt haben: während die Konsummöglichkeiten der ganz Armen mit einiger Sicherheit etwas größer geworden sind, sind die Reichen viel reicher geworden. Ein Bericht für 1976 ergab, daß die obersten 10% jetzt 40% des Gesamtkonsums bestritten – 7,5% mehr als 1969. Man muß also wohl davon ausgehen, daß die obersten 10%, vielleicht 3,5 Mio. Menschen oder weniger als 1 Mio. Familien, die eigentlichen Nutznießer der Früchte des Ölbooms sind.[20]
Ein weiterer Aspekt der Einkommensverteilung ist die Kluft zwischen Stadt und Land. Etwa die Hälfte der iranischen Bevölkerung lebt noch immer auf dem Lande (53% nach der Volkszählung von 1976), und der Abstand zwischen ihrem Einkommen und dem der Stadtbewohner wird immer größer: 1959 betrug das Einkommen der Stadtbewohner noch das 2,13fache; 1965 ging es auf das 1,91fache zurück (was die positiven Folgen der Landreform widerspiegelt); 1972 stieg es auf das 3,21fache und wird in den 80er Jahren vermutlich auf das 8- oder sogar auf das 12fache steigen, bevor es wieder fällt.[21] Eine derartige Struktur der Einkommensverteilung wird durch die Art und Weise, wie die Öleinnahmen in die Wirtschaft gelangen, gefördert, durch das Fehlen eines wirksamen Besteuerungssystems und durch die Förderung einer wohlhabenden Bourgeoisie durch die Regierung. Dies ist zwar politisch notwendig für das Regime, aber es bedeutet auch, daß es längerfristig ernsthafte Risiken eingeht, da diese Maßnahmen – rein ökonomisch gesehen – das Wachstum des Inlandsmarkts einschränken. Politisch wird diese Politik erhebliche Probleme aufwerfen, denn selbst wenn das Einkommen der Masse der Bevölkerung tatsächlich steigt, wird sich die für alle sichtbare Lücke zwischen reich und arm vertiefen.

Hindernisse für die Entwicklung: innere oder äußere Ursachen?

Die Aussichten für die iranische Entwicklung in den Jahrzehnten des Ölexports und der Zeit danach hängen also davon ab, ob und wie weit das Regime die Tendenzen umkehren kann, die für die wirtschaftliche Entwicklung in der Mitte der 70er Jahre kennzeichnend sind. Unmittelbar nach der Erhöhung der Erdölpreise stockte die

Regierung ihre Planzuweisungen um 90% auf 69 Milliarden Dollar auf und verkündete voller Optimismus, daß der Iran innerhalb von zwei Jahrzehnten eine große Industriemacht werden und die fortgeschrittenen kapitalistischen Länder einholen würde. Zwei Jahre lang hatte der Iran sogar einen Devisenüberschuß und begann, im Ausland zu investieren und Kredite zu vergeben. Doch zwei Jahre später hatte sich die Situation vollkommen gewandelt: Die Bedürfnisse der eigenen Wirtschaft und der Rückgang der Weltnachfrage nach iranischem Öl waren so beträchtlich, daß der Iran jetzt unfähig war, einige der angekündigten Entwicklungsprojekte durchzuführen. Die Rolle des Iran als ausländischer Investor war nur vorübergehend, und es war abzusehen, daß er auf den internationalen Märkten wieder würde Kredite aufnehmen müssen. Die Grenzen der Entwicklung – selbst mit großen Geldsummen – wurden also deutlicher. Wie ein Bericht des Hudson Institute 1975 feststellte, würde der Iran selbst in dem unwahrscheinlichen Fall, daß er seine Wachstumsziele bis 1985 erreichen sollte, eine Wirtschaft besitzen, die nicht viel entwickelter wäre als die Indiens, auf gleicher Stufe wie Mexiko oder kurz dahinter. Sollten diese Wachstumsziele nicht erreicht werden, so »könnte sich der Iran im letzten Jahrzehnt dieses Jahrhunderts als ein bloß halbfertiges Industriegebäude erweisen, zwar mit den Insignien von Macht und internationalem Einfluß, aber ohne Substanz«.[22]

Die Schwierigkeiten, vor denen der Iran steht, sind keineswegs spezifisch für dieses Land. Viele von ihnen findet man in der gesamten Dritten Welt; der iranische Fall ist ein klares Beispiel dafür, wie andere Probleme bestehen bleiben, wenn das drängendste Problem, ein akuter Kapitalmangel, beseitigt ist. Die Länder, die dem Iran am meisten ähneln, sind diejenigen anderen ölproduzierenden Staaten, die ebenfalls eine erhebliche Bevölkerung und große Landgebiete haben und daher zumindest Kandidaten für langfristige Wirtschaftsentwicklung sind. Wie der Iran leiden Irak und Algerien unter einer langfristigen Krise der landwirtschaftlichen Produktivität; auch Venezuela muß unterm Strich Nahrungsmittel einführen und leidet ähnlich wie der Iran unter ungleicher Einkommensverteilung und Mangelsituationen. Wie diese Staaten des Mittleren Ostens hat auch Venezuela zu wenig Facharbeiter und Managementpersonal.[23] Auch in einem anderen Bereich, dem der Korruption, gibt es Vergleiche: Sowohl in Nigeria als auch in Indonesien kam es zu spektakulären Korruptionsfällen, nachdem die Erdölpreise erhöht worden waren – in der Zementindustrie bzw. bei Pertamina, der staatlichen Erdölgesellschaft. Das Hudson Institute stellte fest:

». . . die Erdölländer einschließlich des Iran sind tatsächlich sehr zerbrechliche Ökonomien in den allerfrühesten Stadien nationaler Entwicklung. Mit ihren hohen neuen Erdöleinkommen haben sie die *Gelegenheit,* bei der Entwicklung ihrer Industrien und der Durchführung sozialer Reformen große

Schritte vorwärts zu machen. Doch selbst wenn sie diese Gelegenheit wahrnehmen – und es ist wahrscheinlich, daß viele das nicht tun werden – sind sie dazu verdammt, auf lange Jahre hinaus Mitglieder der Gruppe zu bleiben, die von den Vereinten Nationen höflich als ›weniger entwickelte Länder‹ beschrieben wird.«[24]

Die Frage ist daher, ob der Iran die ihm gebotene Gelegenheit nutzen wird, und wenn nicht, warum nicht. Nach der obigen Analyse sieht es so aus, als ob die Gelegenheit nur zum Teil genutzt werden wird; das wirft die Frage danach auf, wieviel Gewicht den verschiedenen beteiligten Kräften beizumessen ist. Als erstes gilt es, die Rolle des Imperialismus zu untersuchen, d. h. die Rolle der fortgeschrittenen kapitalistischen Länder und ihrer spezifischen Elemente – imperialistische Staaten, internationale Firmen und multilaterale Behörden unter imperialistischer Kontrolle. Diese Elemente arbeiten zwar nicht notwendigerweise koordiniert, doch es gibt eine starke Konvergenz zwischen ihnen.

Im Iran ebenso wie anderswo lautet ein gängiges nationalistisches Argument, das von der Linken für gewöhnlich unterstützt wird, daß die Beherrschung durch den Imperialismus die Entwicklung der Dritten Welt gehemmt hat und daß dieser Zustand bis heute andauert. Solch eine »hemmende Beherrschung« hat es in der ersten Hälfte dieses Jahrhunderts sicherlich gegeben; aber es gibt zahlreiche Anzeichen dafür, daß diese Verzögerungstheorie heute nicht mehr uneingeschränkt gilt: zum einen wegen der Veränderungen innerhalb der fortgeschrittenen kapitalistischen Ökonomien seit 1945 und besonders in den 60er und 70er Jahren und zum andern wegen der Veränderungen in den Beziehungen zwischen entwickelten und sich entwickelnden kapitalistischen Ländern. In der Tat hat der fortgeschrittene Kapitalismus die industrielle Entwicklung in bestimmten Ländern der Dritten Welt auf verschiedenen Wegen beträchtlich gefördert.[25] Auch der Iran gehört zu diesen Ländern. Wie wir gesehen haben, waren ausländische Firmen in zunehmendem Maße bereit, im Iran zu investieren, und sie haben das nach denselben Kriterien getan, die für Investitionen an allen Orten gelten – Sicherheit und Ertragsrate für die Investitionen. Das Kapital arbeitet international und investiert nach internationalen Kriterien. Einige »antiimperialistische« Analysen heben gerade die Tatsache ausländischer Investitionen als Anzeichen der Verzögerungswirkung des fortgeschrittenen Kapitalismus hervor: Aber das ist ein irreführender Ansatz, der an der eigentlichen Frage vorbeigeht – wie nämlich diese Investitionen verwendet werden und wie weit der Staat ihre Verteilung kontrollieren kann. Darüber hinaus zeigt der Ansturm ausländischer Exporteure auf den iranischen Markt seit 1973, daß sie sich der zunehmenden Verkaufsmöglichkeiten dort wohl bewußt sind. All das muß vor allem als Ergebnis des Ölbooms gesehen werden, d. h. als ein Anstieg der dem iranischen Staat gezahlten Rente und nicht als eine Expansion der Produktionskapazität selbst; aber ganz gleich aus welchen Gründen, es kann kein Zweifel daran bestehen, daß imperialistische Staaten, Firmen und Behörden das Wachstum der Produktivkräfte im Iran in gewissem Umfang unterstützt haben. Die zentrale Stellung des Öls weist jedoch auf einen weiteren Aspekt der Veränderungen hin, die seit 1945 stattgefunden haben, nämlich auf die wachsende Macht des iranischen Staates, seine Bedingungen für die Wirtschaftsbeziehungen mit dem Imperialismus durchzusetzen. Und eben weil der Iran und seine Verbündeten in der OPEC diese Zugeständnisse erkämpfen mußten, ist es klar, daß die fortgeschrittenen kapitalistischen Länder sie nicht freiwillig gemacht haben: Aber trotz dieses tatsächlichen Konflikts, der besteht und so lange weiterbestehen muß, wie es ein internationales kapitalistisches System gibt, hat der iranische Staat ohne jeden Zweifel einige Fortschritte gemacht. Es ist ihm gelungen, den ausländischen Firmen, die im Iran investieren, sehr strenge Regelungen aufzuerlegen, und durch die Mitgliedschaft in der OPEC konnte er seine Öleinkünfte in wenigen Jahren vervielfachen.

Die Art und Weise, in der der Iran noch immer dem Imperialismus, d.h. den fortgeschrittenen kapitalistischen Ländern, untergeordnet ist und in der die Ungleichheit kapitalistischer Entwicklung im Weltmaßstab den Iran noch immer zu einem schwachen Element des Systems macht, muß sehr sorgfältig und unter Berücksichtigung der Verschiebungen im internationalen Kapitalismus, deren auffälligstes Beispiel die OPEC ist, bestimmt werden. Wie die anderen Erdölexporteure ist der Iran weiterhin schwach, weil sein wirtschaftlicher Wohlstand noch immer auf dem Export eines einzigen Grundstoffes beruht, dessen Markt er nicht kontrolliert. Er ist daher durch Verschiebungen der Nachfrage und durch Manipulationen des Kartells der Ölgesellschaften beim Absatz verletzbar. Zweitens verfügt der Iran über keine unabhängigen technologischen Fähigkeiten und muß noch immer Halbfertigfabrikate einführen, um die Fertigproduktion der Industrie zu ermöglichen. Doch unter gewissen Umständen kann man Technologie wie Güter kaufen, und auch hier hängt es von staatlicher Politik ab, wie weit der Erwerb von Technologie selbst wieder zu Abhängigkeiten führt. Drittens ist der Iran genau wie im Falle seiner Exporte auch im Falle seiner Importe und der Inflation bei den Preisen der Güter, die er im Ausland kauft, verletzlich. Als Kunde ist er nicht groß genug, um allein den Marktpreis zu beeinflussen. Und, was das Wichtigste ist, der Iran mußte die Zugeständnisse von den fortgeschrittenen kapitalistischen Ländern zusammen mit anderen OPEC-Staaten *erzwingen*. Trotz alles vorher Gesagten muß man betonen, daß der Iran heute – mehr als in der Vergangenheit – ein unabhängiger Akteur im internationalen kapitalistischen System ist, wenn auch die stärkeren Akteure in diesem System, die imperialistischen Staaten, seine Entwicklung nur soweit fördern werden, wie das ihren eigenen Interessen entspricht. Es ist wahrscheinlich, daß sich die Konflikte zwischen dem Iran und anderen Staaten in dem Maße verschärfen werden, wie er in den 80er Jahren in eine ungünstigere Position gerät.

Die Alternative dazu, die Probleme des Iran dem Imperialismus anzulasten, ist die Behauptung, die Hindernisse hätten innere Gründe: Wie Bill Warren formuliert, steht die kapitalistische Industrialisierung in der Dritten Welt vor ernsten Problemen, aber »diese beruhen jetzt auf den inneren Widersprüchen der unterentwickelten Länder«.[26] Nun ist es sicher richtig, daß viele der Hindernisse für die iranische Entwicklung nicht so sehr Resultate des Imperialismus sind als vielmehr Folgen der historischen Rückständigkeit des Iran. Die Rückständigkeit ist zum einen aber auch wieder ein Produkt des Imperialismus, insofern es ihm nicht gelungen ist, die iranische Wirtschaft umzugestalten; zum andern ist sie durch das langsame Wachstum der Produktivkräfte bis zu den 60er Jahren bedingt. Analphabetentum, rückständige Landwirtschaft, unzureichende Verkehrsverbindungen, Mangel an Facharbeitern, ein schwacher industrieller Sektor, ein ungeeigneter Staatsapparat – das sind bis zu einem gewissen Grade *innere* Probleme, die aus der Unfähigkeit des Iran, seine Entwicklung in der Vergangenheit voranzutreiben, resultieren; es wäre irreführend, diese Probleme auf irgendeine Behinderung der iranischen Entwicklung durch die USA oder durch multinationale Gesellschaften in neuerer oder neuester Zeit zurückzuführen. Letztere haben indirekt die Rückständigkeit des Iran verstärkt, aber sie haben sie nicht geschaffen. Die iranischen Nationalisten – darunter der Schah – und auch die iranischen Linken behaupten für gewöhnlich, die Ursache der Wirtschaftsprobleme des Iran sei der Einfluß des Imperialismus; eine solche Erklärung, für sich genommen, dient aber nur dazu, die Aufmerksamkeit von den inneren Problemen der iranischen Gesellschaft abzulenken. Für den Schah ist sie ein praktisches Mittel, die Aufmerksamkeit von den Unzulänglichkeiten seines Regimes abzulenken.

Doch auch dies ist eine unzureichende Darstellung, selbst wenn sie zum Teil zutrifft, denn die gegenwärtig bestehenden Wachstumshindernisse, deren Ursachen im Innern liegen, sind zum Teil auch ein Ergebnis der neueren Geschichte des Iran. Bei drei Gelegenheiten hat in diesem Jahrhundert eine militärische Invasion von außen den Versuch politischer Kräfte im Iran, einen unabhängigen Weg nationaler Entwicklung einzuschlagen, zunichte gemacht – 1908 nach der Konstitutionellen Revolution, 1941 und 1953. Daher läßt sich das Fortbestehen der Unterentwicklung des Iran zum Teil auf die politischen und militärischen Interventionen fremder Mächte zurückführen, die alle – mit Ausnahme von Rußland 1941 – kapitalistische Mächte waren. Jede dieser Interventionen unterbrach einen einheimischen Entwicklungsprozeß. Wichtiger jedoch ist der Einfluß der fortgeschrit-

tenen kapitalistischen Länder auf den Iran in neuester Zeit: zu den gegenwärtigen Haupthindernissen für die Entwicklung der iranischen Wirtschaft und für die Ermöglichung einer erfolgreichen Normalisierung in der Nach-Erdöl-Phase gehören nicht nur die Ausbeutung durch die fortgeschrittenen kapitalistischen Länder oder die historischen Schwächen der iranischen Gesellschaft; diese Haupthindernisse sind vor allem da zu suchen, wo die meisten westlichen Beobachter den größten Anlaß zur Zustimmung sehen, nämlich im Staat selbst. Denn wenn es dem Iran nicht gelingt, in vollem Umfang von seinen kurzlebigen Besitztümern zu profitieren, wenn die Wirtschaft nicht entwickelt wird, bevor das Öl ausgegangen ist, dann wird das zum Teil darauf zurückzuführen sein, daß das Regime das eingenommene Geld falsch ausgegeben hat, trotz all seiner »Pläne« und seiner Propaganda. Und die Ursachen für dieses Fehlverhalten liegen in seinem politischen Charakter – in der Ausweitung von Waffenkäufen und Dienstleistungen, in der Unfähigkeit, früh genug die unpopulären ökonomischen Maßnahmen durchzuführen, die nötig sind, um Importe, Konsum und Kapitalflucht zu zügeln.
Der Klassencharakter des Regimes ist es, der diese Politik und die politischen Grenzen, in denen es operieren muß, diktiert. Doch das ist an sich kein rein innerer Faktor: Schließlich ist der iranische Staat bis zu einem gewissen Grad eine Schöpfung des US-Imperialismus in der Nachkriegszeit, und er ist ein Ergebnis der Interventionen des Imperialismus im Jahre 1953 und in den folgenden Jahren der Konsolidierung. Der Iran mag Auseinandersetzungen mit den großen kapitalistischen Ländern haben – am offensichtlichsten über den Preis seiner Importe und seiner Erdölexporte – aber er ist trotz allem eingebunden in das internationale kapitalistische System und hat in der Vergangenheit von der direkten politischen und militärischen Unterstützung der großen kapitalistischen Nationen profitiert. Es ist ein Widerspruch in der Politik dieser Nationen, daß sie zwar bereit sind, ökonomisches Wachstum in Ländern der Dritten Welt zu fördern, daß sie aber gleichzeitig – ebenfalls aus politischen und militärischen Gründen – Regimes unterstützen, die in gewisser Weise ungeeignet sind für derartige wirtschaftliche Bemühungen, auch wenn sie eine Industrialisierungspolitik verfolgen.

7 Die Arbeiterklasse

Praktisch jeder gegenwärtige ökonomische Entwicklungsprozeß ist durch den Übergang der Bevölkerung von landwirtschaftlicher zu nicht-landwirtschaftlicher Tätigkeit gekennzeichnet, und der Iran bildet darin keine Ausnahme. Zu Beginn dieses Jahrhunderts wurde der Anteil der Arbeitskräfte, der in der Landwirtschaft arbeitete, auf 90% geschätzt, und noch 1946 absorbierte dieser Bereich 75% aller Beschäftigten. Doch seitdem hat sich dieser Prozentsatz mit zunehmendem Tempo verringert: Schon 1966 war weniger als die Hälfte der erwerbstätigen Bevölkerung (47%) in der Landwirtschaft beschäftigt, und am Ende der 70er Jahre ist die Zahl auf wahrscheinlich ca. 33% zurückgegangen.[1] Bei einer Gesamtbeschäftigtenzahl von 10,6 Mio. im Jahre 1977 arbeiteten schätzungsweise 6,8 Mio. außerhalb des landwirtschaftlichen Sektors; davon waren volle 2,5 Mio. oder nahezu ein Viertel der Gesamtzahl in der verarbeitenden Industrie beschäftigt.[2]

Da diese Verschiebung zwischen den Beschäftigungsbereichen mit der Ausbreitung kapitalistischer Beziehungen einherging, besteht die Mehrheit der erwerbstätigen Bevölkerung heute aus Lohnarbeitern in der einen oder anderen Form; damit ist eine bedeutende neue gesellschaftliche Kraft entstanden. Doch trotz ihrer wachsenden zahlenmäßigen Stärke sah sich die Arbeiterklasse seit dem Putsch von 1953 daran gehindert, eine eigenständige politische Rolle zu spielen bzw. ihren eigenständigen Ausdruck zu finden. Diese Situation wird aber kaum langfristig fortbestehen, und es gibt längst Anzeichen dafür, daß die Arbeiterklasse des Iran, deren Umfang im Laufe einer Generation so stark zugenommen hat, eine Rolle zu spielen beginnt, wenn auch in engen Grenzen. Daß das Schah-Regime so großen Wert darauf legte, die Arbeiterklasse zu beschwichtigen, während es gleichzeitig ihre eigenständigen politischen Initiativen unterdrückte, beweist, wie deutlich es die Arbeiterklasse als politische Kraft im iranischen Leben gesehen hat; und die steigende Zahl von Streiks in der iranischen Industrie seit 1973 hat die Möglichkeit zunehmenden Arbeiterwiderstandes gegenüber Unternehmern und Staat angezeigt. In der folgenden Analyse versuche ich, soweit das möglich ist, zunächst die Hauptmerkmale der heutigen iranischen Arbeiterklasse zu bestimmen und sodann ihre politische Rolle sowohl in zwei zurückliegenden Phasen offener politischer Aktivität als auch in der Zeit nach 1973 zu beschreiben.

In diesem Kapitel werde ich drei Arten von nichtlandwirtschaftlichen Lohnarbeitern beschreiben: die Arbeiter im Erdöl-, im

Produktions- und Bausektor. Auch wenn man das theoretische Problem der Abgrenzung, d. h. die Frage beiseite läßt, wer zur Arbeiterklasse gehört und wer nicht, so bleiben dabei doch die unscharfen sozialen und daher politischen Umrisse der Arbeiterklasse in allen kapitalistischen Gesellschaften zu berücksichtigen. Denn die Ränder der Arbeiterklasse sind in kapitalistischen Entwicklungsländern[3], nicht nur im Iran, aufgrund der Vielfalt der Beschäftigungen besonders zerfranst. Nur eine kleine Minderheit der iranischen Arbeiter ist in modernen Industriebetrieben beschäftigt, die Mehrheit der erwerbstätigen Bevölkerung im landwirtschaftlichen wie im nichtlandwirtschaftlichen Bereich ist lohnabhängig. Damit ist nicht nur die analytische Frage aufgeworfen, ob all diese Lohnarbeiter Mitglieder der Arbeiterklasse sind, sondern auch die politische Frage, wie sich diese heterogene Masse in der Zukunft politisch verhalten und ob sie in der Lage sein wird, in einem einheitlichen politischen Rahmen zu handeln.

Für die Analyse der Arbeiterklasse folgt daraus ein weiteres Problem: wie man ihre Binnengliederung erfassen kann, und zwar in horizontaler (zwischen Arbeitern in verschiedenen Sektoren der Industrie) wie in vertikaler Hinsicht (zwischen gelernten und ungelernten Arbeitern, Männern und Frauen, hoch und nicht so hoch bezahlten Arbeitern). Und jenseits der Unterschiede, die die vielfältige Struktur der Industrie selbst hervorbringt, gibt es noch die Unterschiede, die sich von den allgemein gegebenen gesellschaftlichen Unterschieden auch auf die Arbeiterklasse übertragen: dazu gehören regionale, sprachliche und ethnische Unterschiede, die sämtlich in einem städtischen Milieu fortwirken können. Die Existenz solcher Unterschiede bedeutet nicht, daß es keine definierbare Arbeiterklasse gäbe, denn diese Klasse identifiziert sich über ihre Beziehung zum Kapital. Eine solche Klasse existiert, aber ihre inneren Diferenzierungen, ein Produkt sowohl industrieller als auch vorkapitalistischer Strukturen, lassen es nicht zu, von der Arbeiterklasse in ökonomischer Hinsicht oder im Hinblick auf ihr potentielles politisches Bewußtsein als von einer homogenen Einheit zu reden.[4] Die politischen Kräfte, die dabei sind, im Iran eine starke und einheitliche Arbeiterbewegung aufzubauen, müssen diese Differenzierungen berücksichtigen, wie sie sich auch über die unterschiedlichen objektiven Interessen derjenigen klar sein müssen, die in einer solchen sich entwickelnden kapitalistischen Gesellschaft am Rande der Arbeiterklasse stehen.

Das Anwachsen der Arbeiterklasse

Das Anwachsen der Arbeiterklasse ist vor allem eine Auswirkung des Tempos und des Charakters der wirtschaftlichen Entwicklung. Bis zu einem gewissen Grade können auch politische Überlegungen eine

Rolle spielen, wenn etwa Regierungen, die sich einer militanten Arbeiterklasse gegenübersehen, kapitalintensive Industrien außergewöhnlich fördern, um so das zahlenmäßige Gewicht des Proletariats klein zu halten. Solche Überlegungen können jedoch innerhalb der allgemeinen Struktur kapitalistischer Entwicklung nicht den Ausschlag geben. Insgesamt spiegeln Wachstum und sektorale Verteilung der Arbeitskräfte das Gesamtmuster nationaler und internationaler wirtschaftlicher Expansion wider, und in diesem Rahmen spielen politische Einstellungen gegenüber der Arbeiterklasse eine sekundäre Rolle.

Die Struktur des Wirtschaftswachstums im Iran haben wir bereits erörtert. Erdöl war vor dem 2. Weltkrieg der einzige Posten von Bedeutung, eine nennenswerte Industrialisierung begann erst in den 50er Jahren. Seitdem hat die Beschäftigung im Erdölbereich (die nie sehr groß war) stagniert, während die Beschäftigung in der verarbeitenden Industrie und im Baugewerbe stark zugenommen hat. Simpel ausgedrückt: Die Beschäftigungszahl beim Erdöl hat 1 % der gesamten erwerbstätigen Bevölkerung nicht überstiegen, während sich die Beschäftigungszahl in den anderen beiden Sektoren in den 20 Jahren seit 1956 verdreifacht hat. Da die Gesamtzahl der Arbeitskräfte nur um zwei Drittel gewachsen ist, hat das relative Gewicht dieser Gruppe der Arbeiterklasse entsprechend zugenommen.[5]

Zwei Besonderheiten dieses Bildes werden bei der Analyse zutage treten: erstens das enorme und wachsende Mißverhältnis zwischen dem Beitrag des Erdöls zur Wirtschaft im allgemeinen und seinen Auswirkungen auf die Arbeitskräfte; zweitens das Ungleichgewicht im verarbeitenden Bereich zwischen den Beschäftigten in modernen Industriebetrieben und denen in handwerklichen, kleinen Betrieben. Bei diesen Besonderheiten ist auch von Bedeutung, daß im Iran der Anteil der Beschäftigten in der verarbeitenden Industrie an der Gesamtzahl der Arbeitskräfte relativ hoch ist. Zumindest ihrem Gesamtumfang nach weist der Iran eine für die Dritte Welt verhältnismäßig große Arbeiterschaft in der verarbeitenden Industrie auf. Diese Arbeiterschaft ist jedoch in bestimmten industriellen Zentren konzentriert. Wir kennen nicht die geographische Verteilung der Beschäftigten in der verarbeitenden Industrie bzw. in anderen nichtlandwirtschaftlichen Lohnarbeitsverhältnissen, aber wir haben Zahlen über die Konzentration von Industriebetrieben: 1973/74 lagen 48,7 % von ihnen im Gebiet von Teheran, fast die Hälfte also im Umkreis der Hauptstadt. Die anderen Hauptzentren waren Isfahan (7,8), Tabriz und Umgebung (6,9) sowie Khuzestan, das erdölproduzierende Gebiet (6,6). Da die Anzahl der Angestellten pro Betrieb in Teheran wahrscheinlich höher liegt, befindet sich dort so gut wie sicher die Mehrheit der Industriearbeiterschaft. Die drei Hauptbereiche der Lohnarbeit in der Produktion sind Erdöl, verarbeitende Industrie und Baugewerbe. Diese werden hier nacheinander behandelt.

Tabelle 14: Die iranischen Arbeitskräfte 1956–77
Personalhaushalt: beschäftigte Bevölkerung nach größeren Wirtschaftszweigen und Arbeitskräfte 1956–77 (in 1000).

Sektor	*Jahresgesamtzahlen*				*Zuwachs*
	1956	*1966*	*1972*	*1977*	*1972–77*
Landwirtschaft	3326	3774	3800	3800	0
Erdöl	25	26	40	55	15
Bergbau und verarbeitendes Gewerbe (einschl. Handwerk)	816	1324	1820	2500	680
Baugewerbe	336	520	710	980	270
Öffentliche Einrichtungen	12	53	60	65	5
Handel	355	513	650	725	75
Transport und Verkehr	208	224	255	280	25
Staatsdienst	248	474	640	780	140
Banken, andere Dienstleistungen und Sonstige	582	650	900	1040	140
Gesamtzahl der voll oder zeitweise Beschäftigten	5908	7558	8875	10225	1350
Vollständig arbeitslos	158	284	320	275	55
Gesamtzahl der Arbeitskräfte	6066	7842	9195	10600	1405

Quelle: *Employment and Income Policies for Iran,* ILO 1973, S. 31.

(a) Erdöl

Die Erdölproduktion schuf die erste größere Gruppe des iranischen Proletariats, anfangs aus den iranischen Wanderarbeitern der kaukasischen Erdölfelder und Städte in Südrußland, dann auf den Erdölfeldern des südlichen Iran, wo die Erschließung im Jahre 1901 und die Produktion 1908 begann. Zwischen 1890 und 1917 (seitdem gingen keine iranischen Wanderarbeiter mehr nach Rußland) arbeiteten mehrere Hunderttausend Arbeiter aus den Nordprovinzen des Iran auf den kaukasischen Feldern und in anderen Unternehmungen, die aus diesem frühen Ölboom entstanden. Allein 1905 suchten schätzungsweise 300000 Iraner Arbeit jenseits der Grenze; dabei handelte es sich wahrscheinlich oft um Saisonarbeit, von der nur ein kleiner Teil auf den Ölfeldern selbst anfiel. 1915 gab es unter den Erdölarbeitern in Russisch-Azerbaijan 13500 Iraner, die nur einen Bruchteil aller Iraner in Rußland, aber immerhin 29% aller Erdölarbeiter ausmachten.[6] Auf den unabhängig davon wachsenden Ölfeldern von Khuzestan nahm die Beschäftigung auch schnell zu, 1920 arbeiteten dort schon 20000 Iraner, diese Zahl wuchs bis 1951 auf

55000, weitere 15000 arbeiteten für Unternehmer, die auf Kontraktbasis für die Erdölgesellschaft tätig waren. Damals war Khuzestan eines der am wenigsten urbanisierten Gebiete des Iran; infolge des Erdöls entstanden nicht weniger als acht verschiedene Städte: die größte, Abadan, wo die Raffinerie steht, wuchs aus einem Fischerdorf mit wenigen Hundert Einwohnern im Jahre 1900 bis gegen Ende der 40er Jahre zu einer Stadt von 170000 heran, in der praktisch die gesamte Bevölkerung in ihrer Beschäftigung direkt oder indirekt von der Erdölgesellschaft abhängig war.[7] Ein persisches Sprichwort verlieh dieser Stadt den Namen »das zweite London« – *Âbâdân, Landan-e dovvom.*

Die Arbeiterschaft der Erdölindustrie fiel unter drei Kategorien. Die Mehrzahl waren ungelernte und gelernte Arbeiter, die sich entweder aus den umwohnenden arabischen Stämmen Khuzestans und aus den Bakhtiari-Nomaden der umgebenden Berge (siehe S. 21 f.) rekrutierten oder, im Falle von Facharbeitern, aus Isfahan und Teheran. Ende 1949 waren schätzungsweise 33000 von 38000 Beschäftigten in Abadan Lohnarbeiter dieser Kategorie, auf den Feldern selbst 15000 von 17000. Sie arbeiteten am Bau, im Reparaturbereich, beim Transport, beim Verladen und an den Pipelines. Wichtig ist, daß trotz der kapitalintensiven Natur dieser Industrie ein großer Teil der Arbeiter ungelernt war; das erklärt sich zum Teil aus der Tatsache, daß die Produktions- und Raffinierungsprozesse – schon damals weitgehend automatisiert – nur eine kleine Anzahl von Facharbeitern erforderten. Darüber lag eine Schicht von Technikern und Angestellten, von denen viele in den ersten Jahren aus Indien geholt wurden. Als aber die iranisch-nationalistischen Proteste zunahmen, bildete die Gesellschaft mehr einheimisches Personal aus und stellte Iraner für diese Arbeiten ein.[8] An der Spitze stand eine Oberschicht von Managern und Ingenieuren, hauptsächlich britische Angestellte. Aber schon 1949 waren die Iraner hier in der Mehrzahl, auch wenn die Macht bei den Briten lag; nach der Nationalisierung des Erdöls ging die Anzahl des ausländischen Personals in der Ölindustrie erheblich zurück. Während in den 20er Jahren auf 20000 Iraner etwa 7000 importierte Arbeitskräfte kamen und 1949 noch immer etwa 2440 festangestellte Beschäftigte und weitere 989 Mechaniker vertreten waren, ging die Gesamtzahl des ausländischen Personals bis 1956 auf 480 zurück.

Die absolute Zahl der in der Ölindustrie Beschäftigten ist seit den 50er Jahren ständig zurückgegangen. Das Konsortium selbst begann 1957 mit dem Personalabbau. Von 1972 bis 1977 soll es zwar wieder einen geringfügigen Anstieg von 15% gegeben haben, aber die eigentlichen Entwicklungen gehen weniger auf die absoluten Beschäftigungszahlen zurück als vielmehr auf die steigende Produktivität der Arbeiter. Während die Zahl der Ölarbeiter zwischen 40000 und 45000 schwankte, haben sich die Produktion der Industrie und noch

Tabelle 15: Beschäftigung und Produktivität in der iranischen Erdölindustrie.

	Personal					*Produktion*	*Produktivität (in 1000 m^3 pro Beschäftigtem)*
Jahr	*Iraner*	*Ausländer*	*Handarbeiter*	*Vertragsfirmen*[a]	*Gesamt*	*(in 1000 m^3)*	
1958	8 139	693	48 477	4 724	62 033	47 767	0,77
1961	10 188	847	39 638	1 619	52 292	68 581	1,30
1964	9 888	474	31 564	727	42 653	98 343	2,30
1967	11 659[b]	—	29 426	1 385	42 470	150 681	3,50
1970	12 547[b]	—	26 952	1 917	41 416	222 180	5,40
1972	12 831	497	24 931	2 766	41 812	294 100	7,03

[a] ohne ausländische Angestellte der Vertragsfirmen.
[b] einschließlich ausländischem Personal.

Quelle: Für die Beschäftigungszahlen bis 1967 M. Nezam-Mafi, *Role of Oil in the Iranian Economy,* herausgegeben vom NIOC Public Relations Office 1967. Für andere Daten Statistical and Information Office of the Affiliated Companies der NIOC, nach: Fereidun Fesharaki, *The Development of the Iranian Oil Industry,* London 1976, S. 145.

mehr ihre entsprechenden Einnahmen vervielfacht. In den zweieinhalb Jahrzehnten seit der Nationalisierung ist daher der Mehrwert pro Beschäftigtem spektakulär gestiegen. Allein zwischen 1961 und 1966 fiel die Zahl der für die Produktion von 11 Barrels Rohöl benötigten Beschäftigten von 8,5 auf 3,5. 1975 war die Produktion pro Arbeiter 20mal höher als in den 50er Jahren.
Auch wenn das Erdöl die iranische Wirtschaft beherrscht, war es doch unter dem Aspekt der Beschäftigung immer ein unbedeutender Faktor. Das rührt nicht nur von dem Enklavencharakter des Erdöls her, das sich noch in anderer Hinsicht von Grundstoffen unterscheidet, die ebenfalls die Grundlage von Enklavenwirtschaften bilden. Auch der Anbau von Tee oder Baumwolle beschäftigt durchaus eine große Zahl von Menschen, wie niedrig ihre Löhne oder kurzfirstig ihre Saison auch sein mögen. Auch in anderen bereichen der Rohstoffgewinnung ist eine größere Anzahl von Arbeitern tätig: Mitte der 70er Jahre beschäftigten die südafrikanischen Bergwerke mehr als 600000 afrikanische Arbeiter, davon 400000 in den Goldminen. In Chile, Bolivien und Sambia werden viele Arbeiter im Rohstoffexportsektor gebraucht, der vom Bergbau dominiert wird. Demgegenüber zeichnet sich das Erdöl als Rohstoff dadurch aus, daß es *nicht* viele Arbeitsplätze schafft, weder direkt noch indirekt. In der unmittelbaren Erdölproduktion (Erschließung, Förderung, Raffinerie, Verladen) sind sehr wenige Menschen beschäftigt. Und mit der umgebenden Wirtschaft entstehen in unterentwickelten Ländern nur wenig Verknüpfungen, denn der Ölsektor bezieht seine Technologie und seine Investitionsgüter aus dem Ausland und schafft daher auch keine Arbeitsplätze in anderen einheimischen Wirtschaftsbereichen. Von den wenigen, die hier ausgebildet werden, erwerben einige durchaus Fachkenntnisse, aber in einem Land wie dem Iran hat die Erdölindustrie keinen größeren Beitrag zur Ausbildung der gelernten Industriearbeiter geleistet, die das Land braucht, und sie konnte das auch nicht. Dieser beschränkte Beschäftigungs- und Ausbildungseffekt des Erdöls folgt durchaus nicht vorwiegend aus der Politik der Erdölgesellschaften, er ist vielmehr eine Konstante der Erdölindustrie selbst. Und daher zeigt sich die Struktur, das Mißverhältnis, das im Iran so auffällig ist, auch in anderen ölproduzierenden Ländern. Ganz offensichtlich ist es in anderen volkreichen Produzentenstaaten wie Venezuela und Algerien: dort lieferte das Erdöl im Jahre 1975 93% der Devisen, absorbierte aber nur 1,6% der Beschäftigung (5000); hier beschäftigt das Erdöl nur 16600 Menschen bei einer Gesamtarbeiterschaft von 2,5 Mio. Selbst in den dünner bevölkerten Staaten beschäftigt das Erdöl einen sehr kleinen Prozentsatz der Arbeiterschaft: nur 20000 von 1,5 Millionen in Saudi-Arabien; nur 7000 von 550000 in Libyen. Wenn Erdöl Beschäftigung schafft und wenn es bedeutsame Auswirkungen auf die Herausbildung einer Arbeiterklasse hat, geschieht dies auf indirektem Wege, also da-

durch, daß aus den erhaltenen Einnahmen durch den Staat, der darüber verfügt, Arbeitsplätze geschaffen werden.[9]

(b) Verarbeitende Industrie

Tabelle 16 zeigt, wie die Beschäftigung in der verarbeitenden Industrie in den letzten 20 Jahren um ein Vielfaches gestiegen ist. Die ILO-Schätzung, auf der diese Tabelle beruht, rechnet damit, daß allein im Zeitraum von 1972 bis 1977 die Beschäftigung in der verarbeitenden Industrie um 680000 gestiegen ist, wovon 580000 auf Industrieunternehmen entfallen und die restlichen 100000 auf selbständige Tätigkeiten in der Stadt wie auf dem Lande. In der Euphorie nach den Erdölpreiserhöhungen von 1973 wurde die Zahl für das Ende des Fünften Plans offiziell sogar noch höher angesetzt, 3,77 Mio., aber angesichts des Rückgangs, der bald danach folgte, ist eine so hohe Schätzung unwahrscheinlich geworden. Die offiziellen Beschäftigungszahlen in der verarbeitenden Industrie zeigen allerdings die ganzen 70er Jahre hindurch eine ständige Zunahme, die den Grundzügen des ILO-Entwurfs entspricht:

Tabelle 16: Lohn- und Beschäftigungsindizes in ausgewählten Industrien 1969/70 - 1974/75 (1969/70 = 100).

Industriezweig	*Löhne 1974/75*	*Beschäftigung 1974/75*
Gesamt	292,2	140,4
Augewählte Industrien hiervon:		
Tabak	221,8	111,5
Spinnerei und Textilien	274,3	121,4
Leder	219,4	98,0
Industriell gefertigte Schuhe	297,4	198,5
Petrochemikalien	402,8	242,3
Pharmazeutische Produkte	282,1	173,2
Zement	283,6	148,0
Metalle	349,8	195,8
Haushaltsgeräte (elektrisch und nichtelektrisch)	272,9	136,8
Radiogeräte, Fernseher, Telefone	377,1	226,8
Elektrisches Werkzeug	352,9	217,0
Kraftfahrzeuge	368,8	170,1
Glasscheiben	562,5	325,9

Quelle: *Bank Markazi Annual Report, 1975/76,* S. 84, 85.

Dieses allgemeine Bild ist jedoch insofern irreführend, als es die enormen Unterschiede innerhalb der Arbeiterschaft der verarbeitenden Industrie nicht deutlich werden läßt. Erstens sind zwischen 10 und

20% der Beschäftigten selbständig, also keine Lohnabhängigen oder Arbeiter im strengen Sinne. Zweitens – darauf wurde oben schon hingewiesen – sind die Betriebe in ihrer Mehrzahl Kleinbetriebe, die weniger als 10 Menschen beschäftigen: 1962 fielen 219000 von 225000 Unternehmen in diese Kategorie. Die Ausweitung der Großindustrie ist im Iran mit einer Vervielfachung kleinerer Unternehmen einhergegangen, und daher hat sich die Verteilung der Arbeiterschaft auf beide Sektoren nur geringfügig verändert. Zahlen für 1968 zeigten, daß auf Betriebe mit mehr als 50 Arbeitern 11% der Beschäftigung entfielen; weitere 6% auf Betriebe mit 10 bis 50 Arbeitern. Demnach waren 83% aller Arbeiter in Betrieben mit weniger als 10 Menschen tätig. Für 1977 wird geschätzt, daß von den 2,5 Mio. 1,78 Mio. oder 72% noch immer in Betrieben mit weniger als 10 Angehörigen beschäftigt sind. Tatsächlich wird angesichts der aus diesen Zahlen ersichtlichen allgemeinen Zunahme der Arbeiterschaft in der verarbeitenden Industrie die absolute Zahl der in diesen kleineren Betrieben Beschäftigten auch weiterhin zunehmen. Der »Kern« der Industriearbeiterschaft im Iran, d. h. diejenigen, die in Industriebetrieben mit mehr als 10 Angehörigen beschäftigt sind, umfaßt daher etwa 700000 Menschen oder etwa 7% der gesamten erwerbstätigen Bevölkerung. Die Zahl der in wirklich großen Betrieben Beschäftigten dürfte sogar noch niedriger liegen.[10]

Im Iran gibt es daher in der verarbeitenden Industrie zwei Arten von Arbeitern; die Kluft zwischen ihnen hat sich als Ergebnis der von der Regierung verfolgten Strategie der Wirtschaftsentwicklung und wegen der nachlässigen Sozial- und Bildungspolitik, die für das Pahlavi-Regime charakteristisch war, in vieler Hinsicht vertieft. Zunächst einmal besteht heute die Mehrheit der iranischen Bevölkerung noch immer aus Analphabeten; die offizielle Schätzung für 1976 lag bei 62%, aber die tatsächliche Zahl war fast mit Sicherheit höher. Dabei ist eine hohe Korrelation zwischen Lese- und Schreibfähigkeit einerseits und Zugehörigkeit zur oberen Schicht der Arbeiterschaft andererseits sehr wahrscheinlich. Zweitens ist das Niveau der Ausbildung in der Industrie extrem niedrig und wird es auch weiterhin bleiben. Zu Beginn der 70er Jahre stellte sich heraus, daß nur 1–2% der Facharbeiter Unterricht über ihre Ausbildung am Arbeitsplatz hinaus erhalten hatten; trotz eines beschleunigten Ausbildungsprogramms hinkt das Angebot an Facharbeitern weit hinter der Nachfrage her.[11] Drittens gibt es, wie wir sehen werden, große und wachsende Lohndifferenzen zwischen den verschiedenen Bereichen der verarbeitenden Industrie; Arbeiter in »fortgeschrittenen« Sektoren (Bauwesen, Autos und Erdöl) verdienen doppelt oder gar mehrfach so viel wie die Arbeiter in »traditionellen« Branchen (z. B. Textilien und Schuhe) (S. 177). Es wird sich zeigen, daß das Gewinnbeteiligungs- und das Arbeiteraktienprogramm der Regierung einzig und allein auf diese obere Schicht der Arbeiterklasse in der verarbeitenden Industrie zielen (S. 180). Eine Minderheit der hier beschäftigten Lohnabhängigen profitiert daher von der Entwicklungspolitik der Regierung, während die Mehrheit vom Arbeitsmarkt auf den weniger entwickelten und privilegierten Sektor verwiesen wird.

(c) Baugewerbe

Das Baugewerbe ist ein Bereich unterprivilegierter lohnabhängiger Handarbeit *par excellence:* In den fortgeschrittenen kapitalistischen Ländern Westeuropas konzentrieren sich besonders hier die Immigranten (wie die Iren in England und die Algerier in Frankreich), und die Beschäftigung hat oft Gelegenheits- und Saisoncharakter. Im Baubereich ist die Arbeiterklasse daher oft wirtschaftlich und politisch weniger beständig als im industriellen Bereich, in ihrer Wandersituation hält sie oft noch stärkere Verbindung zu den Dörfern, aus denen die Arbeiter kommen. Der Bau bietet in der Regel die erste Beschäftigung, die ein Bauer annimmt, wenn er in die Stadt kommt. Das Baugewerbe selbst ist seinerseits ein unbeständigerer Wirtschaftssektor; in den Ölstaaten ist er im allgemeinen der Bereich, der aufgrund der Ereignisse von 1973 den raschesten Boom erlebt hat, denn zum einen ist Bauen (von Betrieben, Verkehrswegen und Wohnungen) eine Voraussetzung für die Expansion anderer Bereiche, zum anderen ist es einfach leichter, ein Bauprogramm in Gang zu setzen, anstatt die Industrie oder die Landwirtschaft zu entwickeln. In Staaten wie Saudi-Arabien und Libyen, wo Arbeitskräfte insgesamt knapp sind, wurden Hunderttausende von Arbeitern aus benachbarten Bauernländern geholt, um beim Bau zu arbeiten: 1976 rechnete man mit 1,2 Mio. Jemeniten in Saudi-Arabien (die meisten davon beim Bau) und mit 200000 Ägyptern und 40000 Tunesiern in Libyen (wiederum im Bausektor). Im Iran hat man die Bauarbeiter aus den iranischen Landgebieten geholt. Die Beschäftigung im Bauwesen ist von 336000 im Jahre 1956 auf über 900000 im Jahre 1977 gestiegen, womit sie jetzt fast 10% der Arbeiterschaft ausmacht. Allein in der Zeit von 1972 bis 1977 ist die Beschäftigung beim Bau mit durchschnittlich 6,7% pro Jahr schneller gestiegen als in jedem anderen Sektor.

Unter den Bauarbeitern kann man eine Oberschicht von Facharbeitern (Klempner, Elektriker, Zimmerleute) unterscheiden, deren Löhne im Boom Mitte der 70er Jahre spektakulär in die Höhe gegangen sind. 1975/76 sollen die Löhne für einige Arbeiter beim Bau um nicht weniger als 48% gestiegen sein.[12] Die Mehrheit der Bauarbeiter fällt jedoch nicht in diese Kategorie. Ungelernte Arbeiter haben zumeist beträchtlich unter dem doppelten Joch der niedrigen Löhne und der unsicheren Beschäftigung zu leiden. Schon 1969 verdienten gelernte Bauarbeiter bis zu 15mal so viel wie ihre ungelernten Kollegen. In einigen Gebieten findet man Gruppen von Arbeitern aus den ärmsten iranischen Provinzen Baluchestan und Sistan, die unter den entwürdigendsten Bedingungen arbeiten. Im Gebiet von Isfahan sind viele Bauarbeiter eigentlich Bauern aus den umliegenden Dörfern, die nur für ein paar Monate des Jahres in die Stadt kommen. Die Löhne dieser Arbeiter sind im Jahresdurchschnitt in der Regel genauso niedrig wie die in einem schlecht zahlenden Betrieb des verarbeitenden Gewerbes oder noch niedriger, und ihre Lebensbedingungen sind womöglich angesichts ihrer vorübergehenden Umsiedlung in die Stadt auch noch schlechter.

Charakteristika der Arbeiterschaft

(a) Wanderungsbewegungen

Der iranische Arbeitsmarkt weist in vieler Hinsicht Merkmale auf, die für in der Industrialisierung begriffene Länder der Dritten Welt typisch sind. Erwartungsgemäß stammt die Mehrheit der in der Industrie Beschäftigten aus einer bäuerlichen Umgebung. Eine 1963 durchgeführte Untersuchung ergab, daß 68,3% aller Teheraner Fabrikarbeiter auf dem Dorf geboren waren.[13] Dieser bäuerliche Ursprung gilt sicher für die meisten Angehörigen der städtischen Arbeiterklasse, und angesichts der ständig steigenden Zahl der Beschäftigten dürfte erst in den 80er Jahren die Mehrheit der Arbeiterklasse städtischer Herkunft sein. Was mit Bauern geschieht, die in die Stadt ziehen, ist noch immer lebhaft umstritten, und das Material aus dem Iran selbst reicht nicht aus, um einen Beitrag zu dieser Diskussion zu leisten. Jedoch lassen sich einige Besonderheiten der iranischen Migration erkennen, in deren Licht die verfügbaren allgemeinen Zahlen besser analysiert werden können.

Zunächst ist aber auf einen Bereich, die Ölindustrie, zu verweisen, wo die Arbeiterklasse durchaus schon vorwiegend in der zweiten Generation tätig ist. Bis in die 50er Jahre waren die ungelernten Arbeiter Bauern und Nomaden, während die Facharbeiter aus den Städten oder den Ausbildungsstätten der Ölgesellschaft kamen. Doch die Beschäftigtenzahlen im Ölsektor sind seither nicht gestiegen, vielmehr war in den 60er Jahren eine Abwanderung von Kindern von Erdölarbeitern in Abadan in andere Teile des Iran zu verzeichnen. Entsprechend sind vermutlich die meisten der heute in der Ölindustrie Beschäftigten selbst Kinder aus der Arbeiterklasse, die sich in den 30er und 40er Jahren in Khuzestan herausgebildet hatte.

Auch darf man nicht einfach verarbeitende Produktion mit Beschäftigung in der Stadt gleichsetzen: Die iranische Industrie ist u. a. dadurch gekennzeichnet, daß ein großer Teil der Textilarbeiter in ländlichen Gebieten arbeitet (»ländlich« bedeutet hier Orte mit weniger als 5000 Einwohnern). Auf die ländlichen Gebiete entfallen etwa

70% der Beschäftigung in Teppich- und Tuchweberei; 1966 waren in ländlichen Gebieten 1,2 Mio. Menschen, also etwa 17% aller Beschäftigten in nicht-landwirtschaftlichen Bereichen tätig.[14] Dieser vornehmlich handwerkliche Bereich stellt im Rahmen der Gesamtstruktur der Beschäftigung immer noch einen bedeutenden Faktor dar.

Trotz dieser Einschränkungen ist die Herausbildung der iranischen Arbeiterklasse jedoch dadurch gekennzeichnet, daß sie auf einen umfassenden Wanderungsprozeß jüngeren Datums zurückgeht, vor allem durch die Abwanderung nach Teheran. 1956 lebten nur 31% der Bevölkerung in Städten; bis 1976 war diese Zahl auf 47% gestiegen. Teheran hat einen überproportionalen Teil dieser Bewegung aufgenommen, was wiederum nur der im Mittleren Osten allgemein vorherrschenden Tendenz entspricht, wonach in der Zeit von 1950 bis 1970 Städte mit mehr als 100000 Einwohnern doppel so schnell gewachsen sind wie die mit weniger als 100000.[15] Im Falle des Iran, dessen Gesamtbevölkerung um etwa 3,5% jährlich zugenommen hat, wuchs Teheran in den 50er und 60er Jahren um etwa 5,5% jährlich gegenüber 1,7% bei der Landbevölkerung. Nach dem Boom von 1973 stieg die Wachstumsrate Teherans auf 8%. Die Einwohnerzahl der Stadt, die Ende der 40er Jahre noch weniger als eine Million Einwohner hatte, war Mitte der 70er Jahre auf 4,5 Mio. gestiegen; bis 1990 wird sie möglicherweise 9 Mio. erreichen. Die Belastung in den Bereichen Verkehr, Wohnungswesen, Wasser und Luft hat bereits unerträgliche Ausmaße erreicht; obwohl sich die Reichen darüber am lautesten beklagen, sind es natürlich die Armen im südlichen Teil der Stadt, die darunter am meisten zu leiden haben.

Eine Urbanisierungsstudie über Teheran, die auf Untersuchungen zu Beginn der 70er Jahre basiert, verwies auf »die gewaltige Kluft im Lebensstil zwischen der Masse der Nordteheraner und der Masse derer, die im Süden der Stadt wohnen,« und stellte fest:

»Auch bei fehlender Einkommensstatistik ergibt sich schon aus dem ersten Augenschein, daß es keine europäische Stadt gibt, in der diese Kluft derart tief ist; auch ist aufgrund des Materials zu vermuten, daß sich diese Kluft in dem Maße, wie die Wirtschaft des Iran und damit auch Teheran wächst, tatsächlich vertieft.«[16]

Der Süden von Teheran ist das iranische Musterbeispiel ungeplanter Abwanderung in die Städte, also ohne daß ausreichend Wohnungen und soziale Einrichtungen für die einströmenden Menschen vorhanden sind. Ein zusätzliches Problem ergibt sich dadurch, daß Teheran kein modernes Kanalisationssystem hat und teilweise von Bergen umgeben ist; Abfälle und verschmutzte Luft konzentrieren sich dadurch vor allem in dem tiefergelegenen südlichen Teil.

Der Wanderungsstrom ist in sich wiederum differenziert zu betrachten. Bis in die 60er Jahre stammten viele der Zuwanderer nach Teheran nicht vom Lande, sondern aus anderen kleineren Städten, deren wirtschaftliche Position unter der Zentralisierung des Landes und den relativ ungünstigen Verhältnissen der 40er und 50er Jahre gelitten hatte. Seit den 50er Jahren haben Städte wie Isfahan und Tabriz einen Teil der Wanderungsströme angezogen, aber die Abwanderung aus einigen Provinzen, zumindest die Abwanderung für immer, ist offensichtlich viel stärker als aus anderen. Während es in einigen Gebieten um Teheran, Isfahan, Shiraz und Tabriz beträchtliche Bevölkerungsverschiebungen gegeben hat, haben entlegenere Gegenden wie Kordestan und Baluchestan viel weniger von ihrer Bevölkerung verloren.

(b) Arbeitslosigkeit

Arbeitslosigkeit wird zunehmend als eines der wesentlichen Merkmale von Unterentwicklung anerkannt. Die Genfer Weltbeschäftigungskonferenz von 1976 hat berechnet, daß es 1970 300 Mio. Arbeitslose und Unterbeschäftigte auf der Welt gab und daß diese Zahl in einer Generation auf 700 Mio. steigen würde. Der Iran weist natürlich viele der für Länder der Dritten Welt typischen Beschäftigungsprobleme auf: eine hohe Geburtenrate; eine Zunahme städtischer Arbeitsplätze, die zwar größer ist als in den meisten unterentwickelten Ländern, aber nicht groß genug, um alle aufzunehmen die neu auf den Arbeitsmarkt drängen; gleichzeitig übermäßige Abwanderung in die Städte. Ein Teil der negativen Auswirkungen der Landreform ist in diesem städtischen Rahmen zu sehen. Auf dem Lande läuft die Entwicklung so, daß selbst nach den offiziellen Erwartungen die Gesamtbeschäftigung lediglich konstant bleiben wird, also keine zusätzlichen Arbeitsplätze geschaffen werden; aber in Wirklichkeit zeichnet sich im Beschäftigungsniveau auf dem Lande ein Rückgang ab.
Im Hinblick auf die Arbeitslosigkeit ist der Iran in einer Situation, die auf den ersten Blick paradox erscheint, sich aber anhand der Struktur seiner Entwicklung erklären läßt. Er verfügt sowohl über einen Arbeitskräfteüberschuß als auch über einen Arbeitskräftemangel. Der Mangel gilt für Fachkräfte und Managementpersonal. 1976 gab es schätzungsweise 50000 Ausländer, die im Iran in den oberen Rängen der Beschäftigungshierarchie arbeiteten, und diese Zahl kann sich bis 1980 vervielfachen. Für die entsprechend ausgebildeten Iraner – in der Medizin, beim Bau, wo auch immer – gibt es keine nennenswerte Arbeitslosigkeit, und viele solcher Leute werden aus dem Ausland geholt. Andererseits sieht sich die große Mehrheit der ungelernten und analphabetischen Iraner in der einen oder anderen Weise von Arbeitslosigkeit bedroht.
Die einzige vorhandene Aufstellung der (absoluten) Arbeitslosenzahlen liegt zu niedrig; sie geht von den offiziellen Zahlen für 1956 (158000) und 1972 (320000) aus und rechnet für das Jahr 1977 mit ei-

nem Ansteigen der Arbeitslosigkeit auf 375000 oder rund 3,5% der gesamten Erwerbsbevölkerung. Bei näherem Hinsehen erweist sich diese Zahl aber als untertrieben. Erstens sind die offiziellen Zahlen unzureichend: Da es keine Arbeitslosenunterstützung gibt, besteht kein Anreiz, sich als arbeitslos registrieren zu lassen; und wie in entwickelteren kapitalistischen Gesellschaften neigen Frauen dazu, sich nicht arbeitslos zu melden, wenn sie ihre Stelle verloren haben. Zweitens beruhen diese Zahlen auf einer Erfassung jeweils nur derjenigen, die in der vorangegangenen Woche Arbeit gesucht hatten. Selbst in den Städten gibt es in Wirklichkeit zwei Arten von Arbeitslosen: die relativ Gebildeten, die sich durchaus registrieren lassen mögen, und die verarmten Einwohner von Gebieten wie dem südlichen Teheran und den Barackenstädten von Isfahan, die das wahrscheinlich nicht tun werden. Dies wird durch die Tatsache bestätigt, daß im Jahre 1972 die Arbeitslosigkeit in der Altersgruppe 15–24 Jahre 9% betrug und damit doppelt so hoch lag wie der Durchschnittswert für alle über 15jährigen (4,6%); in dieser ersten Gruppe ist der Anteil von Absolventen höherer Schulen größer. Weit ernster ist die Situation auf dem Lande. Zwar gibt es hier womöglich gar keine absolute Arbeitslosigkeit, denn wer überhaupt keine Arbeit findet, zieht in der Regel in die Städte. Doch auf dem Lande herrscht chronische Unterbeschäftigung: Nach einer 1973 durchgeführten Untersuchung arbeiteten fast 14% der gesamten Landbevölkerung weniger als 28 Stunden wöchentlich, fast 40% arbeiteten außerhalb der Saison weniger als 42 Stunden wöchentlich. Tatsächlich betrug zu Beginn der 70er Jahre die *durchschnittliche* Zahl der Arbeitstage in den ländlichen Gebieten nur 108. Während es also in der Stadt zu erheblichem Fehleinsatz von Arbeitskräften und zu einer Überbesetzung in den von der Regierung betriebenen Unternehmen kommt, liegt das Problem auf dem Lande eher im Umfang der Beschäftigung als in absoluter Arbeitslosigkeit. Hierin ist der Iran vielen anderen asiatischen Ländern nicht unähnlich, wenn auch sein allgemeines ökonomisches Niveau vergleichsweise höher liegt.[17] Eine andere Situation würde sich ergeben, wenn die Bauern zweimal im Jahr den Boden bestellen könnten und nicht nur einmal. Aber dies würde, wie andere Arten erweiterter Beschäftigung auf dem Lande, einen erheblich verstärkten Einsatz von finanziellen und anderen Mitteln seitens der Regierung erfordern.

(c) Löhne

Die offiziellen Zahlen für das Lohnniveau im Iran erwecken den Eindruck, der Ölboom sei von einem erheblichen Lohnanstieg einiger Arbeiter begleitet gewesen (Tabelle 17). Man kann diese Zahlen akzeptieren oder nicht, selbst wenn sie stimmen, lassen sie zwei Fragen unbeantwortet: wieviele Arbeiter in den Genuß dieser Löhne und

Zuwachsraten kommen; und wieviel man mit diesen Löhnen real kaufen kann, d. h. wie weit sie mit der Inflation Schritt halten.
Die offiziellen Daten gelten nur für die besser bezahlten Arbeiter in der verarbeitenden Industrie. Wir wissen, daß dort Lohnerhöhungen zwischen 30 und 50% jährlich unter den Bedingungen des Booms der Mitte der 70er Jahre vorkamen, die Löhne im Bergbau und in der verarbeitenden Industrie stiegen 1976/77 um 28%. Wir wissen aber nicht, was der Durchschnittslohn eines Arbeiters ist und wie er sich verändert hat. Es gibt auch einen offiziellen Mindestlohn: zu Beginn der 70er Jahre betrug er 50 Rial pro Tag, 1976 war er auf 90 Rial gestiegen. Doch es gibt keinen Hinweis darauf, daß dieser Lohn durchgesetzt worden ist und daß er dem Minimallohn *oder auch nur dem Durchschnittslohn* für die meisten Arbeiter entspricht. Ausgewählte Daten von 1972 zeigen enorme Differenzen zwischen den durchschnittlichen Löhnen verschiedener Industrien, und auch diese Daten dürften das wirkliche Bild eher abgeschwächt als übertrieben wiedergeben.

Tabelle 17: Arbeiterlöhne in ausgewählten Branchen der verarbeitenden Industrie 1972 (Tageslohn in Rial).

Industriezweig	*Anzahl der Arbeiter*	*Durchschnittslöhne*
Textilien	62 183	66,529
Industriell gefertigte Schuhe	5 880	52,721
Petrochemikalien	2 073	145,683
Leder	1 591	57,825
Tabak	4 910	169,450
Autoreifen	938	106,610
Unedle Metalle	3 089	101,975
Automobile	8 286	89,669

Quelle: *Central Bank Bulletin,* Bd. 12, Nr. 69, zitiert in: Fereidun Firoozi, »Labour and Trade Unions in Iran«.

Eine im Februar 1974 vorgelegte einschlägige Untersuchung, die 224000 Arbeiter in 2779 verschiedenen Unternehmen erfaßte, ergab folgendes Bild:

»9 von 10 Familien haben nur eine Einkommensquelle. Der Stundenlohn eines ungelernten Arbeiters (13,5% der untersuchten Stichprobe) beträgt 16 Rial; der eines gelernten Arbeiters (78,4% der Stichprobe) 21 Rial; der eines Vorarbeiters (9,5%) 42 Rial; der eines Technikers schließlich (0,1%) beträgt 69 Rial. Die Zahlen lassen die Existenz einer ›Arbeiteraristokratie‹ sichtbar werden: während mehr als die Hälfte der Familien wöchentlich ein Pro-Kopf-Einkommen von weniger als 100 Rial hat, haben 34,5% von ihnen mehr als 501 Rial pro Person ... Der Bericht kommt zu dem Schluß, daß von der gesamten arbeitenden Bevölkerung 73% weniger als den gesetzlichen Mindestlohn erhalten.«[18]

Zu den Unterschieden innerhalb einzelner Unternehmen kommen noch die regionalen Unterschiede. Im allgemeinen hat sich die Kluft zwischen städtischen und ländlichen Einkommen in den letzten Jahren vertieft; 1973 war das Pro-Kopf-Einkommen in den Städten 3,2mal so hoch wie auf dem Lande, und dieser Abstand wird sich nach dem Boom sicher noch weiter vergrößern. Die hohen Lohnziffern und die hohen Wachstumsraten, die die offiziellen Statistiken ausweisen, beziehen sich daher nur auf den obersten Bereich einer sehr weitgespannten Skala.

Der Faktor reale Kaufkraft wirft ein weiteres analytisches Problem auf. Offiziell sind die Einzelhandelspreise während des Booms ziemlich langsam gestiegen: 1969/70 um 13,1% und 1973/74 um 20%. Doch zumindest auf einem Gebiet, nämlich bei den Mieten, stimmen diese niedrigen Werte sicher nicht. Die Mieten in Teheran stiegen zwischen 1960 und 1975 um das 15fache; 1974/75 um 200% und 1975/76 noch einmal um 100%. Weil auf diesem Sektor private Unternehmen dominieren, zielte die Expansion des Wohnungsbaus in Teheran natürlich nicht primär darauf, Wohnraum für die Armen bereitzustellen. Der Druck auf den bereits überlasteten billigeren Teil des Wohnungsmarktes hat sich dadurch verstärkt, und viele Familien in der Stadt sollen 60 bis 70% ihres Einkommens für Miete ausgeben.

Der Lebensstandard eines Teils der Arbeiterklasse hat sich in den letzten Jahren sicher verbessert. Auch hat die Subventionspolitik des Regimes, wie kurzsichtig sie auch in gesamtwirtschaftlicher Hinsicht sein mag, verhindert, daß die Nahrungsmittelpreise so hoch stiegen, wie sie es normalerweise getan hätten. Doch die Mehrheit der Lohnabhängigen sieht sich steigenden Kosten für Mieten und andere Dienstleistungen gegenüber, und die Kluft zwischen gut bezahlten und ungelernten Arbeitern hat sich vertieft. Selbst die Arbeiter, deren Reallöhne gestiegen sind, haben die Auswirkungen der allgemeinen Inflation in den Städten zu spüren bekommen. Und diese Faktoren haben – zumindest teilweise – die Streikwelle Mitte der 70er Jahre verursacht wie auch den viel folgenschwereren Ausbruch sozialer Unzufriedenheit im Jahre 1978.

Frauen in der Wirtschaft

Die Stellung der Frauen im Wirtschaftssystem des Iran hat sich aufgrund des Wachstums der letzten Zeit erheblich geändert. Aber durch diese Veränderungen wurden die Frauen lediglich auf absehbar diskriminierende Weise ins Wirtschaftsleben integriert. Mit Ausnahme der akademisch gebildeten Minderheit werden sie schlechter bezahlt als die Männer, sie sind schlechter ausgebildet und arbeiten oft weitaus länger. Offiziellen Statistiken zufolge waren 1972 rund

13% aller Frauen über 12 Jahren (1,4 Mio.) beschäftigt, bei den Männern dagegen 68%. 64% der Frauen waren in der Industrie tätig, 11% in der Landwirtschaft und 22% im Dienstleistungsgewerbe. Doch dieses Bild ist irreführend, denn es berücksichtigt die Rolle der Frauen in der ländlichen Wirtschaft nur unzureichend. Die Arbeit dieser Frauen, die in ihrer Mehrzahl unbezahlte Arbeit für die Familie leisten, ist darin kaum erfaßt, und deshalb sollte man besser den ländlichen Sektor getrennt von der Stadt behandeln.[19]

Im Iran haben die meisten Frauen eigentlich schon immer einen aktiven Beitrag zur Wirtschaft geleistet. Jenseits ihrer Rolle bei der Hausarbeit, der sie allein nachkommen, arbeiteten die Frauen bei den Nomaden und in der Landwirtschaft gemeinsam mit den Männern. Diese Struktur hat sich durch die Landreformen hindurch erhalten; nur wo die Familieneinkommen gestiegen sind, konnte der Bauer seine Frau aus der Produktion auf dem Feld herausnehmen und an ihrer Stelle Lohnarbeiter anheuern. Daher ist wahrscheinlich die Mitarbeit von Frauen in diesem Bereich infolge der Ausbreitung kapitalistischer Beziehungen auf dem Lande geringfügig zurückgegangen. Die Arbeit von Frauen auf dem flachen Lande war jedoch nie auf das Haus und die Landwirtschaft beschränkt; hier war und ist ein großer Teil der Textil- und Teppichindustrie des Iran angesiedelt (vgl. dazu den Abschnitt über Wanderungsbewegungen). 1972 entfielen schätzungsweise 70% der Gesamtbeschäftigung in der Tuchweberei und 72% in der Teppichknüpferei auf den ländlichen Sektor, und die Mehrheit der Beschäftigten waren wahrscheinlich Frauen. Diese Frauen sind der am meisten degradierte Teil der Industriearbeiterschaft: sie erhalten sehr niedrige Löhne, arbeiten unter entsetzlichen Bedingungen und sind auf Gedeih und Verderb den Vermittlern ausgeliefert, die sie beschäftigen bzw. Arbeit an sie vergeben. Die Analphabetenrate der Frauen auf dem Lande liegt sehr hoch – selbst nach offiziellen Schätzungen 90% im Jahre 1975 –, und damit stellen die Frauen eine sehr große Reserve ungelernter Arbeitskräfte, die für die schwächeren Bereiche der iranischen Industriestruktur bereitstehen. Diese von Frauen geleistete industrielle Arbeit ist zugleich ein sehr wichtiger Teil der ländlichen Wirtschaft: In Stammesgesellschaften liefern teppichknüpfende Frauen die Güter, die dem Stamm Bargeld einbringen, und eine ähnliche Abhängigkeit von dieser Einkommensquelle gilt wohl auch für isoliertere landwirtschaftliche Gemeinden.

In den städtischen Gebieten ist die Situation deutlich anders. Zunächst ist der Anteil der Lese- und Schreibkundigen unter den Frauen viel höher als auf dem Lande – offiziell mehr als 50% –, und die Struktur weiblicher Beschäftigung hat sich in der Mitte der 70er Jahre erheblich geändert, da der Arbeitskräftemangel mehr Frauen als früher in ein Arbeitsverhältnis zog. Im allgemeinen liegt die Beschäftigung von Frauen in den Städten des islamischen Mittleren Ostens

viel niedriger als in anderen Gebieten der Dritten Welt: der Durchschnitt für Entwicklungsländer liegt bei etwa 25%, im Mittleren Osten dagegen bei 5%, in Ägypten macht er 3,1%, in Algerien 2% und in Saudi-Arabien sogar weniger als ein Prozent aus. Im Iran ist dieser Index in Teheran (wo der Anteil beschäftigter Frauen am höchsten liegt) zwischen 1956 und 1966 vermutlich infolge von Einkommenssteigerungen gefallen; von 9% zu Beginn der 60er Jahre ist er dann aber wieder auf 11% im Jahre 1971 angestiegen. Setzte sich dieser Trend fort, würde der Anteil beschäftigter Frauen in Teheran bis zum Beginn der 90er Jahre auf 25% ansteigen.
Unter diesen in der Stadt beschäftigten Frauen gehört nur ein kleiner Teil gehobenen Berufen an: von diesen 200000 Frauen (1971) waren 45% Lehrerinnen, 44% in Büro- und Verwaltungsstellungen, die restlichen 11% in medizinischen oder ähnlichen Berufen. Doch die meisten Frauen, die in der Stadt arbeiten, sind im Dienstleistungsbereich tätig – 1971 schätzungsweise 53%. So steht im Iran paradoxerweise einem erheblichen Ausmaß weiblicher Industriearbeit auf dem Lande die Tatsache gegenüber, daß in den Städten die Frauen zu einem weit geringeren Anteil in der Industrie arbeiten.

Die Regierungspolitik: Gewinnbeteiligung und Arbeiteraktien

Bei der Durchführung ihres Entwicklungsprogramms stand die Schah-Regierung vor einem doppelten Problem. Einerseits setzte dieses Programm eine permanente politische Unterdrückung voraus, also auch die Verhinderung aller unabhängigen Willensäußerungen der Arbeiterklasse. Andererseits war dem Regime klar, daß unzufriedene oder aktiv feindliche Arbeiter das Industrialisierungsprogramm behindern können; um seine Ziele zu erreichen, mußte das Regime deshalb die Kooperation zumindest eines Teils der Arbeiterklasse gewinnen. Es mußte also das Proletariat sowohl kontrollieren als auch zur Kooperation bringen – bei Strafe einer kurzfristigen Stagnation bzw. eines langfristigen Scheiterns des ganzen Regimes. Vor diesem Problem standen schon andere autoritäre kapitalistische Regimes, die eine rasche Industrialisierung anstrebten. In den 90er Jahren des vorigen Jahrhunderts wandte sich beispielsweise der Kaiser um Unterstützung an die deutsche Arbeiterklasse und kostümierte sich dabei als Verteidiger ihrer Interessen. Das deutsche wie das italienische faschistische Regime zerstörten zunächst die bestehenden Gewerkschaften, um sodann ihre eigenen Gewerkschaften aufzuziehen und arbeiterfreundliche Themen in ihre Propaganda aufzunehmen. Weder das Problem, das sich dem Pahlavi-Regime stellte, noch die von ihm versuchte Lösung waren also neu und einmalig.
Die iranische Industrie leidet an einer chronisch niedrigen Produkti-

vität; dies und nicht so sehr die offene Bedrohung durch militante politische Aktionen hat das Regime zu einer Politik der Zugeständnisse an die Arbeiterklasse veranlaßt. 1960 wurde ein Versicherungssystem für Arbeiter eingeführt, später wurde eine Anzahl von Maßnahmen verkündet, die das Wohnungswesen und Kooperativen betrafen. Doch wie andere Projekte wirken sich auch diese nur für eine Minderheit der Arbeiter aus: 1975 hatten 31% der größeren Industrieunternehmen Wohnungsgenossenschaften eingerichtet und 8% Konsumgenossenschaften. Die Versicherung erfaßt wohl ein breiteres Spektrum, aber als ein Instrument zum Zwangssparen stößt sie bei den Arbeitern auf nur wenig Begeisterung, da sie einen Abzug von den Reallöhnen bedeutet. Die beiden wichtigsten Programme betreffen die Gewinnbeteiligung (1963) und Arbeiteraktien (1975), das sechste bzw. das dreizehnte Prinzip der Weißen Revolution. Läßt man einmal all die offizielle populistische Propaganda über die Mildtätigkeit des Schahs beiseite, die sich angeblich in diesen Programmen enthüllte, so waren sie lediglich zwei bescheidene und ziemlich erfolglose Versuche, die iranischen Arbeiter zur Produktivitätssteigerung zu veranlassen.

Das Gewinnbeteiligungsprogramm galt für Unternehmen mit 10 und mehr Arbeitern, aber es schloß die Arbeiter in der Erdöl- und Tabakindustrie sowie bei der Eisenbahn aus. Die Arbeiter sollten bis zu 20% der Gewinne erhalten, die je nach Betriebszugehörigkeit und Lohnhöhe zu verteilen waren. Das Gesetz sah Vereinbarungen zwischen Arbeitern und Unternehmensleitung über die Ermittlung dieser Gewinne vor, das Ganze als Gegenleistung für erhöhte Produktivität. In Wirklichkeit war die Maßnahme weniger weitreichend, als damals behauptet wurde. Manche Geschäftsleute fühlten sich durch die Vorschrift bedroht; sie scheinen sichergestellt zu haben, daß niemand, auch nicht der Staat, ihren Reingewinn wirklich feststellen konnte, indem sie ihre Bilanzen nicht veröffentlichten oder Verluste vortäuschten. Wie schon erwähnt, gaben 1974 überhaupt nur ein Viertel der 20000 Gesellschaften des Iran Steuererklärungen ab, und von diesen wiesen nur 53% einen Gewinn aus. Die Arbeiter selbst verfügten über keine unabhängigen Organisationen und hatten keinen Zugang zu den Akten der Gesellschaft, damit also auch keine Möglichkeit, etwaige Gewinne festzustellen. Der Gesetzestext stellte ausdrücklich fest: »Kein Arbeiter ist berechtigt, diesen Erlaß so auszulegen, als berechtige er ihn zur Teilnahme an der Leitung der Unternehmung« (Artikel 17). Die Bilanzen der Unternehmen blieben also im Dunkeln, in einigen Fällen zahlten Firmen ihrer Belegschaft lieber ein zusätzliches Monatsgehalt, als ihre wahren Profite offenzulegen.

Das andere bestimmende Merkmal des Gewinnbeteiligungsprogramms ist die Tatsache, daß es für verhältnismäßig wenige Arbeiter galt und daß von diesen viele nur relativ geringe Geldsummen erhiel-

ten. Im Jahre 1972, d.h. nach neun Jahren, hatte das Programm erst 175000 Arbeiter in 3135 Betrieben erfaßt; bis 1976 war die Zahl auf 295000 gestiegen, aber auch das waren erst 15% aller in der verarbeitenden Industrie Beschäftigten. Es gibt Informationen, wonach die verteilten Beträge in den ersten 10 Jahren in bestimmten Unternehmen durchschnittlich von 1509 Rial auf 6664 Rial pro Person anstiegen, aber das ist sicherlich keine Steigerungsrate, die für die Industrie als ganze zutrifft. Ein 1975 veröffentlichter Bericht schätzte, daß zwar ein Drittel der betroffenen Arbeiter zwischen 3000 und 6000 Rial im Jahr erhielt, die Hälfte jedoch nur 300 Rial oder weniger.[20] Da der Durchschnittslohn in der Industrie um 100000 Rial betrug, entsprach der höchste »Gewinnanteil« rund 6% des Jahresverdienstes.
Im Juni 1975 wurde ein Arbeiteraktienprogramm eingeführt, das ebenfalls auf Produktivitätssteigerung zielte. Während das Gewinnbeteiligungsprogramm die Einkommen der Arbeiter anheben sollte (indem es faktisch ihre Löhne erhöhte), sollte diese zweite Maßnahme die Spartätigkeit der Arbeiter verstärken, indem sie den Verkauf von 49% der Aktien einer Gesellschaft an deren Beschäftigte vorsah. Der Zweck der Gesetze wurde von Wirtschaftsminister Ansari klar ausgesprochen: »Wir sind der Ansicht, daß diese Maßnahme die Beziehungen zwischen allen an der Produktion Beteiligten stärken wird; sie wird eine höhere Produktion fördern wie auch das Gefühl für Eigentum und das Gefühl sozialer Anerkennung stärken.«[21] Die Bedingungen waren noch härter als beim Gewinnbeteiligungsprogramm: erstens fielen darunter nur Arbeiter mit einer Betriebszugehörigkeit von mindestens drei Jahren; damit wollte man das verbreitete Problem des häufigen Arbeitsplatzwechsels angehen. Auch fielen Gesellschaften nur dann unter das Gesetz, wenn sie Gewinn abwarfen, wenn sie schon mindestens 5 Jahre produzierten und wenn sie eines von drei weiteren Kriterien erfüllten: eingetragenes Kapital über 100 Mio.; Anlagevermögen 200 Mio., Umsatz 250 Mio. Rial. Bis zum März 1978 sind insgesamt 320 Firmen für die Übereignung von Beteiligungen ausgewählt worden. Die Arbeiter können die Aktien entweder direkt kaufen oder sie mit Hilfe von Krediten (4% bei 10 Jahren Laufzeit) von einer speziellen Finanzierungsorganisation für Aktienbeteiligung erwerben. Arbeiter konnten sich aus dieser Quelle jedoch nur 20% des Kaufwertes leihen. Um die unvermeidliche Nachfragelücke zu schließen, wurde eine neue Nationale Investitionsgesellschaft des Iran (National Investment Company of Iran) mit einem Kapital von 10 Milliarden Rial gegründet, die Aktien erwerben und im Laufe der Zeit am offenen Markt verkaufen sollte, wenn sich die Nachfrage der Arbeiter als unzureichend erwies. Bis zum August 1976 hatten 45000 Arbeiter Anteile an etwa 90 Gesellschaften erworben, und bis 1978 sollte das Programm auf die anderen im Gesetz vorgesehenen Firmen ausgedehnt werden.

Dieses Programm ist wie schon das zur Gewinnbeteiligung weit weniger einschneidend, als es auf den ersten Blick aussehen mag. Einige ausländische und einheimische Firmen bekamen tatsächlich einen Schreck, als das Gesetz eingebracht wurde, aber die Regierung beruhigte sie mit dem Hinweis auf seine Grenzen und auf die Tatsache, daß die Gesellschaften beileibe nicht von den Arbeitern kontrolliert würden. Das Zwischenschalten der Nationalen Investitionsgesellschaft bedeutet, daß ein gut Teil der Aktien, vielleicht sogar die Mehrzahl, über den offenen Markt gehen werden und nicht an die betroffenen Arbeiter, was die Sache für die Gesellschaften sicher leichter macht. In offiziellen Verlautbarungen wird versucht, zwischen diesen Programmen und dem Landreformprogramm eine Verbindung herzustellen. Doch beide Programme ähneln sich tatsächlich nur insofern, als das Regime ihren Umfang wie ihre Originalität jeweils erheblich übertreibt. Im Rahmen der Landreform wurde dem begünstigten Einzelnen mit einem Stück Land wenigstens etwas in die Hand gegeben, was er als sein Eigentum betrachten konnte. Eine solche Aufteilung ist in der Industrie nicht möglich; man kann Fabriken nicht in Stücke brechen und unter die Arbeiter verteilen oder so tun, als wäre derartiges möglich. Der Klassenunterschied zwischen Unternehmern und Lohnabhängigen blieb also bestehen, in der Realität wurde der Konflikt zwischen beiden in mancher Hinsicht sogar verstärkt. Die Arbeiter wurden sich mehr und mehr bewußt, daß sie zu schwach und unfähig waren, die Programme durchzusetzen. Die Manager und Eigentümer wiederum empfanden das Gewinnbeteiligungs- und das Arbeiteraktienprogramm als Angriff auf ihre Position.

Streng ökonomisch gesehen hat ganz offensichtlich keines der beiden Programme die Probleme gelöst, auf die es gerichtet war. Beide zielten darauf ab, die Produktion zu steigern und ganz allgemein die Unterstützung der Arbeiter zu gewinnen; aber selbst wenn die Produktivität der iranischen Industrie insgesamt oder teilweise gestiegen sein sollte, sind doch die grundlegenden Schwierigkeiten dieselben geblieben und können durch eher symbolische Aktionen nicht überwunden werden. Und auch der Versuch, das verfügbare Firmenkapital durch das Arbeiteraktienprogramm zu erhöhen, ist natürlich Augenwischerei, denn nicht so sehr das verfügbare Kapital als vielmehr der Gebrauch, der davon gemacht wird, bestimmt die Effizienz der iranischen Industrie; die Lösung dieses Problems erfordert jedenfalls weiterreichende Veränderungen, als sie vom Regime ins Auge gefaßt wurden. Die Zurückhaltung der Arbeiter wird im Verein mit den Ängsten der Unternehmer das Arbeiteraktienprogramm womöglich in eine Sache für den offenen Aktienmarkt verwandeln, aber damit würde das Problem nur in einen anderen Bereich verlagert. Denn die Schwäche der iranischen Wertpapierbörse ist keine zufällige, sondern spiegelt die Tatsache wider, daß Investoren jen-

seits des industriellen Sektors oft größere und schnellere Gewinne aus ihren Investitionen ziehen können, besonders unter den unsicheren Bedingungen nach der Rezession von 1975. Das sechste und das dreizehnte Prinzip der Weißen Revolution reichen deshalb lange nicht aus, um die grundlegenden Probleme der iranischen Industrie zu lösen.
Der Iran steht auch vor einem ernsten Mangel an Facharbeitern. Die Regierung hat versucht, dem mit Ausbildungsprogrammen abzuhelfen, und wollte von 1972 bis 1977 205000 Techniker und 604000 gelernte und angelernte Arbeiter ausgebildet haben. Damit sind wir bei einer dritten Regierungsmaßnahme, mit deren Hilfe Produktion und Produktivität gesteigert werden sollten: der Import ausländischer Arbeitskräfte. Schätzungen für den Fünften Plan (1974–78) sprachen von einer »Personallücke« von 721000 Menschen, 1976 arbeiteten schätzungsweise schon 50000 ausländische Management- und Fachkräfte mit ihren Familien im Lande.[22] Zwar stammen viele davon aus fortgeschrittenen kapitalistischen Ländern, aber die Regierungspolitik ging in den letzten Jahren auch dahin, auf der Basis bilateraler Regierungsvereinbarungen Männer und Frauen aus ärmeren asiatischen Ländern zu importieren – medizinisches Personal aus Indien, Pakistan, Bangladesh und den Philippinen, Facharbeiter für das Transport- und Bauwesen aus Südkorea.[23] Es ist extrem unwahrscheinlich, daß eine so große Zahl wie die vom Plan »angeforderten« 721000 bis zum Ende des Jahrzehnts in den Iran kommen werden; aber durchaus denkbar ist die Einwanderung von hundert- oder zweihunderttausend asiatischen Arbeitern. Angesichts der Kurzfristigkeit und Isoliertheit ihrer Arbeitsverhältnisse sowie der sprachlichen und kulturellen Barrieren werden sie zu ihren iranischen Kollegen wohl kaum richtige und wirksame Verbindungen aufnehmen können. Daß sie überhaupt gebraucht werden, zeigt die enorme Rückständigkeit des Bildungswesens und der Ausbildung in der Industrie nach 50 Jahren Pahlavi-Herrschaft; zugleich stellt diese Entwicklung für die noch ärmeren asiatischen Länder eine enorme Belastung dar, insofern diese auf einen Teil ihrer eigenen knappen Fachkräfte verzichten müssen, die durch höhere Löhne ins Ausland gezogen werden.

Das Anwachsen der Gewerkschaften

Die iranische Arbeiterklasse war in langen Perioden ihrer Geschichte aller Rechte auf unabhängige politische Aktivität beraubt, und doch gibt es drei Perioden, in denen sich ein gewisses Maß autonomer Klassenaktion feststellen läßt. Die erste lag in den zwei Jahrzehnten zwischen der Konstitutionellen Revolution und der Konsolidierung des Regimes von Reza Khan gegen Ende der 20er Jahre; die zweite

und wichtigste umfaßte den Zeitraum von 1945 bis 1953, und die dritte begann mit den Ölpreissteigerungen 1973. Die Kontinuität zwischen diesen drei Phasen ist sehr begrenzt, weil es dem Regime immer wieder gelungen ist, die historische Entwicklung der Arbeiterklasse zu unterbinden – und doch verdeutlicht jede dieser Perioden das Kampfpotential und die politische Verfassung der Arbeiterklasse an verschiedenen Punkten ihrer Entwicklung.
In den ersten 20 Jahren des Jahrhunderts war die Klasse der Lohnarbeiter in den Städten extrem klein, denn eine moderne Industrie existierte praktisch nicht. In diesem Stadium waren Arbeiter in zwei ganz verschiedenen Arten von Organisationen vertreten. Erstens gab es die Gilden, die Arbeiter und Unternehmer umfaßten und die in den politischen Aktivitäten in Teheran und Tabriz gelegentlich eine bedeutende Rolle spielten. Während der Konstitutionellen Revolution standen die Gilden in der vordersten Front der Kampagnen und Demonstrationen gegen russische Waren und die Einfuhr ausländischer Produkte. Als Organisationen des Basars behielten sie noch über Jahrzehnte ihren Einfluß. Sie vereinten Unternehmer und Arbeiter in einer vorindustriellen Organisationsform, die ihre gemeinsamen Probleme am Arbeitsplatz verkörperte und die gegenüber einer von Grundbesitzern und ausländischen Interessenvertretern dominierten Regierung auch tatsächlich übereinstimmende Interessen von Unternehmern und Arbeitern repräsentiert haben mag. Doch unter dem Pahlavi-Regime waren sie als unabhängige Gebilde nicht überlebensfähig, erst recht nicht konnten sie die Basis für die Entstehung einer Arbeiterbewegung darstellen. Angesichts der Gemeinsamkeit von Unternehmern und Arbeitern konnten die Gilden nicht den Rahmen für Forderungen abgeben, bei denen es um Interessenkonflikte zwischen beiden Gruppen ging. Zweitens schrumpfte die Bedeutung der Gilden in dem Maße, wie der Basar an Bedeutung verlor, als sich die industriellen Aktivitäten immer mehr in Fabriken und Werkstätten außerhalb des Basars verlagerten. Dieser Bedeutungsverlust drückte sich auch politisch aus: nach einer 1949 durchgeführten Untersuchung stimmten nur wenige Arbeiter in Teheran bei Wahlen für ihre Chefs.[24]
Erst um die Jahrhundertwende traten die ersten Organisationen in Erscheinung, die klare Repräsentanten der Arbeiterklasse waren, und zwar zunächst unter den Hunderttausenden von iranischen Arbeitern in Rußland und dann innerhalb der kleinen Industriearbeiterklasse im Iran selbst. 1914 waren im Lande schätzungsweise 126300 Menschen in Industrie und Handwerk beschäftigt, die Hälfte davon in der Teppichindustrie. Die erste bekannte Gewerkschaft wurde im Jahre 1906 von den Druckereiarbeitern in Teheran gegründet, und sie publizierte mehrere Ausgaben einer sozialistischen Zeitschrift, *Ettefâgh-e kârgarân* (Bund der Arbeiter). 1922 wird schon von 12 Teheraner Gewerkschaften mit 20000 Mitgliedern berichtet,

was 20% der Gesamtarbeiterschaft der Stadt entsprach, weitere 10000 Arbeiter waren in anderen Landesteilen organisiert.[25]
Diese Arbeiterorganisationen waren wahrscheinlich von der iranischen kommunistischen Partei beeinflußt; 1921 schlossen sich einige der Teheraner Gewerkschaften denn auch der Profintern an, der in Moskau ansässigen Gewerkschaftsinternationale. Andere Einflüsse – sozialistische, anarchistische – scheint es nicht gegeben zu haben. Soviel man von ihren Programmen weiß, spielten aber nationale, politische Forderungen (gegen die ausländische Einmischung und die Unterbindung der Majlis-Wahlen durch die Oligarchie) eine ebenso große Rolle wie rein ökonomische. Wie auch immer ihr eigentlicher Charakter war, in jedem Fall waren sie zu schwach: Die Arbeiterklasse war zu klein, um die Etablierung der Pahlavi-Dynastie und die Abschaffung aller Gewerkschaften im Jahre 1928 zu verhindern. Das erste umfassende iranische Arbeitsgesetz von 1936 sah weder ein Streikrecht noch das Recht zur Bildung von Gewerkschaften vor und beschränkte sich auf die Frage der Arbeitsbedingungen in Industriebetrieben. Erst mit der Invasion von 1941 wurden gewerkschaftliche Aktivitäten wieder möglich, und mit der Verschlechterung der wirtschaftlichen Situation (600% Inflation während des Krieges) wuchs die Unzufriedenheit der Bevölkerung. Unter diesen Bedingungen entstanden die stärksten Gewerkschaften, die es je in der iranischen Geschichte gegeben hat.[26]
Anfang 1942 gelang es den Kommunisten, einen Zentralrat der Gewerkschaften zu bilden, der 1944 zum Vereinigten Zentralrat der Vereinten Gewerkschaften Iranischer Arbeiter (United Central Council of Unified Trades Unions of Iranian Workers) wurde – auf persisch *Shourâ-ye mottahed-e markazi* Zentraler Vereinter Rat), auf englisch CUCTU abgekürzt. 1945 gab er seine Mitgliedschaft mit 200000 Arbeitern an, 1946 mit 400000 in 186 angeschlossenen Gewerkschaften. 1946 trat er dem Weltgewerkschaftsbund bei. Er gab eine Tageszeitung (*Zafar*) heraus und hatte in Reza Rusta, einem in Gilan geborenen Azari-Türken und ehemaligen Schmied, einen energischen und entschlossenen Führer.[27] Der CUCTU konnte beanspruchen, in allen wichtigen Industriezentren über eine starke Mitgliedschaft zu verfügen. Auf der Höhe seiner Macht im August 1946 verteilten sich seine Mitglieder folgendermaßen: 90000 auf den Erdölfeldern von Khuzestan; je 50000 in den Fabriken von Teheran und Tabriz; 65000 in den Textilbetrieben von Isfahan, Shiraz und Yazd; 45000 in Gilan und Mazanderan in Textilfabriken, im Kohlebergbau und bei der Eisenbahn. Angesichts der damaligen Größe der Arbeiterklasse handelte es sich nicht um eine gesamtnationale Bewegung, und wie bei der Tudeh-Partei waren unter den Mitgliedern praktisch keine Bauern. Aber auch wenn man die offiziellen Zahlen für übertrieben hält, stellte das Ausmaß der Bewegung doch eine erhebliche Bedrohung für das Regime dar. In den ersten Jahren hielten

sich diese Gewerkschaften mit Streikaktionen zurück, um die Kriegsanstrengungen der Sowjetunion nicht zu schwächen. Doch nach Kriegsende breiteten sich die Streiks aus: 1942 gab es 7, 1944 14, 1946 aber 25 große Arbeitsniederlegungen und 5 gesonderte regionale Generalstreiks. Hauptzentren waren Teheran und die Ölfelder. In Teheran traten die Arbeiterklasse und ihre Anhänger am eindrucksvollsten bei Massendemonstrationen in Erscheinung, wo am 1. Mai 1946 50000 demonstrierten. Im Oktober gingen 100000 auf die Straße. Auf den Ölfeldern dagegen waren Streiks die Hauptaktivität: 1945 und 1946 gab es in der Raffinerie von Abadan und in einem halben Dutzend anderer Produktionszentren größere Streiks, der wichtigste davon ein dreitägiger Generalstreik im Juli 1946, bei dem es um Löhne und Arbeitsbedingungen ging. Angesichts der Wichtigkeit der Ölindustrie war diese Aktion, in der die Arbeiter die meisten Forderungen durchsetzten, von ungeheurer Bedeutung, und sie zeigte, welch große Rolle eine kleine, aber strategisch günstig postierte Arbeiterklasse in einer Wirtschaft wie der iranischen spielen kann.[28] Die Regierung fühlte sich dadurch so bedroht, daß sie alles unternahm, um die Bewegung zu zerschlagen. 1946 gründete das Qavam-Kabinett eine Konkurrenzgewerkschaft, den Iranischen Arbeiterbund (Federation of Iranian Workers; ESKI), dem gar zu deutlich anzusehen war, daß es sich um eine offizielle Gründung handelte. In den Jahren darauf spaltete sich dieser Bund zweimal, und obwohl er 1951 in den von den USA kontrollierten Internationalen Bund Freier Gewerkschaften aufgenommen wurde, hatte er 1952 erst 3000 Mitglieder. Die Reaktion des Regimes bestand jedoch primär nicht darin, Arbeiter für Konkurrenzorganisationen zu gewinnen, als vielmehr in dem Versuch, unabhängige Arbeiterorganisationen vollständig zu zerschlagen. Seinen höchsten Punkt erreichte der Einfluß der im CUCTU zusammengeschlossenen Gewerkschaften im Jahre 1946. Als nach der Niederlage der Republik Azerbaijan die Unterstützung für die Kommunisten nachließ und die wirtschaftliche Situation sich besserte, ging die Zahl der Streiks zurück (1947–48 nur fünf); im Jahre 1949 begann die Bewegung wiederaufzuleben, nachdem Tudeh-Partei und CUCTU im Februar nach einem versuchten Anschlag auf den Schah verboten worden waren. Als 1951 die Mossadegh-Regierung an die Macht kam, stand die kommunistische Arbeiterbewegung in Übereinstimmung mit der Tudeh-Partei zunächst in Opposition. Im März und April 1951 kam es sogar zu einer größeren Konfrontation zwischen den Ölarbeitern und der Mossadegh-Regierung, als der lokale Gouverneur gegen die Streikenden vorging und ihre Führer mit der Begründung verhaftete, eine Massenaktion gegen die Ölgesellschaft würde eine militärische Intervention der Briten provozieren und dadurch die Kampagne zur Nationalisierung des Erdöls zunichte machen. Im Jahre 1952 stellten sich dann die Gewerkschaften hinter Mossadegh; obwohl dieser das Verbot des

CUCTU nie aufhob, konnte der Rat seine Aktivitäten in halblegalem Rahmen wieder aufnehmen. Von 1951 bis 1953 gab es mehr als 200 Streiks im Rahmen ökonomischer Konflikte. Dann zerschlug der Putsch vom August 1953 die Gewerkschaften endgültig und vollständig, und die Organisierungserfolge der vorangegangenen 12 Jahre wurden fast vollständig zunichte gemacht.
Diese Periode der Geschichte der iranischen Arbeiterklasse ist in verschiedener Hinsicht bemerkenswert. Auch wenn den offiziellen Statistiken kaum zu trauen ist, kann es – zumal angesichts der Beunruhigung des Regimes und der USA – keinen Zweifel daran geben, daß die Arbeiterklasse damals eine massive Bedrohung für die Pahlavi-Dynastie darstellte. Gemessen an anderen Gewerkschaften in asiatischen und afrikanischen Ländern der Dritten Welt (Lateinamerika hat eine andere und entwickeltere Tradition) hatten die der CUCTU angeschlossenen Organisationen eine bemerkenswerte Größe und Schlagkraft erreicht. Aber bei aller Aufmerksamkeit, die diese Bewegung der Arbeiter noch immer verdient, sind ihre inneren Schwächen doch nicht zu übersehen. Zunächst war sie von den durch die alliierte Invasion geschaffenen Bedingungen der Legalität abhängig, und nach der Niederlage der Revolution in Azerbaijan war ihr Spielraum eingeengt. Sodann hatte die Bewegung mit dem strategischen Handikap fertig zu werden, daß das Zentrum der *politischen Macht* in Teheran 800 km vom Zentrum der *Streikaktivitäten* auf den Erdölfeldern des Südens entfernt lag. Die Arbeiter konnten zwar das ausländische Kapital bedrohen, aber weit weniger wirksam konnten sie direkten Druck gleichzeitig auf AIOC und Regierung ausüben. Außerdem waren die Gewerkschaftsorganisationen noch zu jung, und ihre soziale Basis war angesichts des iranischen Entwicklungsniveaus zu beschränkt, um dem Angriff nach dem Putsch von 1953 wirklich Widerstand leisten zu können. Mit diesem Ereignis brach eine lange Nacht über die iranische Arbeiterklasse herein, aus deren Finsternis sie 20 Jahre später erst langsam wieder aufzutauchen begann.

Offizielle Gewerkschaften und illegale Streiks

Die Politik des iranischen Regimes gegenüber der Arbeiterklasse hat sich im Laufe der Jahre von totaler Unterdrückung in Richtung auf eine Mischung aus Unterdrückung und Anreizen verschoben. Nach der Mossadegh-Periode unterdrückte das Regime alle oppositionellen Aktivitäten, und 1957 wurden alle Gewerkschaften, selbst die offiziellen Pseudoorganisationen, verboten. Damit war der Weg frei für ein neues, vom Regime gelenktes Programm, das auf die Arbeiterklasse zielte. Das Arbeitsgesetz von 1959 ließ die Gründung von Gewerkschaften zu, wenn sie vom Arbeitsministerium anerkannt wurden; das Versicherungsgesetz von 1960 sowie das Gewinnbeteiligungsgesetz von 1963 begründeten ein System von Vergünstigungen für bestimmte Arbeiterschichten. Der Grundgedanke dieser Politik ist einfach: das Regime kann die Arbeiter nicht einfach niederschlagen. Es braucht ihre Kooperation für die weitere Industrialisierung, es braucht Informationen über die Einstellungen der Arbeiter, um zu erfahren, welche pazifizierenden Maßnahmen es ergreifen muß; es muß die Einkommen zumindest einiger Arbeiter erhöhen, um den Binnenmarkt zu entwickeln.

Aus diesen Gründen hat das Regime sein eigenes System von Gewerkschaften geschaffen. So naiv es wäre, die offiziellen Behauptungen zu schlucken, daß diese Organisationen die Interessen der Arbeiter vertreten, so verfehlt wäre es auch, die ganz realen Funktionen zu übersehen, die sie für die Absicherung der politischen und ideologischen Position des Regimes gehabt haben. Diese Art von Gewerkschaft ist, das sollte betont werden, keine Besonderheit des Iran, obwohl hier die direkte Rolle der Geheimpolizei besonders kennzeichnend ist. Unter dem deutschen und dem italienischen Faschismus wie in Francos Spanien gab es staatliche Arbeiterorganisationen, und diese Regimes, die objektiv die Hüter kapitalistischer Interessen waren, pflegten oft eine sich den Arbeitern anbiedernde Sprache und ließen antikapitalistische Sprüche vom Stapel, um eine gewisse Unterstützung seitens der Arbeiterklasse zu gewinnen.[29] In der Nachkriegszeit war das Phänomen einer »kontrollierten Gewerkschaftsbewegung« besonders in Lateinamerika verbreitet. Dort sind wie im Iran in der Entwicklung begriffene kapitalistische Staaten verschiedener Schattierungen nicht nur auf ein politisch friedliches Verhalten angewiesen, sondern auch auf die aktive Kooperation einer Arbeiterklasse im Prozeß der Industrialisierung. Offizielle Gewerkschaften dieser Art wurden in Mexiko unter der Institutionalisierten Revolutionären Partei, in Argentinien unter Peron und in Peru unter der seit 1968 herrschenden Militärjunta als Teil des ökonomischen und politischen Gesamtprogramms dieser Regimes gegründet.

Grundlage der staatlichen Gewerkschaften im Iran ist das Arbeitsgesetz von 1959, das in gewisser Weise den entsprechenden Regelungen in faschistischen Staaten ähnelt. Dieses Gesetz sieht für die vom Arbeitsministerium zu lizensierenden Gewerkschaften folgende Funktionen vor: den Abschluß kollektiver Vereinbarungen; den Kauf und Verkauf beweglichen und unbeweglichen Eigentums, wenn dies nicht für kommerzielle oder Zwecke des Profits geschieht; die Verteidigung der beruflichen Rechte und Interessen der Gewerkschaftsmitglieder; die Gründung von Genossenschaften zur Befriedigung der Bedürfnisse der Mitglieder; die Errichtung von Arbeitslosenkassen zum Zwecke der Unterstützung arbeitsloser Arbeiter.[30] Das Streikrecht wird nicht erwähnt, und jenseits der Vereinbarungen über Gewinnbeteiligung sind nur wenige Kollektivverträge zwischen Arbeitern und Unternehmensleitungen abgeschlossen worden. Gleichzeitig wuchs die Zahl von Gewerkschaftsgründungen: nach offiziellen Unterlagen gab es 1971 insgesamt 397, und 1978 sollen bereits 1023 dieser Gebilde existiert haben. Eine erhebliche Zahl der iranischen nichtlandwirtschaftlichen Lohnarbeiter ist in solchen Organisationen erfaßt, bei denen es sich ersichtlich nicht um Gewerkschaften handelt, die einen ganzen Industriezweig erfassen. Vielmehr ist das offizielle System äußerst fragmentiert, und die Gewerkschaften beschränken sich wohl eher auf einzelne Fabriken. So läßt die Existenz von 26 Gewerkschaften allein in der Ölindustrie (nimmt man den Vertrieb dazu) und von sieben verschiedenen Automobilarbeitergewerkschaften auf den planmäßigen Versuch schließen, die Entstehung jeder landesweiten Arbeiterorganisation, selbst unter offizieller Kontrolle, zu verhindern.

Tabelle 18: Staatliche Gewerkschaften 1971.

Wirtschaftszweig	*Anzahl der Organisationen*	
	Arbeiter	*Unternehmer*
Automobile	7	—
Metalle	13	5
Textilien	43	7
Transportwesen	42	64
Wasser und Energie	18	3
Leder und Innereien	9	2
Erdöl	26	—
Chemie	5	1
Druck	4	3
Dienstleistungen	56	30
Nahrungsmittel	68	22
Schlachthöfe	20	—
Bauwesen	24	10
Kunst, Film, Theater	6	—
Bekleidung	13	3
Fernmeldewesen	2	—
Glas und Kristall	2	1
Banken	7	—
Papierherstellung	2	—
Gesundheitsdienst	4	9
Teppichknüpfen	10	2
Diverse	16	6
Gesamt	397	168

Quelle: *Labour Legislation, Practice and Policy,* ILO Mission Working Paper IX, Genf 1973, S. 21.

Das Arbeitsgesetz verbietet den Gewerkschaften jede politische Betätigung; aber es ist ihnen gestattet, »politische Parteien zu bevorzugen oder mit ihnen zusammenzuarbeiten«. Da es aber nur eine Partei (Rastakhiz) gibt, die vom Regime kontrolliert wird, ist das kein Zugeständnis. Tatsächlich sind die Gewerkschaften als Teil der Mobilisierungsaktion des Regimes ein hochpolitisches Unternehmen. Die Gewerkschaftsstruktur wird direkt vom SAVAK geleitet. In einigen Fabriken haben SAVAK-Beamte ihre eigenen Büros, und von einigen ausländischen Geschäftsleuten, die im Iran gearbeitet haben, hört man Klagen über diese mächtigen und störenden Vertreter des iranischen Staates, an die sie Gehälter zahlen und von denen sie gelegentlich Weisungen entgegennehmen müssen. Da diese SAVAK-Agenten nicht nur Unterdrückungsfunktion haben, sondern auch die »Kooperation« fördern sollen, können sie der Geschäftsleitung Schwierigkeiten machen und tun das auch manchmal. Zwar gibt es darüber kaum Informationen, aber es würde durchaus ins Bild passen, wenn Mitte der 70er Jahre einige der Lohnerhöhungen den Unternehmern von SAVAK-Vertretern in der Gewerkschaft aufgedrängt worden wären, die sich über die Unzufriedenheit der Arbeiter in den von ihnen betreuten Fabriken Sorgen machten.[31]

Was sind nun die Funktionen dieser Gewerkschaften? Erstens werden über sie die Arbeiter in eine Reihe von Sozialprogrammen einbezogen: Versicherung, Wohnraum, Renten usw. Dadurch soll ein gewisses Gefühl von Sicherheit (besonders im Hinblick auf die schwierige Wohnungslage) vermittelt und auch das Sparen gefördert werden. Die Seiten von *Rastakhiz-e kârgarân,* der offiziellen Arbeiterzeitung, enthalten viele Berichte über Sozialprogramme dieser Art. Zweitens sind diese Gewerkschaften Träger des Gewinnbeteiligungs- und Arbeiteraktienprogramms. Die Gewerkschaften können es sich sogar leisten, recht militant aufzutreten, wo es die entsprechenden Bestimmungen zulassen. Nach der Vermutung eines iranischen Autors liegt es durchaus im Interesse des Regimes, die Forderungen der Arbeiter weg von Lohnforderungen als solchen auf die Ebene der vom Staat gewährten Vergünstigungen zu richten.[32] Das lenkt nicht nur vom Drängen auf Lohnerhöhungen ab, sondern kann diesen Programmen auch zu einer gewissen Legitimität verhelfen. Selbst wo direkte Lohnerhöhungen gefordert werden, versucht das Regime offensichtlich planmäßig, diese Forderungen zu kanalisieren. So haben z.B. Arbeiter ihre Forderungen gerechtfertigt, indem sie auf Lohngesetze Bezug nahmen oder im Streik schahfreundliche Parolen riefen. Drittens spielen diese Gewerkschaften eine mobilisierende Rolle. An Staatsfeiertagen und bei politischen Versammlungen sorgt SAVAK für die Teilnahme der Belegschaften an regimefreundlichen Demonstrationen: Während der politischen Unruhen Anfang der 60er Jahre wurden einige vom Regime konzessionierte Arbeiterführer bei schahfreundlichen Aktionen eingesetzt. Shoya ed-Din Mo-

layeri z. B. organisierte seine 2000 Teheraner Busfahrer so, daß sie, wie ein Beobachter berichtete, »eine disziplinierte Truppe äußerst mobiler, kräftiger Demonstranten bildeten«.[33] Als Ruhe und Ordnung nach dem Juni 1963 wiederhergestellt waren, hatte man für Molayeri und Leute seines Schlages keine Verwendung mehr. Ähnliche schahfreundliche Arbeiterdemonstrationen wurden während der Protestaktionen von 1978 organisiert.
Der wichtigste Bereich der Mobilisierung liegt jedoch in der Fabrik selbst, denn hier setzt der Angriff auf die niedrige Produktivität an. Wenn sie die Sozialprogramme begründen oder auf den regelmäßig von der Regierung veranstalteten Arbeiterkongressen reden, beziehen sich die Funktionäre des Regimes immer wieder auf die Frage der Produktionserhöhungen. In der korporativistischen Rhetorik des Regimes wird stets betont, daß sich Arbeiter und Manager gemeinsam für das Erreichen ihrer Ziele einzusetzen hätten. Auf dem 3. Iranischen Arbeiterkongreß im Mai 1976, an dem 2350 Arbeitervertreter teilnahmen, erklärte Arbeitsminister Moini, »die Arbeiter werden sich bemühen, härter zu arbeiten, ihre Fähigkeiten zu verbessern und die Produktivität zu erhöhen, um dadurch ihre Schuld gegenüber dem Shahanshah abzutragen«. In den Fabriken der Militärindustrieorganisation läuft die Produktion nach militärischen Grundsätzen ab, die Arbeiter tragen Uniform und halten bei besonderen Anlässen Paraden ab. Die Gewerkschaftsvertreter tragen bei Gelegenheit Waffen, und die Manager können Generale oder ehemalige Generale sein, die auf diesen Sektor abkommandiert wurden. Insgesamt stellen diese Maßnahmen einen Versuch dar, die Arbeiterklasse zugleich zu kontrollieren und zu mobilisieren – ein äußerst widersprüchliches Unternehmen, das nur immer deutlicher den Konflikt zwischen der objektiven Macht des iranischen Proletariats und den begrenzten politischen Rechten unterstreicht, die den Proletariern individuell und als Klasse zugestanden werden.
Diese Macht hat sich neuerdings wieder in den zunehmenden Streiks im Gefolge des Ölbooms von 1973 unabhängig artikuliert. Es gibt keine verläßlichen Informationen über diese Streiks, aber aus einer Vielzahl von Quellen können wir ein realitätsnahes Bild dieser neueren Entwicklungen rekonstruieren.[34] 1. Die Zahl der Streiks ist diesen Berichten zufolge von einer bloßen Handvoll in den Jahren 1971–73 auf 20 oder 30 im Jahre 1975 gestiegen. 2. Die meisten dieser Streiks beschränken sich auf einzelne Fabriken und beziehen sich 3. auf ökonomische Fragen wie Löhne, Prämien und Arbeitszeit. Überstunden scheinen eine besondere Quelle der Unzufriedenheit zu sein, denn die Unternehmer stehen unter dem Druck, soviel Extraproduktion und daher Überstunden aus den Arbeitern herauszuholen wie möglich, aber diese verlangen dafür höhere Bezahlung. 4. Viele der Streiks dauerten nur ganz kurz – ein paar Stunden oder höchstens ein oder zwei Tage, dann griffen Unternehmensleitung

und die Behörden ein, um den Streik auf die eine oder andere Weise zu beenden.

Überraschend viele dieser Streiks haben mit einem Erfolg geendet, was nur das Dilemma unterstreicht, vor dem das Regime steht. Es gab Berichte über mehrere Lohnstreiks in der Ölindustrie und auf den Ölfeldern (August und Oktober 1973, März 1975), bei denen anscheinend Konzessionen gemacht wurden. Ähnliche Berichte gibt es über die Fabrik Mashin Sazi in Tabriz, eine der größten des Landes, wo 1974 800 Arbeiter wegen Überstunden gestreikt haben. Zunächst zerstreute die Polizei die Streikenden, 25 der jüngeren Arbeiter wurden zum Militär eingezogen und weitere 100 entlassen. Die Einberufungen konnten offensichtlich nicht rückgängig gemacht werden, aber die 100 Arbeiter, darunter viele Facharbeiter, wurden von der Firma mangels ausgebildeten Personals wieder eingestellt.

Andere Streiks, vermutlich die Mehrzahl, wurden gebrochen. 1971 streikten z. B. Arbeiter in der Textilfabrik Shah Jaheet in Karaj nordwestlich von Teheran und marschierten mit Schahbildern bewaffnet auf die Hauptstadt. Die Polizei eröffnete das Feuer und tötete mindestens drei, wenn nicht dreizehn Arbeiter. Im Juni 1974 wurde der Führer der Transportarbeiter von Tabriz, Majid Saleh Jahani, ein Fahrer und bekannter Organisator, nach einem Streik im Gefängnis getötet. Im September 1975 besetzten Arbeiter einer Textilfabrik in Shahi nördlich von Teheran ihren Betrieb, nachdem sich die Unternehmensleitung geweigert hatte, den Gewinnbeteiligungsplan durchzuführen. Es brachen Kämpfe zwischen der Polizei und den Arbeitern aus, und als sich andere Arbeiter aus verschiedenen Schichten und Studenten aus der Gegend an den Auseinandersetzungen beteiligten, griff die Polizei die Fabrik bei Nacht an. Drei Arbeiter wurden getötet, 70 bis 80 Menschen verletzt und schätzungsweise 450 verhaftet, bevor die Fabrik von Protestierenden geräumt war. Die politische und ökonomische Situation im Iran läßt es ersichtlich nicht zu, einen Streik über nennenswerte Zeit hinzunehmen: Entweder müssen die Forderungen durch schnelles offizielles Eingreifen bei der Unternehmensleitung erfüllt werden, oder die Opposition wird niedergeschlagen.

Allerdings hat das Zusammenwirken von ökonomischem Druck durch die Arbeiter, Knappheit von Facharbeitern und den Sozialprogrammen der Regierung seit 1973 anscheinend dazu beigetragen, das Vertrauen der iranischen wie der ausländischen Geschäftswelt zu erschüttern. Der ökonomische Druck der besser verdienenden Arbeiter stellte ein ernsthaftes Problem dar, das durch folgende Klagen des Organs der Teheraner Geschäftsleute illustriert wird:

»Löhne und Gehälter erhöhen sich ständig, während die Pro-Kopf-Produktivität vernachlässigt wird. Die übermäßige Zunahme von Löhnen und Gehältern hat dazu geführt, daß sich ein Vater vor seinem Sohn schämt, weil er trotz langjähriger Arbeitserfahrung einen niedrigeren Lohn erhält als sein Sohn, der gerade zu arbeiten begonnen hat. Noch wichtiger ist die Tatsache, daß Angestellte, die ihre Arbeit wegen wiederholter Fehler oder niedriger Produktivität verlieren, sofort eine viel bessere Arbeit mit viel höherem Lohn finden, was den früheren Arbeitgeber lächerlich macht ... Die Öffentlichkeit ist verdorben worden. So ist das Individuum, das früher von Brot und Käse lebte, nur noch mit Cheloukabab (Reis mit gebratenem Fleisch) zufrieden, und ein ungelernter Arbeiter erwartet, in einem Paykan zur Arbeit zu kommen ... Natürlich werden wir Gott danken an dem Tage, an dem selbst die ungelernten Arbeiter zu Autos kommen, und mit den Löhnen von heutzutage mag es sehr bald soweit sein. Doch man muß bedenken, daß nicht jeder sofort ein Auto haben kann, wenn nicht Effizienz und Produktivität steigen.«[35]

Dieser Alarmruf zeigt die eine Seite des Bildes: die iranische Arbeiterklasse hat eine beträchtliche ökonomische Macht, und auch wenn die Rezession seit 1975 die Lohnerhöhungen verringert, ist doch das langfristige Wirtschaftsprogramm des Regimes so abhängig von der Unterstützung durch die Arbeiterklasse, daß diese ihre Macht weiter einsetzen wird. In dem Maße, wie sich die ökonomischen Zwänge verstärken, wird es aber immer schwieriger, die Kooperation der Arbeiter zu gewinnen oder aufrechtzuerhalten. Und durch die Streikerfahrungen der letzten Jahre dürften die direkt beteiligten Proletarier wohl doch ein gewisses dauerhaftes Kampfbewußtsein entwickelt haben.

Andererseits gebietet das verfügbare Material eine zurückhaltende Einschätzung der zukünftigen Arbeiterbewegung im Iran. Zunächst ist die Arbeiterklasse jeglicher politischer Tradition beraubt, die Streiks aus den 40er Jahren bis zum Jahre 1953 sind nur noch einem winzigen Teil der Arbeiter von heute im Gedächtnis, und die meisten militanten Führer von damals sind garantiert beseitigt worden. Die Erfahrung des CUCTU war zu kurz und liegt zu weit zurück, um dauernde Spuren zu hinterlassen, dazu kommt die unvermeidliche kulturelle Kluft, die sich zwischen den Arbeitern der älteren und denen der jüngeren Generation aufgetan hat. Auch gibt es in der Arbeiterklasse keine einheimischen politischen Traditionen, an die eine Arbeiterbewegung anknüpfen könnte; in der iranischen Arbeiterpolitik gibt es beispielsweise nichts, was dem Anarchismus vergleichbar wäre. Die Bedingungen, unter denen die Arbeiter zu leben gezwungen sind, machen die Entstehung einer Arbeiterbewegung auch extrem schwierig. Die Effizienz und die Grausamkeit des Pahlavi-Regimes war weit größer als etwa die des zaristischen Staates um die Jahrhundertwende, und die Repression wie die von amtlicher Seite verursachte Zersplitterung haben es den Aktivisten allgemein sehr erschwert, untereinander Kontakte herzustellen oder aufrechtzuerhalten. Alle dennoch existierenden Arbeiterorganisationen mußten unter größter Geheimhaltung arbeiten, und es ist sicher ein deutliches Zeichen, daß niemals in den letzten Jahren irgendeine politische Richtung behauptet hat, im Iran existiere eine Untergrundbewegung

oder -organisation der Arbeiter auf breiter Basis. Alle Proteste waren offensichtlich auf die lokale Ebene beschränkt.
Unter iranischen Sozialisten gibt es zwei entgegengesetzte Ansichten darüber, welchen politischen Charakter die iranische Arbeiterklasse in der Zukunft annehmen wird. Die einen erwarten, daß sich gegen die Diktatur eine Bewegung der Arbeiterklasse mit wachsendem Einfluß und wachsendem Selbstvertrauen herausbilden wird. Die andere Richtung hebt die spalterische Politik des Regimes hervor und argumentiert, daß zumindest die obere Schicht der Arbeiterklasse durch die erreichten Privilegien auf die Seite des Regimes gezogen worden ist. Es wäre in der Tat naiv, die Streikbewegung zu überschätzen, die in erster Linie einen ökonomischen im Gegensatz zu einem politischen Charakter hat. Eine politische Arbeiterbewegung wird sich unter den im Iran herrschenden Bedingungen harter Repression kaum entwickeln können. Andererseits wird sich der materielle Spielraum des Regimes zur Befriedigung der Forderungen der Bevölkerung in den kommenden Jahren notwendigerweise immer weiter verengen. Die enorme objektive Macht der iranischen Arbeiterklasse dürfte daher in zunehmendem Maße in Konflikt mit dem Regime geraten, und die Opposition der Arbeiterklasse, zersplittert wie sie einstweilen zwangsläufig ist, könnte den Staat durchaus in zusätzliche Schwierigkeiten bringen. Falls die beiden Faktoren – soziales Gewicht und politische Krise – sich verbänden, könnte die iranische Arbeiterklasse, der ihr rechtmäßiger Platz in der iranischen Gesellschaft so lange vorenthalten wurde, endlich eine größere und unabhängigere Rolle spielen. Wie und wann dies geschehen wird, ist eine der faszinierendsten, vielleicht *die* faszinierendste Frage der Zukunft des Iran.

8 Die Opposition

Vor dem erneuten Auftreten einer massenhaften Oppositionsbewegung im Jahre 1978 war es äußerst schwierig, sich ein genaues Bild von der iranischen Opposition zu machen. Angesichts der Unterdrückung aller unabhängigen politischen Aktivität waren sich nicht nur Außenstehende, sondern auch die Mehrheit der Iraner über das, was geschah, im unklaren. Eine zusätzliche Komplikation stellt die Tatsache dar, daß SAVAK die Gewohnheit hat, Individuen und Zeitschriften zu fördern, die einen oppositionellen Eindruck machen, um Verwirrung zu stiften, während sie andererseits versucht, echte Oppositionelle als »SAVAK-Agenten« abstempeln zu lassen. Darüber hinaus kann man für gewöhnlich weder ermessen, ob die Behauptungen einer Exilgruppe dem entsprechen, was diese Gruppe im Iran tut, noch, ob Berichte über eine bestimmte Aktion einer Guerillagruppe zutreffen oder nicht.

Da ist beispielsweise das folgende Problem: zwischen 1965 und 1975 starb eine Reihe von Personen, deren kritische Haltung gegenüber dem Regime bekannt war, unter Umständen, die einiges Mißtrauen erwecken. Es kann sein, daß einige von ihnen oder auch alle eines natürlichen Todes oder bei einem Unfall gestorben sind, wie offiziell behauptet wird; sie können aber auch alle ermordet worden sein. Wir wissen es nicht und werden es angesichts des Mißtrauens und der Einschränkungen, die im Iran herrschen, wahrscheinlich auch nie wissen.[1] Ganz allgemein kamen gelegentlich unüberprüfbare Berichte über gewaltsame und friedliche Opposition aus dem Lande. Seit 1971 hat es Dutzende von Berichten über Zusammenstöße zwischen den beiden wichtigsten Guerillagruppen und Sicherheitskräften gegeben. Einige werden von der Regierung veröffentlicht, einige von den Guerillas. Außerdem soll es eine Reihe weiterer Vorfälle gegeben haben, bei denen diese beiden Gruppen nicht beteiligt waren. Im August 1973 kam es in der Stadt Abadan zu einem heftigen Zusammenstoß, an dem angeblich Iraner arabischer Abstammung beteiligt waren. 1974 wurde berichtet, daß Hushang Azami, ein Arzt aus der Gegend, eine aus Hirten bestehende Guerillagruppe in den Bergen von Lorestan anführte.[2] Im Juni 1975 sollen in der Stadt Ghom Hunderte von Theologiestudenten bei einer Gedenkveranstaltung für die Erhebung vom Juni 1963 verhaftet worden sein.[3] Es hat Berichte über weitere Streiks gegeben, aber sie sind von derselben Art wie die anderen Informationen – verspätet, unvollständig, unzusammenhängend, unüberprüfbar. Wie bei so vielen anderen Dingen im Iran ist es nicht nur so, daß es möglicherweise viele Ereignisse gibt, von denen wir nichts erfahren; es kann aber auch sein, daß das, wovon wir gehört haben, nie geschehen ist oder jedenfalls nicht so, wie es behauptet wird.

Zwischen der Niederschlagung des Widerstandes von 1963 und dem Neubeginn 1977 blieb die Opposition auf niedrigem, zersplittertem und oft zum Teil unsichtbarem Niveau. Doch 1977 und 1978 änderten sich die Verhältnisse grundlegend, wenn man auch noch nicht sagen konnte, wie lange das anhalten würde. Zum ersten Mal wurde eine lautstarke und anhaltende Opposition sichtbar: es gab Proteste von Schriftstellern, Rechtsanwälten und Politikern über Beschränkungen der Freiheit, weitverbreitete Studentendemonstrationen in den Universitäten und im März 1978 einen langen Hungerstreik politischer Gefangener im Gefängnis Evin. Über diese einzelnen Fälle hinaus entfaltete sich in über 30 Städten – besonders in Ghom, Tabriz, Isfahan und Teheran – eine massenhafte Opposition. Hunderttausende von Menschen marschierten durch die Straßen, und als im September das Kriegsrecht verhängt wurde, wurden Tausende von der Armee und der Polizei getötet und verletzt. Die Motivation dieser Aufrührer war unterschiedlich, und hinter ihnen stand keine dauerhafte Organisation; aber das Ausmaß und die Wut ihrer Aktionen wiesen auf eine tiefe, grundlegende Unzufriedenheit mit der wirtschaftlichen Situation und dem politischen System im Iran, eine Unzufriedenheit, die durch die rapiden und chaotischen sozioökonomischen Veränderungen der vorangegangenen 15 Jahre eher verstärkt als ausgeglichen wurde (siehe Kapitel 10).

Die Stärke und die Aktivität oppositioneller *Organisationen* im Iran muß unter den existierenden Bedingungen ziemlich gering sein, aber wie das Jahr 1978 gezeigt hat, sind die Gründe für Opposition und daher die oppositionellen *Kräfte,* die unter der Oberfläche gären, erheblich. Unter anderen politischen Bedingungen können sich beide aneinander annähern, weshalb das vorliegende Kapitel sowohl die gesellschaftlichen Kräfte untersuchen wird, die potentiell in Opposition zum Staat stehen, als auch die gegenwärtig vorhandenen Organisationen, die sich unter den augenblicklichen Umständen identifizieren lassen.

Landbevölkerung und Nationalitäten

Unter denen, die vom Regime unterdrückt werden, bilden die Armen auf dem Lande die größte Gruppe. 1976 lebten 53% der Gesamtbevölkerung des Iran auf dem Lande, und etwa die Hälfte davon waren landlose Arbeiter.[4] Doch der Widerstand auf dem Lande – gegen den Staat oder auch gegen die Besitzenden – ist sowohl vor der Landreform als auch danach unbedeutend gewesen. Vom Beginn des Jahrhunderts bis zur Landreform gab es zu keiner Zeit irgendeine größere

Bauernbewegung, abgesehen von Fällen, in denen eine regionale oder Nationalitätenkomponente hinzukam (wie in Gilan). Seit der Landreform soll es Fälle gegeben haben, bei denen Bauern gegen die Unfähigkeit der Regierung, die Reformen in die Praxis umzusetzen, protestierten; und auch unter denjenigen, die in den 70er Jahren Land verloren, das ihnen in den 60er Jahren gegeben worden war, hat es Protest gegeben. Doch das Gesamtbild ist das einer ländlichen Bevölkerung, die bemerkenswert friedlich ist und sich abseits von dem Hauptstrom des politischen Lebens im Iran hält.[5]

Es gibt einiges, was man zu diesem Bild noch ergänzen kann. Erstens ist es eine Illusion städtischer Beobachter, daß Bauernwiderstand immer eine klar ausgeprägte oder gar bewaffnete Gestalt annimmt. Da, wo die militärischen Verhältnisse nicht günstig sind, könnten solche Formen des Kampfes nicht ratsam sein; der Widerstand wird dann eher eine passive Form annehmen – Widerstand gegen Maßnahmen der Regierung, Zurückhalten der Ernte, Verweigern von Informationen. Es hat den Anschein, daß derartiger Widerstand im Iran verbreitet gewesen ist und daß das die Form war, in der Feindseligkeit gegenüber den Ungerechtigkeiten des Landreformprogramms gezeigt wurde. In einigen Fällen wurde von offener Feindseligkeit gegenüber dem Agri-business berichtet.[6] Zweitens ist der Staat jetzt überall auf dem Lande präsent, so daß die iranischen Dörfer von heute sich nicht mit denen etwa in China in den 20er und 30er Jahren oder denen in Teilen Lateinamerikas in den 60er Jahren vergleichen lassen. Landreformbeamte und die allgegenwärtige ländliche Polizeistreitmacht, die Gendarmerie, machen jede unabhängige Initiative extrem schwierig. Hinzu kommt die Tatsache, daß die Landbevölkerung relativ isoliert von anderen politischen Einflüssen geblieben ist: die meisten sind noch immer Analphabeten, und die Dörfer haben bis vor kurzem wenig Kontakte mit der Außenwelt oder untereinander gehabt. Der Staat hat sich bemüht sicherzustellen, daß die politischen Einflüsse, denen die Dorfbewohner jetzt ausgesetzt werden, seine eigenen sind, auch wenn es zweifelhaft ist, wie tief diese Einflüsse gedrungen sind.

Der Widerstand auf dem Lande, den es im Iran gegeben hat, ist fast immer von der nichtpersischen Bevölkerung gekommen, oft von den Nomaden, die alle keine Perser sind. Im ersteren Fall, von dem noch die Rede sein wird, ist das Bedürfnis nach politischer und kultureller Autonomie anscheinend wichtiger gewesen als spezifisch ökonomische Fragen. Bei letzteren gab es einige der spektakulärsten Widerstandsbewegungen, die sich in diesem Jahrhundert auf dem Lande überhaupt ereignet haben; die letzte derartige Erhebung war die der Ghashghai in der südlichen Provinz Fars im Jahre 1963, die erst niedergeschlagen werden konnte, nachdem Düsenjäger die Herden der Nomadenbevölkerung im Tiefflug beschossen und über 100 Menschen getötet hatten. Zweifellos hat es noch andere Fälle von Widerstand bei diesen Stämmen gegeben, da die Nomaden gegen das Siedlungsprogramm der Regierung und die Übergriffe staatlicher Kontrolle auf ihr Gebiet waren. Der bewaffnete Widerstand in Lorestan im Jahre 1974, von dem berichtet wurde, war, wenn er tatsächlich stattfand, wahrscheinlich eine derartige Reaktion. Doch das Problem solcher Aktionen ist, daß sie von Natur aus sporadischen und begrenzten Charakter haben. Der Anteil der Nomaden in der iranischen Gesellschaft geht auch zurück (von 50% der Bevölkerung im Jahre 1800 auf wahrscheinlich nur noch 5% in der Gegenwart), und die Tage, in denen ein großer Stammesaufstand eine iranische Regierung bedrohen oder zumindest als ländlicher Verbündeter einer aufständischen Macht in den Städten wirken konnte, sind jetzt fast mit Sicherheit vorüber.

Die Nationalitäten (siehe S. 21f.) überlappen sich sowohl mit der ländlichen als auch mit der nomadischen Bevölkerung, aber sie stellen ein besonderes politisches Problem dar. Viele Dorfbewohner sind Perser, während ein bedeutender Anteil der Stadtbevölkerung – infolge der großen Wanderungsbewegungen in die Städte – zu einer der anderen Nationalitäten gehört. Eine Stadt wie Tabriz war immer vorwiegend azerbaijanisch, ebenso wie Ahvaz arabisch war. Die Politik des Pahlavi-Regimes bestand darin, diesen nichtpersischen Gruppen jegliche nationalen oder kulturellen Rechte zu verweigern. Im Bildungswesen, vor Gericht und im amtlichen Verkehr ist Persisch die einzig zugelassene Sprache. Da nur wenig in den Minderheitensprachen veröffentlicht werden kann und da es keinen Unterricht in ihnen gibt, kommt es unvermeidlich zu einer Verarmung der Kultur dieser Völker. Diejenigen, die Material in ihrer eigenen Sprache lesen wollen, müssen sich ins Ausland wenden – die Azerbaijaner nach dem sowjetischen Azerbaijan, die Araber und die Kurden nach dem Irak. Angesichts der Verweigerung grundlegender kultureller Rechte kann von irgendeiner regionalen Autonomie selbstverständlich keine Rede sein.[7]

Die hohen Beamten des iranischen Staates werden in überproportionalem Maße aus dem dominierenden persischen Teil der Gesellschaft rekrutiert: eine Untersuchung in den 60er Jahren zeigte, daß nur 17% der hohen Beamten eine Regionalsprache außer Persisch sprachen, und von diesen sprachen 23 von 25 eine Variante des Türkischen.[8] Diese Vorherrschaft persischer Kultur wird durch die Tatsache verstärkt, daß sich das ganze iranische Leben in Teheran konzentriert, ein Ungleichgewicht, das sich trotz Versuchen der Regierung zur Umkehrung dieses Trends verschlimmert. Nicht nur werden alle wichtigen politischen und ökonomischen Entscheidungen dort getroffen, sondern auch das kulturelle Leben des Landes konzentriert sich auf die Hauptstadt, und selbst solche Dinge wie Zinssätze sind in Teheran anders als in den Provinzen. Das Regime hat versucht, Teile der Nationalitäten in den Staatsapparat zu integrieren: Stammesoberhäupter sind Offiziere geworden, und azerbaijanische Aristokraten wurden hohe Staatsbeamte. Doch gleichzeitig damit wurden den Gruppen, aus denen diese Menschen kommen, jegliche Sonderrechte verweigert und damit die dominierende Stellung der persischsprachigen Iraner verstärkt. Unter diesen sind Vorurteile gegenüber Nichtpersern extrem stark: Türken werden oft als »Esel« (*khar*) bezeichnet, Araber als »Mäusefresser« usw. In ähnlicher Weise spielt beim Geschichtsunterricht in staatlichen Schulen die Überlegenheit der persischen Kultur eine wesentliche Rolle und dient zur Bekräftigung des Systems nationaler Unterdrückung, auf dem der Pahlavi-Staat aufgebaut ist. In der Vergangenheit ist eine Anzahl von Versuchen gemacht worden, eine gewisse Autonomie für die Nationalitäten zu erlangen; aber diese Bemühungen sind von dem beherrschenden Teil der nationalistischen Bewegung nicht unterstützt worden. In den 40er und den frühen 50er Jahren legten sich die Tudeh-Partei und noch mehr die Nationale Front in diesem Punkt nicht fest.[9] Die Nationalitäten, die am aktivsten gewesen sind, sind die Azerbaijaner und die Kurden: erstere spielten in der Konstitutionellen Revolution eine bedeutende Rolle, und letztere entwickelten heftige Opposition gegen das Zentralisierungsprogramm Reza Khans. 1945 errichteten beide Nationalitäten mit der Unterstützung sowjetischer Truppen autonome Republiken, aber diese sind, wie wir gesehen haben, gescheitert; und in der Folgezeit konnten die Nationalitäten bei ihren Forderungen nach besonderen Rechten keinerlei Zugeständnisse durchsetzen. Alle sind in zunehmendem Maße der kulturellen und politischen Oberherrschaft des persischen Regimes im Zentrum unterworfen worden, und die einzige Form des Fortkommens für den Einzelnen bestand in Assimilierung.

Mollâs und Basar

Die Rolle der *mollâ*s und ihrer Verbündeten, der Basarhändler ist von ganz besonderem Interesse, zumal sich diese Gruppe in den Jahren vor 1978 offensichtlich im Hintergrund gehalten haben, um dann aber in den Ereignissen dieses Jahres eine bedeutende Rolle zu spielen. Zweifellos hat es in den letzten Jahren im Iran eine Wiederbelebung des religiösen Gefühls gegeben; aber es würde in die Irre führen, wollte man die neueste Entwicklung lediglich in religiösen Kategorien analysieren oder das Konzept einer »Islamischen Revolution«, so wie es von den religiösen Führern formuliert wird, nicht weiter hinterfragen. Bezeichnungen wie »Islamische Revolution« oder »religiöse Fanatiker« (wie der Schah seine Gegner nennt) verhüllen eher die sehr tiefgehenden materiellen, d. h. sozialen und ökonomischen Faktoren, die dieser Bewegung zugrunde liegen, und lassen die spezifische Natur des Klassenbündnisses im dunkeln, das sich in dieser Bewegung äußert.

Rund 90% der iranischen Bevölkerung sind Anhänger des Zwölfer-Zweiges des Islam der Schia. Dies war die iranische Staatsreligion seit 1502, und sie unterscheidet den Iran von den arabischen Staaten im Westen und Süden und von Afghanistan und Pakistan im Osten. Schiitische Moslems haben die jeweiligen weltlichen Herrscher nie als Nachfolger des Propheten anerkannt, wie es der sunnitische Zweig getan hat: andererseits ist es übertrieben, dem schiitischen Islam eine immanente antistaatliche oder anarchistische Ausrichtung zuzuschreiben. Theologisch kann das Problem des Gehorsams gegenüber der jeweiligen Herrschaft so oder so gelöst werden. In der Praxis hängt die Einstellung der *mollâ*s zum weltlichen Herrscher von den jeweils gegebenen Umständen ab. Auch ausgesprochene Tyrannen wie die Imame des Yemen haben ihre Handlungen aus schiitischen Prinzipien gerechtfertigt. Wichtig sind jedoch die organisatorischen Implikationen: während in sunnitischen Staaten die Gläubigen ihre religiösen Abgaben (*zakât*) in der Regel an den Staat abführen, der sie dann an die religiösen Führer verteilt, wird die *zakât* im schiitischen Islam in der Regel direkt an die *mollâ*s gezahlt. Auch gibt es in keinem moslemischen Land einen Klerus und eine kirchliche Hierarchie wie im Christentum, denn die religiösen Führer werden von den Gläubigen ernannt, die jeweils eine bestimmte Moschee besuchen. Insofern kommt es potentiell zu mehr Kontakten zwischen den Gläubigen und den *mollâ*s und zu weniger Kontakten zwischen *mollâ*s und dem Staat als dies in christlichen Ländern in den Beziehungen zwischen Gläubigen, Priestern und weltlichem Staat der Fall ist. Die schiitischen Religionsführer schließlich, die *mojtahed*s und die *âyatollâh*s, gehen entsprechend aus der eher amorphen Gesamtheit der *mollâ*s hervor und nicht aus einem deutlicher strukturierten kirchlichen System wie dem der christlichen Welt. Diese Grundstruktur der schiitischen Religion darf nicht romantisiert werden und weist auch so manchen dunklen Punkt auf, aber in der jüngsten Geschichte des Iran hat sie doch für eine dauernde Kluft zwischen den *mollâ*s und dem Staat gesorgt.

Die *mollâ*s haben in der jüngsten Geschichte des Iran periodisch immer wieder eine Rolle gespielt. In der Protestbewegung gegen den ökonomischen Einfluß der Engländer im späten 19. Jahrhundert und dann erneut während der Konstitutionellen Revolution 1906–1908 haben die religiösen Führer mit ihrem Eintreten für nationale Unabhängigkeit und eine verfassungsmäßige Regierungsform eine bedeutende Rolle gespielt. Im Kampf um die Nationalisierung des Erdöls (1944 bis 1953) mobilisierte der Ayatollah Kashani zunächst seine Anhänger für Mossadegh, aber Mossadegh selbst vertrat einen säkularisierten Nationalismus, und Kashani brach deshalb 1953 mit

Mossadegh, als dieser die Macht des Monarchen einzuschränken versuchte. Aber obwohl Kashani damals die dominierende religiöse Figur war, ist es ihm nicht gelungen, die Gesamtheit aller *mollâs* gegen Mossadegh hinter sich zu bringen. In einer politisch gespannten Situation agierten damals die *mollâs* also nicht als geschlossene Gruppe.

Die Festigung der Monarchie seit 1920 führte zu einem allmählichen Niedergang der Macht der *mollâs*. Jenseits der Moschee erstreckten sich ihre sozialen Aktivitäten auf den Bereich von Recht und Erziehung. Beide Bereiche verloren sie an den Staat. Zu Beginn der 60er Jahre büßten sie auch noch den Grundbesitz der religiösen Stiftungen (*vaghf*) ein, welcher vor der Landreform ca. 2% der Gesamtfläche ausmachte. Die Massendemonstrationen im Juni 1963, durch die Khomeini – damals Lehrer an der Faydya-Religionsschule in Ghom – zum ersten Mal berühmt wurde, drückten wohl auch die Opposition der *mollâs* gegen die Landreform aus, denn die *vaghf*-Ländereien waren in der Tat ihre Einkommensquelle und Symbol ihrer Unabhängigkeit. Aber ihre zentralen politischen Ziele waren zum einen die Opposition gegen die umfassende politische Kontrolle durch den Schah und zum anderen der Protest gegen exterritoriale Sonderrechte, die amerikanischen Militäreinheiten im Iran gewährt wurden. Das Stimmrecht für Frauen spielte auch eine Rolle, wenn auch eine geringere, als der Schah später behauptet hat.

Das Jahr 1963 bedeutete einen beträchtlichen politischen Rückschlag für die *mollâs*, aber unter der Oberfläche blieb ihre gesellschaftliche und politische Macht immer noch stark. Zunächst bezogen sie weiterhin die *zakât* von den Gläubigen, und viele nehmen an, daß die *mollâs* mehr religiöse Steuern erhalten, als die Regierung an staatlichen Steuern einzieht. Zum zweiten hat sich die Hinwendung zur Religion trotz der offiziellen Säkularisierungskampagne weiter verstärkt. Die Zahl der Pilger zum heiligen Schrein von Mashhad im Ost-Iran hat sich von 332000 in den Jahren 1966/67 auf 3,5 Mio. in den Jahren 1976/77 erhöht, also auf 10% der gesamten Bevölkerung. Die Zahl der Moscheen im ganzen Land wird auf 8000 geschätzt, darüber hinaus gibt es zahlreiche heilige Stätten, an denen die Menschen zusammenkommen, um zu trauern, den Koran zu lesen oder im Monat Moharram den Märtyrertod des Imam Hussein zu begehen. Insgesamt soll es rund 1200 solcher Stätten geben, davon allein 305 in Teheran, und alle unterhalten sie wie die Moscheen eine festangestellte »Belegschaft«, die aus der *zakât* finanziert wird. So gibt es in Teheran neben den *mollâs* bis zu 5000 Leute, deren Aufgabe es ist, Prozessionen und andere religiöse Feiern zu organisieren, und die mit der Bevölkerung eines bestimmten Wohnbezirks in unmittelbarem Kontakt stehen. Auch die Zahl derer, die bei den *mollâs* studieren, ist sehr hoch geblieben: in der Stadt Ghom bei Teheran sind zwischen 10000 und 13000 Studenten am religiösen Kolleg (*ma-*

drase), das über ein Monatsbudget von 400000 Dollar verfügt. Insgesamt gibt es also einen bedeutenden Bereich religiöser Organisationen außerhalb des Staates, der sich der direkten Kontrolle des Schahs entzogen hat.
Die allgemeine Hinwendung der Bevölkerung zu den religiösen Führern hängt mit verschiedenen Faktoren zusammen. Zum einen haben sich die Armen inmitten des raschen Wandels und der sozialen Entwurzelung wieder den Werten und Institutionen zugewandt, die ihnen vertraut sind; dies erklärt auch, warum die religiösen Aktivitäten in den Städten, vor allem unter den Zugezogenen, genauso stark wenn nicht stärker sind als auf dem Lande. Zum zweiten gilt die Religion, ähnlich wie in einem christlichen Land wie Polen, als etwas im Verhältnis zum Staat Unabhängiges, in mancher Hinsicht sogar Antagonistisches. Angesichts der verbreiteten Verachtung für das Regime war die Hinwendung zur Religion nur zu offensichtlich. Zum dritten ist unter den gebildeten Bevölkerungsschichten ein zunehmendes Interesse für den islamischen Reformismus entstanden, eine Bewegung, zu deren Zentrum in den 60er Jahren das Heiligtum des Hoseiniye-Ershad in Teheran geworden ist. Der führende Vertreter dieser Bewegung war Dr. Ali Shariati, der die notwendige Ausrichtung des Islam an modernen Entwicklungen verkündete. So trat Shariati z. B. für das Recht der Frau ein, auch außer Hauses zu arbeiten und in Erziehung und Politik volle Freiheit zu erlangen. Zwei weitere Exponenten dieser Bewegung, die Ayatollahs Montazeri und Taleghani, wurden wie Shariati in den 60er Jahren ins Gefängnis geworfen. Ende der 60er Jahre wurde die Hoseiniye-Ershad-Moschee von der SAVAK gechlossen und eingemauert, und Shariati selbst starb 1977 an den Folgen der Folterungen, die er im Gefängnis erlitten hatte. Aber heute ist er im Iran wahrscheinlich der meistgelesene Autor, und seine Bücher sind an den meisten Straßenkiosken zu kaufen. Dieser reformistische Islam findet sehr großen Zuspruch bei Studenten und Beamten, aber eine gewaltige Kluft trennt ihn von dem Islam der Armen, wie er durch eher traditionelle und orthodoxe Figuren wie Khomeini repräsentiert wird.
Die bedeutendste Einzelgruppe, die die *mollâ*s unterstützt, sind die Händler des Basar. Sie kommen für knapp 80% des *zakât*-Fonds auf, wie überhaupt Moschee und Bazar in der Geschichte räumlich wie politisch immer eng zusammenhingen. In den größeren Städten bildete der Basar ein Netz kleiner Läden und Cafés, das Import- wie Großhandel und Finanzgeschäfte kontrollierte. Seine Position wurde dann durch den Aufstieg neuer kommerzieller und finanzieller Institutionen bedroht, also durch Supermärkte und Banken. Aber dieser Druck ist nicht so bedeutend, wie die Basarvertreter behaupten: sie haben sich den veränderten Bedingungen des iranischen Lebens ganz gut angepaßt, und auch sie haben von dem Ölboom profitiert, wie man an ihren Zuwendungen an die *mollâ*s ablesen kann. Noch

immer kontrollieren sie ein Drittel der Importgeschäfte und mindestens zwei Drittel des Großhandels. Die Geldverleiher des Basar (*sarrâf*) verlangen immer noch bis zu 50% Zinsen für Bargeld, das sie an Leute verleihen, die von den Banken keinen Kredit erhalten. Der Widerstand des Basar wurde in erster Linie durch den Versuch der Regierung herausgefordert, seine Geschäfte zu kontrollieren. In Teheran, wo sich ca. 40% des gesamten Handels abspielen, versuchte der Staat dem Basar seine eigenen Innungsvertreter aufzuzwingen; 1975 kündigte die Stadtverwaltung von Teheran gar die Planung einer achtbahnigen Autobahn an, die mitten durch den Basar geschnitten hätte. Damals versuchte der Schah auch öffentliche Zustimmung mit Hilfe einer »Anti-Profit«-Kampagne zu gewinnen, in deren Verlauf über 8000 Geschäftsleute und Ladenbesitzer zu geringen Gefängnisstrafen verurteilt und weitere 23 000 in entfernte Landesteile deportiert wurden. Angesichts der viel größeren und schamloseren Korruption, die in der Umgebung und unter der Verwandtschaft des Schahs herrschte, war dies allerdings ein plumper und provokativer Schachzug, der ihm bei dem Rest der Bevölkerung nur wenig Sympathie einbrachte.
Die Erbitterung der *mollâ*s und der Basarhändler ist so in den letzten Jahren ständig angewachsen, zugleich aber haben die finanziellen Mittel, die sie sich als Anteil aus dem einströmenden Geld aneignen konnten, ihre Position gegenüber den Staat gestärkt. Es war nur eine Frage der Zeit und der passenden Gelegenheit, wann ihr Protest offen zum Ausbruch kommen mußte. Provoziert wurde er schließlich durch eine Reihe von speziellen Regierungsmaßnahmen: 1975 erfolgte die Umstellung vom Islamischen Kalender, wie er im Iran üblich war, auf einen neuen »kaiserlichen« Kalender, der die Jahre seit der Inthronisierung des Kaisers Kyros zählte. Die feindliche Stimmung wurde durch die Anti-Profit-Kampagne 1975 und antiinflationäre Maßnahmen 1977 verschärft. Wahrscheinlich (aber durchaus nicht sicher) fand auch die allgemein zunehmende islamische Stimmung in anderen Ländern wie Ägypten und Pakistan ihren Widerhall (wobei ich mir den Hinweis nicht verkneifen kann, daß diese Entwicklung im Falle Ägyptens von vielen westlichen Diplomaten und Kommentatoren durchaus begrüßt wurde).
Die iranische Intelligenz und die iranischen Studenten haben die Führer vieler politischer Bewegungen in diesem Jahrhundert und die meisten Mitglieder der oppositionellen Gruppen, die seit Juni 1963 aktiv gewesen sind, gestellt. Eine Übersicht über 2101 Menschen, die zwischen 1963 und 1975 aus politischen Gründen verhaftet wurden, zeigt, daß schätzungsweise 90% von ihnen Intellektuelle der einen oder anderen Art waren – entweder religiöse Führer, *olamâ,* oder Leute mit einer Universitätsausbildung.[10] Andererseits ist die Kultur der Studenten und Intellektuellen von starkem Pessimismus und Individualismus gekennzeichnet, was in manchen Fällen zur Ableh-

nung von Politik und zur Wahl persönlicherer Formen des Ausdrucks und in noch anderen Fällen zu einer abenteuerhaften Vorstellung von politischer Aktion geführt hat.

Studenten und Intellektuelle haben in der iranischen Gesellschaft in gewisser Hinsicht eine schwierige Position, und wenn die folgenden Faktoren auch keine vollständige Erklärung bieten, so können sie doch dazu beitragen, das daraus entstehende Unbehagen und den Pessimismus, der es begleitet, zu erklären. Zunächst einmal ist die offizielle Kultur des Pahlavi-Regimes äußerst spießbürgerlich. Nur wenige Intellektuelle können die konstruierte »Nationalmythologie« des Regimes mit ihren militaristischen und chauvinistischen Untertönen ernst nehmen; andererseits ist die Kultur der aufstrebenden Teheraner Bourgeoisie genauso abstoßend, da sie die Vergangenheit der persischen Kultur mit ihrem reichen dichterischen und künstlerischen Erbe ablehnt und sich lieber den oberflächlicheren Aspekten der westlichen Gesellschaft zuwendet. Iranische Intellektuelle, ob aus reichen Familien oder nicht, sind oft voller Verachtung für die *nou-kise* (wörtlich »neue Taschen«, d.h. Neureiche) und die *bifarhang* (Ungebildeten), die die Früchte des gegenwärtigen Booms genossen haben. Viele Intellektuelle sehen sich in einer Zwickmühle, da sie sich einerseits über die Grenzen der iranischen Geschichte und Kultur klar sind, während ihnen andererseits aus nationalistischen und ästhetischen Gründen die spezifische Form westlicher Kultur, die in den Iran importiert wird, widerstrebt. Ein paar haben sich total für eine Rückkehr in die Vergangenheit entschieden – zu islamischen oder vorislamischen Werten, wobei letztere antiarabische chauvinistische Vorstellungen einschließen. Andere versuchen, die unmittelbaren Barrieren westlicher Konsumkultur zu überspringen, um sich mit anderen Inhalten europäischen und amerikanischen Lebens und Denkens bekannt zu machen; doch angesichts des großen kulturellen Abstandes der meisten iranischen Studenten zu dieser Kultur ist das eine schwierige Sache.

Ein zweites Problem, vor dem die Intellektuellen stehen, besteht einfach darin, daß in einer Diktatur die Ausdrucksmöglichkeiten so beschränkt sind: weite Bereiche der Forschung – alles, was Geschichte, Gesellschaft und die Nationalitäten berührt – sind verboten. Eine wandernde Theatertruppe zum Beispiel erhielt 1975 Aufführungsverbot. Sie hatte ein Stück mit dem Titel *Die Lehrer* aufgeführt, das von Said Sultanpur, einem ihrer Mitglieder, verfaßt war. Das Stück handelte von einigen Lehrern, die ihre Schüler aufzuklären versuchen und die sich, als sich das als unmöglich herausstellt, eindeutiger politischen Aktionen zuwenden. Die Gruppe hatte auch Werke von Gorki und Brecht gezeigt, die als indirekte Kritik am iranischen Staat selbst angesehen wurden. Die Mitglieder erhielten Gefängnisstrafen von 2 bis 11 Jahren. Nur diejenigen Formen kultureller Aktivität sind erlaubt, die sich aus den Bereichen, die das Regime als tabu

ansieht, heraushalten oder die Widerstand auf ganz indirekte Weise formulieren; und das betrifft zwangsläufig einen großen Teil der Themen, die solche Leute behandeln möchten.
Ein dritter Faktor von erheblicher Bedeutung für diejenigen, die ihre höhere Schulbildung abgeschlossen haben, ist, daß sich die Hochschulausbildung im Iran in einem besonders kritischen Zustand befindet; andererseits ist aber ein Hochschulabschluß notwendige Voraussetzung für den Zugang zu Beschäftigungen oberhalb einer gewissen Stufe. Der Andrang auf Studienplätze ist dementsprechend enorm. 1963 wurden 14,7% der Studienbewerber zugelassen; 1969 war diese Zahl auf 13,3% gefallen. 1977 wurden von den 290000 Bewerbern ganze 60000 zugelassen.[11] Tatsächlich ist die Zahl der Studenten an den iranischen Hochschulen im Verhältnis viel niedriger als in anderen Ländern des Mittleren Osten, und die Maßnahmen der Regierung zur Erhöhung der Studentenzahlen haben oft zu einer Verringerung des Niveaus geführt.[12] Für einige ist die Emigration die Lösung: der Iran hat eine größere Anzahl von Studenten im Ausland als irgendein anderes Land in der Welt – 80000 in der Bundesrepublik, England und den USA. Doch für diejenigen, die zu Hause bleiben, können die Auseinandersetzungen um die Zulassung und nach der Zulassung um den Zugang zu Lehrveranstaltungen und Büchern übergroß werden. Zu den Problemen politischer Restriktion kommen daher für diejenigen, die ihre höhere Schulbildung abgeschlossen haben, ernste Anpassungsprobleme und großer psychischer Druck. In einer Institution wie der Universität Teheran, wo die meisten Studenten vom Lande oder aus der Provinz kommen, gibt es zusätzliche Probleme, weil die Studenten versuchen müssen, mit den chaotischen Lebensbedingungen in der iranischen Hauptstadt fertig zu werden.
Es gibt viele Anzeichen für den psychischen Druck, dem sich Studenten und Intellektuelle im Iran ausgesetzt fühlen. Zunächst einmal entfallen 75% aller Selbstmorde im Iran auf die Altersgruppe von 15–30 Jahre. Heroinabhängigkeit nimmt zu – der Iran soll die höchste Zahl von Heroinsüchtigen außerhalb der USA haben. Viele Tausende von iranischen Akademikern haben das Land ganz verlassen, trotz Arbeitsmöglichkeiten und guten Gehältern zu Hause, um der erstickenden intellektuellen und kulturellen Atmosphäre ihres Landes zu entfliehen. Diese Bedrängnis schlägt sich in einem gewissen Pessimismus nieder, der sich auch in einem großen Teil der modernen iranischen Literatur findet. Über eine typische Gruppe führender moderner Dichter schrieb James Bill:

»Ein Überblick über 50 Gedichte ... offenbart eine extrem starke Betonung solcher Themen wie ›Mauern‹, ›Einsamkeit‹, ›Dunkelheit‹, ›Müdigkeit‹ und ›Nichtigkeit‹. Diese Gedichte beklagen die Situation des iranischen Intellektuellen und kritisieren und verdammen indirekt das existierende soziopolitische System, in dem der Intellektuelle in Ketten liegt.«[13]

Und wenn jemand den Geschmack dieses Gefühls kosten möchte, gibt es keine bessere Probe als den Anfang des berühmtesten aller modernen persischen Romane, Sadegh Hedayats *Die blinde Eule:*

»Im Leben gibt es Wunden, die wie Aussatz den Geist langsam in der Einsamkeit auffressen und auslöschen. Diese Schmerzen kann man niemandem erklären; denn im allgemeinen haben die Leute die Gewohnheit, diese unglaublichen Schmerzen den seltenen und merkwürdigen Ereignissen und Begebenheiten zuzurechnen.... Denn die Menschheit hat für sie noch kein Mittel und keine Medizin gefunden; und die einzige Arznei hierfür ist Vergessen mit Hilfe von Wein und der künstliche Schlaf aus Opium und Betäubungsmitteln. Doch leider ist die Wirkung derartiger Drogen vorübergehend, und anstelle von Linderung nimmt nach einiger Zeit die Heftigkeit des Schmerzens zu.«[14]

Einige Schriftsteller haben versucht, einen anderen, näher an der Politik liegenden Weg zu gehen. In der Zeit zwischen 1941 und 1953 unternahm eine Anzahl vom Marxismus beeinflußter Autoren den Versuch, ihre Arbeit zu den sozialen und politischen Problemen des modernen Iran in Beziehung zu setzen. Unter ihnen war auch Bozorg Alavi, der Sohn eines Kaufmanns, der unter Reza Kahn inhaftiert worden war. Der Putsch von 1953 hat dieser schriftstellerischen Arbeit im Iran ein Ende gesetzt, und Alavi lebt seither im Exil in der DDR. Zwischen 1965 und 1970 gab es eine kurze Zeit vergleichsweiser literarischer Freiheit, während der einige Schriftsteller, die sozialkritische Themen behandelten, an die Öffentlichkeit traten; unter ihnen waren Samad Behrangi und Reza Baraheni, Schriftsteller azerbaijanischer Herkunft, die – auch wenn sie zwangsläufig auf Persisch schrieben – das Problem der Nationalitäten aufwarfen und den kulturellen Zwiespalt darstellten, in dem sie sich befanden. Der Schriftsteller Gholamhussein Saedi versuchte in seinem Werk *Trauernde von Bayial,* das ebenso wie *Die Kuh* später ein berühmter Film wurde, die Vernachlässigung der iranischen Landgebiete zu diskutieren. Das zusammenhängendste Zentrum der Opposition war der Schriftstellerklub (*Kânun-e nevisandagân*), eine Gruppe von etwa 80 Intellektuellen, die öffentlich eine Lockerung der Zensur forderten. Doch 1970 wurde der Klub verboten, und es wurde eine noch viel strengere Zensur eingeführt. Behrangi und Al-i Ahmad starben beide unter verdächtigen Umständen (siehe Anm. 1), und Baraheni und Saedi wurden zeitweise ins Gefängnis geworfen. 1974 wurde ein anderer prominenter Intellektueller, der Drehbuchautor Khosrow Golesorkhi, unter der allgemein für erfunden gehaltenen Anschuldigung, er habe den Schah erschießen wollen, hingerichtet.

Von allen Teilen der Gesellschaft haben die iranischen Studenten seit dem Putsch von 1953 die lautstärkste und kontinuierlichste Opposition gegen das Regime geliefert. Die erste größere Widerstandshandlung nach dem Putsch war ein Zusammenstoß zwischen Studenten und der Armee in Teheran am 7. Dezember 1953, wobei drei Studenten getötet und einige andere verletzt wurden. In der Zeit von 1960 bis 1963 gab es mehrere gewaltsame Zusammenstöße, und seit der Zeit sind Polizeistreitkräfte in der Nähe des Universitätsgeländes stationiert. Nach dem Juni 1963 verhielten sich die Studenten vorerst ruhig, aber 1969 begannen sie wieder, Opposition in die Öffentlichkeit zu tragen, als sie gegen eine Fahrpreiserhöhung bei den Teheraner Bussen demonstrierten. Seitdem hat es mehrere Streiks in verschiedenen Fakultäten gegeben, und diese wurden zeitweilig von den Behörden geschlossen. Im Oktober und November 1977 demonstrierten Tausende von Studenten in Teheran und den Provinzen für politische Liberalisierung, bevor sie von Polizisten in Zivil angegriffen wurden. Auch wenn es unmöglich ist, den genauen ideologischen Charakter dieser Studentenproteste einzuschätzen, gibt es keinen Zweifel daran, daß die Universitäten von Teheran eine fortgesetzte Quelle der Opposition gegen das Regime gewesen sind und daß die Guerillagruppen im Untergrund in den 70er Jahren ihre Hauptunterstützung von hier bezogen. Auch die Zehntausende iranischer Studenten im Ausland haben seit den frühen 60er Jahren die Basis einer sehr aktiven, wenn auch sehr gespaltenen Oppositionsbewegung gebildet. Und da damit zu rechnen ist, daß der Druck auf die Studenten andauern, wenn nicht sogar intensiviert werden wird, gibt es keinen Grund anzunehmen, daß die Studenten nicht weiterhin eine Quelle fortgesetzten Widerstandes gegen das Regime bleiben werden – in welcher Form auch immer sich solcher Widerstand als möglich erweisen wird.

Organisationen 1: Die Nationalitäten

Abgesehen von den *mollâs* und dem Basar gibt es drei Arten von Organisationen, die in Opposition zum Pahlavi-Staat stehen: diejenigen, die sich auf bestimmte Nationalitäten stützen; die beiden Gruppen, die in der Zeit von 1941 bis 1953 die größte Bedeutung hatten, die Tudeh-Partei und die Nationale Front; und schließlich die Guerillagruppen, deren Tätigkeit 1971 einsetzte.
Wahrnehmbare politische Gruppierungen gibt es bei drei Nationalitäten – den Kurden, den Arabern und den Baluchis. Die Kurdische Demokratische Partei des Iran (KDPI) wurde 1945 in der Zeit der Autonomen Republik gegründet. Nachdem die iranische Armee die kurdischen Gebiete 1946 zurückeroberte, ging die KDPI in den Untergrund; sie behauptet, daß im Zuge der darauffolgenden Repressionen 15 000 Menschen getötet wurden. Nach der Niederlage hielten die Kurden im Iran Beziehungen zu denen im Irak aufrecht, und nach dem republikanischen Putsch vom Juni 1958 im Irak hatten sie Verbindungen zur Kurdischen Demokratischen Partei des Mostafa Barzani, die sich in Irakisch-Kurdistan gebildet hatte. Doch wäh-

rend die Interessen der iranischen Kurden darin bestanden, von ihren kurdischen Brüdern im Irak Unterstützung gegen den Schah zu erhalten, war das Ziel Barzanis das genaue Gegenteil: Er bemühte sich um die Hilfe des Schahs in seinem Kampf gegen die irakische Regierung – eine Politik, die dem Widerstand der iranischen Kurden gegen den Schah genau entgegengesetzt war. Aus diesem Grund versuchte Barzani, die Kontrolle über die KDPI, die immer von der irakischen KDP getrennt blieb, zu erlangen, um sie seinen Interessen unterzuordnen.

In der Mitte der 60er Jahre hatten sich die Beziehungen zwischen Barzani und zumindest einigen der iranischen Kurden verschlechtert. 1964 hielt die KDPI ihren Zweiten Kongreß ab, auf dem die Barzani-Anhänger dominierten, aber bald danach, im Februar 1965, sagte sich eine »revolutionäre Tendenz« in der KDP von Barzani los, begann die herrschende Linie zu kritisieren und forderte eine neue »revolutionäre« Politik. 1967 trennten sich dann einige Dutzend iranische Kurden, die bei Barzanis Truppen im Irak gekämpft hatten, von ihm und kehrten in den Iran zurück, um ihren eigenen unabhängigen Feldzug gegen den Schah zu starten.

Diese Kurden begannen ihre Guerillatätigkeit im Winter 1967 und kämpften weitere 18 Monate in den Bergen zwischen Mahabad und den Städten Baneh und Sar-Dasht. Welche Politik diese Gruppe vertrat, ist nicht klar, aber ein 1968 veröffentlichter Artikel, der ihre Ansichten wiedergeben soll, forderte einen Guerillakrieg auf der Grundlage der kubanischen oder »Fokus«-Theorie; er verurteilte die etablierte KDP als »kleinbürgerlich« und auf die Städte beschränkt.[15] Schließlich wurde die Bewegung besiegt, und mehrere Dutzend Menschen wurden getötet. Abgesehen von der Intervention der iranischen Armee hatten die Guerillas auch mit der Feindschaft Barzanis zu kämpfen. Barzanis Truppen sollen mindestens einen iranischen Kurden, Suleiman Mouini, getötet haben, der den Versuch machte, in den Iran zurückzukehren, um an den Kämpfen teilzunehmen.

Obwohl diese Guerillakämpfe mit einer Niederlage endeten, führten sie zu einer Änderung der Linie in der KDPI, und auf ihrem Dritten Kongreß im September 1973 brach diese mit der irakischen KDP. Im übrigen erklärte sie sich mit der Guerillabewegung von 1967/68 solidarisch, kritisierte aber, daß die Beteiligten vor der Aufnahme des Guerillakampfes keine angemessene politische Organisation aufgebaut hatten. Dieser KDPI-Kongreß, auf dem eine im allgemeinen sowjetfreundliche Linie zutage trat, machte auch deutlich, daß die Partei keinen besonderen kurdischen Staat forderte, sondern nur »das Recht der unterdrückten Menschen des Iran auf Autonomie in den Grenzen des Staates Iran«. Die Kongreßparole lautete: »Demokratie für den Iran und Autonomie für Kordestan.«[16]

Die Araber im südlichen Iran hatten schon immer ein gespanntes

Verhältnis zum Pahlavi-Regime: Zur Zeit der Etablierung des Pahlavi-Staates genossen die Araber des Südens ein beträchtliches Maß an Autonomie, bis Reza Khan 1924 mit Gewalt die Kontrolle Teherans wieder geltend machte. 1958 entstand eine neue politische Organisation, die Front für die Befreiung von Ahvaz *(Jabhat Tahrir Ahvaz)*, die die Unabhängigkeit der arabischen Gebiete des Iran von iranischer Herrschaft forderte. Mitte der 60er Jahre und vielleicht auch noch bei einigen Gelegenheiten in den 70er Jahren gelang es der Front, einige bewaffnete Aktionen gegen den iranischen Staat in den südlichen Gebieten durchzuführen. Nach 1958 war die Front in der einen oder anderen Weise vom Irak unterstützt worden, aber diese Hilfe hörte 1975 auf, als der Iran und der Irak ihre Streitigkeiten beilegten. Seitdem ist die Lage der Front, auch wenn sie einige Unterstützung aus Libyen erhielt, eher schwieriger geworden.
Die politischen Ziele der Front sind nicht klar und werfen eine Anzahl schwieriger Probleme auf. Zunächst einmal behauptet die Front, daß das arabische Gebiet – das sie nach der Hauptstadt Ahvaz nennt oder auch einfach »Arabestan« – vor der »iranischen Okkupation« von 1924 unabhängig war. Das ist historisch nicht richtig, denn die Unabhängigkeit unter Sheikh Khazal, dem lokalen Herrscher, war nur ein Produkt des zeitweisen Zerfalls des iranischen Staates während des 1. Weltkriegs und der Protektion der Engländer, die er damals genoß. Khuzestan war seit Jahrhunderten ein Teil des Iran gewesen, trotz Schwankungen in der Kontrolle durch das Zentrum. Zweitens behauptet die Front, daß das Gebiet, auf dem sie operiert, ein vorwiegend arabisches Gebiet sei; vielleicht war die Mehrheit vor 50 Jahren tatsächlich arabisch, aber heute trifft das nicht mehr zu, denn es hat eine beträchtliche Zuwanderung nichtarabischer Iraner in dieses Gebiet gegeben. Drittens fordert die Front oder zumindest ein Teil von ihr die Abtrennung dieses »Arabestan« vom Iran, und diese Zielsetzung wird häufig von nationalistischen Staaten und anderen politischen Organisationen in der arabischen Welt übernommen. Für diese Forderung gibt es jedoch angesichts der unzureichenden historischen und demographischen Argumente, auf denen sie beruht, keine Rechtfertigung; darüber hinaus besteht nicht die geringste Chance, daß eine solche Forderung erfüllt werden könnte, da sich alle iranischen Erdölfelder in diesem Gebiet befinden.
Durch die Aufstellung einer derartigen Forderung macht es die Front in der Praxis nur schwieriger, angemessene kulturelle und sprachliche Rechte für die Araber im Iran durchzusetzen, die ebenso unterdrückt sind wie die anderen Nationalitäten.[17] Die Tatsache, daß die arabischen Staaten diese Ziele unterstützen, liefert dem antiarabischen iranischen Chauvinismus nur zusätzliche Nahrung und macht es wahrscheinlicher, daß die Unterdrückung der iranischen Araber anhalten wird.

Diese Probleme scheinen in der arabischen Untergrundbewegung selbst ein gewisses Echo gefunden zu haben, denn Mitte der 70er Jahre trat eine eigenständige Gruppe auf, die sich Revolutionäre Demokratische Bewegung für die Befreiung von Arabestan nannte. Diese Gruppe, die sich ausdrücklich als »marxistisch-leninistisch« bezeichnete, verwarf die Politik der übrigen Front: Sie forderte für die Araber im Iran Autonomie, nicht Unabhängigkeit, und sie forderte einen gemeinsamen Kampf aller unterdrückten Nationalitäten im Iran um gleiche Rechte.

Die Baluchis im Südosten des Iran leben hauptsächlich von Viehzucht; sie haben den niedrigsten Lebensstandard und das niedrigste Pro-Kopf-Einkommen in der gesamten Bevölkerung. In anderen Teilen des Iran finden sich Baluchis unter den verarmtesten Arbeitern – als Gelegenheitsarbeiter auf Baustellen und Saisonarbeiter. Sowohl im iranischen als auch im pakistanischen Teil von Baluchestan gibt es eine lange Tradition von Guerillawiderstand der Stämme gegen die Zentralregierung. Nach 1958 erhielten Baluchi-Gruppen auf beiden Seiten der Grenze einige Hilfe von der irakischen Regierung, bis das durch die Vereinbarung zwischen Iran und Irak von 1975 beendet wurde; eine Organisation, die sich Volksliga von Baluchestan *(Baluch Ulus Mahaz)* nannte, strahlte Radiosendungen für das iranische Baluchestan aus. Seit der Vereinbarung von 1975 hat die Liga ihr wichtigstes Betätigungsfeld, die irakischen Rundfunksender, verloren; aber nach wie vor existiert auf der anderen Seite der Grenze ein gewisser Widerstand gegen die pakistanische Herrschaft und auf iranischer Seite ein gewisses Maß an politischer, wenn auch nicht militärischer Opposition.

Wie weit diese Organisationen unter den gegenwärtigen Bedingungen – zusätzlich zu der Tatsache, daß sie im Exil präsent sind – unter ihren eigenen Nationalitäten eine Anhängerschaft haben, ist schwer zu sagen; es gibt jedoch keinen Zweifel, daß sie sich bei einem Nachlassen der Kontrolle wahrscheinlich erheblicher Popularität erfreuen würden, denn ihre Aktivitäten richten sich gegen einen zentralen Teil des Pahlavi-Staates, seine Unterdrückung der Nationalitäten. Das größte Problem entsteht, wenn man anfängt darüber zu diskutieren, welche Lösung langfristig möglich ist – Autonomie oder Separation.

Die Azerbaijaner haben keine eigene Organisation mehr, seit die Demokratische Liga von Azerbaijan 1960 in der Tudeh aufging. Sie sind jedoch die größte Nationalität mit einer starken kulturellen Identität. Sie und die Kurden in der KDPI scheinen das Konzept einer gewissen Autonomie innerhalb des iranischen Staates zu akzeptieren. Dasselbe gilt wahrscheinlich auch für die Baluchis, da die Idee eines »Großbaluchestan«, eines unabhängigen Gebildes aus Teilen von Iran und Pakistan, anscheinend auf beiden Seiten der Grenze fallengelassen wurde. Die Forderung nach Separation wird noch von einigen Arabern erhoben, und sie wird von verschiedenen arabischen

Regierungen unterstützt; aber solche Forderungen irgendeiner Nationalität haben, wie gesagt, zwangsläufig den Effekt, die Entschiedenheit der Perser zu verstärken, den Forderungen der Nationalitäten nach irgendwelchen Rechten in keiner Weise nachzugeben.

Organisationen 2: Die traditionellen Gruppen

Die beiden wichtigsten Organisationen in der Zeit von 1941 bis 1953 waren Mossadeghs Nationale Front und die Tudeh-Partei. Beide erfuhren Anfang der 60er Jahre eine teilweise Wiederbelebung, die Front mehr als die Tudeh; und obwohl es so aussieht, als ob sie von vielen ihrer früheren Anhänger verlassen wurden und aus der jüngeren Generation nicht viel Anhang gewinnen konnten, bestehen sie im Exil weiter. Für einige Leute der älteren Generation stellen sie noch immer eine Alternative zum Regime dar, und daher müssen sie, auch wenn sich ihre Aktivitäten im Lande in engen Grenzen hielten, noch immer über einige Sympathie verfügen. Andererseits ist seit dem Putsch von 1953 ein Vierteljahrhundert vergangen, und die große Mehrheit der Iraner erinnert sich nicht mehr an diese Zeit und ihre politischen Auseinandersetzungen. Es ist daher unwahrscheinlich, daß es diesen beiden Gruppen so leicht gelingen wird, die Position, die sie in den 40er Jahren und bis 1953 hatten, wiederzugewinnen.
Die nationale Front war nie eine richtige politische Organisation, sondern eher eine Koalition verschiedener Strömungen innerhalb des Parlaments. Sie wurde Mitte der 40er Jahre gegründet und setzte sich zunächst aus vier Parteien zusammen: zwei von ihnen (die Iran-Partei und die Paniranistische Partei) stützten sich stark auf die moderne Mittelklasse (Ingenieure u. a.), während die beiden anderen (Arbeiterpartei und »Kämpfer für den Islam«) eher traditionell nationalistische Gruppen mit Rückhalt im Basar waren. Die Nationale Front wurde angeführt von Mossadegh und war zugleich die Hauptstütze von dessen nationalistischer Regierung (1951–1953).
Nach dem Putsch wurde Mossadegh selbst zu drei Jahren Gefängnis verurteilt, und nach seiner Entlassung durfte er sein Gut in Ahmadabad im Norden von Teheran bis zu seinem Tode 1967 nicht verlassen. Er spielte nie wieder eine aktive Rolle in der Politik, auch wenn er ein Symbol blieb, das von anderen zur Mobilisierung von Unterstützung verwendet wurde. Als die politischen Kontrollen 1961 gelockert wurden, gelang es einer neuen Gruppe von Politikern, unter dem Namen Nationale Front II Versammlungen zu organisieren. Ihre Hauptforderung war die »Wiederherstellung der verfassungsmäßigen Regierung«, und an ihrer ersten öffentlichen Versammlung nahmen schätzungsweise 80 000 Menschen teil.[18] Die Angriffe der Front auf den Schah entsprachen einem weitverbreiteten Gefühl, daß nämlich die Jahre der militarisierten Diktatur ihrem Ende zugehen könnten.

Man wählte einen Rat von 36 Mitgliedern, an dem sich vier Parteien beteiligten: die Iran-Partei, die Iranische Nationalpartei, die Volkspartei des Iran und die Iranische Befreiungsbewegung. Aber letztere, geleitet von Mehdi Bazargan und dem Ayatollah Taleghani, schied noch 1961 wieder aus, weil sie eine stärkere Betonung der islamischen Werte und weniger Zusammenarbeit mit sozialistischen Elementen der Bewegung verlangte.
Doch nach diesem Intermezzo verfolgte die Nationale Front II eine vorsichtige Politik des Abwartens, und am Ende wurde sie im Juni 1963 ebenso wie ihre Vorgängerin von der Repression zerschlagen. Diesmal gab es allerdings entschiedeneren Widerstand als 1953. Vielleicht war die darauffolgende Desillusionierung aus diesem Grund so groß: In der Zeit nach der Niederlage wandte sich eine jüngere Generation von Dissidenten jedenfalls neueren Formen von politischer Betätigung zu. Der Tod Mossadeghs im Jahre 1967 beendete wahrscheinlich auch eine weitere Hoffnung, die noch verblieben war. Trotzdem bestanden zwei weitere Gruppen im Exil fort, von denen jede den Anspruch auf einen gewissen Zusammenhang mit der früheren Front erhob: Das waren die »Nationale Front im Mittleren Osten« und die in Frankreich ansässige selbsternannte »Nationale Front III«. Die Überreste der eigentlichen Front blieben nach 1963 im Untergrund. Sie tauchten erst im November 1977 wieder auf und erklärten die Organisation für neu gegründet. Zu diesem Zeitpunkt setzte diese sich zusammen aus der Iran-Partei, der Iranischen Nationalpartei und der Gemeinschaft iranischer Sozialisten (letztere eine Nachfolgerin von Khalil Malekis »Dritter Kraft«, vgl. unten).
Es gibt mindestens zwei Gründe, warum es der Nationalen Front in Zukunft schwerfallen dürfte, die Basis einer Opposition progressiven Inhalts zu stellen. Erstens war sie nie eine politische Partei in dem Sinne, daß sie eine Parteistruktur gehabt hätte, und sie hatte nicht die organisatorische Fähigkeit, unter den Bedingungen der Diktatur zu überleben; einige ihrer früheren Führer haben seither in einer Art schweigender Opposition verharrt, aber das ist möglicherweise nicht genug, um unter Bedingungen Anhänger zu sammeln, die ganz anders sind als die, unter denen die Front sich ursprünglich gebildet hatte. Zweitens kommt ein Teil der Unterstützung für die Front von etwas konservativen Teilen der iranischen Gesellschaft, religiösen Elementen, die gegen Teile des Programms des Schahs sind. Es ist zweifelhaft, ob diese Kräfte politisch und sozial radikaler sind als die Pahlavi-Diktatur selbst. Niemand von ihnen vertritt den Terror, wie ihn SAVAK praktiziert, aber religiöse Führer wie Ayatollah Khomeini und seine Anhänger im Iran bieten eine verworrene und verschwommene Alternative zum Schah.
Wenn die Front als Organisation also auch keine sichere Zukunft im Iran hat, so erleben doch einige der Kräfte, die sie früher repräsentierte, jetzt eine Neubelebung. Besonders die oppositionellen Strö-

mungen, die ihre Feindschaft gegen den Schah in religiöse Formen kleiden, verfügen noch immer über beträchtliche Anziehungskraft; noch Mitte der 70er Jahre voll vom Regime kontrolliert, haben sie seit dem Nachlassen dieser Kontrolle eine durchaus aktive Präsenz entwickelt. Ende der 60er Jahre beispielsweise nutzte eine Gruppe religiöser Reformer, darunter der Schriftsteller Ali Shariatti, die Hoseiniye-Ershad-Moschee in Teheran, um das Regime zu kritisieren; und obwohl diese Moschee ebenso wie andere, ähnliche, danach geschlossen wurde, wurde von fortgesetzter Feindschaft derartiger Kreise gegenüber dem Regime berichtet. Die religiöse Schule *(madrase)* in der Pilgerstadt Ghom ist als Herd dieser Opposition bekannt, und viele jüngere Menschen, die an solchen Schulen studieren, formulieren ihre Opposition in islamischen Begriffen. Diese Art von Bewegung ist viel breiter als die der religiös orientierten Guerillas, die auch zur Opposition gehören; die Ereignisse von 1978 haben gezeigt, daß im Iran die Basis für die Entstehung einer neuen Volksbewegung mit islamischer Ideologie besteht, wie es sie auch in der Türkei, Pakistan und einigen der arabischen Länder gegeben hat. Andererseits ist eine solche Bewegung trotz ihrer Anziehungskraft die erste ihrer Art im Iran seit den 90er Jahren des vorigen Jahrhunderts, und sie konkurriert mit anderen politischen Bewegungen zur Unterstützung der unterdrückten Klassen.

Die Tudeh-Partei war im Gegensatz zur Nationalen Front eine organisierte politische Partei, tatsächlich die am besten organisierte politische Kraft, die es je in der iranischen Politik gegeben hat. Die frühere Kommunistische Partei (1920 gegründet) war von Reza Khan zerschlagen worden, und ein Gesetz von 1931 verbot es jeder Organisation, kommunistische oder »kollektivistische« Ansichten zu vertreten. Als es daher nach der alliierten Invasion im Jahre 1941 wieder Parteien zugelassen waren, wurde die Tudeh oder »Partei der Massen« gegründet. Sie war nicht einfach die organisatorische Nachfolgerin der älteren kommunistischen Partei Persiens, denn sie umfaßte auch Vertreter einer jüngeren Generation marxistischer Intellektueller, die sich in den 30er Jahren radikalisiert hatten, ohne unmittelbar einer kommunistischen Organisation anzugehören. Aber praktisch wurde die Tudeh zur orthodoxen, pro-sowjetischen kommunistischen Partei und ist es bis heute geblieben.

Die Anhängerschaft der Tudeh in den 40er Jahren war enorm – sie hatte höchstens 25 000 Mitglieder, aber die mit ihr verbundenen Gewerkschaften hatten bis zu 400 000 Mitglieder. Während ihre Führung meist aus akademischen und aristokratischen Kreisen stammte, bestanden ihre Mitglieder hauptsächlich aus Arbeitern aus den Städten, und der Charakter ihrer Anhängerschaft blieb auch vorwiegend städtisch. Die Tudeh konnte nie einen nennenswerten Einfluß in den ländlichen Gebieten gewinnen. Nationalitätenmäßig scheint sie auf die Perser beschränkt gewesen zu sein, außer in Tabriz, wo die azerbaijanische Bewegung ansässig war. Im übrigen war die Partei nicht in der Lage, die Initiative, die sie während des Krieges und unmittelbar danach an sich gerissen hatte, weiter zu behalten, und nach dem Scheitern der Republiken in Kordestan und Azerbaijan wurde sie in die Defensive gezwungen. 1949 wurde sie unter einem Vorwand verboten, und während der Amtszeit Mossadeghs behielt die Tudeh bis zu einem viel zu späten Zeitpunkt eine oppositionelle Position. Nach dem Putsch wurde sie in den Hintergrund gedrängt, und nach und nach wurden ihre Mitglieder aufgespürt: Schätzungsweise 30 000 Militante der Tudeh wurden verhaftet, und ihr Netz im Offizierskorps, zu dem mehr als 500 Mitglieder gehörten, wurde 1954 aufgedeckt. Anfang 1960 erlebte die Tudeh einen kurzen Wiederaufschwung, als sie sich, wenn sie auch nicht offen agieren konnte, der Opposition der Nationalen Front gegen das Regime anschloß. Aber nach der Verhängung des Verbots politischer Betätigung im Jahre 1963 verlor sie selbst diesen Spielraum.

Seitdem ist die Tudeh im Exil tätig. Antikommunistische Quellen geben ihre Mitgliederzahl mit 2000 oder darunter an[19]; die letzte Gelegenheit, bei der nach Angaben des Regimes oder der Tudeh Mitglieder der Organisation vor Gericht standen, war 1966, als zwei führende Funktionäre, Parviz Hekmatjou und Ali Khavar, mit einer Reihe anderer Angeklagter zu Gefängnisstrafen verurteilt wurden. Mehrere Tudeh-Mitglieder sollen im Gefängnis festgehalten werden, obwohl ihre Strafen abgelaufen sind, und Hekmatjou selbst wurde 1974 in Gefangenschaft ermordet. Doch es hat wenige oder gar keine Anzeichen für die offene Existenz der Partei im Iran selbst gegeben, und zwischen 1964 und den frühen 70er Jahren wurde ihre Organisation schwer angeschlagen. Zwar gab es keine offiziellen Meldungen über die Inhaftierung von Kommunisten, aber die Tudeh berichtet, daß mehrere hundert Mitglieder festgenommen und einige davon heimlich umgebracht wurden. Die Tudeh behauptet auch, im Exil 38 000 Mitglieder zu haben, Menschen, die 1953 und 1946 emigrieren mußten, und ihre Nachkommen. Aber im Iran selbst macht sich ihre Anwesenheit bei weitem nicht so deutlich bemerkbar. Das US-Außenministerium behauptet, daß 90 Prozent der nach 1953 Verhafteten jetzt das Regime unterstützen,[20] und eine Anzahl früherer Mitglieder hat jetzt einflußreiche Positionen in der Regierung – in der Planorganisation, bei SAVAK und als konzessionierte Vertreter einer konfusionistischen linken Ideologie. Einem der letzten Kabinette gehörten zwei Minister an, die früher Mitglieder der Tudeh waren.

Die Führung der Exilpartei besteht aus Überlebenden der Zeit vor 1953: Generalsekretär Iraj Iskandari; Sekretär des Zentralkommitees Nureddin Kianuri; ehemaliger Generalsekretär Reza Radmanesh; Ihsan Tabari, ein Historiker und Literaturkritiker. Die Tudeh gibt die Zeitung *Mardom* (Das Volk) heraus, die alle 14 Tage erscheint, und außerdem die theoretische Zeitschrift *Donyâ* (Die Welt). 1959 bekam sie eine Radiostation mit Namen *Peik-e Irân* (Kurier des Iran), die 1976 geschlossen wurde. Diese Radiostation befand sich damals in Bulgarien, und es scheint, daß sie als Ergebnis einer Handelsvereinbarung zwischen der bulgarischen und der iranischen Regierung zum Schweigen gebracht wurde.

In der Geschichte der Tudeh hat es eine Anzahl Spaltungen gegeben, ein Produkt ihrer Politik und besonders ihrer unverbrüchlichen Loyalität gegenüber der Sowjetunion. Zu der ersten Abspaltung kam es 1948, als eine von Khalil Maleki geführte Gruppe von Mitgliedern die Partei verließ. Der wichtigste Punkt der öffentlichen Kritik Malekis war damals, daß die Partei zu loyal gegenüber der Sowjetunion wäre; er gründete später eine Gruppe, die sich die »Dritte Kraft« nannte und mit der er den Versuch unternahm, eine unabhängige sozialistische Position im Iran zu begründen; er wurde allgemein als »Titoist« bezeichnet. Maleki, der 1969 starb, war nicht in der Lage, diese Position in einer zusammenhängenden programmatischen Form, geschweige denn in irgendeiner praktischen Weise zu entwickeln, und er endete als Opfer der Manipulationen des Regimes, das ihn abwechselnd konzessionierte und dann wieder zum Schweigen verurteilte. Inzwischen scheint es jedoch so, als ob Malekis Bruch mit der Tudeh noch andere Gründe hatte, vor allem seine Ablehnung der Parteilinie in der Nationalitätenfrage, welche die Rechte der azerbaijanischen und anderen nichtpersischen Volksgruppen zum Teil anerkannte.[21]

In der Mossadegh-Periode kam es zwischen einer Gruppe um Kianuri und einer um Radmanesh zu einer zweiten Spaltung in der Partei. Die erste Gruppe vertrat eine weniger sektiererische Haltung gegenüber der Nationalen Front, während letztere die vorherrschende feindselige Haltung bis Ende 1952 aufrechterhielt. Später hat Kianuri behauptet, er sei im August 1953 für den Versuch einer Machtübernahme mit Hilfe der militärischen Kader der Tudeh eingetreten, als der bevorstehende proamerikanische Putsch sich abgezeichnet und ein präventiver Schlag der Linken einige Erfolgsaussichten gehabt hätte. Diese Spaltung führte zwar zu keiner tatsächlichen Abspaltung von der Partei, aber die Niederlage von 1953 zwang die Partei ohnehin, ihre Position zu revidieren; dazu trug auch der allgemeine Richtungswechsel der sowjetischen Politik mit bei, der etwa in dieser Zeit stattfand und jetzt Bündnisse mit nationalistischen Staaten in der Dritten Welt propagierte. 1957, auf dem vierten Plenum der Tudeh, wurde Selbstkritik geübt im Hinblick auf »die Unfähigkeit der Partei, die Natur des bürgerlichen Nationalismus und sein antiimperialistisches Potential zu verstehen«[22]. Statt dessen forderte die Tudeh jetzt eine breite demokratische Front aller Gegner der Schahdiktatur, und das ebnete ihrer Politik Anfang der 60er Jahre den Weg: Zunächst kam es zur Wiedervereinigung mit der Azerbaijanischen

Demokratischen Liga im Jahre 1960 und dann zu Bemühungen um ein Bündnis mit der Nationalen Front in der Zeit bis 1963.
In späteren Fassungen ihres Programms hat die Tudeh ihr Bündnis sogar noch breiter angelegt. Ein Artikel von Kianuri im Jahre 1976 forderte ein Bündnis mit den Zwischenschichten, d. h. dem Kleinbürgertum und den Angestellten, sowie mit den Bauern, dem Klerus, der nationalen Bourgeoisie und sogar einigen Teilen dessen, was er als die »Großbourgeoisie« bezeichnete, d. h. diejenigen, die mit dem internationalen Kapital zusammenarbeiteten. Kianuri erwähnte auch »patriotische und progressive Tendenzen« in den Streitkräften und argumentierte, »obwohl die Armee heute die Machtbasis des Regimes darstellt, können wir unter günstigen Bedingungen darauf zählen, daß sich ein Teil der Streitkräfte auf die Seite der Arbeiterklasse stellt«. Insgesamt begründete Kianuri seine Forderungen damit, daß die Revolution im Iran in ihrem ersten, d. h. antiimperialistischen und demokratischen Stadium sei und daß die Tudeh deshalb alle gesellschaftlichen Kräfte im Iran in ihr Bündnis einbeziehen solle, die, auch wenn sie weit von der Linken, ja selbst von jeglicher demokratischer Orientierung entfernt seien, daran interessiert sind, das gegenwärtige Regime abzuschaffen.[23]
Diese Übernahme einer weniger sektiererischen Position war zum Teil eine Reaktion auf Ereignisse im Iran, aber sie entsprach auch Veränderungen in der Politik vieler kommunistischer Parteien in den 60er und 70er Jahren. Parteien in ganz verschiedenen Ländern wie Chile oder Spanien vertraten ähnlich weitgefaßte Definitionen des von ihnen angestrebten Volksbündnisses. Diese Veränderungen waren jedoch von geringer praktischer Bedeutung – da die Tudeh im Iran ja nicht präsent und aktiv war –, sondern führte nur zu Feindseligkeit von seiten der jüngeren Militanten. Dazu kam, daß die Partei einen weiteren Teil ihrer Glaubwürdigkeit einbüßte, der sie zunehmend von der jüngeren Generation der Militanten im Lande isolierte. Fünf verschiedene Anlässe trugen hierzu bei. Erstens diskreditierte die Politik der Unterstützung der Nationalen Front 1960–63 die Tudeh-Partei bei vielen jungen Leuten, welche kritisierten, daß sie sich auf verfassungsmäßige Methoden verließ. Dann, nach 1962, verbesserte der Iran seine Beziehungen zur Sowjetunion und Osteuropa; die sowjetische Presse unterstützte die ökonomischen Reformen des Schahs bis zu einem gewissen Grad, und 1967 wurden sowjetische Waffen an den Iran verkauft. Diese augenscheinliche sowjetische Unterstützung für den Schah brachte die Tudeh-Partei nicht nur in Verlegenheit, sondern stürzte sie in mehrere weitere Schwierigkeiten: sie mußte die sowjetische Unterstützung begrüßen und die Fortschritte des Iran darauf zurückführen, obwohl die ihr zur Verfügung gestellten Mittel gleichzeitig reduziert wurden.[24] Drittens hatte auch der chinesisch-sowjetische Konflikt, der 1963 ins öffentliche Bewußtsein geriet, seine Auswirkungen auf die Tudeh: 1965 lancier-

ten drei Mitglieder oder stellvertretende Mitglieder des Zentralkomitees (Ahmad Ghassemi, Gholamhussein Forutan und Abbas Seghai) einen Angriff auf die sowjetische Politik und forderten eine »gewaltsame Revolution«. Sie gründeten eine neue Revolutionäre Organisation (*Sâzmân-e enghelâbi*) der Tudeh. Ihr Bruch mit der Partei stellte eine ausdrückliche Ablehnung der Resolution des Vierten Plenums und alles Darauffolgenden dar. Die von ihnen gegründete Gruppe war in Westeuropa ansässig, und obwohl sie selbst keine große Bedeutung hatte, leitete sie eine Periode ein, in der prochinesische politische Vorstellungen der einen oder anderen Art in iranischen Exilkreisen dominierten; das galt besonders für Länder wie die USA und die Bundesrepublik, wo der Maoismus eine dominierende Kraft in der einheimischen linken Bewegung darstellte. Die Revolutionäre Organisation und eine davon abgesplitterte Gruppe namens Sturm (*Tufân*) waren im Exil aktiv; im Iran entstanden gegen Ende der 60er Jahre zwei weitere Gruppen, Roter Stern (*Setâre-ye sorkh*) und Hin zur Revolution (*Besu-ye enghelâb*); sie sollen Guerillaaktionen geplant haben, als sie 1971 von der SAVAK vernichtet wurden.

Wenn Ende der 60er ohnehin eine diffuse Sympathie für gewaltsamere Aktionen – sei es aus prochinesischer oder allgemeiner guevaristischer Richtung – unter jungen Militanten vorherrschten, so trugen zwei weitere Aktionen der Tudeh dazu bei, daß sie noch mehr von ihrer Glaubwürdigkeit im Iran einbüßte. Die Einzelheiten dieser Vorgänge sind keineswegs klar, aber SAVAK soll hierdurch die Kontrolle über die Zweigorganisationen der Tudeh in Teheran und Khuzestan erlangt und auf diese Weise nach 1963 die Identität Dutzender junger Militanter aufgedeckt haben. Der Leiter dieser Zweigorganisation, Abbas Ali Shahriyari, war, wie jetzt von den Guerillas behauptet wird, ein SAVAK-Agent (er wurde von ihnen 1975 erschossen); der anscheinende Irrtum der Tudeh, durch den es der SAVAK gelang, auf diese Weise in die Organisation einzudringen, scheint eine Anzahl von Leuten gegen die Partei eingenommen zu haben. Eine zweite Initiative ähnlicher Art betraf General Teimur Bakhtiar, den früheren Leiter der SAVAK, der 1961 vom Schah entlassen wurde und dann ins Exil ging. Bakhtiar war zwischen 1953 und 1957 Militärgouverneur von Teheran gewesen, d. h. der Mann, dessen Aufgabe die Verfolgung von Kommunisten war, aber trotzdem nahm die Tudeh Kontakte zu ihm auf, als er Ende der 60er Jahre vom Libanon und vom Irak aus Opposition gegen den Schah zu organisieren begann. Da Bakhtiar selbst 1970 erschossen wurde (wahrscheinlich von einem Abgesandten der SAVAK), wurde nichts aus der Initiative, aber durch sie verstärkte sich ebenso wie durch die dunklen Ereignisse um Shahriyari die weitverbreitete Überzeugung, daß die Tudeh ein unzuverlässiger Teil der Opposition sei, ganz unabhängig von den formalen politischen Positionen, die sie vertrat.

Die Tudeh behauptet, ihr Programm stimme mit der objektiven Si-

tuation im Iran überein und mit dem, was sie als die primäre politische Notwendigkeit der Situation ansieht, d. h. die Notwendigkeit, eine möglichst breite Front gegen die Diktatur zu versammeln. Sie steht den Guerillagruppen kritisch gegenüber, auch wenn sie ihre Aufrichtigkeit anerkennt und eine Einheitsfront mit ihnen fordert. Letztere haben sich geweigert, mit der Tudeh zu kooperieren: Sie betrachten sie als eine Partei von »Verrätern«, eine historisch diskreditierte Partei mit einer »volksfeindlichen« Politik. Sicherlich kann man die Tudeh-Partei in verschiedenen Punkten kritisieren, aber die Begriffe, in denen die Linke im Iran ihre Kritik üblicherweise formuliert, sind unzureichend. Aus diesem Grund sind die wichtigen und schwierigen Fragen, die sich aus der Geschichte der Tudeh und ihrem gegenwärtigen Programm ergeben, nie richtig diskutiert worden; man hat vielmehr eine Reihe von schematischen Antworten durch eine andere ersetzt, und die iranische Linke hat wenig Fortschritte gemacht, was die Erstellung einer zutreffenden Analyse und den Entwurf einer Praxis betrifft, die sich den Problemen, vor denen sie steht, tatsächlich gewachsen zeigte. Anstelle einer sklavischen Loyalität gegenüber Moskau, die charakteristisch für die Tudeh ist, ist die große Masse der von China beeinflußten iranischen Militanten ebenso sklavisch der Politik von Peking gefolgt, selbst nachdem Peking die Politik des Schahs zu unterstützen begann. Ganz ähnlich haben viele, die die außerordentlich vorsichtige Praxis der Tudeh nach 1963 verwarfen, damals unbegründeten Optimismus gezeigt hinsichtlich der Möglichkeiten des bewaffneten Kampfes und der politischen Wirkungen kleiner militärischer Aktionen im Iran. Im übrigen waren viele von denen, die der Tudeh ihre Kompromisse vorwarfen, selbst zu Bündnissen mit religiösen Führern wie Khomeini bereit, deren Politik in mancher Hinsicht ebenso konservativ war wie die des Schahs selbst.
Die Geschichte der Tudeh ist eine tragische Geschichte von Sektierertum und verpaßten Gelegenheiten. Und ihre gegenwärtigen Versuche, das zu berichtigen, sind selbst brüchig. Das extremste Beispiel hierfür sind die Erwartungen der Tudeh hinsichtlich progressiver Teile in den Streitkräften – eine Illusion, die auch die chilenische Kommunistische Partei vor dem Militärputsch im September 1973 hatte, wofür sie auf tragische Weise bezahlen mußte, eine Illusion, die sich auf andere Weise auch der palästinensische Widerstand in Jordanien machte, bevor er, im September 1970, von König Hussein erfolgreich niedergeschlagen wurde. Solche Elemente mögen existieren, aber sie können niemals die politische Ausrichtung der Armee verändern. Das grundlegende Problem bei den Revisionen des vierten Plenums und Kianuris Analyse von 1976 ist jedoch, daß dabei die Beziehungen der Tudeh zur Sowjetunion ausgeklammert werden. Das ist es, was die Tudeh-Partei seit ihrer Gründung gelähmt hat – die Notwendigkeit, sowjetische Forderungen nach einer Ölkonzes-

sion zu unterstützen, wie 1944, oder sowjetische Waffenlieferungen an den Schah zu entschuldigen, wie z. B. 1967. Alle moskaufreundlichen kommunistischen Parteien stehen vor diesem Problem, aber es ist besonders akut in einem Land wie dem Iran, der in seiner Vergangenheit Erfahrungen mit russischer Besatzung und russischen Pressionen gemacht hat. Zusätzlich geschwächt wurde die Tudeh durch die fatalen Auswirkungen, die ihr Entschluß hatte, der jeweiligen russischen Politik auch dann zu folgen, als diese sich nicht in Übereinstimmung mit der Situation im Iran befand: das war der Fall während der linkssektiererischen Phase bis Ende 1952, als die Tudeh nicht mit Mossadegh zusammenarbeiten wollte, und galt ebenso für die rechtsgerichtete Politik, die sie seit Mitte der 60er Jahre verfolgte und durch die sie sich die jüngere Generation entfremdet und dadurch die militaristischen Illusionen der damaligen Zeit genährt hat.
In antikommunistischen Augen profitiert die Tudeh davon, daß sie in einem Lande operiert, das eine gemeinsame Grenze mit der Sowjetunion hat. Aber das ist ein zweifelhafter Aktivposten. Denn die Sowjetunion hilft einer solchen Partei nur dann direkt – durch die Lieferung von irgendwelcher Unterstützung über die Grenzen hinweg –, wenn es einen globalen Konflikt gibt, wie das im 1. und im 2. Weltkrieg der Fall war. Sonst ist die Existenz einer gemeinsamen Grenze von keinerlei praktischem Nutzen, sie hat sogar, wie wir gesehen haben (siehe S. 42), gewisse negative Folgen. In mehreren Ländern, die an die Sowjetunion grenzen, kann man nachweisen, daß die sowjetische Politik offensichtlich gravierende Fehler gemacht und im Endeffekt sogar die Opposition gegen die Sowjetunion gestärkt hat – Finnland 1940, Iran 1946, Tschechoslowakei 1968, China 1960. In Zukunft wird jede revolutionäre Bewegung im Iran Solidarität von außen und gute Beziehungen zur Sowjetunion brauchen; aber servile Loyalität, wie sie die Tudeh – gemeinsam (das sollte gesagt werden) mit den meisten anderen kommunistischen Parteien im Mittleren Osten – praktiziert, war und ist ein ernstliches Hindernis für ihre Weiterentwicklung im Iran.
Die Kritik, die an der Tudeh von anderen Gruppen auf der Linken geübt wurde, enthält aber oft unzutreffende Elemente. Die häufigste Anklage ist die, die Führer der Tudeh seien »Verräter«, weil sie den Iran verlassen haben: Das ist für sich ein vollkommen unsinniges Argument, denn viele der bedeutendsten revolutionären Führer dieses Jahrhunderts haben ihre eigenen Länder verlassen, als die Repression zu groß wurde und das Ausland die einzige Basis für politische Arbeit war. Das gilt für Lenin, Ho Chi Minh und Fidel Castro, um nur einige zu nennen. Auch die Tatsache, daß die Tudeh-Führung loyal gegenüber der Sowjetunion ist, ist kein Grund dafür, sie als »Verräter« zu bezeichnen, selbst wenn diese Politik falsch ist. Die Verwendung solcher Begriffe verrät einen unaufgelösten nationalistischen Rest in der Kritik. Der Abscheu, den die jüngere Generation

seit 1963 gegen die Tudeh-Partei empfindet, hat dazu geführt, daß sie jede Zusammenarbeit mit ihr in jeder Art von Einheitsfront verweigert. Aber auch das ist eine sektiererische Reaktion, die die reale Situation im Iran und die daraus sich ergebenden notwendigen Formen politischer Praxis nicht berücksichtigt. Die Tudeh-Partei ist eine sehr schwache Partei, die sich eine Anzahl von Illusionen über das Regime macht, und ihre Bilanz ist katastrophal. Doch sie bleibt ein Bestandteil der Linken im Iran (die insgesamt sehr schwach ist), und sie ist die einzige Richtung, die den Versuchungen widerstanden hat, die objektiven Probleme, vor denen die Opposition steht, mit Hilfe optimistischer Rhetorik zu überwinden. Letzteres ist, wie wir jetzt sehen werden, der Fehler, in den die Militantengeneration nach 1963 verfallen ist, als sie versuchte, die Barrieren zu durchbrechen, die die älteren Organisationen einengten.

Organisationen 3: Die Guerillas

Für die jüngere Generation von Militanten, die in der Mitte der 60er Jahre aktiv war, zeichnete sich die Geschichte der iranischen Opposition seit dem Sturz von Reza Khan durch drei verschiedene Niederlagen aus: 1946, 1953 und 1963. Es ist daher nicht verwunderlich, daß sie sich von der Nationalen Front und der Tudeh und den von diesen vertretenen gewaltlosen Methoden abwandten. Statt dessen ließen sie sich von Kampfmodellen, die sich anderswo in der Dritten Welt durchgesetzt hatten, inspirieren, besonders von den Theorien des Guerillakrieges, die Ende der 60er Jahre tonangebend waren: in Vietnam, China, Kuba und Palästina. Die Werke von Mao, Ho, Debray und Guevara wurden übersetzt, und es wurden verschiedene Versuche unternommen, sie in Theorie und Praxis auf den Iran anzuwenden.

Unter iranischen Studenten herrschte Mitte der 60er Jahre erhebliche Frustration. Der Niederlage von 1963 war seitens der städtischen Opposition eine Periode der Tatenlosigkeit gefolgt; die kurzfristige Lockerung der Repressionen nach 1965 hatte vorwiegend literarische Formen des Kampfes hervorgebracht. Bewaffneten Widerstand hatte es auf dem Lande gegeben, aber diese Versuche waren auf bestimmte Nationalitäten beschränkt geblieben und wurden niedergeschlagen (der Stamm der Ghashghai in der Provinz Fars 1962/63; die Araber in Khuzestan 1964/65; die Kurden 1967/68). In dieser Zeit, Mitte der 60er Jahre, entstanden verschiedene Gruppen, die alle eine bewaffnete Opposition gegen das Regime planten. Ende der 60er Jahre scheint es zwischen einem halben und einem Dutzend solcher Gruppen gegeben zu haben,[25] aber nur zwei waren in der Lage, den bewaffneten Widerstand gegen das Regime aufzunehmen und aufrechtzuerhalten: die Mojahedin des Volkes und die Fedayin des Vol-

kes. Erstere war aus der Iranischen Befreiungsbewegung hervorgegangen, einer von Mehdi Bazargan im Jahre 1961 gegründeten Gruppe, die später wieder aus der Nationalen Front austrat.[26] Die Mojahedin versuchten sogar einmal, wenn auch erfolglos, Bazargan selbst für eine Politik des bewaffneten Kampfes zu gewinnen, indem sie ihm ein Exemplar der Werke Mao Tse-tungs zu lesen gaben. 1966 entstand eine der Befreiungsbewegung angeschlossene Guerillagruppe, die Organisation der Kämpfer des Volkes (*Sâzmân-e mojâhedin-e khalgh*), gewöhnlich Mojahedin genannt. Nach fünfjähriger Vorbereitung begann sie 1971 mit bewaffneten Aktionen.
Genaue Angaben über die Ideologie dieser Gruppe zu machen, ist schwierig, doch scheinen ihre hauptsächlichen Vorstellungen auf islamischem Denken zu beruhen; sie kämpfte gegen »Tyrannei« und »Falschheit« und für allgemeine Freiheit. Hinweise auf das Denken der Mojahedin kann man der Rede entnehmen, die Said Mohsin, einer der Führer der Gruppe, 1972 bei seinem Prozeß hielt. Er begann damit, seine Aktionen mit einem Koranzitat zu rechtfertigen, in dem diejenigen, die glauben, aufgerufen werden, »für die Sache Allahs in die Schlacht zu ziehen« und »die Diener des Teufels zu bekämpfen«, da »des Teufels Strategie ewig schwach ist«.[27] 1975 kam es zu einer Spaltung bei den Mojahedin. Sie erklärten, daß sie jetzt ihre frühere islamische Ausrichtung verwarfen; sie wären nicht nur eine weltliche Partei, sondern sie hätten sich auch entschlossen, die islamische Religion in ihren Veröffentlichungen anzugreifen. Sie kritisierten auch ihre frühere Politik, weil sie sich zu sehr auf rein militärische Aktionen verlassen und keine Einheit mit anderen Oppositionskräften hergestellt hatte. Sie behaupteten, die Hälfte ihrer Mitglieder sei wegen Widerstandes gegen diese Änderungen aus der Gruppe ausgeschlossen worden und ihre Ideologie sei jetzt »marxistisch-leninistisch«. Doch trotz dieses abrupten und ziemlich überraschenden Positionswandels kann kein Zweifel daran bestehen, daß die Mojahedin noch immer einige islamische Ideen dazu verwenden, den Widerstand gegen das Regime zu propagieren. Trotz der begrenzten Bedeutung der *olamâ* und des Basars können daher in diese Sprache gekleidete Appelle möglicherweise noch lange Zeit eine Basis für bewaffnete Aktionen gegen den Staat liefern.
Die andere Hauptgruppe ist aus der Tudeh-Partei hervorgegangen und hat immer behauptet, den Marxismus zu vertreten. Sie wurde von etwa einem halben Dutzend Mitgliedern der Tudeh gegründet, die die Partei 1963 verließen; ihr Führer war der 1937 geborene Bijan Jazani, der nach dem Putsch von 1953 im Gefängnis gesessen hatte. Jazani und sechs andere Mitglieder seiner Gruppe wurden 1968 verhaftet (es heißt, sie seien von Shahriyari, dem SAVAK-Agenten in der Tudeh, denunziert worden), aber fünf Mitglieder blieben auf freiem Fuße: Zwei von ihnen, Ali Akbar Safayi Farahani und Mohammad Ashtiani, flohen aus dem Iran und gingen für zwei Jahre

zum palästinensischen Widerstand, drei andere blieben im iranischen Untergrund; der Führer dieser letzteren Gruppe war der 1946 geborene Hamid Ashraf, ein früherer Gymnastik- und Bergsteiger-Champion an der Universität Teheran.[28] 1970 kehrten die beiden Mitglieder der Gruppe, die bei den Palästinensern gewesen waren, in den Iran zurück – inzwischen waren 22 andere dazugekommen –, und Anfang 1971 bereiteten sie ihre erste Aktion vor: einen Angriff auf eine Gendarmeriestation in Siahkal in den Bergen nördlich von Teheran. Der Angriff auf Siahkal fand am 8. Februar 1971 statt und eröffnete die Guerillakampagne; streng militärisch war der Angriff ein Fehlschlag, da die Guerillas von den Sicherheitskräften zurückgeschlagen und in wenigen Tagen 15 Guerillakämpfer getötet oder gefangengenommen wurden. Doch politisch symbolisierte diese Aktion das Ende von mehr als sieben Jahren Passivität gegenüber dem Staatsapparat, und zumindest in dem studentischen Milieu, aus dem sich die Gruppen rekrutierten, hatte sie eine gewisse Resonanz.

Etwa um die gleiche Zeit plante eine andere Gruppe mit ähnlicher Ideologie, die von Masaoud Ahmadzadeh, dem Sohn eines prominenten Mossadegh-Anhängers, geführt wurde, den Beginn bewaffneter Aktion; im Frühjahr 1971 griff sie eine Polizeistation im Teheraner Bezirk Qolhaq an. Der Gruppe von Hamid Ashraf gelang es trotz ihres Rückschlags, etwa um dieselbe Zeit General Farsiu, den obersten Militärankläger, zu ermorden. Nach diesen drei Aktionen verbanden sich die beiden Gruppen und bildeten die Organisation der Guerillas der Volksfedayin (*Sâzmân-e charikhâ-ye fedâyin-e khalgh*), gewöhnlich Fedayin genannt.[29]

Die Hauptkennzeichen der Aktivitäten der Mojahedin und Fedayin in den sechs Jahren zwischen 1971 und 1977 lassen sich folgendermaßen zusammenfassen: Beide Gruppen beschränkten sich auf bestimmte überraschende, geheime Operationen wie Bombenexplosionen, Banküberfälle, Angriffe auf Polizeistationen und Morde. Nachdem die Fedayin im April 1971 General Farsiu getötet hatten, brachten sie noch eine Anzahl weiterer Anhänger des Regimes um: Mostafa Fateh, ein Unternehmer, von dessen Arbeitern einige bei einem Streik 1971 erschossen worden waren, wurde selbst im August 1974 erschossen; im März 1975 liquidierten sie den Chef der Polizeiwache an der Aryamehr-Universität in Teheran und Shahriyari, den Mann, dem man vorwarf, ein SAVAK-Agent in der Tudeh zu sein. Die Mojahedin töteten im August 1972 General Taheri, einen SAVAK-Beamten, sowie eine Anzahl von Amerikanern, die im Iran arbeiteten: im Juni 1973 Oberst Lewis Hawkins, einen an der US-Botschaft in Teheran tätigen Offizier; im Mai 1975 zwei Obersten der US-Luftwaffe und im August 1976 drei US-Zivilisten, die an dem geheimen Spionagesystem Ibex arbeiteten.

Es gibt keine Übersicht über die Zahl der durchgeführten Operationen oder über die Anzahl von Zusammenstößen, bei denen die In-

itiative von den Truppen des Regimes ausging; es scheint, daß die Anzahl von Zwischenfällen 1971 und 1972 erheblich war und daß sie 1976 wieder anstieg, daß es dem Regime jedoch gelang, nach jeder Zunahme eine erhebliche Anzahl der Beteiligten gefangenzunehmen oder zu töten. In Regierungsverlautbarungen wird erklärt, daß zwischen Februar 1971 und August 1976 55 Beamte in Zusammenstößen mit den Guerillas ums Leben kamen; in der gleichen Zeit seien mindestens 300 Menschen wegen Guerilla-Aktionen hingerichtet und schätzungsweise weitere 300 in Zusammenstößen mit Regimetruppen getötet worden. Über diese Details hinaus läßt sich eine Anzahl allgemeiner Merkmale der Guerillabewegung feststellen. Erstens waren fast alle Beteiligten in gewissem Sinne Intellektuelle – Leute mit einer Universitätsausbildung, die – auch wenn sie aus armen Familien stammten – ihre politischen Ansichten aus der Zeit ihrer Hochschulausbildung bezogen. Wenige von denen, über deren Tötung oder Verhaftung berichtet wurde, waren Arbeiter; keiner gehörte zu den ländlichen Armen. Das führt zu einem zweiten Kennzeichen, daß nämlich – nach dem ersten Zwischenfall in Siahkal – praktisch alle Operationen in großen Städten stattfanden, vor allem in Teheran und in geringerem Umfang in Mashhad, Isfahan und Tabriz. Einige der ersten Schriften über den Guerillakampf im Iran vertraten die Ansicht – in Anlehnung an Mao und Guevara oder unter Rückgriff auf die Geschichte des Stammeswiderstandes im Iran –, es wäre möglich, einen Guerillakampf auf dem Lande zu initiieren; aber die Verhältnisse im Iran waren für eine solche Form des Widerstandes nicht günstig. Man nimmt sogar an, daß einige der an der Aktion in Siahkal Beteiligten von den umwohnenden Bauern an die Polizei verraten wurden; und die Guerillakampagne von Dr. Hushang Azami in Lorestan im Jahre 1974 war eine lokale Angelegenheit auf Stammesbasis und scheint keine Verbindung mit den Guerillaorganisationen gehabt zu haben.
Das wichtigste Charakteristikum der Guerilla-Bewegung ist die Tatsache, daß sie unter Bedingungen extremer Geheimhaltung und Schwierigkeit operiert hat. Keine der beiden Organisationen hatte am Anfang irgendwelche Verbindungen zu bestehenden politischen Massenorganisationen, und sie haben es nicht geschafft, seither irgendwelche derartige Organisationen aufzubauen. Zwar überlebten beide Gruppen die ersten sechs Jahre auf die eine oder andere Weise, aber alle Führer der ersten Aktionen wurden getötet. Der letzte der ursprünglichen Gruppe, die die Aktion in Siahkal durchführte, Hamid Ashraf, wurde im August 1976 in einem Zusammenstoß in Teheran erschossen.

Guerillastrategie

Hier sollen zweierlei Probleme aufgeworfen werden: Erstens, was für Formen politisch bedeutsamer Aktion sind unter Regimes wie dem, das im Iran existiert, möglich? Zweitens, wie tragen solche städtischen Guerillaaktivitäten zum Wachstum einer Opposition bei? Um diese Fragen im Kontext des Iran zu diskutieren, reicht es nicht aus, lediglich auf die objektiven Grenzen der Guerillabewegung zu verweisen; denn dagegen könnte man einwenden, daß sich diese im Laufe der Zeit überwinden lassen oder daß Außenstehende das nicht beurteilen können, da sie die tiefgreifenden Wirkungen militärischer Aktionen auf das Volk nicht wahrnehmen. Die Wurzel des Problems läßt sich anderswo mit größerer Sicherheit lokalisieren, und zwar in den theoretischen Schriften der Guerillas, denn hier treten die Unzulänglichkeiten ihrer Strategie am offenkundigsten zutage.

Es gibt vier Haupttexte, die der Guerillastrategie im Iran als Grundlage gedient haben. Der späteste ist zwar bereits 1973 verfaßt worden, aber die darin enthaltenen Ideen sind bis heute für die Guerillaopposition richtungweisend. Alle vier stammen von Führern der Fedayin, und man kann ohne weiteres davon ausgehen, daß sie aus diesem Grund eine kohärentere Analyse enthalten als die rhetorischen islamischen Appelle der ersten Generation der Mojahedin. Diese vier Texte sind:

1. *Über die Notwendigkeit des bewaffneten Kampfes und eine Widerlegung der Theorie des »Überlebens«,* von Amir Parviz Pouyan, geschrieben im Frühjahr 1970;
2. *Bewaffneter Kampf: Strategie und Taktik,* von Masaoud Ahmadzadeh, geschrieben im Sommer 1970;
3. *Was ein Revolutionär wissen muß,* von Ali Akbar Safayi Farahani, geschrieben 1970;
4. *Bewaffneter Kampf: der Weg zur Mobilisierung der Massen,* von Bijan Jazani, geschrieben 1973.[30]

Es gibt bestimmte Unterschiede zwischen diesen Texten. Ahmadzadeh und Jazani scheinen mehr Gewicht auf die Möglichkeiten des bewaffneten Kampfes auf dem Lande zu legen als die beiden anderen. Ahmadzadeh sieht die bewaffnete Aktion als Strategie für die ganze Befreiungsbewegung, während die anderen sie, in unterschiedlichem Ausmaß, eher als eine anfängliche Taktik sehen, die andere politische Bewegungen mit Massencharakter in Bewegung setzen werden. Doch wo es um die grundlegenden Themen des Guerillakampfes geht, enthalten diese vier Texte die gleichen Einschätzungen und Schwächen der Analyse. Seit diese Texte geschrieben wurden, sind alle vier Autoren in der Auseinandersetzung mit dem Regime umgekommen. Farahani nahm an dem Angriff auf Siahkal teil, wurde gefangengenommen und starb im März 1971 in Gefangenschaft; Pou-

yan wurde im Mai 1971 bei einer Schießerei im Bezirk Niruyehavai von Teheran getötet; Ahmadzadeh wurde im Laufe des Jahres 1971 verhaftet, gefoltert (siehe S. 86 f.) und im Februar 1972 hingerichtet; und Jazani wurde irgendwann Anfang 1975 zusammen mit seinen Genossen in Gefangenschaft ermordet. Doch obwohl diese vier eine Generation von Theoretikern und Aktivisten darstellen, die jetzt vernichtet ist, leiten die von ihnen vertretenen Ideen noch heute die Guerillabewegung. Deshalb ist es möglich, die Theorien der Guerillas durch Bezugnahme auf diese Texte einzuschätzen.
Die Argumente dieser Autoren lassen sich folgendermaßen zusammenfassen:
1. *Der Bankrott der alten Organisation:* Farahani z. B. gibt einen Überblick über die vorangegangenen 30 Jahre von Aktivitäten der Nationalen Front und der Tudeh und kommt zu dem Schluß, diese Parteien seien nicht länger fähig, eine politische Rolle zu spielen. Pouyan verdammt diejenigen, die wie die Tudeh nur nach »Überleben« streben und die dagegen sind, die Offensive gegen das Regime zu ergreifen. Ahmadzadeh wiederum nennt die Tudeh »eine Karikatur einer marxistisch-leninistischen Partei« und verdammt beide Gruppen wegen ihrer »lähmenden Taktik« in den Jahren 1960–1963.[31]
2. *Die Passivität der Arbeiter und Bauern:* Jazani schreibt, daß »die große Mehrheit der Arbeiterklasse nicht das geringste politische Klassenbewußtsein hat«. Ahmadzadeh vergleicht die Situation im Iran, wo die Repression so hart ist, daß sich keine Arbeiteropposition bilden kann, mit der im zaristischen Rußland, wo sie möglich war. Farahani argumentiert, daß »unter den gegenwärtigen Bedingungen jeder Gedanke an eine tatsächliche Erhebung der Bauernschaft und an einen von den Bauern geführten ländlichen Guerillakrieg unbegründet ist«.[32]
3. *Die Notwendigkeit bewaffneter Aktionen einer Avantgarde als der einzige Weg zur Herausforderung des Regimes:* Farahani schreibt: »Wir zweifeln nicht, daß eine politische Konfrontation mit einem Regime, das im wesentlichen eine Militärdiktatur ist, nur durch bewaffneten Kampf möglich ist ... Eine Organisation, die beträchtliche Zeit mit Politisieren verbringt und die militärische Operationen bis zu einem späteren Stadium aufschiebt, wird nie Erfolg haben.« Pouyan legt großes Gewicht auf die Notwendigkeit, Unterstützung von der Bevölkerung zu gewinnen, indem man die scheinbar absolute Macht des Feindes durch das, was er »revolutionäre Macht« nennt, herausfordert. Ahmadzadeh, der die Rolle der Avantgarde hervorhebt, erklärt: »Nur durch die zugespitzteste Form revolutionärer Aktion, d. h. durch bewaffneten Kampf und die Erschütterung der kolossalen Barriere, kann die Avantgarde den Massen den Kampf zeigen, der seinen Weg in der Geschichte fortsetzen wird.«[33]

Der Einfluß anderer Schriften über Guerillakriegführung ist in diesen Texten ganz deutlich, besonders der Einfluß lateinamerikanischer Theorien des Guerillakrieges, die behaupten, daß Organisationen durch Kampf aufgebaut werden können, und der Einfluß von Theorien, die behaupten, daß bewaffnete Aktionen kleiner politischer Gruppen im Untergrund zu umfassenderen politischen Aktionen der Unterdrückten führen können.[34] Die iranischen Schriften reproduzieren jedoch auch die Schwächen dieser lateinamerikanischen Schriften, wobei es das zusätzliche Problem gibt, daß die Guerillabewegung im Iran unter objektiven Bedingungen operiert hat, die ebenso ungünstig oder noch ungünstiger sind wie die in den meisten lateinamerikanischen Ländern: Die iranischen Gruppen haben nicht nur ohne irgendwelche Verbindungen zu anderen, vorhandenen politischen Massenorganisationen angefangen (im Gegensatz zu Uruguay, Argentinien oder Chile), sondern sie mußten sich auch mit einem Unterdrückungsapparat auseinandersetzen, der ebensogut gerüstet und selbstsicher war wie irgendeiner in Lateinamerika. Wenn man bedenkt, daß alle Guerillas dort (außer Kuba) besiegt worden sind, kann man die Aussichten für diese Form des Kampfes im Iran nur düster nennen.
Die Ideologie der Guerillagruppen, und zwar der Fedayin wie der Mohajedin, war in den frühen 70er Jahren durch eine Art »Guevarismus« oder »Debrayismus« gekennzeichnet: beide Gruppen legten keinen großen Wert auf politische Organisation und gewaltlose Formen politischer Praxis und stellten die Wirksamkeit von bewaffneten Aktionen kleiner militanter Gruppen in den Vordergrund. Eine ausführliche Kritik dieser Theorie ist schon von anderen geleistet worden, nicht zuletzt von Debray selbst in seinen neueren Schriften, sie braucht hier nur in Umrissen zusammengefaßt zu werden. Erstens zeichnet sich diese Theorie durch Voluntarismus aus, d. h. sie ist blind für die Bedingungen, unter denen eine Massenbewegung entstehen und anwachsen kann, und sie konzentriert sich einzig und allein auf die Aktionen einer kleinen Gruppe. Ahmadzadeh etwa hat für Argumente, die sich auf »fehlende objektive Bedingungen« beziehen, nur Verachtung übrig und schreibt:

»Die wahre Vorhut muß sich im Verlauf des bewaffneten Kampfes und durch die politisch-militärische Aktion selbst herausbilden... Der politisch-militärische Kern kann, indem er den Guerillakrieg beginnt und vorantreibt, im Laufe seiner Entwicklung von sich aus die Partei gründen, die wahre politisch-militärische Vorhutorganisation des Volkes und die Volksarmee.«

Zweitens überschätzte diese Theorie die Möglichkeiten bewaffneter Aktionen als einer Form der Propaganda. Ihrer Analyse zufolge werden die bewaffneten Aktionen der Guerillas schon als solche die Massen mobilisieren und ermutigen, sich gegen das Regime zu erheben. Drittens sind diese Schriften durch einen überzogenen Moralismus gekennzeichnet, der Heldentum und Selbstaufopferung (zeitweise mit quasi-religiösem Zungenschlag verkündet) auf Kosten jener langfristigeren Organisationsformen herausstellt, die ein erfolgreicher Guerillakampf gleichermaßen erfordert. Das Scheitern der Tudeh und der Nationalen Front wird recht vorschnell auf deren Unfähigkeit zurückgeführt, den hohen *moralischen* Anforderungen der Situation gerecht zu werden. Damit drücken sich die Guerillagruppen aber um eine genauere und differenziertere Untersuchung der *politischen* Rahmenbedingungen, die zu den Niederlagen von 1953 und 1963 beigetragen haben.

In den fünf Jahren zwischen dem Angriff auf Siahkal und Sommer 1976 konnten die Guerillagruppen immerhin überleben und mehrere Dutzend Angriffe gegen das Regime führen. Aber dabei haben sie auch die meisten oder gar alle führenden Kader der ersten Generation verloren und waren offensichtlich in einer Sackgasse angelangt: sie hatten es nicht geschafft, politische Verbindungen herzustellen zwischen den kleinen, im Untergrund wirkenden Gruppen und den breiten unterdrückten Massen. Aber gerade in dieser Periode, in der ihre Situation so schwierig geworden schien, stellte sich ein Wandel ein, der die Perspektive beider Gruppen veränderte. Zum einen begannen sie aus den ersten fünf Jahren ihrer eigenen Praxis zu lernen und militärische Aktionen nicht mehr für wichtiger zu halten als direktere politische Initiativen. Zum anderen wurden solche Initiativen auch eher möglich, weil der Schah zu dieser Zeit – in dem Glauben, die Opposition eliminiert zu haben – minimale Protestmöglichkeiten zuzulassen begann. Während die Jahre des isolierten Kampfes dieselben Grenzen aufgezeigt hatten, auf die vergleichbare Stadtguerillagruppen in Lateinamerika gestoßen waren, stellte sich unter den erleichterten Bedingungen nach 1976 gerade umgekehrt heraus, daß solche Bewegungen eine breitere politische Gefolgschaft gewinnen können, wenn die repressive Herrschaft zu Zugeständnissen gezwungen ist. Die Erfolge der Kubaner und – zumindest vorübergehend – der Montoneros in Argentinien und der Sandinisten in Nicaragua kennzeichnen dieses neue Potential. Für die angedeutete politische Wende waren jedoch nicht die Guerillagruppen selbst verantwortlich, sondern Kräfte in der iranischen Gesellschaft, die eine neue Krise herbeiführten, in deren Verlauf dann die Mohajedin und die Fedayin eine neue politische Rolle übernehmen konnten. Auf diese politische Krise und ihre Entwicklung werden wir im letzten Kapitel zurückkommen.

9 Auswärtige Beziehungen

Seit der Mitte der 60er Jahre hat das Regime eine Außenpolitik verfolgt, die darauf zielte, den Iran zur strategisch dominierenden Macht im westlichen Asien zu machen. Dieses Ziel konnte dadurch erreicht werden, daß die USA es unterstützten, und gleichzeitig durch die innere Umgestaltung des Landes – durch die Unterdrückung der inneren Opposition und die Verfügbarkeit über die notwendigen wirtschaftlichen Mittel. Der Iran ist unbestreitbar das hervorstechendste Beispiel für das, was als die Nixon-Doktrin bezeichnet wird: die Theorie, daß ausgewählte kapitalistische Staaten der Dritten Welt eine aktive militärische und politische Rolle spielen sollten, gestützt vor allem auf ihre eigenen Mittel, und daß sie auf diese Weise dazu beitragen sollten, die durch die Aufrechterhaltung kapitalistischer Stabilität entstehenden Lasten zu verteilen, die die USA seit dem 2. Weltkrieg fast allein getragen hatten.[1]

Fünf Faktoren erklären, warum der Iran eines der Länder ist, die eine solche Rolle übernommen haben. Erstens ist der Iran seit dem Ende des 2. Weltkriegs ein enger Verbündeter der USA gewesen. Wie wir sehen werden, bedeutet das weder, daß die Beziehungen zu Washington statisch waren, noch daß der Iran in irgendeinem einfachen Sinne des Wortes ein Instrument der US-Außenpolitik ist. Es bedeutet auch nicht, daß es zwischen dem Iran und den USA keine Meinungsverschiedenheiten gegeben hat und daß es keine geben wird. Was es bedeutet, ist, daß die USA seit 1945 die Garantie für das iranische Regime übernommen haben und daß sie seit Ende der 60er Jahre bereit waren, den Iran bei seinen Bemühungen um regionale Vorherrschaft zu unterstützen, indem sie den größten Teil der diplomatischen und militärischen Unterstützung lieferten, um die der Iran ersucht hat. Ohne US-Unterstützung wäre die iranische Außenpolitik in ihrer gegenwärtigen Form nicht vorstellbar: ja sie wäre unmöglich. Zweitens nimmt der Iran deshalb eine wichtige strategische Position in Asien ein, weil er militärisch und wirtschaftlich eines der stärksten kapitalistischen Länder zwischen Westeuropa und Japan ist. Saudi-Arabien, das viel reicher ist, hat weder die Bevölkerung noch das Militärpotential des Iran. Hinsichtlich der Bevölkerungsgröße sind die einzigen vergleichbaren Länder im Mittleren Osten Ägypten und die Türkei, aber keines dieser beiden Länder verfügt über die wirtschaftlichen Mittel aus dem Erdöl, die der Iran gegenwärtig einsetzen kann. Weiter im Osten besitzt Indien eine stärkere Armee und ist potentiell eine größere kapitalistische Macht, aber ebenso wie Ägypten ist es durch seine inneren Probleme eingeengt

und hat bisher keine vergleichbaren Beziehungen zu den USA entwickelt.
Der Iran ist jedoch nicht nur wegen seiner Beziehungen zum Golf und zu anderen kapitalistischen Ländern in einer besonderen strategischen Position, sondern auch weil er im Süden der Sowjetunion liegt und seit dem 2. Weltkrieg US-Hilfe erhalten hat, die überwiegend durch sowjetische Bedrohung gerechtfertigt wird. Obwohl dies eine vorgeschobene Behauptung ist, da die Sowjetunion nur im Falle eines globalen Konflikts, in dem der Iran der Roten Armee nicht hätte widerstehen können, in das Land einmarschiert wäre, diente die angebliche rote Bedrohung als ausdrückliche Legitimation für die Außenpolitik und die militärische Ausrichtung des Iran bis zur Mitte der 60er Jahre. Seitdem ist jedoch der Kalte Krieg zurückgegangen, und der Iran hat seine Beziehungen zur Sowjetunion verbessert; daher ist das iranische Regime – auch wenn Rußland angeblich seine größte langfristige Sorge geblieben ist – in der Lage gewesen, sich auf näherliegende Probleme zu konzentriren und seine Kräfte neu zu ordnen, um sich mit anderen regionalen Feinden zu beschäftigen.
Zwei weitere Faktoren, die der iranischen Außenpolitik zugrunde liegen, sind innenpolitischer Art. Die neuesten politischen Initiativen des Iran waren nur möglich wegen der Konsolidierung des Staates im eigenen Lande. Vor den 60er Jahren war der Iran, ohne je eine Kolonie gewesen zu sein, ausländischen Einflüssen ausgesetzt, die sich wegen der inneren Auseinandersetzungen im Lande auf verschiedene Fraktionen in der iranischen Politik auswirken konnten. Obwohl das Ausmaß solcher Einwirkungen von den Iranern übertrieben wurde, trifft es sicher zu, daß diese innere Uneinigkeit die Gelegenheit für verschiedenartige Manipulationen von außen lieferte – während der Konstitutionellen Revolution, in der Zeit von1941 bis 1953 und wiederum zu Beginn der 60er Jahre. Im übrigen galt damals die überragende Sorge des Staates den Verhältnissen im Innern, dem eigenen Überleben und der Repression, und es war wenig Platz für eine einheitliche, aktive Außenpolitik. Seit den frühen 60er Jahren und besonders seit der Niederschlagung des Aufstandes vom Juni 1963 hat sich der ausländische Einfluß, vor allem der der USA, fortgesetzt; aber er lief über die Regierung selbst und nicht über Fraktionen in einem von ihr getrennten politischen Milieu. Der Staat selbst hatte die volle politische Kontrolle, und das hat ihn befähigt, eine aktive Außenpolitik zu entwickeln. Weiterhin stand dieser Prozeß in enger Verbindung mit der Konsolidierung der persönlichen Herrschaft des Monarchen. Zwei mit dem Regime sympathisierende Autoren schreiben: »... seit dem Ende der 50er Jahre hat der Schah jede außenpolitische Entscheidung von Bedeutung getroffen.«[2] Dabei geht es nicht nur darum, wer Entscheidungen trifft, sondern es zeigt auch, wie der Schah die Konsolidierung seiner eigenen Position betreibt – indem er das Wachstum iranischer Macht im Ausland als ei-

ne Bestätigung der Legitimität des iranischen Monarchen darstellt. Er hat das getan, indem er historische Parallelen zu anderen Königen zog, die die Feinde des Iran bekämpften, und er hat das Wachstum des iranischen Einflusses benutzt, um sein Regime mit den Insignien nationalen Stolzes zu schmücken. Wenn folglich die Konsolidierung des Regimes im Innern eine wesentliche Voraussetzung für die gegenwärtige Außenpolitik des Iran war, hat letztere ihrerseits dazu beigetragen, die Machtverteilung im Innern zu bestätigen und das politische Image, das der Schah zu pflegen versuchte, zu verstärken. An diesem Punkte überschneiden sich Nationalismus, Monarchie und militärische Macht.
Schließlich spielt sich der Versuch des Iran, das westliche Asien zu dominieren, nicht in einer festgefügten Umgebung ab, sondern im Rahmen der Auflösung des Kolonialsystems, das in den Jahrzehnten vor dem 1. Weltkrieg aufgebaut wurde. Das einschneidendste Ereignis in diesem Zusammenhang war der britische Abzug von der arabischen Halbinsel: Er begann mit der Unabhängigkeit Kuwaits im Jahre 1961, es folgten der Rückzug aus Südjemen 1967, aus den Vereinigten Arabischen Emiraten, Bahrain und Katar 1971 sowie Oman 1977. Der Iran hat ganz einfach versucht, England als die dominierende Militärmacht und den Garanten der bestehenden lokalen Regimes zu ersetzen; letztere genießen seither eine politische Unabhängigkeit, die sie unter den Briten nicht hatten. Noch ein weiterer Aspekt des regionalen Kontexts hat eine Rolle gespielt, nämlich das Auftreten verschiedener nationaler Befreiungsbewegungen. Solange die an den Iran angrenzenden und die an der Peripherie des iranischen Einflusses liegenden Staaten sicher in den Händen konservativer Regimes waren, gab es wenig Anlaß für iranische Interventionen. Die Stunde für den Iran schlug erst dann, als einige dieser Regimes gestürzt und andere ernsthaft bedroht wurden. Die Monarchien wurden im Irak 1958, in Nordjemen 1962 und in Afghanistan 1973 gestürzt; Guerillatruppen operieren in Oman seit 1965 und in Pakistan seit 1973; der Iran hat versucht, bei konterrevolutionären Aktivitäten auch anderswo eine Rolle zu spielen – in Äthiopien, Südvietnam und Zaire (siehe S. 250). In allen solchen Fällen hat er die Funktion übernommen, für die erneute Stabilisierung einer Situation zu sorgen, die im Zuge der nachkolonialen Entwicklung unstabil geworden war.
Zusammenfassend kann man sagen, daß die Hauptsorge der iranischen Außenpolitik von 1945 bis 1963 die Repression im Innern war: die Beseitigung von Angriffen auf die Monarchie und das kapitalistische Regime aus dem Lande selbst. Bis zu dieser Zeit hatte der Iran – abgesehen von seinem Bündnis mit den USA – keine nennenswerte Außenpolitik verfolgt. Die Repression im Innern ist zwar weiterhin von großer Wichtigkeit, aber sie ist nicht mehr von ständiger, unmittelbarer Dringlichkeit. Zum neuen Mittelpunkt des Interesses ist da-

her die Repression nach außen geworden, eine Politik, die den Interessen des iranischen Staates und denen der USA und ihrer anderen kapitalistischen Verbündeten dient.

Beziehungen zu den USA

Die Bindung an die USA wurde im 2. Weltkrieg hergestellt, als US-Militärmissionen in den Iran geschickt wurden, um die Grundlagen eines Repressionsapparates aufzubauen. Durch diese Hilfe konnte der iranische Staat den Krisen von 1945–46 und 1951–53 standhalten, und nach dem Sturz Mossadeghs wurde der Iran ein Teil der sogenannten »Nordkette«, der Linie prowestlicher Staaten an der Südgrenze der Sowjetunion von der Türkei bis Pakistan. 1955 trat der Iran dem Baghdadpakt (später CENTO) bei, und das ermöglichte es den USA, dem Iran die Waffen zu liefern, die er für die Repression im Innern brauchte, während die USA diese Lieferungen unter Bezugnahme auf die Bedürfnisse des antisowjetischen Bündnisses rechtfertigten; gleichzeitig sicherten sich die USA ein äußerst günstiges Gebiet für Militärstützpunkte, von denen aus sie die Sowjetunion bedrohen konnten.
Gegen Ende der 50er Jahre war die Repression im Innern mehr oder weniger abgeschlossen, und Entwicklungen in der Raketentechnologie reduzierten die militärische Bedeutung von Ländern wie dem Iran. In diesem Rahmen gerieten die amerikanisch-iranischen Beziehungen in eine schwierige Phase. Einerseits erregte der Sturz des Monarchen im benachbarten Irak im Juli 1958 die Besorgnis des Schahs, und er bat die USA um mehr Hilfe. Daraufhin wurde im März 1959 eine neues Verteidigungsabkommen unterzeichnet. Andererseits hatte der US-Kongreß begonnen, Korruption und den Mißbrauch von US-Hilfe im Iran zu untersuchen, und als im Januar 1961 Kennedy an die Macht kam, stellte er klar, daß es im Iran innere Reformen geben müßte, wenn das Schahregime überleben sollte. Diese Politik war ähnlich der, auf die man in Lateinamerika drängte, und im Falle des Iran war Kennedy besonders durch sowjetische Prognosen beunruhigt, die besagten, daß das Regime des Schahs bald fallen werde.[3]
Die Antwort auf den Druck der USA war die 1962 eingeleitete Weiße Revolution, und obwohl der amerikafreundliche Ministerpräsident Amini im Juli 1962 entlassen wurde, war die Billigung der Innenpolitik des Regimes durch die USA gewonnen und blieb auch in den folgenden 15 Jahren erhalten (siehe S. 32 f.).
Die Beziehungen des Iran zu den USA seit den frühen 60er Jahren waren also eng, und die militärische Kooperation zwischen beiden Staaten nahm zu und erstreckte sich auf viele Gebiete. Am engsten waren die Beziehungen zu der Regierung von Richard Nixon (1969–74), während der der Iran mit voller US-Unterstützung als die dominierende Regionalmacht auftrat. Als ein Zeichen für die Bedeutung

dieses Bündnisses schickte Nixon den früheren Leiter des CIA und Mitschüler des Schahs in der Schweiz als Botschafter in den Iran.[4] Zwischen 1971 und 1981 werden amerikanische Militärverkäufe an den Iran 20 Milliarden Dollar erreicht haben (siehe S. 93 f.). In diesem ganzen Zeitraum ist das Wachstum des Iran als Regionalmacht mit der Intensivierung seiner Kooperation mit den USA einhergegangen. Die USA sind daher seit dem 2. Weltkrieg der äußere Schlüsselfaktor in der iranischen Außenpolitik, wenn es auch viele Veränderungen in der Art und Weise gegeben hat, wie diese Beziehung funktionierte. Zunächst hat die wirtschaftliche Entwicklung des Iran rein ökonomisch das Land viel weniger direkt abhängig von den USA gemacht (die US-Militär*hilfe* endete 1969). Darüber hinaus hat sich auch der Charakter der US-Interessen verlagert. Bis in die 60er Jahre war das Hauptinteresse ein strategisches – die Verhinderung einer revolutionären Situation im Iran. Im Zuge der Entwicklung des Ölbooms haben die USA größere Wirtschaftsinteressen im Iran erworben: Der Iran ist jetzt ein bedeutender Importeur von US-Gütern, zumindest zeitweilig der größte Importeur von US-Waffen in der Welt und eine wichtige Macht in der OPEC. Dadurch haben sich nicht nur die Interessenschwerpunkte der USA verschoben, sondern darauf sind auch Zusammenstöße zwischen dem Iran und den USA zurückzuführen. Nach den Preiserhöhungen von 1973 waren die USA darum bemüht, den Erdölpreis stabil zu halten, während der Iran, der alle Öleinkünfte brauchte, die er bekommen konnte, daran interessiert war, seine Einnahmen zu erhöhen. Im Lichte dieser Entwicklungen wäre es irreführend zu behaupten, der Iran stünde einfach unter irgendeiner Art von Kolonialherrschaft der USA, denn das läßt die Veränderungen in den Beziehungen sowie die Tatsache unberücksichtigt, daß der Iran einigen Spielraum hat, wenn seine Interessen und die der USA auseinandergehen. Die Realität der iranisch-amerikanischen Beziehungen liegt irgendwo in der Mitte zwischen der offiziellen Propaganda – der Iran sei ein völlig unabhängiges Land und bereit, den USA, wenn nötig, entgegenzutreten – und den Behauptungen der Opposition – der Schah sei eine Art von »Agent« Washingtons. Er ist nicht unabhängig, da seine Handlungsfreiheit durch das bestimmt wird, was die USA zulassen, und er könnte seine militärischen Kräfte in keiner längerandauernden Auseinandersetzung ohne direkte US-Unterstützung benutzen. Er ist jedoch kein »Agent«, a) weil er die USA herausgefordert hat und b) weil sich viele seiner Aktionen zumindest ebenso durch die Interessen des iranischen Staates wie durch die Interessen des US-Staates erklären lassen. Das Bündnis ist ungleich, aber es beruht auf konvergierenden Interessen; es hat sich im Laufe der letzten 30 Jahre gewandelt und wird das zweifellos in Zukunft wieder tun.

Ein zentraler Aspekt dieser Beziehung ist die Politik gegenüber dem Schah. Er weiß, daß ihn die USA nicht aus irgendeiner besonderen

Loyalität gegenüber der Pahlavi-Monarchie heraus unterstützen, sondern weil er am besten in der Lage zu sein scheint, die US-Interessen im weitesten Sinne zu sichern. Zweifellos hat der Schah das Schicksal des südvietnamesischen Diktators Ngo Dinh Diem und des kubanischen Diktators Fulgencio Batista studiert und weiß, daß er, wenn die US-Regierung einen anderen Kandidaten begünstigt, ebenso wie sie fallengelassen werden könnte. Er hat bei einer Anzahl von Gelegenheiten die Unzuverlässigkeit von US-Hilfe betont und besonders auf die Gefahren hingewiesen, die sich daraus ergeben, wenn man sich auf US-Unterstützung in einem Krieg verläßt: Das Ausbleiben von US-Hilfe an Pakistan im Krieg von 1965 mit Indien (trotz Pakistans Mitgliedschaft in der CENTO) und die israelische Abhängigkeit von US-Nachschub im arabisch-israelischen Krieg von 1973 haben zu Neueinschätzungen in Teheran geführt. Viel könnte der Schah unter solchen Umständen nicht tun, und derartige Ereignisse zeigen deutlich, wie groß seine Abhängigkeit vom obersten Schirmherrn des Iran ist.
Eine weitere Komplikation rührt daher, daß es in der Gesamtpolitik des US-Imperialismus gegenüber dem Iran wichtige unterschiedliche Strömungen gibt. Der US-Kongreß hat das US-Militärprogramm im Iran verschiedentlich kritisiert (1959, 1976), und es hat Meinungsverschiedenheiten zwischen dem CIA und dem Außenministerium gegeben (z. B. über die CIA-Hilfe an die Kurden) sowie zwischen dem Außenministerium und dem Verteidigungsministerium (etwa über das Spionagesystem Ibex – siehe S. 99). Weiter hat es Konflikte zwischen dem US-Staat als Ganzem und US-Geschäftsinteressen gegeben. Ersterer hat eine langfristigere Sicht der Probleme und der Politik im Iran; letztere operieren auf einer viel spezielleren und kurzfristigeren Grundlage. Es ist daher eine unzulässige Vereinfachung, von »der US-Politik im Iran« zu reden, als sei das eine einzige Position. Natürlich gibt es eine allgemeine Kohärenz in der US-Politik gegenüber dem Iran, aber man muß die in diesem Rahmen auftretenden Unterschiede berücksichtigen, um einige der erkennbaren Konflikte und Verschiebungen zu erklären.
Der Schah seinerseits hat immer versucht, seine Meinungsverschiedenheiten mit den USA hochzuspielen, um als unabhängiger Herrscher zu posieren. Er benutzte sein Engagement in Sachen Erdölpreise und Waffenverkäufe und ironischerweise selbst seine Zurückweisung der Folter-Beschuldigungen, um nationalistische Themen zu betonen. Vieles davon wurde nie besonders ernst genommen, denn der Schah weiß, daß ohne die Kooperation des US-Staates und des US-Kapitals sein Regime nicht bestehen könnte. Ohne die Garantien, die die USA dem iranischen Staat gegeben haben, wären die Außen- und die Innenpolitik der letzten Jahre unmöglich gewesen, denn die vorhandenen Konfliktbereiche werden durch den besonderen Charakter dieser Garantien beschränkt.

Die fortgeschrittenen kapitalistischen Länder: Handel und Investitionen

In der ersten Hälfte dieses Jahrhunderts spielten Rivalitäten zwischen imperialistischen Ländern eine bedeutende Rolle in der iranischen Politik: England, das zaristische Rußland, Deutschland und später die USA versuchten ihren Einfluß auf Kosten der anderen zu verstärken. Seit dem Auftreten der USA als unbestrittenem Führer des Weltkapitalismus und seit der Konsolidierung des iranischen Staates selbst haben Rivalitäten *dieser* Art aufgehört; wenn auch die USA seit den frühen 50er Jahren die führende politische und militärische Rolle im Iran gespielt haben, hat die Integration des Iran in das internationale kapitalistische System das Land doch befähigt, sehr viel vielfältigere wirtschaftliche Beziehungen herzustellen.
Vor der Etablierung der US-Oberherrschaft war England die stärkste Macht im Iran, und sowohl auf Grund von historischen Verbindungen als auch wegen der fortgesetzten britischen Präsenz am Golf blieb ein gewisses Maß politischer und militärischer Zusammenarbeit erhalten. England hat einige der wichtigsten Teile der iranischen Militärausrüstung geliefert (Panzer, Luftkissenboote), und kleine britische Ausbildungsteams haben bei der iranischen Marine und Armee gearbeitet. Als Teil der geheimen militärischen Kooperation im Rahmen von CENTO haben Flugzeuge der Königlich Britischen Luftwaffe auch Flugplätze im Norden des Iran für Spionageflüge über das Kaspische Meer benutzt, wo die Sowjetunion Raketenübungsgelände hat.[5]
Die größte Vielfalt gab es jedoch nicht in der politischen oder in der militärischen Sphäre, sondern in der wirtschaftlichen, und hier bestehen nach wie vor starke Rivalitäten zwischen verschiedenen kapitalistischen Ländern. Bei der Erdölproduktion sind seit 1954 Großbritannien und die USA die dominierenden Länder; Gesellschaften aus anderen Nationen (Frankreich, Italien, Bundesrepublik, Japan) haben zwar Konzessionen erhalten, aber die Produktion dieser Firmen war immer sehr niedrig – nur 4% der Gesamtproduktion in der Mitte der 70er Jahre. Die größten Investitionen außerhalb des Erdölsektors stammen ebenfalls von US-Firmen: Zwischen 1956 und 1974 waren 43 der 183 ausländischen Firmen, die im Iran investierten, US-Unternehmen – die größte Gruppe aus einem einzelnen Land; auf sie entfiel ein Drittel allen investierten Kapitals. Ende 1972 hatten die USA Vermögen im Wert von 570 Mio. Dollar im Iran – ein hoher Betrag, aber weniger, als sie in Israel (600 Mio. Dollar), Libyen (1,145 Mrd. Dollar) oder Saudi-Arabien (2 Mrd. Dollar) besaßen.[6] Doch auch andere Länder sind stark präsent – die Japaner in Petrochemikalien, England und die BRD in der Automobilproduktion und die BRD in Zement und Stahl. Mitte der 70er Jahre wurde Japan mit über 40% Anteil (für 1975/76) zum größten Investor im Iran.

Die größte Vielfalt gibt es beim Handel, und hier hat die BRD den USA die Führungsposition streitig gemacht. Die Kooperation zwischen dem Iran und Duetschland hat eine lange Geschichte, denn Berlin und jetzt Bonn wurde als Gegengewicht zu London, Moskau und Washington betrachtet. Reza Khan entwickelte Wirtschaftsverbindungen zu den Nazis, und es war mehr als ein Zufall, daß Mossadegh Dr. Schacht, den früheren Berater Hitlers, anheuerte, um seine Wirtschaft zu leiten. Die größte iranische Gemeinschaft in Westeuropa lebt in der BRD. 1970/71 entfielen 20,75 % der nichtmilitärischen Importe auf die BRD, verglichen mit 13 % für die USA; aber nach dem Ölboom überholten die USA die BRD, und 1975 entfielen 21,6 % der iranischen Importe (486 Mio. Dollar) auf die USA, während der Anteil der BRD auf 18 % (404 Mio. Dollar) zurückging. Doch nach einem Besuch von Bundeskanzler Brandt im Jahre 1972 wurde ein langfristiger Plan für wirtschaftliche Zusammenarbeit zwischen beiden Ländern ausgearbeitet, und dieser garantiert, daß die BRD weiterhin eine bedeutende Rolle in der Entwicklung des Iran spielt. Die BRD wird iranisches Erdöl und Erdgas erhalten, während bundesrepublikanische Firmen, die die vermeintliche Stabilität des Iran schätzen, sicher sein können, daß sie gute Erträge für ihre Investitionen erhalten. Der Iran seinerseits braucht die Technologie und die Ausbildung, die BRD-Firmen bieten können, und 1974 erwarb der Iran eine Beteiligung von 25,04 % an der bundesrepublikanischen Stahlfirma Krupp. Krupp wurde dadurch mit den notwendigen Mitteln versehen, und für den Iran bedeutete es eine Grundlage für deutsche Hilfe bei der Ausweitung seiner Stahlproduktion.

Diese Fakten weisen auf eine Verschiebung des Charakters der Beziehungen des Iran zu den großen kapitalistischen Mächten hin. Vor den 60er Jahren waren die Wirtschaftsinteressen der imperialistischen Länder außerhalb des Erdölbereichs vergleichsweise geringfügig, während das politische und strategische Interesse groß war. Das hat sich in den folgenden Jahren geändert. Angesichts der Oberherrschaft der USA und eines stabilisierten iranischen Staates blieb wenig Raum für die früheren politischen und strategischen Rivalitäten. Wo es Konflikte gab, spielten sie sich im Handel und bei Investitionen ab; zu neuen Rivalitäten könnte es bei Waffenverkäufen kommen, wenn der Iran versuchte, sich nach einer Auseinandersetzung mit den USA an Frankreich oder Großbritannien zu wenden. Auf diesen Gebieten geht es angesichts der gestiegenen ökonomischen Bedeutung des Iran heute um viel mehr als je zuvor. Die Konkurrenz ist also eingeschränkt worden, aber zugleich und auf ihre eigene Art ist sie ebenso intensiv.

Die Sowjetunion: Zurückhaltung und Koexistenz

In offiziellen Verlautbarungen aus dem Iran wird oft behauptet oder stillschweigend davon ausgegangen, daß die Sowjetunion eine Bedrohung für den Iran darstellt; zur Rechtfertigung der Waffenkäufe des Iran wird gewöhnlich auf die sowjetische Bedrohung des Landes in der Vergangenheit Bezug genommen und auf die Möglichkeit solcher Bedrohungen in der Zukunft verwiesen. Dieses Argument wird oft sehr strapaziert: Ein iranischer Beamter z. B., den ich 1976 in der Botschaft in Washington interviewte, begann seine Verteidigung der damaligen Waffenkäufe des Iran mit dem Verweis auf die Tatsache, daß »zu Anfang des 19. Jahrhunderts die Russen 28 Städte und drei Provinzen unseres Landes im Kaukasus eroberten«.

Dies ist nicht der Ort für eine Gesamtdarstellung der sowjetischen Außenpolitik, und es ist nicht meine Absicht, die Außenpolitik der Sowjetunion als Ganzes zu verteidigen. Sie hat sich in Osteuropa (wie beispielsweise bei der Invasion der Tschechoslowakei) brutal und repressiv verhalten und hat seit den 20er Jahren ausländische kommunistische Parteien als Instrumente ihrer eigenen Außenpolitik behandelt. Obwohl es also viele Aspekte der sowjetischen Außenpolitik gibt, die sich nicht verteidigen lassen, so besteht doch keine ausreichende Grundlage für die Annahme, die Sowjetunion sei entweder eine expansionistische oder eine aggressive Macht. Tatsächlich deutet alles darauf hin, daß die Sowjetunion ein ziemlich vorsichtiger Staat ist; ihre letzte offensive Aktion in einer Situation, in der sie nicht selbst zuerst angegriffen worden war, fand im Sommer 1920 statt, als die Rote Armee auf Warschau vorrückte. In dem einen oder anderen Fall ist es der Sowjetunion in neuerer Zeit gelungen, ihre Position in Ländern der Dritten Welt zu festigen; aber nur, wo die vorangegangenen Klassenkämpfe den Weg bereits geebnet hatten (Vietnam, Kuba, Angola).[7]

Die Bilanz der sowjetischen Beziehungen zum Iran folgt diesem Muster, und es ist eine Schwäche der meisten Diskussionen über sowjetische Politik im Iran, daß die spezifische Politik diesem einen Land gegenüber von der globalen Orientierung losgelöst wird, aus der sie sich ableitet. Die sowjetische Politik gegenüber dem Iran ist alles andere als aggressiv; sie macht vielmehr deutlich, was – aus einer sozialistischen Perspektive – wahrscheinlich der wichtigste Kritikpunkt an der Außenpolitik der Sowjetunion ist; nämlich ihre extreme Furchtsamkeit und die Unterordnung der Kommunisten des jeweiligen Landes unter ihre Gesamtlinie. Man sollte also, anstatt zu fragen, wie der Iran versucht hat, einer weitgehend imaginären sowjetischen Bedrohung zu widerstehen, statt dessen die Frage stellen: Wie hat die Sowjetunion der iranischen revolutionären Bewegung geholfen? Die Antwort hierauf kann dazu beitragen, den Charakter und die Schwächen der sowjetischen Politik im Iran aufzuzeigen.

Seit 1917 hat die Sowjetunion bei drei Anlässen die Gelegenheit gehabt, eine aktive und eingreifende Rolle auf seiten der revolutionären Kräfte im Iran zu spielen. Das erste Mal unmittelbar nach dem 1. Weltkrieg, als es einer Koalition iranischer Kommunisten und nationalistischer Guerillas in der nördlichen Provinz Gilan gelang, eine sozialistische Republik zu bilden. Die Bolschewisten unterstützten diese Bewegung zunächst, und 1920 trafen einige bolschewistische Gruppen in Gilan ein – teils in Verfolgung weißgardistischer Truppen, teils zur Unterstützung der Gilanis. Doch im März 1921, als Reza Khan an die Macht gekommen war, nahm die Sowjetunion diplomatische Beziehungen zu Teheran auf. Einige Monate später zogen die russischen Truppen ab, und die Republik Gilan, der erste revolutionäre Staat im Mittleren Osten, wurde zerschlagen.[8]
Die zweite Gelegenheit bot sich in der Zeit von 1944 bis 1947, als der nördliche Iran von sowjetischen Truppen besetzt war und im übrigen Land amerikanische und britische Einheiten standen. Damals gab es eine von der Tudeh-Partei geführte Massenbewegung, die nach der Absetzung Reza Khans im Jahre 1941 entstanden war. Selbst einige US-amerikanische Berichte aus der damaligen Zeit stimmen darin überein, daß die Kommunisten weitverbreitete Popularität genossen und bei einer Wahl hätten gewinnen können.[9] In einer solchen Situation hätte sowjetische Hilfe für die Kommunisten also nicht bedeutet – wie das damals zweifellos in gewissen osteuropäischen Ländern der Fall war –, daß die Sowjetunion eine kleine moskaufreundliche Partei in die Regierung gezwungen hätte. Doch selbst unter diesen günstigen Voraussetzungen und trotz anfänglicher sowjetischer Unterstützung für die autonomen Republiken in Azerbaijan und Kordestan verfolgte die Sowjetunion eine äußerst vorsichtige Politik, und in der ersten Hälfte des Jahres 1946 zogen sich die sowjetischen Truppen auf Druck von Washington aus dem Iran zurück. Neun Monate später waren die beiden regionalen Republiken zerschlagen und die von der Tudeh-Partei geführte Massenbewegung in die Defensive gedrängt.
Die dritte Gelegenheit kam in der Mossadegh-Zeit. Es war eine besonders günstige Gelegenheit, aber auch sie wurde verschenkt. Da Mossadegh kein Kommunist war und dem Kommunismus feindlich gegenüberstand, weigerte sich die Tudeh-Partei anfangs, ihn zu unterstützen; sie änderte ihre Haltung erst gegen Ende des Jahres 1952, als die Initiative Mossadegh schon entglitten war. Die Kommunisten waren nicht in der Lage, die Woge der Konterrevolution im Jahre 1953 aufzuhalten, und wie die meisten von Mossadeghs eigenen Anhängern leistete die Tudeh keinen ernsthaften Widerstand, als der Putsch kam. Diese anfangs sektiererische Politik war aber nur ein Reflex der sowjetischen Politik; denn hätte die Sowjetunion Mossadegh von Anfang an mit militärischer Hilfe unterstützt und hätte die Tudeh alle ihre Kräfte im Iran von Anfang an hinter Mossadegh ver-

sammelt, hätte sich durchaus ein anderer Ausgang ergeben können. Diese Einschätzung beruht auf einer Reihe von Faktoren, die auch jetzt noch die sowjetische Politik im Iran bestimmen. Erstens spielen primär globale Erwägungen eine Rolle: 1921 und wiederum 1945 versuchte die Sowjetunion, internationalen Frieden zu garantieren, und war nicht bereit, im Iran Initiativen zu ergreifen, die dieser Politik widersprochen hätten. Stalins Rückzug im Iran resultierte aus dem allgemeinen Versuch, zu einer Verständigung mit dem Westen zu kommen – war also Teil derselben Politik, die ihn dazu veranlaßte, die Guerillas in Griechenland fallen zu lassen und die kommunistischen Parteien in Frankreich und Italien, China und Vietnam zu entmutigen. Ein zusätzlicher Faktor, der oft falsch interpretiert wird, ist geographischer Natur – die Tatsache, daß der Iran an die Sowjetunion grenzt; das hat sich keineswegs zum Vorteil der Sowjetunion oder der iranischen Revolutionäre ausgewirkt, sondern im Gegenteil zu deren Nachteil. Jede Aktion von Gruppen im Lande kann vom Regime sofort als Teil einer sowjetischen Bedrohung dargestellt werden, und eine schnelle Unterdrückung ist in antikommunistischen Begriffen daher um so gerechtfertigter. Diese einfache Verschmelzung strategischer und lokaler Bedingungen hat sich seit den Tagen der Republik Gilan gegen die iranischen Revolutionäre ausgewirkt. Hinzu kommt, daß das Verhalten der Sowjetunion oft die nationalistischen Gefühle der Iraner gegen sie aufbrachte und die Behauptung des Regimes bestätigte, die russische Politik, zaristisch und bolschewistisch, sei ein Kontinuum. Ein besonders krasser Fall dieser Art ereignete sich am Ende des 2. Weltkrieges, als die Sowjetunion ohne jede Berechtigung eine Erdölkonzession im Norden verlangte und die Tudeh-Partei dazu zwang, diese Forderung zu unterstützen. Die Reaktion hierauf im Iran war eine eindeutige Zunahme antirussischer und antikommunistischer Gefühle. Ebenso schädlich wirkte sich die Art und Weise aus, wie die Sowjetunion die Tudeh in allgemeinpolitischen Fragen manipulierte – erst zwang sie sie in eine ultralinke Politik, wie in den ersten Jahren der Regierung Mossadegh, und dann ließ sie sie nach anfänglicher Unterstützung fallen, wie 1921 und wiederum 1946. Die erzwungene Loyalität gegenüber der Sowjetunion hat der Tudeh-Partei immer geschadet und die Glaubwürdigkeit jeder kommunistischen Opposition untergraben; für Kommunisten ist eine solche Fixierung immer schädlich, selbst in Ländern, die so weit entfernt von Rußland sind wie Portugal; ganz besonders aber gilt das in einem Land, das an die Sowjetunion angrenzt und in dem innenpolitische und strategische Fragen so eng miteinander verknüpft sind.

Seit 1953 sind die sowjetischen Beziehungen zum Iran relativ ruhig gewesen, mit Ausnahme der Jahre von 1959 bis 1962. In dieser Zeit übte die Sowjetunion heftige Kritik an den militärischen Verbindungen des Iran zu den USA und dem 1959 abgeschlossenen Vertrag zwi-

schen Washington und Teheran. Scheinbar erwarteten die Russen den Sturz des Schahs und befürchteten, daß das zu einer Krise in den amerikanisch-sowjetischen Beziehungen führen könnte.[10] Doch im September 1962, als sich die Kubakrise anbahnte, gab der Schah der Sowjetunion das Versprechen, daß der Iran den USA nicht gestatten würde, auf seinem Boden Raketen zu stationieren, und ein Jahr später war Breschnjew in Teheran, um das neue Einvernehmen zwischen beiden Ländern zu bekräftigen.
Seitdem konzentrieren sich die sowjetisch-iranischen Beziehungen auf den wirtschaftlichen Bereich. 1967 kaufte der Iran »nichtsensitive« sowjetische Militärausrüstung im Wert von 110 Mio. Dollar, und dem folgte eine Wirtschaftsvereinbarung mit einem Volumen von 280 Mio. Dollar. 1500 russische Experten kamen zur Mitarbeit an Gemeinschaftsprojekten nach dem Iran, von denen das Stahlwerk von Isfahan und die Erdgas-Pipeline in die Sowjetunion die wichtigsten waren. Die Sowjetunion entwickelte sich zu einem bedeutenden Handelspartner, auf den im Jahre 1973 15 % der iranischen Exporte entfielen. 1976 wurde eine Handelsvereinbarung im Werte von 3 Milliarden Dollar mit einer Laufzeit von fünf Jahren abgeschlossen. In ihrem Rahmen wird der Iran Erdgas, Textilien, Schuhe, Baumwolle, Erze und getrocknete Früchte in die Sowjetunion exportieren, während die Sowjetunion Maschinen, Eisen, Stahl, Chemikalien, Holz, Zement und Lastwagen in den Iran liefern wird. Im Rahmen dieses Geschäftes kaufte der Iran zusätzlich sowjetische Militärausrüstung im Wert von 550 Mio. Dollar (Lastwagen, Jeeps und gepanzerte Mannschaftswagen) mit dem Ergebnis, daß der größte Teil der Transportfahrzeuge der iranischen Armee sowjetischer Bauart ist. Die Erdgasverbindung mit der Sowjetunion ist deshalb bedeutsam, weil sie in den 80er Jahren bis Westeuropa verlängert werden könnte; dadurch hätte der Iran (siehe S. 139) einen Zugang zum bundesrepublikanischen Markt und anderen Märkten, der für ihn sehr viel wirtschaftlicher wäre als Verflüssigung des Erdgases und Transport mit Tankern. Aber die Kosten hierfür wären, daß sich die Sowjetunion einen unter Umständen existenzbedrohenden Zugriff auf die Exporteinnahmen des Iran verschaffen würde. Andererseits ist die Sowjetunion selbst ein wichtiger Markt für die Fertiggüter, die weiterhin einen Teil der Nicht-Erdöl-Exporte des Iran bilden. Bei seinem verspäteten Versuch, diesen Sektor auszudehnen, stellt der Iran fest, daß die konkurrenzfreien Märkte der kommunistischen Welt für ihn zugänglicher sind als die der kapitalistischen Länder; so kann es sein, daß der Iran sich gezwungen sieht, seine ökonomische Zukunft enger an das Land zu binden, das sein größter Feind sein soll.
Reale Widersprüche bleiben jedoch bestehen. Während die Beziehungen zu den USA nach dem Ende des Kalten Krieges nicht mehr so problematisch sind, gibt es in iranischen und sowjetischen Erklärun-

gen hin und wieder Angriffe gegen die Politik der anderen Seite; in Dhofar lieferte die Sowjetunion einer Guerillatruppe Waffen, die in direktem Kampf mit der iranischen Armee stand, und die Sowjetunion unterstützt weiterhin den anderen großen potentiellen Rivalen des Iran, den Irak. 1975 brach der Iran die diplomatischen Beziehungen zu Kuba ab, nachdem Fidel Castro in Moskau eine gemeinsame Veranstaltung mit dem Generalsekretär der Tudeh-Partei abgehalten hatte; dieser Schritt wurde allgemein als eine indirekte Kritik an der Sowjetunion angesehen. Es wird auch in Zukunft genügend Anlässe für Konflikte zwischen dem Iran und der Sowjetunion geben, solange der Iran sich als Vertreter einer regionalen konterrevolutionären Politik sieht. Doch beide Staaten werden wahrscheinlich wirtschaftliche Bindungen aufrechterhalten, unabhängig von diesen anderen Widersprüchen. Diese Zusammenarbeit nahm bisweilen interessante Formen an. So stimmte die Sowjetunion 1976 der Schließung der in Bulgarien stationierten Rundfunkstation der Tudeh-Partei zu – als Gegenleistung dafür, daß der Schah ihr einen sowjetischen Piloten ausgeliefert hatte, der mit seinem landwirtschaftlichen Einsatzflugzeug über die Grenze geflüchtet war. Damit war die Tudeh eines potentiell sehr einflußreichen Mittel zu einem Zeitpunkt beraubt, zu dem dieses am wirkungsvollsten hätte eingesetzt werden können: am Vorabend des Wiederauflebens der Opposition.
Eine größere Krise in den iranisch-sowjetischen Beziehungen ist nur in zwei Situationen wahrscheinlich: entweder im Falle eines größeren amerikanisch-sowjetischen Zusammenstoßes, an dem der Iran wie in früheren internationalen Konflikten unweigerlich beteiligt wäre; oder im Falle, daß beide Länder verschiedene Seiten in einem dritten Land unterstützen, in dem eine starke revolutionäre Bewegung, die von Rußland unterstützt wird, existiert. Eine direkte politische oder militärische Intervention der Sowjetunion im Iran, ohne daß ein größerer internationaler Konflikt vorläge, ist sehr viel unwahrscheinlicher.
Die sowjetische Politik gegenüber dem Iran wirft viel allgemeinere Probleme auf, die in diesem Zusammenhang nicht diskutiert werden können. Unbegründet wäre dennoch die Ansicht, die UdSSR habe im Iran eine im ernsthaften Sinne »imperialistische« Rolle gespielt, wie es etwa die USA getan haben. Der Iran stand militärisch und strategisch unter der Vorherrschaft der USA; die Sowjetunion hingegen hat bei der Konsolidierung des Schah-Regimes keine wichtige Rolle gespielt. Vielmehr hat sie sich auf zwischenstaatliche Beziehungen durchaus konventioneller Art beschränkt. Weder das Faktum des sowjetischen Handels mit dem Iran noch die Existenz sowjetischer Spione im Lande rechtfertigen es, von einem sowjetischen »Imperialismus« zu sprechen. Ein großer Teil des Geredes über den angeblichen sowjetischen Imperialismus beruht auf einer unhaltbaren theoretischen und historischen Analyse, die durch ihre wilden Übertrei-

bungen nichts zu einer wirklich substantiellen und genauen Kritik der sowjetischen Politik beiträgt. Wie gesagt ist die Rolle der Sowjetunion im Iran in vieler Hinsicht angreifbar, und ihr Verhalten in der aktuellen Krise entspricht durchaus früheren Mustern einer vorsichtigen und reaktiven Politik, die sich jeder erkennbaren Stellungnahme zugunsten der iranischen Opposition enthalten hat. Wenn man die Sowjetunion wegen ihres »Imperialismus« kritisiert, greift man sie gewöhnlich für das an, was sie tut – das größte Versagen der sowjetischen Politik liegt hingegen in der Tatsache, daß sie die ganze Zeit über die oppositionellen Kräfte im Iran *nicht* hinreichend unterstützt hat. Wie immer man jedoch die Fehler dieser Politik beurteilen mag, sie liegen auf gar keinen Fall auf derselben Ebene wie die Politik der USA – und sie sind keinesfalls vergleichbar mit der Politik stillschweigender Komplizenschaft und konterrevolutionärer Kollaboration, wie sie die Volksrepublik China seit 1971 betrieben hat.

Die Volksrepublik China

Die Politik Chinas gegenüber dem Iran ist – ähnlich wie die der Sowjetunion – weitgehend durch seine internationale Gesamtstrategie bestimmt; angesichts der Entfernung zwischen beiden Ländern und des begrenzten ökonomischen Potentials Chinas haben die Beziehungen zwischen diesen Ländern für beide Seiten jedoch viel geringere Bedeutung. Wie die anderen prowestlichen Staaten weigerte sich der Iran, die Volksrepublik nach dem Sieg der chinesischen Revolution im Jahre 1949 anzuerkennen; diplomatische Beziehungen wurden erst 1971 aufgenommen. Seitdem sind die Beziehungen zwischen beiden Staaten jedoch gediehen, und China ist in seinem Lob für die Politik des Schahs sehr weit gegangen.
China unterstützt den Iran zunächst einmal wegen dessen Feindschaft gegenüber der Sowjetunion; das hat Peking dazu geführt, die Wirtschafts- und Militärpolitik des Iran ausdrücklich zu billigen – was seiner Zustimmung zur konterrevolutionären Rolle des Iran gleichkommt. 1972 z. B., als der Iran auf der Höhe des Vietnam-Krieges Phantom-Düsenjäger nach Südvietnam schickte, kritisierte die chinesische Presse zwar andere Staaten, die dasselbe getan hatten (Südkorea, Taiwan), aber sie enthielt sich einer Kritik am Iran.[11]
China änderte auch seine Position gegenüber der Guerillabewegung in Dhofar: Zwischen 1968 und 1971 hatte es den Guerillas in Oman noch geholfen und ihren Kampf in der Öffentlichkeit bekanntgemacht. Nach der Aufnahme von Beziehungen zwischen Teheran und Peking hörte diese Hilfe jedoch auf; China begann nun, die »von den Sowjets unterstützte Subversion« am Golf zu verdammen.
Chinesische Äußerungen zum Iran folgen konventionellen Mustern. Viel Aufhebens wird von den historischen Bindungen zwischen bei-

den Ländern gemacht (so von der »Seidenstraße«, einer alten Karawanenroute) und von der Größe der beiden asiatischen Zivilisationen. Doch die eigentlich zentralen Themen sind andere; Chi Pengfei, der damalige chinesische Außenminister, hat sie bei seinem Besuch in Teheran im Mai 1973 genannt. Seine Argumente sind danach in vielen Artikeln und Reden wiederholt worden:

»Die Aufmerksamkeit aller ist jetzt auf die Situation am Persischen Golf gerichtet. Verstärkte expansionistische Aktivitäten, ungerechtfertigte Einflußnahme und der Kampf einiger der großen Mächte haben den Frieden und die Sicherheit in dieser Region ernsthaft gefährdet. Der Iran ist einer der wichtigen Küstenstaaten am Persischen Golf. Seine Besorgnis über die Situation ist deshalb natürlich und logisch. Wir waren schon immer der Meinung, daß die Angelegenheiten eines Landes von diesem Land entschieden werden müssen... Der Iran und eine Anzahl anderer Küstenstaaten am Persischen Golf sind der Ansicht, daß die Angelegenheiten des Persischen Golfs von den Küstenstaaten entschieden werden sollten. Sie sind gegen Einmischung von außen. Das ist eine berechtigte Forderung, die wir voll und ganz unterstützen. Wie der Schahanschah gesagt hat, ist die Situation östlich und westlich vom Iran eine sehr ernste Warnung für den Iran. Unter Berücksichtigung der in dieser Region geschaffenen Situation muß dieses Land seine Verteidungskräfte stärken.«[12]

Erklärungen wie diese und ähnliche, in denen die Wirtschaftspolitik des Schahs gelobt wird, stellen natürlich nur einen kleinen Teil der Wahrheit dar. Die Chinesen versäumen, darauf hinzuweisen, daß die Militärmacht des Schahs mit der Hilfe und Unterstützung einer der beiden fraglichen Großmächte, der USA, gestärkt wird oder daß sie dazu verwendet wird, nationale Befreiungsbewegungen in dieser Region zu zerschlagen. Chinesische Presseberichte verschweigen jeden Widerstand gegen den Schah im Iran, überschlagen sich in Leerformeln und verschleiernden Äußerungen und übertreffen darin alles, was die Russen je über den Iran gesagt haben.
Wie die iranische und die chinesische Regierung sich in den 70er Jahren übereinander äußern, steht selbstverständlich in totalem und fast komischem Gegensatz zu dem, was jeder von beiden in den 20 Jahren davor über den anderen gesagt hat. In seiner 1961 veröffentlichten Autobiographie äußerte der Schah die Hoffnung, die Sowjetunion werde sich mit dem Iran verbünden, um »den neuen Riesen des Fernen Ostens, der sich hinter ihrem Haus ausbreitet und sich schnell vermehrt«[13], zu bändigen. Wie wir gesehen haben, weigerte sich der Schah 22 Jahre lang, die Volksrepublik China anzuerkennen. Die Chinesen ihrerseits nahmen eine ebenso kämpferische Haltung gegenüber dem Schah ein. China verurteilte z. B. sofort den Putsch von 1953. In einer offiziellen Erklärung hieß es:

»Eine gegenüber der amerikanischen herrschenden Clique total unterwürfige Regierung ist gebildet worden«, und: »Die USA benutzen die Royalisten im Iran, um ihr Ziel zu verwirklichen. Die Royalisten sind eifrige Schlittenhunde der Amerikaner geworden.« Der Putsch vom 19. August wurde, so hieß es weiter, »von amerikanischen Sonderagenten angestiftet«.[14]

Zu Beginn der 60er Jahre wurde die Tudeh-Partei durch den chinesisch-sowjetischen Konflikt gespalten (siehe S. 217f.); und die Chinesen attackierten damals die Russen, nicht etwa weil sie den Iran bedrohten, sondern weil sie im Gegenteil mit dem Schah kooperierten. Eine in Peking 1966 herausgegebene Stellungnahme über das »Marionettenregime des Schahs« analysierte die Ereignisse im Iran so:

»Das iranische Regime setzt alle Mittel ein – Drohungen, Einschüchterungen, Einkerkerung, Foltern und die Todesstrafe –, um die Arbeiter, Bauern und revolutionären Intellektuellen zu unterdrücken, und es verbietet alle Organisationen... Das Regime im Iran ist den US-Imperialisten gegenüber demütig und unterwürfig, obwohl es von Reformen und der Aufrechterhaltung nationaler Unabhängigkeit redet und obwohl die Spalter (gemeint ist die Sowjetunion) enge Beziehungen zu dem reaktionären Regime des Iran unterhalten und eine für das Regime günstige Propaganda machen.«

Am Schluß der Erklärung heißt es zuversichtlich, daß »das arbeitende Volk des Iran, das kolonialer Beherrschung unterworfen ist, sicherlich bald das reaktionäre Regime zerstören und in seinem Kampf siegreich sein wird«.[15]
Sechs Jahre später hatten der »sich ausbreitende und schnell sich vermehrende Riese des Fernen Ostens« und das »Marionettenregime des Schahs« ihre Meinungsverschiedenheiten begraben; die Iraner verbündeten sich jetzt mit den Chinesen gegen die Russen, während die Chinesen die Chance ergriffen, Punkte gegen die sowjetischen »Spalter« zu sammeln, und Moskau jetzt darin übertrafen, den Schah mit Lob zu überhäufen. Im Mai 1975 wurde Prinzessin Ashraf, die Schwester des Schahs, die persönlich dem CIA bei der Organisierung des Putsches von 1953 geholfen hatte, von Mao Tse-tung empfangen. Und doch unterdrückte der Schah noch immer sein Volk – wie vor einem Jahrzehnt –, Folter und Einschüchterung gingen weiter, und der Iran war nach wie vor »demütig und unterwürfig gegenüber den US-Imperialisten«.
Wie beide Regimes von Schmähreden zu Schmeicheleien übergegangen sind, erscheint ziemlich lächerlich, aber unter diesen Zickzackwendungen der Politik gibt es eine grundsätzliche Kontinuität. Für den Iran ist das die Feindschaft gegenüber der Sowjetunion. In seiner Autobiographie greift der Schah »den neuen Imperialismus« der Sowjetunion an, und als die Chinesen Ende der 60er Jahre den »sowjetischen Sozialimperialismus« zu verurteilen begannen, wurde die grundlegende Übereinstimmung des strategischen Denkens beider Staaten klar. Als der Iran dann bereit war, Peking anzuerkennen, konnte China seine Einschätzung des Schahregimes entsprechend umpolen. Eine weitere Kontinuität gibt es auf der chinesischen Seite.

Sowohl die Erklärungen von 1966 als auch die der 70er Jahre sind äußerst oberflächlich; in keinem der beiden Fälle wird irgendein ernsthafter Versuch gemacht, den Klassencharakter des iranischen Staates zu verstehen oder irgendwie präzise zu bestimmen, in welcher Beziehung der Iran zu den USA steht. In beiden Fällen sind allgemeine Redensarten, die wiederum durch aktuelle diplomatische Rücksichten bestimmt werden, die Norm. 1966 waren die Reformen des Schahs *nicht,* wie Peking behauptete, nur Gerede, und der Iran stand, wenn man das Wort ernst nimmt, nicht mehr unter »kolonialer Beherrschung« als 1976. Andererseits war der Schah in den 70er Jahren vom Imperialismus nicht unabhängiger als zehn Jahre zuvor. Die Klischees beider Phasen weisen auf grundlegende Ignoranz und Desinteresse bei den Chinesen hin, und deshalb waren sie auch so leicht ersetzbar. »Marionetten« und »Schlittenhunde« wichen »gerechten Kämpfern« zur Verteidigung der Interessen des iranischen Volkes. Zu keiner Zeit war Peking in der Lage, eine über Banalitäten hinausgehende Analyse des Iran zu erstellen oder ein Bild der Entwicklung zu zeichnen, das die beteiligten Klassenkräfte berücksichtigte.

Die Politik innerhalb der Region

Seit der Mitte der 60er Jahre stand im Zentrum der außenpolitischen Bemühungen des Iran die Situation im westlichen Asien – am Golf im Süden, in den arabischen Ländern im Westen und in Afghanistan, Pakistan sowie im Indischen Ozean im Osten und Südosten. Der Iran rechtfertigt seine Politik mit der Begründung, daß er erstens seine eigenen nationalen Sicherheitsinteressen schützen muß und daß zweitens er allein die Verantwortung für die Aufrechterhaltung der Stabilität in den bestehenden Staaten übernehmen kann. Die Si-

Bedrohungen nach offizieller iranischer Ansicht

	Bedrohungen »hoher Intensität«	**Bedrohungen »niedriger Intensität«**
Gegenwart	UdSSR	Oman
	Irak	Separatismus
		Terrorismus
Zukunft	UdSSR	Arabischer Golf
	Irak	Separatismus
	Indien	Terrorismus

Quelle: *US Military Sales to Iran, Staff Report to the Subcommittee on Foreign Assistance of the Committee on Foreign Relations, United States Senate,* Juli 1976, S. 8.

cherheit von Tankern, die Öl durch den Golf exportieren, revolutionäre Bewegungen in arabischen Staaten und Instabilität auf dem südasiatischen Subkontinent werden als Gründe benannt, warum der Iran eine starke Militärmacht in diesem Gebiet sein muß.

Diese Darstellung der Politik des Iran setzt jedoch eine Anzahl von Dingen ohne weiteres als bewiesen voraus. Im übrigen reflektiert sie die Bedingungen im Iran – das Drängen der Armee auf mehr Waffen und das Bedürfnis des Schahs, nationalistische Gefühle zu mobilisieren. Vor allem aber drückt sie das Bewußtsein aus, daß eine erfolgreiche revolutionäre Bewegung in irgendeinem der Nachbarstaaten de-
che revolutionäre Bewegung in irgendeinem der Nachbarstaaten de-
stabilisierende Rückwirkungen auf die Position des Pahlavi-Regimes haben würde; die beunruhigte Reaktion des Schahs auf die nationalistischen Militärregimes im Irak und auf den Nasserismus in in dieser Hinsicht aufschlußreich. Der Schah weiß auch, daß alle Zugeständnisse, die von den unterdrückten Nationalitäten in Nachbarländern (Irak, Pakistan) errungen werden, ähnliche Bewegungen im Iran nur ermutigen werden. Sicher gibt es reale Sicherheitsinteressen, die jedes iranische Regime berücksichtigen müßte: die freie Schiffahrt für Öltanker ist solch ein offenkundiger Fall. Doch diese fundamentalen Sicherheitsinteressen können für sich allein die Dynamik der gegenwärtigen Außenpolitik des Iran nicht hinreichend erklären. Sie ist eine Mischung aus legitimen Sicherheitsinteressen und einer anderen, aggressiven Komponente, die aus dem Charakter des Regimes folgt. Wie sieht diese andere Komponente aus?

Der einfachste Beiname, den man dem Iran geben kann, ist der einer »expansionistischen« Macht: Einige arabische Politiker charakterisieren ihn so und ziehen eine Parallele zwischen den Aktionen des Iran im Osten und Israels im Westen. Sicher ist der Iran in irgendeinem vagen Sinne »expansionistisch«; die eigentliche Frage muß jedoch heißen, *auf welche Weise* der Iran expansionistisch ist und auf welche nicht. Es gibt mindestens drei Bedeutungen dieses Begriffs, die nicht zutreffen. Erstens beabsichtigt der Iran zur Zeit nicht, irgendeinen Teil des Territoriums seiner Nachbarn zu annektieren. Die letzten Grenzstreitigkeiten (mit dem Irak und mit Afghanistan) sind bereinigt worden; 1970 gab der Schah den Anspruch des Iran auf Bahrain auf, und 1971 besetzten die Iraner drei umstrittene Inseln im Golf, der letzte noch ausstehende Anspruch. Das sind bekannte Tatsachen, auf die aber nochmals hingewiesen werden soll, und sei es nur als Gegengewicht gegen die übertriebeneren Vorstellungen, die im Mittleren Osten kursieren und nach denen der Schah versucht, »das Persische Reich wiederzuerrichten«. Man muß unterscheiden – was das Regime im Iran selbst nicht immer tut – zwischen der Art und Weise, wie der Iran seinen Einfluß in den letzten Jahrzehnten des 20. Jahrhunderts durchsetzen wird, und der, wie er das in früheren Epochen tat – sei es im 18. Jahrhundert oder im 5. Jahr-

hundert v. u. Z. Damals ging es um territoriale Erweiterungen der einen oder anderen Art, aber in diesem Jahrhundert sind die Grenzen formaler iranischer Macht anscheinend mehr oder weniger endgültig festgelegt. Zweitens gibt es keinen Grund für die Annahme, der Iran sei daran interessiert, seinen Einfluß durch die Errichtung iranischer Kolonien außerhalb seiner Grenzen auszudehnen. In den arabischen Ländern am Golf leben fast eine Million Iraner oder Menschen iranischer Abstammung; aber sie sind keine Instrumente iranischer Außenpolitik und können das auch nicht sein. Mit Kolonisatoren, wie es jüdische Siedler in Palästina waren, haben sie nichts gemein. Es sind Menschen, die nicht auf Geheiß ihrer Regierung ausgewandert sind, sondern aufgrund der Marktsituation – auf der Suche nach Arbeit und Handelsmöglichkeiten. Käme es zu einem militärischen Zusammenstoß zwischen dem Iran und den arabischen Staaten, in denen diese Gemeinschaften leben, würde die einmarschierende iranische Armee als Instrument der Teheraner Politik handeln – und nicht die iranischen Kaufleute und Arbeiter, die dort ansässig sind. Unter Friedensbedingungen macht der Iran dadurch Politik, daß er die Herrscher dieser Staaten beeinflußt, die *Araber* sind, und nicht die iranischen Gemeinschaften in diesen Staaten.
Drittens ist der Iran zwar durchaus zu Aggressionen fähig, und er ist sicher entschlossen, die militiärische Übermacht am Golf zu erlangen; anzunehmen, daß der Iran allein aus diesen Gründen versuchen wird, einige der benachbarten Territorien zu übernehmen, sobald seine Macht gesichert ist, wäre aber sicher falsch. Um eine naheliegende Analogie zu ziehen: Der Iran hat in den 70er Jahren nicht – wie Deutschland und Japan das in den 30er Jahren getan haben – als planmäßige Vorbereitung auf eine Offensive gegen seine Nachbarn aufgerüstet. Der Iran wird in militärische Verwicklungen mit Staaten der Region geraten, aber nur aufgrund bestimmter Entwicklungen in diesen Ländern oder nach anderen destabilisierenden Entwicklungen im Iran: In der Zwischenzeit wird er versuchen, seine Oberherrschaft durch politische und nicht in erster Linie durch militärische Macht sicherzustellen. Aus diesen drei Gründen ist das einfache Modell des »Expansionismus« irreführend.
Andererseits gibt es verschiedene Faktoren, die den Iran geradezu ermutigen, in anderen Ländern zu intervenieren, und die in Zukunft durchaus stärker werden können. Erstens trägt der durch militärische Aktionen im Ausland gewonnene Ruhm dazu bei, das Image des Regimes und die Stellung der Armee in der iranischen Gesellschaft aufzupolieren. Die vielen Hinweise des Schahs auf die »heroischen« Aktionen der iranischen Armee in Dhofar lassen das erkennen. In Zukunft könnten der Schah oder ein Militärregime, das an seine Stelle tritt, versucht sein, ihre Stellung im Innern zu stärken, indem sie die Gelegenheit wahrnehmen, einen Krieg im Ausland zu führen. Diese Möglichkeit wird einerseits durch die Rolle des Mili-

tärs und des Militarismus im Iran verstärkt und andererseits durch die überwältigende Überlegenheit des Landes in der Region. Zweitens könnten die ökonomischen Interessen des Iran ihn dazu bewegen, andere Länder zu beherrschen und in extremen Fällen das Vermögen benachbarter Staaten an sich zu reißen. Der Iran investiert bereits in Pakistan und Indien, um die Zufuhr von Material, das die iranische Wirtschaft braucht, sicherzustellen. Von der Mitte der 80er Jahre an wird die Erdölproduktion des Iran zurückgehen; dann könnte die Versuchung für den Iran stark sein, den Rückgang bei der inländischen Produktion dadurch auszugleichen, daß er seine Streitkräfte nutzt, um die Ölquellen benachbarter Staaten an sich zu reißen, die noch über beträchtliche Reserven verfügen und die mehr einnehmen als sie brauchen: Kuwait, Katar und Saudi-Arabien gehören alle in diese Kategorie. Auf wirtschaftlichen Druck dieser Art ist ein Großteil der aggressiven Politik anderer Staaten im 20. Jahrhundert zurückzuführen, beispielsweise die expansionistische Politik Japans im Fernen Osten. Wenn auch die internationale Lage – d. h. das Ende des formalen Kolonialismus – eine solche Politik heute weniger wahrscheinlich macht, könnten die Interessen des Iran als eines kapitalistischen Landes, das nach raschem Wachstum strebt, zweifellos dazu motivieren, außerhalb seiner Grenzen zu intervenieren, um wirtschaftliche Ausfälle im Lande wettzumachen.
Der wichtigste und ein ausschließlich politischer Punkt ist jedoch, daß das iranische Regime sehr daran interessiert ist, in der Region die Entstehung einer Bewegung oder eines Staates zu verhindern, die die eigene strategische Position des Iran schwächen könnte. Das bedeutet ganz einfach, daß der Iran intervenieren wird, um alle nationalistischen oder revolutionären Kräfte außerhalb seiner Grenzen zu zerschlagen, die er als Bedrohung für sich betrachtet und von denen er glaubt, daß ihm deren Unterdrückung gelingen könnte. Der Schah hat bei mehr als einer Gelegenheit erklärt, daß er in der Region keine »Subversion«, d. h. keine demokratische oder nationalistische Bewegung, dulden wird, und die Bilanz seiner Außenpolitik seit der Mitte der 60er Jahre belegt das.
Das ist die Basis für eine äußerst ehrgeizige Interventionspolitik, die schon zur Legitimierung einer Anzahl von aggressiven Aktionen gedient hat und es in Zukunft wieder tun könnte. Seit der Mitte der 60er Jahre gab es zahlreiche militärische Aktivitäten des Iran im Ausland, die im wesentlichen zwei Mustern folgten: direkte Intervention durch iranisches Militär und indirekte Intervention über die Bereitstellung von Hilfe – Stützpunkte, Waffen, Ausrüstung, Ausbildung – an Streitkräfte, die der Iran unterstützt. Die bedeutendsten Beispiele sind folgende:
1. *Nordjemen:* Während des Bürgerkrieges zwischen jemenitischen Royalisten und den Republikanern (1962–70) intervenierte der Iran zur Unterstützung der Royalisten. Den größten Teil ihrer Hilfe er-

hielten sie zwar aus Saudi-Arabien, und zusätzliche Hilfe kam aus England und Israel, aber auch der Iran lieferte den Royalisten Waffen und bildete eine unbekannte Zahl von ihnen bei sich aus. Der Schah sah darin – ebenso wie die Saudis – ein Mittel, dem Einfluß Nassers zu begegnen, dessen Truppen der Republik halfen.

2. *Vereinigte Arabische Emirate:* Im November 1971, einen Tag bevor England den sieben Emiraten die Souveränität übertrug, besetzten iranische Truppen drei Inseln im Golf: eine von ihnen, Abu Musa, gehörte zum Emirat Sharjah, dessen Herrscher sich mit der Übernahme durch den Iran einverstanden erklärt hatte, die anderen beiden waren im Besitz des Herrschers von Ras al Khaima, der gegen die iranische Aktion war. Einige arabische Soldaten wurden bei der Aktion getötet, und die kleine arabische Bevölkerung der Inseln wurde später vertrieben.

3. *Oman:* Der Iran begann 1971, dem Sultan von Oman bei seinem Kampf gegen die Guerillas der Volksfront, die in Dhofar, der südlichen Provinz des Sultanats, kämpften, zu helfen. 1972 wurden iranische Marinekommandos auf der zu Oman gehörigen Insel Umm al Ghanem stationiert, um den Eingang zum Golf zu bewachen, und einige Kampfhubschrauber wurden nach Dhofar geschickt. Vom Dezember 1973 bis Ende 1976 wurden mehrere Tausend iranischer Soldaten in Dhofar gegen die Guerillas eingesetzt und erst zurückgezogen, nachdem die Haupttruppen besiegt waren. Zahlen über die Gesamtverluste wurden nicht bekanntgegeben, aber die offiziell mitgeteilten militärischen Verluste im Jahre 1975/76 beliefen sich auf 25 Offiziere und 186 Angehörige anderer Grade. Wahrscheinlich starben die meisten von ihnen in Dhofar. Dies war die größte militärische Operation, an der iranische Streitkräfte beteiligt waren, und der iranische Einfluß in Oman blieb bestehen, obwohl die Kämpfe praktisch zu Ende waren. Der Iran übernahm die Verantwortung für die Bewachung der Grenzen von Oman zu Luft und zu Wasser, und er behielt Einheiten auf einigen Stützpunkten in Oman – auf dem Luftwaffenstützpunkt Thamrit in Dhofar, 150 km von der Grenze von Südjemen entfernt, und in Marinebasen auf der omanischen Seite der Straße von Hormuz. Angesichts der kurzen Entfernung zwischen beiden Ländern und der vorhandenen Stützpunkteinrichtungen könnte der Iran seine Truppen in Oman innerhalb weniger Stunden wieder einsetzen.

4. *Pakistan:* Nach dem indisch-pakistanischen Krieg von 1971 machte der Iran deutlich, daß er gegen jede weitere Schwächung Pakistans von außen oder von innen war. 1973, als Guerillas in der pakistanischen Provinz Baluchistan, die an den Iran grenzt, umfangreiche Operationen gegen die pakistanische Armee begannen, schickte der Iran 30 Chinook-Kampfhubschrauber zur Unterstützung der pakistanischen Streitkräfte. Die Guerillas der Baluchi-Volksbefreiungsfront berichten, daß drei von ihnen 1973–74 abgeschossen wurden.

Der Iran hat auch ökonomisch zur Unterstützung des militärischen und zivilen Aktionsprogramms der pakistanischen Armee in dieser Provinz beigetragen.
5. *Irak:* Zwischen 1972 und 1975 half der Iran den von Mostafa Barzani geführten kurdischen Truppen im nördlichen Irak, einen Krieg gegen die Regierung in Baghdad zu führen. Der Iran schickte Waffen über die Grenze zu den kurdischen Gebieten des Irak, und Hunderte iranische Soldaten operierten in Irakisch-Kurdistan an Flugabwehrkanonen.[16] Außerdem wurden iranische Artilleriestellungen im Iran dazu benutzt, irakische Flugzeuge zu beschießen. Auch SAVAK spielte eine Rolle in dieser Kampagne: sie war dafür verantwortlich, ausländische Journalisten zur irakischen Grenze und zurück zu geleiten, und in Kurdistan übte sie die Kontrolle über die *Parastin* aus, eine Geheimpolizei, die Jahre zuvor von Barzani gegründet worden war. Diese Hilfe wurde im März 1975 abrupt eingestellt, als die iranische und die irakische Regierung eine Einigung über die zwischen ihnen strittigen Fragen erzielten.
Zusätzlich zu diesen fünf direkten Interventionen hat der Iran in den letzten zehn Jahren in einer Anzahl anderer Konflikte eine Rolle gespielt, in denen er Waffen oder Finanzhilfe an von ihm unterstützte Kräfte lieferte. 1972 schickte er Phantom-Düsenbomber, um Präsident Thieu in Südvietnam zu helfen. Davor, vor dem ersten Waffenstillstand der irakischen Regierung mit den Kurden im Jahre 1970, hatte er diese mit russischer Ausrüstung versorgt, die von Israel abgestoßen worden war, nachdem sie die Israelis selbst von Ägypten im arabisch-israelischen Krieg von 1967 erbeutet hatten. Der Iran hat auch Flugzeuge an Marokko, Jordanien und Oman geliefert, und im Frühjahr 1977 schickte er nicht näher definierte Hilfe an die Regierung des General Mobutu in Zaire, als dieser sich mit einem Aufstand in der Provinz Shaba konfrontiert sah.[17] In der zweiten Hälfte des Jahres begann er Waffen nach Somalia zu schicken, um ihm bei seiner Auseinandersetzung mit Äthiopien zu helfen, das zuvor erhebliche sowjetische Hilfe erhalten hatte.
Kein Staat in der Dritten Welt hat seit der Mitte der 60er Jahre eine vergleichbare Zahl von Interventionen außerhalb seiner Grenzen zu verzeichnen wie der Iran. Südkorea, Indonesien, Zaire, Israel, Brasilien und Saudi-Arabien haben alle direkt oder indirekt zugunsten konterrevolutionärer Kräfte jenseits ihrer Grenzen interveniert, aber keiner von ihnen in einem ähnlichen Umfang wie der Iran; und bei näherer Betrachtung wird deutlich, daß die Politik Teherans weit über die bloße Verteidigung der legitimen iranischen Sicherheitsinteressen hinausgeht. Im Falle der drei Golfinseln waren die historischen und militärischen Rechtfertigungen fadenscheinig: Vor allem hatte es der Iran angesichts seiner allgemeinen Oberherrschaft über die Gewässer des Golfs gar nicht nötig, sie zu kontrollieren. Der wahre Grund scheint ein politischer gewesen zu sein – der Wunsch, das

Image des Schahs im eigenen Lande zu verbessern und den Eindruck scheinbarer Schwäche, der durch den Verzicht auf Bahrain entstanden war, wettzumachen. Ein britischer Beamter erklärte:

»Berater bei der iranischen Regierung erzählten uns, daß der Schah die Inseln nicht aus militärischen oder strategischen Gründen haben wollte, trotz seiner Erklärung und viel offizieller Propaganda, die das behauptete. Er wollte sie vielmehr übernehmen, um sein Image als starker und entschiedener Monarch zu verbessern.«[18]

Auch in Oman war die Motivation des Schahs nicht nur defensiv. Der Schah behauptete, er habe auf »Einladung« des Sultans Truppen nach Oman geschickt; dazu ist vorab zu sagen, daß die Rechtmäßigkeit der Herrschaft des Sultans sehr fraglich war – angesichts seiner Abhängigkeit von ausländischer (britischer) Unterstützung; aber selbst wenn man diese umstrittene Behauptung akzeptiert, ist anzunehmen, daß der Schah auch ohne »Einladung« einmarschiert wäre, da er bei mehreren Gelegenheiten deutlich gemacht hat, daß er unter keinen Umständen die Machtergreifung einer revolutionären nationalistischen Bewegung in Oman zulassen würde. Im übrigen hatte der Schah noch zwei weitere Gründe für das Engagement in Oman. Erstens war er daran interessiert, möglichst viele seiner Truppen unter realistischen Kampfbedingungen auszubilden: Die Soldaten wurden alle vier Monate abgelöst, um einer möglichst großen Anzahl von ihnen Kampferfahrungen zu vermitteln. Zweitens wollte er durch die Aktion in Oman den radikalsten Staat in der Region, Südjemen, bedrohen, einen Staat, der die Guerillas in Dhofar unterstützte, an deren Gebiet er angrenzte. Als die iranischen Düsenflugzeuge in Thamrit stationiert waren und der Iran formell die Verantwortung für den omanischen Luftraum übernommen hatte, begann die iranische Luftwaffe, südjemenitisches Territorium zu überfliegen. Die Iraner machten aus ihren Aktivitäten kein Geheimnis, und lange Zeit ließen die Südjemeniten sie gewähren. Dann, im November 1976, schoß Südjemen einen iranischen Phantomjäger über seinem Territorium ab; zum gleichen Zeitpunkt fand ein Treffen von Außenministern der Golfstaaten in Maskat statt, bei dem der Iran versuchte, die Golfstaaten zum Abschluß eines neuen Bündnisses, des Golfsicherheitspaktes, zu überreden. Die iranische Verlegenheit war beträchtlich, und Teheran, das noch einige Wochen vorher ohne weiteres seine Aktivitäten an der Grenze zwischen Südjemen und Oman zugegeben hatte, behauptete jetzt, das Flugzeug wäre auf einem Ausbildungsflug gewesen.[19] Die arabischen Staaten reagierten jedoch so feindlich auf die iranische Haltung, daß der Iran seinen Angriff auf Südjemen nicht starten konnte; der Golfsicherheitspakt wurde einstweilen auf Eis gelegt.

Der klarste Fall iranischer Aggression betraf den benachbarten Irak, wo es seit 1958 eine Reihe von Militärregimes gegeben hat, die in der einen oder anderen Form einen radikalen Nationalismus vertreten.

Der Iran hat eine Reihe von Auseinandersetzungen mit dem Irak gehabt – über Grenzfragen und über gelegentliche irakische Unterstützung für iranische Oppositionelle. Vor der Übereinkunft von 1975 provozierte die Regierung in Baghdad Teheran, indem sie Zehntausende von Iranern, die im Irak wohnten, auf brutale und ungerechtfertigte Weise vertrieb. Doch ein wichtiger Grund für die Feindseligkeit des Iran waren die Verbindungen des Irak zur Sowjetunion sowie die irakische Propaganda für im Untergrund tätige politische Gruppen auf der arabischen Halbinsel. Beide Staaten stritten sich auch um Schiffahrtsrechte auf dem Fluß Shatt al Arab. Der Iran hat die angebliche Bedrohung durch den Irak auch als Grund für die iranische Aufrüstung verwendet, obwohl der Iran seinem Nachbar tatsächlich seit langem militärisch überlegen ist.[20]

Das ganze Ausmaß der iranischen Einmischung im Irak ist nicht bekannt. Im Juli 1969 war der Iran in einen erfolglosen Putschversuch gegen das regierende Baath-Regime verwickelt, und 1971 wurde nach einem weiteren mißglückten Putsch Nazim Kazzar, der Chef des irakischen Nachrichtendienstes, auf der Flucht in Richtung iranische Grenze festgenommen. Es ist möglich, wenn auch nicht sicher, daß auch Kazzar Verbindungen zum Iran hatte. Am direktesten hat der Iran jedoch über die Kurden Druck auf Baghdad ausgeübt. In den 60er Jahren versorgte der Iran die Kurden mit einer begrenzten Menge von Waffen; und zwei Jahre nach dem Waffenstillstand zwischen der Regierung und den Rebellen von 1970 versuchte der Iran, die Kurden zu einem Neubeginn des Krieges zu ermutigen, um dadurch Druck auf den Irak auszuüben.

Details dieser Episode wurden 1976 durch die Enthüllungen des Nachrichtendienst-Sonderausschusses des amerikanischen Repräsentantenhauses bekannt. Dieser Bericht macht deutlich, daß die Kurden zwar ihre eigenen Gründe zum Kampf hatten, daß aber die Iraner die Kurden manipulierten:

»Der CIA hatte schon früh Informationen, die darauf hindeuteten, daß unser Verbündeter die ethnische Gruppe in dem Moment fallenlassen würde, in dem er mit seinem Feind zu einer Übereinkunft über Grenzstreitigkeiten käme.«

Zwei Monate nach der Initiierung des Projekts heißt es in einer CIA-Notiz vom 17. Oktober 1972:

»Unser Verbündeter hat anscheinend den Außenminister einer anderen Regierung dazu benutzt, um seinen Feind wissen zu lassen, daß er bereit wäre, in dem Gebiet Frieden herrschen zu lassen, wenn sich sein Feind öffentlich einverstanden erkläre, einen früheren Vertrag über ihre jeweiligen Grenzen außer Kraft zu setzen.«[21]

Aus dem Bericht geht auch hervor, daß die Kurden unter Umständen eine Chance gehabt hätten, günstigere Bedingungen mit der Regierung in Baghdad auszuhandeln – wenn sie vom Schah nicht so getäuscht worden wären:

»Es scheint, daß die Aufständischen ohne die Anstöße unseres Verbündeten, die die USA noch verstärkt haben, möglicherweise zu einer Vereinbarung mit der Zentralregierung hätten kommen können, die ihnen zumindest ein gewisses Maß an Autonomie gewährt und gleichzeitig weiteres Blutvergießen vermieden hätte. Statt dessen kämpften unsere Schützlinge weiter. Tausende von ihnen kamen um, und 200 000 wurden Flüchtlinge.«

Andererseits hinderten die USA und der Iran die Kurden daran, eine Großoffensive zu starten, als sie dazu in der Lage waren:

»...die anscheinend auf ein ›Nicht-Gewinnen‹ ausgerichtete Politik der USA und ihres Verbündeten beunruhigte dieses Komitee zutiefst. Dokumente im Besitze des Komitees zeigen deutlich, daß der Präsident, Dr. Kissinger und das ausländische Staatsoberhaupt hofften, daß unsere Schützlinge nicht siegreich sein würden. Sie sahen es lieber, daß die Aufständischen einfach ein gewisses Maß von Feindseligkeiten aufrechterhielten, das ausreichte, um die Mittel des Nachbarlandes unseres Verbündeten zu schwächen. Diese Politik wurde unseren Schützlingen nicht kundgetan, und sie wurden ermutigt, den Kampf fortzusetzen.«

Eine CIA-Notiz vom 22. März 1974 betonte:

»Wir würden meinen, daß unser Verbündeter die Errichtung einer stabilen autonomen Regierung nicht mit Wohlwollen betrachten würde. Unser Verbündeter hält ebenso wie wir eine Pattsituation für nützlich... Weder unser Verbündeter noch wir selbst haben den Wunsch, die Angelegenheit in der einen oder anderen Weise gelöst zu sehen.«

1975, nach drei Jahren geheimer Aktivitäten im Irak, gelang es dem Schah, zu einer Übereinkunft mit der Regierung in Baghdad zu kommen. Die Grenzstreitigkeiten wurden beigelegt. Die Iraker verpflichteten sich auch, iranischen Oppositionellen im Irak keine Unterstützung mehr zu geben: sie hatten keinen Zugang mehr zu Radioeinrichtungen, und soweit sie in Baghdad lebten, mußten sie entweder aus dem Lande fliehen oder in befreundeten Botschaften Zuflucht suchen. Bald danach nahm der Irak diplomatische Beziehungen zu Oman auf, was ein weiterer strittiger Punkt gewesen war. Die iranische Hilfe an die Kurden wurde sofort eingestellt. Am 5. März kam ein Vertreter der SAVAK in das Hauptquartier der Kurden und, wie es in einem CIA-Telegramm heißt,

»...erklärte ihnen barsch, (a) die Grenze wird geschlossen für alle, wiederhole alle Bewegungen (b)... können keine Unterstützung mehr von unserem Verbündeten erwarten (c)... sollten sich mit dem Feinde unseres Verbündeten arrangieren, auf welcher Basis auch immer, und (d) seinen Militäreinheiten würde nur in kleinen Gruppen Zuflucht im Lande unseres Verbündeten gewährt, und nur dann, wenn sie ihre Waffen an die Armee unseres Verbündeten ablieferten.«

Einige Punkte der Übereinkunft vom März 1975 waren vernünftig, besonders der, der den Fluß Shatt al Arab im Süden betraf: vor der Vereinbarung hatte der Irak die Vorherrschaft auf dem Fluß (gemäß einem früheren Vertrag mit dem Iran), die neue Vereinbarung enthielt eine gerechtere Aufteilung. Proteste arabischer Nationalisten

über *diesen* Aspekt der Vereinbarungen waren daher ungerechtfertigt. Für die Kurden hatte die Übereinkunft allerdings schreckliche Folgen: Vom Schah waren sie in eine Situation manövriert worden, in der sie vollständig von ihm abhängig waren und in der er sie nach Belieben fallenlassen konnte. Diese Episode ebenso wie die militärischen Operationen gegen die Vereinigten Arabischen Emirate und in Oman kennzeichnen treffend die Außenpolitik eines Landes, das bereit ist, in massivem Umfang Aggressionen zu begehen und doppeltes Spiel zu spielen, um seine Ziele zu erreichen. Die kurdische Episode zeigt, daß solche Manipulationen ein fester Bestandteil der Außenpolitik des Iran – ebenso wie einiger anderer Staaten – sind; und es gibt keinen Grund anzunehmen, der Iran würde – in dem Maße, wie seine militärische Macht wächst – davor zurückschrecken, bei der nächsten sich bietenden Gelegenheit ähnlich zu handeln.
Es überrascht nicht, daß sich mit wachsender Stärke des Landes die Reichweite iranischer Aktivitäten ständig ausgedehnt hat. Nach dem militärischen Sturz der Monarchie in Afghanistan 1973 spielte der Iran dort eine aktive Rolle; er unterstützte eine prowestliche Gruppe von Offizieren und gewährte finanzielle Unterstützung, um die afghanische Wirtschaft und das afghanische Verkehrssystem enger an den Iran zu binden. In Pakistan hat der Schah seine Hilfe auch dazu benutzt, Einfluß in Wirtschaft und Politik des Landes zu gewinnen; außerdem hat er erklärt, daß der Iran intervenieren würde, wenn die Gefahr eines Zerbrechens von Pakistan bestehen sollte. Im weiteren Umfeld unterhält der Iran Wirtschaftsverbindungen auf zwischenstaatlicher Basis mit Indien, Bangladesh, Südkorea, Taiwan und Indonesien. Eine neue Arena potentieller Aktivitäten des Iran ist der Indische Ozean; unklar ist allerdings noch, wie weit der Iran, dessen Marine vor ernsten Problemen steht, in der Lage sein wird, in den 80er Jahren dort eine wirklich bedeutende Rolle zu spielen. Als Teil seiner Strategie für den Indischen Ozean hat der Iran seine wirtschaftliche und militärische Zusammenarbeit mit Südafrika ausgebaut, von dem er Uran erhält, und er hat Marineeinrichtungen auf der Insel Mauritius erworben. Seine Hilfe an Zaire im Jahre 1977 macht ebenfalls deutlich, wie weit die Interessen des Schahs gehen. Und schließlich bleibt noch, näher am eigenen Land, die arabische Halbinsel: Hier haben die Iraner schon mehrfach interveniert – in Nordjemen, Oman und den Emiraten; und das könnte leicht wieder passieren, wenn z. B. Kuwait vom Irak bedroht würde oder wenn in Bahrain die Unruhe unter der Bevölkerung zunähme. Es ist äußerst unwahrscheinlich, daß der Pakt mit dem Irak von 1975 sich auf Dauer bewähren wird. Schließlich bleibt der nordwestliche Nachbar des Iran, das Land mit der wahrscheinlich militantesten Arbeiterklasse im Mittleren Osten – die Türkei. Im Augenblick scheint die türkische Armee sehr wohl in der Lage zu sein, mit der Opposition im Innern fertig zu werden; wenn sich aber dort die Situation verschlechtern

sollte, wäre der Iran zweifellos bereit, jedem türkischen Regime umgehend zu Hilfe zu kommen, das offiziell um solche Unterstützung »ersuchte«.

Regionale Partner: Saudi-Arabien, Israel, Ägypten

Saudi-Arabien, Israel und Ägypten sind die drei Länder im Mittleren Osten, mit denen der Iran besondere Beziehungen einschließlich Kooperation verschiedener Art zu entwickeln versucht hat. Saudi-Arabien, das ebenso wie der Iran erst seit der Mitte der 60er Jahre wirklich Außenpolitik treibt, verfügt zwar über keine nennenswerten Streitkräfte, aber wegen seiner finanziellen Stärke hat es in der arabischen Welt beträchtlichen Einfluß erlangt. Seit dem arabisch-israelischen Krieg von 1967 ist Saudi-Arabien zum dominierenden Land in der gesamten arabischen Welt geworden – es unterstützt Ägypten, den Sudan, Syrien, Jordanien, Nordjemen und Marokko finanziell, und im arabisch-israelischen Konflikt betätigt es sich als der wichtigste Ratgeber.
Die Saudis betrachten die iranische Rolle am Golf sicher mit Mißtrauen, was ebenso auf alte Feindschaften zwischen dem Iran und arabischen Ländern zurückgeht wie auf die Arroganz des Iran und sein Bestreben, seine starke und überlegene militärische Position zu erhalten. Viele Saudis stellen vage Vermutungen hinsichtlich der iranischen Politik an, fast als erwarteten sie, der Iran würde eines Tages ihr Land einnehmen. Wie berichtet, gab es in Saudi-Arabien auch einige Verärgerung über die Rolle, die der Iran in Oman spielte. Doch man sollte das Ausmaß dieser Feindlichkeiten nicht überschätzen. Die amerikanische Politik am Golf ist ausdrücklich darauf ausgerichtet gewesen, ein Bündnis, das auf minimalem Konsens beruht, zwischen beiden Ländern zu fördern – die Politik der »Zwillingssäulen«; und die USA würden sich sicher große Mühe geben, jede ernste Meinungsverschiedenheit zwischen ihnen zu verhindern. In der gegenwärtigen Situation gibt es auch keinen wichtigen Punkt, der zwischen ihnen strittig wäre und als Ursache für einen Krieg dienen könnte. Gegenseitiges Mißtrauen und die Aufrüstung machen einen Konflikt sicher wahrscheinlicher; aber andererseits gibt es auch starke Zwänge, die in entgegengesetzter Richtung wirken und zumindest tendenziell die Rivalität zwischen dem Iran und Saudi-Arabien in andere, politische Formen kanalisieren werden.
Der Iran hat eine enge Beziehung zu Israel, die mit der *De-facto*-Anerkennung des Staates durch den Iran im Jahre 1950 begann. Solange der Iran mit Ägypten und der arabischen Welt insgesamt im Streit lag, war das Bündnis mit Israel besonders eng, da beide Staaten einen gemeinsamen Feind hatten. Seit dem Krieg von 1967 und vor allem seit dem von 1973 läßt sich ein Wandel in der iranischen Hal-

tung feststellen. Der Iran hat Israel kritisiert, weil es am Westufer und am Gaza-Streifen festhält, und er hat sich einige Male für die palästinensische Sache stark gemacht – obwohl er die Idee eines palästinensischen Staates ablehnt, weil er fürchtet, daß in einem solchen Staat der sowjetische Einfluß dominieren würde.[22] Seit dem Tode Nassers ist es dem Iran gelungen, auch zu Ägypten Beziehungen zu entwickeln – was der Freundschaft mit Israel ebenfalls Abbruch tat. Seit 1973 versucht der Iran zu vermitteln und eine dauerhafte Lösung der arabisch-israelischen Frage zu unterstützen, die sowohl Israel als auch das ägyptische Regime garantiert.

Doch trotz des Wandels in der Politik des Iran unterhält er weiter enge Beziehungen zu Israel, was in mehreren Bereichen deutlich wird[23]:

1. *Militärische Ausbildung:* Eine unbekannte Zahl iranischer Offiziere ist in Israel ausgebildet worden. Ein Autor, der seine Informationen auf Diskussionen mit dem Schah stützt, schreibt: »Praktisch hat jeder Offizier im Generalsrang in der Armee des Schahs Israel besucht, und Hunderte von rangjüngeren Offizieren haben irgendeine israelische Ausbildung erhalten«.[24] Beim Aufstand von 1963 sollen israelische Berater an Operationen gegen die Stämme im südlichen Iran teilgenommen haben.

2. *Militärlieferungen:* Zwar werden beide Staaten hauptsächlich von den USA beliefert, aber Israel hat dem Iran außerdem sowjetische Ausrüstung zur Verfügung gestellt, die es 1967 erbeutete; und der Iran hat für Israel, das aus Embargogründen nicht selbst handeln konnte, Waffenkäufe getätigt (besonders in Frankreich). Israel konnte dem Iran auch einige der Techniker zur Verfügung stellen, die er zur Wartung seines neuen Geräts braucht.

3. *Nachrichtendienst:* Israels Mossad und SAVAK arbeiten seit den 50er Jahren zusammen.[25] Zusätzlich zum Austausch von Informationen soll auch eine Anzahl von SAVAK-Beamten in Israel ausgebildet worden sein.

4. *Erdöl:* Der Iran ist Israels Hauptlieferant für Erdöl, und das ist der wichtigste Punkt der Zusammenarbeit zwischen beiden Ländern. Nach dem Krieg von 1967 baute Israel eine 260 km lange Pipeline von Eilat am Roten Meer nach Ashkelon am Mittelmeer; sie wurde vom Iran finanziert und für den Transport von iranischem Öl auf europäische Märkte verwendet, besonders nach Rumänien und Italien. Nach 1975, als Israel den Ägyptern das Ölfeld von Abu Rodeis auf dem Sinai übergab, verpflichtete sich der Iran, alle zukünftigen Bedürfnisse Israels abzudecken, und diese Garantie bildete einen Teil der Geheimklauseln im Sinai-Truppenentflechtungsabkommen, das damals vom amerikanischen Außenminister Kissinger ausgehandelt wurde.[26]

5. *Landwirtschaftliche Entwicklung:* Israelische Experten haben an mindestens zwei landwirtschaftlichen Entwicklungsprojekten im

Iran teilgenommen; eines davon mit einer Fläche von 50000 ha befindet sich in Ghazvin.
6. *Handel:* Die israelischen Exporte nach dem Iran erreichten 1970 22 Mio. Dollar, 1971 33 Mio. Dollar und stiegen 1974 auf 63 Mio. Dollar. Diese Güter werden entweder durch die Türkei transportiert (die auch Beziehungen zu Israel unterhält) oder auf den leeren Öl-Tankern, die auf der Rückfahrt zum Golf sind. El Al fliegt auch nach dem Iran – Iran Air allerdings nicht nach Israel.
Der Iran unterhält also ständige Beziehungen zu Israel, die weit über das hinausgehen, was aus diplomatischen Rücksichten nötig wäre. In einen arabisch-israelischen Konflikt könnte der Iran auf der Seite Israels hineingezogen werden, wenn es den arabischen Staaten einfiele, Tanker, die iranisches Öl nach Eilat bringen, aufzuhalten oder zu beschießen: die Schiffe fahren die Südküste der arabischen Halbinsel entlang durch das Rote Meer, so daß sie leicht angegriffen werden könnten. Auf der anderen Seite lieferte der Iran im arabisch-israelischen Krieg von 1973 den Arabern einige logistische Unterstützung, indem er saudi-arabische Truppen an die Front in Syrien transportierte; allgemein kann man sagen, daß der Iran eher dazu tendiert, politische Bindungen zur arabischen Welt zu entwickeln.
Am deutlichsten wird das bei der Entwicklung der Beziehungen des Iran zu Ägypten, einem Land, mit dem er zwischen 1960, als Nasser die diplomatischen Beziehungen abbrach, und 1967, als sich Ägypten aus Nordjemen zurückzog, in offenem Streit lag. Seit dem arabisch-israelischen Krieg von 1973 hat der Iran besondere Anstrengungen gemacht, intensive Beziehungen zu Ägypten zu entwickeln. Er hat einen Kredit von einer Milliarde Dollar als Wirtschaftshilfe zur Verfügung gestellt, und falls Ägypten neue Waffen von den USA kauft, werden iranische Ausbilder angeblich beim Ausbildungsprogramm Hilfestellung leisten. Ägypten hat eine etwa ebenso große Bevölkerung wie der Iran, und dieser sieht eine feste Achse Teheran–Kairo als Mittel, um erstens den dominierenden Einfluß der Saudis zu umgehen und zweitens eine einflußreiche Rolle in der arabischen Politik zu spielen. Zweifellos hofft der Iran, daß es ihm durch die Entwicklung intensiver Beziehungen sowohl zu Israel als auch zu Ägypten gelingt, mehr Druck auf die Hauptbeteiligten in der arabisch-israelischen Auseinandersetzung auszuüben.

Der Iran: imperialistisch oder subimperialistisch?

Eine aktive iranische Außenpolitik im Sinne einer dynamischen Beziehung zu anderen Ländern außer den Großmächten gibt es erst seit gut zehn Jahren. Dennoch kann man daraus bereits einige Schlußfolgerungen über den Charakter dieser Politik ziehen und darstellen, worin sie sich von der Außenpolitik anderer ähnlicher kapitalisti-

scher Staaten unterscheidet. Ein Land, das sich für einen Vergleich eignet, ist Japan. Der Schah selbst hat oft behauptet, daß der Iran den Weg des einzigen asiatischen Staates einschlagen wird, der eine erfolgreiche kapitalistische Industrialisierung durchgeführt hat; er hat das zwar nie weiter ausgeführt, aber es ist schließlich wohlbekannt, daß der Prozeß wirtschaftlichen Wachstums in Japan von 1890 bis in die 40er Jahre des 20. Jahrhunderts von ausgedehnten Angriffen auf Nachbarländer begleitet war, die einen Versuch darstellten, die Märkte dieser Länder in die Gewalt zu bekommen und Zugang zu deren Rohstoffen zu gewinnen.[27] Japan wollte ein Reich erobern, das dem der anderen imperialistischen Mächte gleichkam.
In einem engen politischen Sinn gibt es zwischen dem Iran der 70er Jahre und dem Japan von vor einigen Jahrzehnten eine gewisse Ähnlichkeit. In beiden Ländern stehen die Reichsideologie und die Gestalt des Kaisers im Zentrum des politischen Lebens – der Kaiser im Iran sogar noch mehr als in Japan. Der Iran versucht ebenfalls, seine Nachbarn zu beherrschen und die fortgeschrittenen kapitalistischen Länder einzuholen. Aber hier hört die Ähnlichkeit auf, denn Japan war auf eine Art imperialistisch, wie es der Iran nie sein könnte. Erstens war Japan, als es sich auszudehnen begann, bereits auf dem Wege zu einer großen Industriemacht: seine militärische Macht beruhte auf seinen eigenen Produktionskapazitäten im Inland, und es konnte selbst Fertiggüter exportieren. Die Waffen des Iran werden im Ausland gekauft, finanziert durch Rohstoffverkäufe und sind kein Ausdruck der technischen und produktiven Fähigkeiten der iranischen Wirtschaft. Zweitens: Die Suche nach Märkten und Rohstoffen spielt in der Außenpolitik des Iran zwar eine gewisse Rolle und wird das in Zukunft wohl noch mehr tun: aber man darf die Bedeutung dieses Faktors, der im Falle von Japan weit wichtiger war, nicht überschätzen. Schließlich kann der Iran – im Gegensatz zu Japan – niemals ein ernsthafter Konkurrent für die fortgeschrittensten kapitalistischen Länder werden. Das Zeitalter der Kaiserreiche ist vorbei, und der Iran ist wirtschaftlich viel schwächer als das seit 1890 weit fortgeschrittene Japan. Die formale Ähnlichkeit zwischen den beiden asiatischen kaiserlichen Regimes des 20. Jahrhunders weist daher vor allem auf die relative Schwäche des Iran hin.
Ein anderes Modell, das sich für die Analyse des Iran anbietet, ist das des »Subimperialismus«, das von einer Reihe von Autoren auf den Iran angewendet worden ist.[28] Der Begriff des Subimperialismus wurde ursprünglich vor dem Hintergrund der brasilianischen Entwicklung seit dem Putsch von 1964 entwickelt; er sollte erklären helfen, warum Brasilien zu einem bedeutenden Exporteur von Fertiggütern in andere Teile der Dritten Welt hatte werden können. Nach der Theorie des Subimperialismus spiegelte diese Tatsache folgendes wider: (a) den Kapitalfluß aus den fortgeschrittenen kapitalistischen Ländern nach Brasilien; (b) die Situation des Inlandsmarktes in Bra-

silien, der so beschränkt war, daß für die Reproduktion des Kapitals Fertiggüter exportiert werden mußten; (c) das Wachstum von Monopol- und Finanzkapital in Brasilien selbst. Die brasilianische Entwicklung, so wurde argumentiert, sei ein Beispiel für eine neue internationale Arbeitsteilung, in deren Zuge sich einige wenige der etwa 80 Länder der Dritten Welt in güterproduzierende Zwischengebilde nach Art Brasiliens verwandelten. Zusätzlich wurde dieser wirtschaftliche Wandel noch von politischen und militärischen Entwicklungen begleitet: Zum einen wurde Brasilien bis zu einem gewissen Grade unabhängiger von den USA, zum andern führte es politische und militärische Aktivitäten durch, die im Interesse der fortgeschrittenen kapitalistischen Länder lagen; es förderte die Reproduktion des Kapitals auf internationaler Stufenleiter, baute gleichzeitig eine Einflußsphäre im Südatlantik auf und unterstützte die Militärregimes in einer Anzahl von Nachbarstaaten (Chile, Uruguay, Bolivien und Argentinien).

Die politischen und strategischen Ähnlichkeiten zwischen dem Iran und Brasilien sind allerdings auffällig. Beide Länder sind hinsichtlich der Größe ihrer Bevölkerung und ihrer Streitkräfte in ihrer jeweiligen Region dominierend; beide sind bis zu einem gewissen Grade durch sprachliche und kulturelle Faktoren von ihren Nachbarn isoliert. Zwar übertrifft der Iran hinsichtlich seiner Aufrüstung und der Zahl seiner Interventionen im Ausland Brasilien bei weitem, aber die Art von Politik, die beide Länder in dieser Hinsicht verfolgen, ist doch sehr ähnlich. In beiden Ländern existieren außerdem Militärregimes, die – ursprünglich mit Unterstützung des CIA eingesetzt – eine lange Zeit lang in der Lage waren, durch den Einsatz von Geheimpolizei und Folter abweichende Meinungen zu unterdrücken; diese politische Konsolidierung hat zum einen ein beschleunigtes wirtschaftliches Wachstum ermöglicht und zum anderen beide Länder in die Lage versetzt, eine aktive konterrevolutionäre Rolle in der Region zu übernehmen.

Wirtschaftlich gesehen gibt es jedoch sehr wenig Ähnlichkeit zwischen beiden Ländern, und die Anwendung des Begriffs »Subimperialismus« – wie er am brasilianischen Fall definiert wurde – auf den Iran ist daher falsch und unterstreicht nur – ebenso wie beim Vergleich mit Japan – die Schwäche des Iran. Im Falle Brasiliens basiert die Entwicklung auf der Beschränktheit des Inlandsmarktes und der daraus folgenden Notwendigkeit, Fertiggüter zu exportieren; im Falle des Iran stellen Fertiggüter einen winzigen Teil der gesamten (Erdöl- und Nicht-Erdöl-)Exporte dar – rund 1 Prozent; der Hauptexportartikel ist offensichtlich Erdöl. Das liegt daran, daß die iranische Industrie weit weniger entwickelt ist als die Brasiliens; gleichzeitig hat die beträchtliche Expansion des Inlandmarktes, eine Folge des Ölbooms, die Lieferfähigkeiten der iranischen Industrie überflügelt. Ausländisches Kapital investiert im Iran zu Bedingungen, die langfristig weniger günstig sind als in Brasilien; denn die hohe Inlandsnachfrage, die ein so freundliches allgemeines Investitionsklima schafft, besteht nur aufgrund des – zeitlich begrenzten – Ölbooms. Der Staat mit seinen Öleinnahmen dominiert den Iran und nicht so sehr das eigentliche Finanz- und Monopolkapital. In streng ökonomischem Sinne, vor allem im Hinblick auf den Kapitalimport und Güterexport, hat Brasilien mehr mit anderen asiatischen Ländern wie Singapur, Hongkong und Südkorea gemeinsam als mit dem Iran.

Der Begriff des »Subimperialismus«, wie er am Falle Brasiliens entwickelt wurde, ist jedoch auch prinzipiell anfechtbar, da er Beziehungen zwischen der ökonomischen und der politisch-militärischen Sphäre voraussetzt, die kaum existieren. Es gibt wenig Anhaltspunkte dafür, daß die strategische Rolle Brasiliens in Lateinamerika von seiner wirtschaftlichen Rolle abhängig ist; seine Exporte beispielsweise gehen nicht vorwiegend in Länder, in denen es rechte Militärkräfte unterstützt hat. Wenn das einmal klargestellt ist, ist der Weg frei für einen viel allgemeineren Begriff von »Subimperialismus«, der sich auf die strategische Dimension konzentriert; ohne das fundamentale Gewicht der Interessen zu leugnen, die dem Imperialismus zugrunde liegen, bezeichnet dieser Begriff von Subimperialismus (a) eine fortgesetzte, wenn auch nur teilweise strategische Unterordnung unter den US-Imperialismus einerseits und (b) eine autonome regionale Rolle andererseits. Solch ein Begriff läßt sich sicher sowohl auf Brasilien als auch auf den Iran anwenden. Denn der Iran verfolgt eine Politik, die von Washington unterstützt wird, die nur die USA selbst zur Zeit anscheinend nicht durchzuführen gewillt sind und die gleichzeitig im Interesse der dominierenden Klasse im Iran selbst ist. Diese Klasse, die sich durch die Expansion der letzten 20 Jahre entwickelt hat, kann es sich jetzt leisten, eine solche Rolle zu spielen und an gewissen Punkten den USA zu trotzen: Das Erdöl ist das deutlichste Beispiel hierfür. Und schließlich rührt die besondere Bedeutung des Iran für die fortgeschrittenen kapitalistischen Länder nicht so sehr von seinen ökonomischen Ressourcen als vielmehr von dem Reichtum der ganzen Region her; es scheint jedoch, als ob einzig der Iran die konterrevolutionäre Rolle erfüllen kann, die seiner Ansicht nach *ein* Staat übernehmen muß und die die kapitalistischen Länder selbst nicht mehr direkt übernehmen wollen.

10 Schlußfolgerungen

In der vorangegangenen Analyse habe ich das Wachstum des iranischen Staates der Gegenwart dargestellt und eine Reihe weiterer wichtiger wirtschaftlicher und politischer Komponenten des Iran untersucht, wie auch die Grenzen seiner kapitalistischen Entwicklung der letzten Jahre diskutiert. Ein zentraler Punkt dieser Diskussion war, daß der politische Erfolg des Schahs in den 15 Jahren seit 1963 in erheblichem Umfang durch die wirtschaftlichen Ressourcen ermöglicht wurde, die der Regierung zur Verfügung standen. Daraus folgt, daß sein politischer Spielraum und seine Fähigkeit, die Opposition unter Kontrolle zu halten, in dem Maße abnehmen werden, wie die wirtschaftlichen Schwierigkeiten des Iran zunehmen. Denn hinter dem Schein einer blühenden Wirtschaft und der offiziellen Ankündigung einer »Großen Zivilisation« sind viele ernste Probleme ungelöst geblieben und zusätzlich neue entstanden.

Die wirtschaftlichen Zwänge

Da die Grenzen der iranischen Wirtschaftsentwicklung bereits diskutiert worden sind, will ich hier nur die wichtigsten Grundzüge zusammenfassen:

1. Eine fortdauernde Krise der Landwirtschaft, die massive Nahrungsmittelimporte und/oder Nahrungsmittelkontrollen erfordert und die anhaltendes Elend für mindestens die Hälfte der ländlichen Bevölkerung mit sich bringt.
2. Wachsende Einkommensdifferenzen innerhalb der Städte, zwischen Teheran und den Provinzen sowie zwischen der städtischen und der ländlichen Bevölkerung.
3. Ein Rückgang der Öleinnahmen in der zweiten Hälfte der 80er Jahre bei geringen Aussichten, alternative Devisenquellen in vergleichbarem Umfang aufzutun.
4. Eine fortdauernd niedrige Produktivität in der Industrie, die iranische Fertiggüter auf internationalen Märkten konkurrenzunfähig macht, und eine fortgesetzte Abhängigkeit des (öffentlichen und privaten) industriellen Sektors von staatlichen Subventionen.
5. Ein ineffizienter Staatsapparat ohne brauchbare Planungsinstrumente, der sich durch verbreitete Korruption und Unfähigkeit zur Durchführung sozialer und wirtschaftlicher Reformen auszeichnet.
6. Die andauernde Notwendigkeit von Ausgaben für Waffenkäufe,

um den bestehenden Rüstungsstand aufrechtzuerhalten und die Außenpolitik fortzuführen.
Das sind die Faktoren, die das Pahlavi-Regime zunehmend unter Druck gesetzt haben, und da all diese Probleme zusammenwirken, hat sich der Spielraum des Regimes immer mehr verengt. Zwar ist es ihm zeitweilig gelungen, unterstützt oder wenigstens hingenommen zu werden, weil es über die Öleinnahmen verfügte, weil ein großer Teil der Bevölkerung seinen Konsum erhöhen konnte und auf weitere Verbesserungen hoffte. Doch die Loyalität der Mittelklasse gegenüber dem Pahlavi-Regime ist bestenfalls ein Tauschhandel: Diese leicht reizbare und immer unzufriedene Schicht war mit der Übergabe der politischen Macht an den Schah einverstanden, insofern dieser für wirtschaftlichen Nachschub sorgte. Aber dieses Einverständnis muß sich in Nichts auflösen, wenn die für sie positive Leistung des Regimes in Form von wirtschaftlichen Extra-Einkünften dahinschwindet. Die unvermeidlich zunehmende wirtschaftliche Unsicherheit wird dann eine Mittelklasse noch mehr verunsichern, deren Vertrauen gegenüber dem Staat und deren Mut zu Investitionen in langfristige Projekte sich immer als äußerst begrenzt erwiesen haben.
In den breiten Volksmassen werden ähnliche Entwicklungen wahrscheinlich. Zweifellos existierten im Iran in den Jahren um 1970 erhebliche und verbreitete Erwartungen auf eine Verbesserung der materiellen Lage. Einige Verbesserungen gab es tatsächlich, aber bis zur Mitte der 70er Jahre hatte sich das Blatt schon gewendet, und die Fähigkeit des Regimes, die Forderungen der breiten Massen zu erfüllen und gleichzeitig seinen Prioritäten als kapitalistischer Staat nachzukommen, war geringer geworden. Einige Beispiele können das verdeutlichen. 1975 wurde zur Erhöhung der Produktion ein Gesetz erlassen, das die Bauern, die ihr Land nicht an Staatsfarmen verkauften, mit Enteignung bedrohte: Das erregte natürlich unter den Kleinbauern zunehmende Unsicherheit und verringerte weiter ihre Bereitschaft, Produktionssteigerungen anzustreben und dafür zu investieren. Im selben Jahr führte das Regime das Arbeiteraktienprogramm ein, das die Produktion auf dem industriellen Sektor erhöhen sollte; abgesehen davon, daß es nur für eine Minderheit von Arbeitern galt (siehe S. 180f.), wirkte diese Maßnahme auch insofern negativ, als sie einen jähen Vertrauensschwund sowohl bei iranischen als auch bei ausländischen Geschäftsleuten auslöste – damit schadete sie dem zukünftigen industriellen Wachstum. Bei den Nahrungsmitteln konnte das Regime bis 1977 Versorgungsdefizite decken, indem es (a) Nahrungsmittel importierte und (b) die Marktpreise subventionierte; so wurden die möglicherweise negativen politischen Auswirkungen der Nahrungsmittelkrise reduziert. Doch die Kosten für die Weiterführung dieses Konzepts werden eine erhöhte Belastung darstellen, wenn die verfügbaren Mittel schwinden und wenn bei einer erneuten

Kreditaufnahme die ausländischen Banken dem Iran möglicherweise die Fortsetzung einer solchen Politik nicht gestatten. So wie 1976 und 1977 längere Stromausfälle in Teheran jedem vor Augen führten, daß nicht alles in Ordnung war, wird eine heftige und andauernde Inflation der Nahrungsmittelpreise jedem Haushalt im Iran die Botschaft übermitteln, daß der auf dem Öl basierende Boom zu Ende geht.
Diese wirtschaftliche Verschlechterung hat die politischen Spannungen im Iran am deutlichsten ans Licht gebracht. Es ist offenkundig, daß die Unzufriedenheit der Bevölkerung zunimmt, und zwar über die Einschränkungen und Engpässe, die zwangsläufig entstehen, wie über die fortdauernden Ungerechtigkeiten in der iranischen Gesellschaft. Schon 1971 bemerkte ein umsichtiger Beobachter, ihm sei auf den Straßen des südlichen, ärmeren Teils von Teheran bei »Menschen, die die Autos der Leute bewachen, denen es gut geht, mehr offen geäußerter Haß« begegnet, als er je zuvor erlebt hätte. Der Reichtum sei im Iran auf völlig »unverhohlene« und »groteske« Weise verteilt.[1] Diese kleine, aber sehr bezeichnende Beobachtung läßt ahnen, daß die oben dargestellten Ungerechtigkeiten (siehe S. 157) selbst vor den schlimmsten Auswüchsen des Booms 1973–75 ein gewisses Echo bei der Mehrheit der Iraner gefunden haben, die mehr oder weniger von diesen Segnungen ausgeschlossen sind. Bei ständig wachsenden Wirtschaftsproblemen konnten die Armen in den Städten nicht länger passiv bleiben; in Teheran und anderen großen Städten hat es erneut die Art von Unruhen im Volke gegeben, die sich in den 40er und 50er Jahren ereignet hatten. Doch im Gegensatz zu dieser früheren Periode kann das Regime weder auf seine politische Glaubwürdigkeit noch auf einen zukünftigen Ölreichtum zurückgreifen.

Die sechste Krise

Die vollen Auswirkungen der Wirtschaftskrise ließen nicht auf sich warten: 1978 wurde das Regime erstmals seit 1963 von einem landesweiten Protest erschüttert. Er offenbarte das Ausmaß des Volkszorns über die Politik des Regimes und erwies die fortgesetzte Unfähigkeit der Pahlavi-Monarchie, ihre politische Basis zu festigen. Nach all den Jahren der leeren Rhetorik und der Zensur, der Heuchelei und des Schweigens kam es zu einem gewaltigen Massenaufstand, der – wenn auch der Form nach rudimentär – unerwartet hartnäckig und umfassend war. Auch wenn das kaiserliche Regime diese Herausforderung nicht überleben sollte – was ihm noch 1946, 1953 und 1963 gelungen ist –, ist diese Krise von 1978 mit den früheren Krisen vergleichbar. Sie bildet in der in Kapitel 1 beschriebenen Folge die *sechste Krise* des iranischen Staates in diesem Jahrhundert. Das Regime ist in mancher Hinsicht stärker als in früheren Krisen und seine ausländische Unterstützung durchaus stabil. Zudem fehlt der Opposition noch mehr als in allen vorhergehenden Krisen eine zusammenhängende Organisation. Doch andererseits sind die Volksproteste von 1978 tiefer in der sozio-ökonomischen Struktur des Iran verankert als alle vorhergehenden: Sie haben einen viel größeren Teil der Bevölkerung mobilisiert und sind im Gegensatz zu früheren Krisen fast ausschließlich durch innere und nicht durch internationale Entwicklungen hervorgerufen worden. Eine summarische Diskussion dieser Krise, ihres Verlaufs und ihrer Ursachen ist daher wichtig, und zwar für sich genommen ebenso wie im Hinblick darauf, was sie über die Fähigkeiten des Pahlavi-Regimes aussagt.

Die ersten Zeichen einer Veränderung des politischen Klimas kamen in der ersten Hälfte des Jahres 1977, als mehrere in Teheran ansässige Politiker und Intellektuelle Kritik am Regime zu äußern begannen. Sie verlangten eine Rückkehr zu verfassungsmäßigen Freiheiten und warnten vor den Wirtschaftsproblemen, vor denen der Iran stehe. Ein an den Schah gerichteter Brief war von drei früheren Politikern der Nationalen Front unterzeichnet – Karim Sanjabi, Shapour Bakhtiar und Dariush Foruhar. Weitere offene Briefe kamen von Ibrahim Khajenouri, einem etablierten Historiker, und Hajj Sayyid Javadi, einem früheren Herausgeber der Zeitung *Keyhân*. Ihren Protest formulierten auch 56 Mitglieder der neugebildeten Schriftstellervereinigung, 54 Richter sowie 144 Rechtsanwälte, die sich gegen die Geringfügigkeit der in Aussicht genommenen Verfahrensänderungen für politische Prozesse (S. 89) wandten. Im Dezember 1977 verkündeten drei frühere Mitgliedsvereinigungen der Nationalen Front, die Iranische Nationalistische Partei, die Iran-Partei und die Gesellschaft der Iranischen Sozialisten (Iranian Nationalist Party, Iran Party, Society of Iranian Socialists) die Neubegründung der Front, und im gleichen Monat teilten 30 Oppositionelle mit, daß sie ein Iranisches Komitee für die Verteidigung der Freiheiten und der Menschenrechte (Iranian Committee for the Defense of Freedoms and the Rights of Man) gebildet hätten.

Während die Opposition Anfang 1977 auf Intellektuelle und frühere Politiker beschränkt war, weitete sie sich in den letzten Monaten des Jahres aus. Im Oktober und November gab es eine neue Welle von Studentenprotesten, vor allem in der Universität Teheran und in der Aryamehr-Universität, und einige dieser Versammlungen wurden von SAVAK-Angehörigen in Zivil angegriffen. Am 22. November überfielen 12 Busladungen von SAVAK-Agenten ein Treffen von Mitgliedern der islamischen Opposition in Kiraj nordwestlich von Teheran, und Ende November schien es für einige Wochen, als hätte der Schah die Opposition wieder in den Untergrund gedrängt. Doch bald gingen die Proteste von neuem los, diesmal noch breiter und heftiger und unter Beteiligung der *âyatollâh*s, der religiösen Führer,

und der *mollâs*, der Moscheegeistlichen. Diese Verbindung zwischen den Intellektuellen und den Studenten auf der einen und der breiteren Opposition auf der anderen Seite scheint durch zwei Ereignisse zustande gekommen zu sein. Erstens wurde der Sohn von Ayatollah Khomeini bei einem Autounfall getötet, und die iranische Regierung geriet in den Verdacht, dafür verantwortlich zu sein. Dann erschien in einer offiziellen Zeitung ein Artikel, der die religiösen Führer einschließlich Khomeinis kritisierte. Daraufhin gab es in Ghom am 8. Januar 1978 einen Zusammenstoß, bei dem mehrere Menschen getötet wurden, und daraus ergab sich eine Kette von Protesten in 40tägigem Abstand, die sich aus den nach iranischer Sitte abgehaltenen Trauerzeremonien ergaben: Diese führten zu weiteren Zusammenstößen und daher zu weiterer Trauer.
Auf die Zusammenstöße in Ghom hin kam es in der Stadt Tabriz am 18. und 19. Februar zu ausgedehnten Demonstrationen, bei denen 40000 Menschen auf die Straße gingen. Kinos, Banken und andere Gebäude wurden angegriffen, worauf Truppen von außerhalb eingesetzt wurden: Das war der erste direkte Zusammenstoß zwischen Armee und Bevölkerung in einer Stadt seit Juni 1963. Proteste an anderen Orten folgten, und im Mai hatte es in mehr als 30 Städten Massendemonstrationen gegeben. Die Proteste, die sich zunächst auf Provinzstädte konzentrierten, griffen bald nach Teheran über, wo Kaufleute im Basar in Streik traten und Truppen das Basarviertel besetzten.
Die Reaktion des Regimes auf diese Entwicklung war ziellos, sie schwankte zwischen Reformversprechungen und totaler Repression. Es scheint, daß der Schah Anfang 1977 entschieden hatte, eine Reihe von Reformen im politischen System zuzulassen. Er ging davon aus, daß die Existenz seines Regimes nicht mehr bedroht war. Er sah ein, daß er bei wachsenden wirtschaftlichen und sozialen Problemen einige Sicherheitsventile für Kritik und Protest zulassen mußte. Und er war wahrscheinlich auch leicht verstört durch die »Menschenrechts«-Politik der neuen Carter-Administration in Washington. Die iranische Opposition wurde durch Carters Betonung der Menschenrechte sicher ermutigt – das Beispiel der Kennedy-Administration stand vielen Leuten vor Augen –, daß aber Carter seine Kampagne danach nicht fortsetzte und sich dem Schah gegenüber nachgiebig verhielt, hat sicher die starken nationalistischen und antiamerikanischen Strömungen in der Oppositionsbewegung verstärkt.
Anfang 1978 schwankte die Regierung unsicher zwischen verschiedenen politischen Linien. Die Presse erhielt einen gewissen Spielraum und begann, wenn auch in offizieller Sprache, über soziale Probleme und einige oppositionelle Aktivitäten zu berichten, doch wurde nach wie vor nur die offizielle Presse geduldet. Der Schah bestand auch darauf, einige der Mitarbeiter in seinem Sicherheitsappa-

rat auszuwechseln. So wurden nach den Unruhen vom Februar in Tabriz die verantwortlichen SAVAK-Beamten entlassen und zwei führende SAVAK-Mitglieder im Juni als Botschafter ins Ausland geschickt: General Nassiri, der Leiter der SAVAK seit 1965, nach Pakistan und General Motazed, der stellvertretende Direktor, nach Syrien. Diese Veränderungen waren jedoch weniger bedeutsam als behauptet. General Nassiris neue Position war angesichts der gemeinsamen pakistanisch-iranischen Sorge über die neue revolutionäre Regierung in Afghanistan äußerst wichtig; der neue Leiter der SAVAK, General Nasser Moqaddem, war ein altgedienter Nachrichtendienstoffizier (siehe S. 80) und nicht etwa ein Vertreter liberaler Reformen. SAVAK hörte auch nicht auf, regelmäßig Oppositionsführer zu attackieren: Im März gingen Bomben in Häusern verschiedener Politiker der Nationalen Front in die Luft, und der bekannte oppositionelle Rechtsanwalt Karim Laheji wurde von Männern in Zivil verprügelt.

Im August spitzten sich die Ereignisse zu. Am 6. August verkündete der Schah plötzlich, er werde sein Liberalisierungsprogramm vorantreiben, und die Majlis-Wahlen im Juni 1979 würden »hundertprozentig frei« sein, die Kandidatur anderer Parteien würde erlaubt. Zwar wurde die Tudeh-Partei nicht zugelassen, aber binnen weniger Tage hatten 14 neue politische Gruppierungen ihre Existenz bekanntgegeben. Der Schah sagte jedoch nicht, ob er dem neu zu wählenden Majlis irgendwelchen Einfluß auf die Regierung einräumen würde, und seine Festlegung auf ein Mehrparteiensystem erweckte Mißtrauen, hatte er doch die letzten drei Jahre hindurch als Monopol- und Einheitspartei die Rastakhiz-Partei aufgebaut und noch im Mai des Jahres erklärt, das Mehrparteiensystem sei für den Iran gänzlich ungeeignet.[2]

Was immer der Schah vorhatte, diese Ankündigung kam zu spät, um die Woge des Volksprotestes einzudämmen. Bald danach brachen Demonstrationen in Isfahan aus, wo das Kriegsrecht verhängt wurde, und am 19. August kam es in einem Kino in Abadan zu einem schrecklichen Brand, bei dem fast 400 Menschen umkamen. Der Schah beschuldigte die Oppositionellen, von denen einige Kinos als Symbole des »Atheismus« zum Ziel ihrer Angriffe gemacht hatten; die Oppositionellen behaupteten, der Brand sei das provokatorische Werk der SAVAK gewesen. Inmitten der Gegenbeschuldigungen und fortdauernden Demonstrationen trat die Regierung von Jamshid Amuzegar zurück, die im Juni 1977 die Regierung Hoveida abgelöst hatte.

Das neue Kabinett stand unter der Leitung von Jaafar Sharif Emami, der 1961 Ministerpräsident und danach Präsident des Senats gewesen war. Als Enkel eines religiösen Führers äußerte er die Absicht, die Kluft zwischen der Opposition und dem Regime zu überbrücken. Er ergriff ein paar kosmetische Maßnahmen, indem er den kaiserlichen Kalender aufgab, den der Schah dem Iran drei Jahre zuvor beschert hatte, und den islamischen Kalender wieder einführte, die Schließung von Kasinos ankündigte und einige Filme kontrollieren ließ. Daraufhin forderte der Führer der gemäßigten *mollâ*s, Ayatollah Shariat Madari in Ghom, für die neue Regierung eine Atempause. Doch das Volk war durch die Ernennung von Sharif Emami nicht zu besänftigen, und am 4. September demonstrierten mehrere hunderttausend Menschen in Teheran zum Ende des islamischen Monats Ramadan. Die Demonstration verlief friedlich, und die Menge, darunter viele Frauen, appellierte an die Streitkräfte, sich nicht gegen sie zu wenden. Einige forderten die Wiederherstellung der Verfassung, einige eine Republik. Andere riefen »*marg bar shâh*« (Tod dem Schah«).

Diese Demonstration, sicher die größte in der Hauptstadt seit den Tagen Mossadeghs, muß durch ihr Ausmaß, ihre Disziplin und ihren Appell an die Streitkräfte in Regierungskreisen Bestürzung hervorgerufen haben. Sie hatte ein Verbot weiterer Demonstrationszüge zur Folge, aber schon am 7. September fand eine ähnliche Demonstration statt, an der schätzungsweise 300 000 Menschen teilnahmen. Sie mißachteten die Appelle der *mollâ*s, zu Hause zu bleiben, und marschierten vom Morgen bis in die Nacht durch das Zentrum von Teheran. Wiederum wurden Appelle an die Armee gerichtet. Das war zuviel für das Regime; am Morgen des 8. September wurde das Kriegsrecht über Teheran und elf weitere Städte verhängt. In Teheran stießen Truppen auf dem Jaleh-Platz mit Demonstranten zusammen, und in einer grauenhaften Neuauflage des Massakers vom Juni 1963 wurden 3000 Menschen getötet. Der »iranische Frühling« war jäh zu Ende, Hunderte wurden verhaftet, Tausende versuchten sich vor der SAVAK zu verstecken.

Es ist beim Schreiben dieser Darstellung noch zu früh, um zu sagen, was die längerfristigen Konsequenzen dieser dramatischen Ereignisse sein werden, aber schon jetzt lassen sich einige vorläufige Schlußfolgerungen ziehen.

1. Die wichtigste ist, daß die Ereignisse in krasser Form offenbart haben, wie isoliert der Schah und seine Umgebung politisch sind. Das Ausmaß des Hasses und der Ablehnung, das die iranische Bevölkerung nach 15 Jahren scheinbarer Passivität zeigte, muß jeden überrascht haben, und der Schah war mit seinen politischen Schwankungen unfähig, den wachsenden Volkszorn einzudämmen. Seine verspäteten und halbherzigen Reformen wurden von einem Volke verworfen, das ungeduldig auf wirkliche Veränderungen wartete und sich nicht länger von hochtönenden Versprechungen beeindrucken ließ. Die Rastakhiz-Partei erwies sich als leere Hülse ohne Legitimation und Attraktion. Keine neuen Politiker hatten sich für das kaiserliche Regime in die Bresche geworfen, und es war ein Zeichen für die

Schwäche des Schahs, daß er mit Sharif Emami auf einen loyalen Anhänger aus einer früheren Epoche zurückgreifen mußte. Die Ablehnung des Regimes war keineswegs auf die ärmeren Teile der städtischen Bevölkerung beschränkt: Die neu entstehenden politischen Verbände und Gruppierungen von Akademikern repräsentierten den Zorn und die Panik, die sich in den iranischen Mittelklassen ausbreiteten, als die politische Erstarrung und die Mißwirtschaft des Regimes immer klarer wurden.

2. Die einzige Institution, auf die der Schah zurückgreifen konnte, war die Armee, und es muß zum Teil die Furcht vor einer oppositionellen Ansteckung der Armee gewesen sein, die den Schah dazu brachte, nach den Massendemonstrationen vom 4. und 7. September über zwölf Städte das Kriegsrecht zu verhängen. Es gibt Berichte über Befehlsverweigerungen und über Fälle, in denen Soldaten ihre Offiziere erschossen; Anfang September kam es angeblich in Garnisonen in der Nähe von Teheran zu zwei Meutereien. Doch das waren bestenfalls isolierte Fälle, die Streitkräfte als Ganzes blieben dem kaiserlichen Regime gegenüber loyal. Die Stellung der Streitkräfte in der iranischen Gesellschaft ist durch die Rolle, die ihnen in der Krise zugeteilt wurde, und durch das Fehlen jeglicher glaubwürdiger ziviler Kräfte um den Schah eher gestärkt worden. General Gholam Ali Oveissi, ein früherer Kollege des Schahs an der Militärakademie Teheran und früherer Kommandeur des 1. Armeekorps und der Gendarmerie, wurde zum Militärgouverneur von Teheran ernannt und galt als potentieller Premierminister, falls der Schah ein Militärkabinett ernennen sollte. Gleichzeitig wurde das Programm der Waffenkäufe des Schahs unvermindert fortgeführt: Bei seinem Besuch in den USA im November 1977 legte er eine neue Wunschliste von Waffen im Gesamtwert zwischen 9 und 10 Milliarden Dollar vor, und der Militärhaushalt stieg 1978/79 um 25 %. Bei allen Überlegungen, die Staatsausgaben zu kürzen, war das Militär offensichtlich immun gegen die Einschränkungen, die sich dem iranischen Staat infolge seiner wirtschaftlichen Schwierigkeiten aufdrängten.

3. Ein Faktor, der in den Protesten der Bevölkerung eine große Rolle spielte, war die Korruption. Nach Aussage des früheren Ministerpräsidenten Ali Amini war der Schah 15 Jahre lang von einer Gruppe von 3000 bis 4000 Menschen umgeben, die von ihrer Verbindung zum Hofe profitiert hatten.

»Wenn die Dinge nicht rasch und radikal erledigt werden«, warnte er, »wird der Kommunismus am Ende in diesem Land triumphieren. Der Schah ist in großer Gefahr, aber er kann sich noch retten, indem er sich von seiner Umgebung (Brüdern, Schwestern und anderen Schmarotzern) trennt. Dieses autoritäre, unterdrückerische und rigide Regime mußte früher oder später zerfallen, denn seine Fundamente sind morsch.«[3]

Wie zu Anfang der 60er Jahre während Aminis eigener Ministerpräsidentenzeit begann das Regime, Beamte und auch frühere Minister zu verfolgen. Mehrere wurden verhaftet, darunter Mansur Rouhani, ein früherer Landwirtschaftsminister, und Fereidun Mahdavi, ein früherer Finanzminister. Doch viele aus der nächsten Umgebung des Schah, einschließlich seiner Familie, blieben ungeschoren. Die Entschlossenheit von Sharif Emami, die Korruption zu beenden, stand sehr im Zweifel, denn er war zeitweilig Direktor der Pahlavi-Foundation gewesen, einer Regierungsstiftung, in der bekanntermaßen ein erhebliches Maß an Korruption geherrscht hatte.[4] Und beim Schlag gegen einen Mann wie Mahdavi bestand der Verdacht, daß wie früher schon Anti-Korruptions-Kampagnen mehr dazu benutzt würden, abweichende Elemente zu beseitigen, als dazu, die Spekulation zu beenden. Wie bei den Veränderungen an der Spitze der SAVAK fand nicht viel mehr als eine Veränderung der Fassade statt.

4. Die Schwierigkeiten des Schahs enthüllten zugleich, woher er noch deutlicher und breiter Unterstützung erwarten konnte als bei allen früheren Krisen: von den ausländischen Verbündeten des Iran. Die Carter-Regierung machte kurz entschlossen ihren Frieden mit dem Schah: Nach dessen Besuch in Washington im November 1977 stattete Carter Teheran im folgenden Monat einen kurzen Besuch ab. Er verkündete, der Schah und er hegten die gleiche Ansicht über Menschenrechte, und für keinen Führer der Welt empfinde er so »tiefe Dankbarkeit und persönliche Freundschaft« wie für den Schah. Kurz nach dem Massaker vom Jaleh-Platz rief Carter den Schah an, um ihn der Unterstützung der USA zu versichern, wiewohl er die Verluste von Menschenleben beklagte; US-Diplomaten betonten auch weiterhin die lebenswichtige Bedeutung des Schahs für ihre Strategie. Andere westliche Führer taten das gleiche, aber mitten in der Augustkrise empfing der Schah auch den Besuch eines anderen Freundes, des Vorsitzenden Hua Guofeng aus China. Hua wiederholte die bekannten chinesischen Ansichten über die Bedeutung des Iran für die Sicherheit am Golf, und als die Truppen des Schahs auf die iranische Bevölkerung schossen, beschuldigte die chinesische Presse die Demonstranten wenige Tage später, sie seien »vom Ausland finanziert und organisiert«.[5] Von seinen Nachbarn äußerten die Saudis wie die Israelis ihre Besorgnis über die Schwierigkeiten des Schahs, während die Irakis ihm den Gefallen taten, Khomeini auszuweisen und ihn zur Flucht nach Frankreich zu zwingen. Die sowjetische Presse schließlich beschränkte sich auf Berichte über die Ereignisse und auf Wiederholung der üblichen Kritik am Bündnis des Schahs mit den USA. Washington und London, Riyadh und Tel Aviv, Peking und – mit Einschränkungen – Moskau, alle schienen sie in Sorge über das Schicksal des Schahs angesichts der offensichtlichen Ablehnung der Bevölkerung, über die er herrschte.

5. Die Krise von 1978 hat die Lage des Regimes offensichtlich weit mehr gefährdet als vor der vorsichtigen Lockerung, die es 18 Monate zuvor begonnen hatte. Der Schah versprach, nach 6 Monaten würde das Kriegsrecht aufgehoben und die »Liberalisierung« könnte weitergehen, aber das wird er sich nicht leisten können, es sei denn auf ganz oberflächliche Weise. Die Ereignisse von 1978 haben vor allem erwiesen, daß das Pahlavi-Regime unfähig ist, irgendeine echte Demokratisierung einzuleiten. In den Jahren der Unterdrückung hat sich bei der städtischen Bevölkerung ein Grad von Wut aufgebaut, der jede kontrollierte Verringerung des Drucks fast unmöglich macht, erst recht nach der Reaktion des Schahs auf die Proteste von 1978.

Die Wiedergeburt der Opposition

Die Krise von 1978 schuf auch mehr Klarheit über die iranische Opposition, die erstmals seit 1963 aus dem Schatten hervortrat. Auch hier ist es zu früh, um ein genaues Bild der beteiligten Kräfte und Organisationen zu entwerfen, doch lassen sich einige charakteristische Merkmale feststellen, und das Material reicht aus, um einige der Stärken und Schwächen dieser Bewegung zu benennen.

1. Die in Teheran ansässigen Politiker, die 1977 auftauchten und die das ganze Jahr 1978 hindurch eine herausragende Rolle spielten, waren in vielen Fällen Männer, die unter Mossadegh oder in der Zeit zwischen 1960 und 1963 Einfluß ausgeübt hatten. Einige wie Foruhar und Sanjabi standen seit vielen Jahren in der Opposition. Foruhar ist ein rechtsgerichteter Nationalist, der im Jahre 1971 inhaftiert wurde, weil er gegen den Verzicht des Iran auf seine Ansprüche auf Bahrain war, und Sanjabi hatte den Iran während der Ölkrise vor dem Internationalen Gerichtshof in Den Haag vertreten. Einige andere Teheraner Politiker gingen aus einer Spaltung unter den Rastakhiz-Abgeordneten im Parlament hervor: Hierzu gehörten Mohsen Pezeshkpour, Abgeordneter für Ahvaz, der die Pan-Iranistische Partei neu gründete, und Ahmad Bani Ahmad, Abgeordneter für Tabriz, der eine andere Partei zu gründen versuchte. Wie die Schriftsteller und Rechtsanwälte konzentrierten sie sich in ihren Forderungen auf die Wiederherstellung bürgerlicher und verfassungsmäßiger Freiheiten. Ein von der Nationalen Front im August 1978 veröffentlichtes 12-Punkte-Programm forderte die Auflösung der SAVAK und der Militärgerichte, die Freilassung der politischen Häftlinge und das Recht auf Rückkehr für diejenigen, die aus politischen Gründen ins Exil gegangen waren, sowie das Recht auf freie Meinungsäußerung und auf die Bildung von Gewerkschaften.

2. Die religiösen Führer, die seit Dezember 1977 in vorderster Front der Bewegung standen, vertraten eine Vielzahl von Standpunkten. Khomeini und seine Anhänger verlangten die Entfernung des Schahs und die Schaffung eines »islamischen Staates«. Shariat Madari in Ghom nahm eine vorsichtigere Haltung ein und verlangte wie die Teheraner Politiker eine Rückkehr zu verfassungsmäßiger Herrschaft. Der Schah beschuldigte diese *âyatollâh*s und *mollâ*s, sie seien »schwarze Reaktionäre« oder »islamische Marxisten«, aber solche Kennzeichnungen sind aus mehreren Gründen irreführend. Erstens haben sowohl Khomeini als auch Shariat Madari ausdrücklich antikommunistische Erklärungen abgegeben, und insbesondere Khomeini verbot seinen Anhängern, mit Marxisten zusammenzuarbeiten, auch nicht in einer Einheitsfront.[6] Auch sind die Forderungen dieser religiösen Führer eine Mischung aus konservativen und progressiven Elementen. Keine Beweise gibt es für die Behauptung des Schahs, diese Geistlichen wollten die Landreform zurücknehmen; Khomeini selbst bestreitet das ausdrücklich. Viel eher trifft zu, daß sie gegen die Frauenemanzipation sind, und ihre Erklärung, wonach der Islam Männer und Frauen gleich behandele, sind Ausflüchte. Die Form, die der Volksprotest zum Teil annahm – Angriffe auf Banken und Kinos –, spiegelt einen unklaren Zorn wider, der in islamische Begriffe gekleidet war, in dem aber die konservative Haltung zur Stellung der Frauen unleugbar mitspielte. Doch die religiösen Führer wollten auch das Ende des autokratischen Systems des Schahs – eine progressive Forderung, über die das Regime mit seinen oben zitierten Kennzeichnungen hinwegtäuschen wollte.

3. Die linken Organisationen als solche spielten bei diesen Demonstrationen eine sehr untergeordnete Rolle, doch sie beteiligten sich, so weit sie konnten. Die Tudeh-Partei, der ihre Gegner auf der Linken lange nachgesagt hatten, es gebe sie gar nicht mehr, verteilte in Teheran ein Nachrichtenblatt mit dem Titel *Navid* (Frohe Nachricht); ihre Radiostation, die ihr jetzt sehr geholfen hätte, hatte sie allerdings zwei Jahre vorher verloren. Die Guerillagruppen, die Fedayin und Mojahedin, konnten in dem allgemeinen Aufruhr ebenfalls Material verteilen; auch gibt es Berichte über eine neue Welle von Guerillaaktionen. Sehr wahrscheinlich wird es den Guerillas gelingen, nach dem scharfen Vorgehen des Regimes aus einer neuen Generation erbitterter und desillusionierter Studenten neue Mitglieder zu rekrutieren.

4. Die wichtigste Frage ist: Wer sind die Hunderttausende von Menschen, die in Teheran und in anderen Städten demonstrierten? Dies waren die städtischen Armen, die Leute, die in die Städte gezogen sind und die harte Seite des Ölbooms kennengelernt haben, die Nahrungsmittelmangel und Inflation erdulden mußten und bis zu 70%

ihres Einkommens für die Miete zahlten. Ihre Wut kam in Tabriz im Februar zum Ausbruch und breitete sich über das ganze Land aus. Ihren Protesten schlossen sich die Basarhändler an, die traditionell der Moschee nahestanden und die ihre Stellung durch die Struktur der kapitalisierten Entwicklung im Iran bedroht fühlten. Diese Bewegung umfaßte Mitglieder von mehr als einer Klasse – Proletarier und Kleinbürger. Sie war in keinem exakten Sinne des Wortes »religiös«. Ihre Klagen und Forderungen waren ausgesprochen materialistisch. Aber sie folgte den religiösen Führern und kleidete einige ihrer Forderungen mangels Alternative in eine islamische Form. 15 Jahre Repression hatten die oppositionellen Organisationen von der Masse der Bevölkerung getrennt; viele waren noch nicht lange in der Stadt oder zu jung, um sich an frühere Krisen zu erinnern. Die Moschee war der einzige Ort, an dem eine unabhängige Stimme zu hören war, die *mollâs* waren die einzige Gruppe, die ihren Protest artikulieren konnte. Aus keinem anderen Grund hat sich die aufgebrachte Bevölkerung, wie schon in vielen anderen Ländern in bestimmten historischen Situationen, der Religion als dem Medium zugewandt, durch das sie ihren Protest zur Sprache brachte. Diese Menschen, von denen viele ihre Feindschaft gegen die Schahregierung mit dem Leben bezahlten, waren nicht »vom Ausland organisiert«, sie waren keine Marxisten und keine Reaktionäre. Sie waren Menschen, die die erstickende politische Atmosphäre und die krasse Ungerechtigkeit des Lebens in den iranischen Städten nicht länger ertragen konnten.

5. Das Ausmaß und der landesweite Charakter dieser Protestbewegung stehen außer Zweifel, aber sie hatte auch wesentliche Schwächen, die sie daran hinderten, ihr volles Potential zu entfalten. Erstens umfaßte diese Bewegung, soweit bekannt ist, weder die ländlichen Armen noch die organisierte städtische Arbeiterklasse; vor der Verhängung des Kriegsrechts hörte man weder etwas von Protesten auf dem Lande noch von erhöhten Streikaktivitäten. Die Bewegung nahm die Form spontaner Aktionen auf den Straßen an, und wenn auch die meisten der Protestierenden zugleich Arbeiter gewesen sein müssen, handelten sie doch nicht als *organisierte* Proletarier. Nur in den Wochen nach der Proklamation des Kriegsrechts gab es mehrere große Streiks – in der Ölraffinerie und in den Versorgungsbetrieben von Teheran –, und diese Form des Protestes kann in Zukunft noch größere Bedeutung gewinnen. Zweitens gab es in der Bewegung ein unbestreitbares Element verschrobener und sogar reaktionärer Ideologie. Die konservative Einstellung gegenüber den Frauen war ein solches Element. Dasselbe gilt für die Feindschaft, die sich gegen die Bahais richtete, eine Sekte, die sich im 19. Jahrhundert vom schiitischen Islam getrennt hat und die in vielen islamischen Ländern verfolgt worden ist.

Eine sozialistische Alternative?

Die Krise des Pahlavi-Regimes könnte verschiedene Formen annehmen. Eine Anzahl kapitalistischer Diktaturen wurde zu Beginn der 70er Jahre gestürzt – Portugal, Griechenland und Spanien –, aber es ist bemerkenswert, daß in allen diesen drei Fällen die Opposition in der Bevölkerung bei der tatsächlichen Ersetzung der Diktatur durch demokratischere Formen eine sekundäre Rolle spielte und daß der Kapitalismus selbst nicht abgelöst wurde. Dies muß man im Gedächtnis behalten, um nicht dem Trugschluß aufzusitzen, die wichtigsten Akteure des Sturzes der Pahlavi-Monarchie müßten notwendigerweise die Unterdrückten in Stadt und Land sein oder auf die Monarchie müsse notwendigerweise der Sozialismus folgen. Tatsächlich gibt es eine Anzahl von Wegen, auf denen sich die kapitalistische Herrschaft im Iran fortsetzen könnte, und es wäre voreilig anzunehmen, die Absetzung der Pahlavis werde von selbst die Möglichkeit des Sozialismus herbeiführen oder die iranische Bourgeoisie und ihre fortgeschrittenen kapitalistischen Verbündeten würden über nur eine Strategie verfügen. Aber auf längere Sicht sind die Überwindung des Kapitalismus und die Errichtung einer sozialistischen Gesellschaft eine durchaus denkbare Entwicklung. So erscheint es sehr wohl als möglich, daß das Regime bei sich zuspitzender Krise und wachsender Unzufriedenheit nicht mehr in der Lage sein wird, sich mit seinen Versprechungen Loyalität und Ruhe zu erkaufen. Gegen Ende der 80er Jahre ist ein massives Auftreten von Hunger und Arbeitslosigkeit im Iran durchaus möglich, egal ob dann ein kränkelnder Schah, eine hilflose Nachfolgeregierung oder vielleicht eine Junta von Generalen an der Macht ist – in jedem Fall wird ihre Fähigkeit, die Forderungen der Mehrheit der dann 45 Mio. Iraner zu unterdrücken, sehr begrenzt sein.

Es wäre jedoch unvernünftig, die mit einem solchen Wagnis verbundenen Probleme zu vereinfachen und die Schwierigkeiten zu ignorieren, vor denen die iranische Linke in ihrer gegenwärtigen Verfassung steht, wenn sie dieses Ziel erreichen soll. Erstens wird der Staat noch immer ungeheure Repressionskräfte mobilisieren und weiterhin die Unterstützung auswärtiger Verbündeter in Anspruch nehmen können; notfalls kann ihm Saudi-Arabien, das bis weit ins nächste Jahrhundert hinein über umfangreiche Öleinnahmen verfügen wird, finanziell unter die Arme greifen. Der kapitalistische Staat im Iran wird nicht wie durch ein Wunder automatisch verschwinden. Zweitens wird die linke Opposition ihren Massenanhang praktisch vom Nullpunkt aus zu reorganisieren haben, denn auch wenn die Feindschaft im Volk gegen das Regime jetzt riesig geworden ist, die linken Organisationen sind extrem schwach geblieben. Die Opposition wird außerdem ein Programm entwickeln müssen, das möglichst breite Unterstützung mobilisiert – es muß die Forderungen der unterdrückten Klassen mit denen der unterdrückten Nationalitäten so verbinden, wie es frühere oppositionelle Organisationen versäumt haben. Die Wirtschaftskrise allein wird das Pahlavi-Regime oder sein kapitalistisches Nachfolgesystem nie zu Fall bringen: Das kann nur eine von einer revolutionären Organisation geführte und organisierte Massenbewegung tun. Wenn sich eine solche Organisation nicht herausbildet, wird der gegenwärtige Staat auch in den Nach-Öl-Jahrzehnten Bestand haben.

Die heutige iranische Linke weist eine Reihe weiterer Merkmale auf, die Anlaß zur Beunruhigung geben, wenn man die realen Möglichkeiten dieser Organisationen an den Aufgaben mißt, vor denen sie möglicherweise stehen. Die Tudeh-Partei steht loyal zur Sowjetunion, und es ist ohne weiteres denkbar, daß sie, wenn die Sowjetunion einen Sturz des Kapitalismus im Iran aus internationalen Gründen nicht als wünschenswert empfinden sollte (z. B. wegen einer Bedrohung der Entspannung mit den USA), den Befehl erhalten würde, keine revolutionären Initiativen zu ergreifen. Die Gruppen, die China Loyalität geschworen haben, stehen angesichts von Pekings Ergebenheit gegenüber dem iranischen Regime noch klarer auf verlorenem Posten. Die militärisch aktiven Guerillagruppen wiederum haben sich bei ihrer Tätigkeit auf rhetorische Analysen verlassen, und sie haben zu wenig Interesse an den konkreten Problemen der politischen Praxis und eines politischen Programms gezeigt. Gemeinsames Merkmal all dieser Gruppen ist eine immer noch recht bornierte theoretische Kultur – eine Neigung zur Anwendung entlehnter Ideen in einer vorschnellen und bloß reproduzierenden Weise –, und alle haben eine äußerst cliquenhafte Politik praktiziert, in der gegenseitige Beschimpfungen wichtiger sind als die weit schwierigere Aufgabe, eine Einheitsfront aller gegen die Schah-Diktatur eingestellten politischen Kräfte aufzubauen.

Diese Fehler kann man nicht mit Schweigen übergehen, denn sie sind von zentraler Bedeutung für die Fähigkeit der Opposition, die sich ihr bietenden Chancen zu nutzen. Sie stellen auch keine nur vorübergehende Verzerrung aufgrund von Isolierung und Niederlage dar, und ohne gezielte Bemühungen zur Überwindung dieser Formen politischer Analyse und Praxis werden sie weiter gedeihen – auch unter offeneren Bedingungen politischer Auseinandersetzung, wie sie sich in Zukunft ergeben mögen. Man muß dieses Problem wirklich in aller Schärfe benennen, denn wenn es nicht angegangen wird, wird die iranische Linke weitere Niederlagen erleiden. Wenn die linke Opposition ihren gegenwärtigen Kurs fortsetzt – uneinig, rhetorisch und in vielen Fällen dem einen oder dem anderen kommunistischen Land hörig –, dann ist es äußerst unwahrscheinlich, daß sich der iranische Kapitalismus einmal durch eine massenhafte und geschlossene Bewegung unter der Führung einer politischen Organisation herausge-

fordert sieht, welche die breitestmögliche Zustimmung auf sich vereint.
Die iranische Linke mag in der Vergangenheit zu vorsichtig gewesen sein, aber in Zukunft ist dies nicht die einzige Versuchung, der sie ausgesetzt sein wird. Aus der Geschichte der sozialistischen Kämpfe in den letzten 50 Jahren kennen wir viele Beispiele dafür, daß Chancen für eine sozialistische Umwälzung nach der Niederlage einer Diktatur verschenkt wurden, und zwar nicht nur aufgrund einer übervorsichtigen Haltung der Linken (worauf zumeist die revolutionären Kritiker verweisen), sondern auch als Folge von Sektierertum und übertriebener Zuversicht. In Deutschland haben sich Teile der kommunistischen Bewegung durch ihre ultralinke Politik in den Jahren unmittelbar nach dem Sturz des wilhelminischen Regimes von 1918 isoliert. Vor 1933 hat die Kommunistische Partei einen selbstmörderischen und sektiererischen Kurs verfolgt, der in der blutigsten Niederlage endete. In Portugal fanden sich nach dem Sturz des faschistischen Regimes 1974 Teile der Linken, die sich in ihre abenteuerischen Parolen verliebt und ihre eigene Stärke überschätzt hatten, im Laufe der Zeit isoliert und von einer neu formierten Rechten besiegt. Diese und andere Beispiele zeigen, wie die Chancen, die der Zusammenbruch einer Diktatur und der Aufstieg einer mit dem Sozialismus sympathisierenden Massenbewegung bieten, aufgrund von Cliquenverhalten und Verblendung durch die eigene Rhetorik verschenkt werden können. Um diese Gefahren zu überwinden, muß sich die Linke im Iran als starke und einigende Kraft darstellen. Man sollte also jeden unbekümmerten Optimismus, der den Sturz des Kapitalismus im Iran für eine leichte Sache hält und sich Illusionen macht über die Fähigkeit der iranischen Oppositionskräfte, die Macht zu erlangen und auszuüben, ablegen.
Die Probleme, die mit einem solchen Wagnis verbunden sind, sind enorm. Über all diese hier angeschnittenen Fragen von Taktik und Strategie hinaus stellt sich die Frage, wie das politische System aussehen soll, das von einer revolutionären Bewegung geschaffen wird. Dies ist deshalb eine brennende politische Frage, weil sich erstens die iranische Opposition unter Bedingungen von Untergrund und Exil entwickelt hat und weil zweitens die einflußreichsten Staaten in der internationalen kommunistischen Bewegung keine überzeugenden Systeme sozialistischer Demokratie hervorgebracht haben. Daher ist es für eine Bewegung wie die iranische extrem schwierig, in und nach einem revolutionären Prozeß Formen demokratischer Aktivität zu entwickeln und aufrechtzuerhalten. Doch genau dieser Punkt stellt die bedeutendste Herausforderung und die größte Chance dar. Denn *das* Argument für eine Revolution und für ein neues Gesellschaftssystem im Iran liegt in der Überlegenheit des Sozialismus über den Kapitalismus: ökonomisch gesehen in der Fähigkeit eines sozialistischen Regimes, den Reichtum des Iran im Interesse der Arbeiterklas-

se und ihrer Verbündeten zu verwenden und Wohlstand und soziale Errungenschaften diesen Kräften zugute kommen zu lassen; politisch gesehen in der Fähigkeit des Sozialismus, den Rahmen für die Errichtung eines wirklich demokratischen Systems zu schaffen, wie es im Iran noch nie bestanden hat. Die Last des Versagens der internationalen kommunistischen Bewegung bei der Lösung dieser Frage drückt auf die iranische Linke wie auf die Linke überall; es ist ein Versagen, das nur durch bewußte und weitsichtige politische Praxis und Analyse überwunden werden kann. Wenn die Linke eine Praxis und ein Programm entwickeln kann, welche die politische Freiheit nach dem Ende des iranischen Kapitalismus garantieren, dann kann sie in der Lage sein, eine breite und letztlich siegreiche Volksbewegung gegen das Pahlavi-Regime oder seine kapitalistischen Nachfolger zu sammeln.

Ich habe hier die Probleme, die sich stellen, deshalb so sehr betont, weil eine sozialistische Revolution im Iran eine reale Möglichkeit darstellt und weil die vielfältigen Probleme, vor denen eine solche Revolution stehen wird, jetzt ganz deutlich benannt werden sollten. Niemandem ist mit einer rhetorischen und naiven Katastrophentheorie gedient, die davon ausgeht, daß die Geschichte den Schah und seine Clique automatisch hinwegfegen wird oder daß das nachfolgende Regime automatisch in jeder Hinsicht besser sein wird. Nur jenseits einer solchen Theorie sind die Aussichten für die Befreiung des iranischen Volkes und für den Aufbau einer wirklich gerechten und demokratischen Gesellschaft, in der die Arbeiterklasse und ihre Verbündeten die führende Rolle spielen werden, auf lange Sicht realistisch.

Der Iran und die Bundesrepublik
Nachwort von Ulrich Albrecht

> »Die Erfahrung lehrt, daß der gefährlichste Augenblick für eine schlechte Regierung der ist, wo sie sich zu reformieren beginnt. Nur ein großes Genie vermag einen Fürsten zu retten, der es unternimmt, seinen Untertanen nach langer Unterdrückung Erleichterung zu gewähren.«
> Alexis de Tocqueville, *Der alte Staat und die Revolution,* 1856[1]

Der Ausspruch des konservativen Grafen Tocqueville gibt wieder, wie tonangebende Meinungsbildner im Westen den Abgang des Schah verstehen (nur wird dies heute sehr viel schlechter formuliert). »Für die Interessen des Westens ist das Scheitern des Schahs dennoch eine schmerzhafte Amputation«, leitartikelt die *Frankfurter Allgemeine Zeitung,* einer weitverbreiteten Stimmung Ausdruck gebend.[2] Das US-Verteidigungsministerium entwickelte eigene Bewältigungsmuster, um die Massendemonstrationen im Iran auf den Begriff zu bringen:

> »Ein Sprecher des Pentagon erklärte letzte Woche, daß einige der Aufrührer Tonbandaufnahmen von Gewehrschüssen mitführten. Wenn das Tonband abgespielt wurde, fiele einer in der Gruppe um und wurde von den anderen hinweggetragen – um den Eindruck von noch größerer Gewalttätigkeit zu erzeugen, als dies tatsächlich der Fall war.«[3]

Die Beunruhigung der amerikanischen Regierung ist verständlich. In ihren Äußerungen wird zum einen auf die US-Ölwirtschaft verwiesen (»beträchtliche Kapitalinvestitionen im Gebiet am Persischen Golf im Werte von ungefähr 3,5 Milliarden Dollar«[4]), zum anderen wird die Ölabhängigkeit der wichtigsten Alliierten betont: »Westeuropa und Japan, die beiden Gebiete, die am wichtigsten für die amerikanische Sicherheit sind, (bleiben) vollkommen abhängig von den Öllieferungen aus dem Mittleren Osten«.[5] Hinzu treten jährlich attraktive 20 Milliarden Petrodollar, für die Waren und Dienstleistungen zu kaufen sind, und umfangreiche Investitionen ausländischer Kapitalgeber in der iranischen Wirtschaft: der Bergbau, Handel, Bankwesen, Bauwesen und selbst die Landwirtschaft sind zu gewichtigen Anteilen in ausländischer Hand.
Die vom Schah betriebene Entwicklungsstrategie sah weitaus attraktivere Betätigungsmöglichkeiten für die Zukunft vor. Noch in diesem Jahrhundert sollte sein Kaiserreich die fünftgrößte Wirtschafts- und Militärmacht auf dem Globus werden.

Zur Bundesrepublik, der führenden kapitalistischen Industriemacht Europas, wies der Iran eine Vielfalt von Verbindungen auf. Spezifische Beziehungen zwischen Deutschland und dem Iran sind in der Wirtschaft und im militärischen Bereich keineswegs etwas Neues. In der Weimarer Republik und besonders im Dritten Reich gab es hier eine recht lebhafte Kooperation, und die Alliierten sollen 1941, als sie den Iran besetzten, über die große Zahl von Deutschen im Lande überrascht gewesen sein.[6] Auch studentische Kritik am Schah, wie sie 1967 zu verzeichnen war, hatte ihre historischen Vorläufer: schon 1932 beschwerte sich der Schah mehrfach über die Kritik an seinem Regime an den deutschen Universitäten.

Auch politisch sind die neueren Beziehungen Westdeutschlands zum Iran nicht ohne Delikatesse. 1967 hatten die USA das Land zum »developed country« erklärt, was vor allem bedeutete, daß der Schah künftig für Militärlieferungen bezahlen sollte. 1966 hatte wiederum die Bundesrepublik den Iran in die Liste der Empfänger westdeutscher Militärhilfe aufgenommen, und man darf vermuten, daß der Besuch des Schah 1967 der einschlägigen Entwicklung dieser Beziehungen dienen sollte. Worin bestehen nun diese Beziehungen? Sie lassen sich vor allem an drei Aspekten festmachen.

An erster Stelle steht das Öl. Um über die Bedeutung dieses Rohstoffes für die Bundesrepublik nüchtern zu informieren, sei auf einen in diesem Zusammenhang unverdächtigen Zeugen zurückgegriffen: das (zur Zeit der Niederschrift jüngste) Weißbuch des Bundesministeriums der Verteidigung von 1975/76.[7] In eindrucksvollen Weltkarten werden hier die Ölströme vom Iran in die Bundesrepublik graphisch vorgestellt. Nach dieser Quelle sind 1974 52% des Energieverbrauchs der Bundesrepublik durch Öl gedeckt worden. 90% dieses Ölverbrauchs wurden durch Importe gedeckt. Drei Viertel der Importe kamen aus dem Persischen Golf. Es verwundert nicht, wenn das Weißbuch des Verteidigungsministers über die nötigen militärischen Sicherungen für diese Energiezufuhr spekuliert. Die Beschaffung neuer hochseetüchtiger Fregatten wird von Abgeordneten der SPD in Verbindung mit Bestrebungen gebracht, die Ölzufuhr der Bundesrepublik schon im Persischen Golf – also außerhalb des Operationsgebietes der NATO – abzusichern.

An zweiter Stelle sind die Produktions- und Exportinteressen beider Seiten zu erwähnen. Der Export nimmt für die westdeutsche Volkswirtschaft eine überragende Stellung ein, besonders im Bereich der Maschinenindustrie. 38% der Weltmärkte für Werkzeugmaschinen werden von der Bundesrepublik beherrscht. – Die ökonomischen Verflechtungen sind vielfältiger Natur, sie reichen von der Beteiligung des Iran am Krupp-Konzern bis hin etwa zum Bau von Hafenanlagen im Iran durch das Hamburger Renommierunternehmen Blohm + Voss.

In diesen ökonomischen wechselseitigen Verflechtungen werden die militärischen Produktionsinteressen weitgehend übersehen. Schon Reichskanzler Bismarck sah sich einer Anfrage gegenüber, Rüstungsgüter nach Persien zu liefern. Seit jener Zeit ist das kaiserliche Arsenal sozusagen fest in deutscher Hand: traditionsgemäß werden Gewehre, Maschinengewehre und ähnliche Infanterieausrüstungen unter deutscher Anleitung gefertigt. Einem Höhepunkt strebten die rüstungswirtschaftlichen Beziehungen 1969 zu, als in Bonn eine Anfrage wegen der Nachfertigung des Panzers »Leopard« einging. 1974 erfolgte ein neuer Vorstoß in dieser Richtung. Die Bundesregierung suchte verschiedentlich diesen besonderen Aspekt der deutsch-iranischen Beziehungen zu verteidigen. Das Auswärtige Amt meinte in bezug auf die Schenkungen von deutscher Rüstungshilfe:

»Durch diesen deutschen Beitrag (militärische Ausbildungshilfe, d. V.) wird die administrative ebenso wie die technische Infrastruktur des Iran gefördert, womit gesellschaftliche Konflikte abbaubar werden und letztlich zur Hebung der Lebensqualität in diesem Teil der Welt beigetragen wird.«[8]

Die rüstungswirtschaftlichen Beziehungen sind das vielleicht provozierendste Symbol einer Dreiecksvorstellung, die der damalige Bundesminister Friederichs verschiedentlich artikuliert hat. Er entwickelte die Vision eines Dreiecks zwischen dem Ruhrgebiet, Brasilien und Iran. So hat Friederichs anläßlich eines Besuches im Iran vorgeschlagen, gemeinsame deutsch-iranische Investitionsvorhaben in Brasilien zu betreiben. Die deutsche Seite solle die Technologie liefern, der Iran das Kapital, da in Brasilien ja großer Mangel an Kapital und Technologie herrsche.[9] Die Regierung schien nicht zu stören, daß an zwei Eckpfeilern des Dreiecks Diktaturen herrschen. Die Handelsbeziehungen entwickelten sich stürmisch: die bundesdeutsche Ausfuhr in den Iran verachtfachte sich von 1970 bis 1977 auf ein Volumen von 2,7 Milliarden Dollar (das entspricht einem Anteil von 25% an den iranischen Gesamteinfuhren); die westdeutschen Importe aus dem Iran stiegen im gleichen Zeitraum auf ein Niveau von 1,9 Milliarden Dollar.

Als der Schah im Januar 1979 sein Land verließ, wurden die geplanten Waffenbestellungen in der Bundesrepublik auf zumindest eine Milliarde DM angesetzt (neben sechs U-Booten war von Aufträgen für rund 60 Kriegsschiffe die Rede, darunter modernste Fregatten). Diese Geschäfte wurden hauptsächlich mit dem Hinweis gerechtfertigt, daß so die westdeutsche Ölzufuhr weiter gesichert würde. Die umgekehrte Blickweise erscheint einsichtiger: auch durch deutsche Waffen war die Sicherheit der Energiezufuhr bedroht.

»Die Ambitionen des Schah und die ansteigende Militärmacht des Iran könnten zu Konflikten in der Golfregion führen, die den Ölzufluß unterbrechen würden – oder könnten sogar damit enden, daß der Schah alles Öl aus dem Persischen Golf kontrolliert.«[10]

Ferner: es blieb irrational, die Ölabhängigkeit der Bundesrepublik ausgerechnet durch die Favorisierung eines einzigen Mannes zu »sichern«, dessen politisches Überleben unsicher war wie kaum ein zweites auf diesem Globus und mit dessen Verschwinden sein gesamtes Regime zusammenfallen mußte. Und schließlich: aufgrund des rapiden Abbaus der Ölvorräte hätte der Schah sich in absehbarer Zeit veranlaßt sehen können, seine Streitkräfte tatsächlich einzusetzen. Die Erdölförderung des Iran wird nämlich, so ergeben verschiedene Prognosen, nach zwei Jahrzehnten erschöpft sein, und die Frage stellt sich für dieses Land, wie dann die Reproduktion geschehen soll. Es ist nicht sichtbar, daß mit den Gewinnen aus der forcierten Industrialisierung die riesige Armee finanziert werden kann, die Industrialisierung fortgesetzt werden oder aber auch nur der Schuldendienst beglichen werden kann.

Es stand nicht zu erwarten, daß der Schah dieser Entwicklung tatenlos zusehen würde. Es ist sehr viel wahrscheinlicher, daß dann der Gebrauchswert der neuen Rüstung zum Tragen gekommen wäre. Vielleicht hätte es keinen größeren Krieg gegeben, jedoch war zu erwarten, daß Persien mit gewaltsamen Mitteln die Reproduktionsbasis des Iran ausgeweitet hätte. Ähnlich dem Schicksal der kleinen Inseln in der Straße Hormuz könnten etwa die Scheichtümer im persischen Golf unter iranische Kontrolle geraten, wenn nicht gar besetzt werden. Hier reicht der Ölvorrat erheblich länger.

Wenn die politischen Begründungen für die Haltung der Bundesrepublik widersprüchlich sind, bleibt nur ein Motiv: sich einen Anteil an den persischen Milliarden zu sichern, auch um wirtschaftlichen Schwierigkeiten hierzulande entgegenzutreten. Da Panzerproduzenten und Flugzeugwerften durch Bundeswehr- und NATO-Aufträge bis zur Halskrause beschäftigt sind, fügte es sich, daß zuvörderst die notleidende Werftindustrie an den norddeutschen Küsten die dicken Aufträge aus dem Iran erhielt. Sechs U-Boote und zwölf Fregatten wünschte sich der Schah (die Bundesmarine kann sich von diesen teuersten deutschen Schiffen nur fünf leisten), dazu eine Flotille kleinerer Kampfschiffe.

Seit der Iran 1973 die Bundesrepublik als der Welt größter Waffenkäufer ablöste, entstand ein erheblicher Bedarf an Dienstleistungen und Hilfsimporten für die Aufrüstung. Der Löwenanteil dieser Aufträge ging an amerikanische Firmen: 1973 bis 1979 lieferten US-Konzerne für 8,3 Milliarden Dollar Waffen und andere militärische Leistungen an das Land (ein Viertel ihrer Gesamtausfuhr); insgesamt bestellte der Schah in dieser Zeitspanne für mehr als 20 Milliarden Dollar Waffen in Amerika.[11] Die im Umfang bescheideneren, erst im Ansatz sich entwickelnden Rüstungsgeschäfte der Bundesrepublik mit dem Iran bezogen sich gleichermaßen nicht nur auf den Transfer von Großwaffen, 1978 wurde beispielsweise gemeldet:

»Die größte deutsche Luftfahrtfirma, Messerschmitt-Bölkow-Blohm, und eine Einrichtung der Kaiserlich-Iranischen Streitkräfte beteiligen sich gemeinsam an der Gründung der Firma ›Iranian Systems and Management Corporation‹. Aufgabe des Unternehmens, an dem MBB eine 35prozentige Beteiligung übernimmt, soll Hilfe beim Transfer fortgeschrittener Technologien, Elektronik, Systemtechnik, sowie der Luft- und Raumfahrttechnik im Iran sein. MBB war schon zuvor in dieser Hinsicht im Iran tätig.«[12]

Gewisse kleinere Rüstungstransfers erscheinen als besonders makaber. Ende November 1978 gingen 15216 Handschellen und 300 Schlagstöcke aus dem schwäbischen Geisenheim ab nach Persien.[13] Ungefähr zur gleichen Zeit wurde ein Antrag auf eine Ausfallbürgschaft der Bundesregierung für die Lieferung von Schnellfeuergewehren gestellt.[14]
Neben Waffen bilden eine zweite Art von Industriegütern einen Kulminationspunkt der deutsch-iranischen Interessenverflechtungen, die in der Bundesrepublik erhebliche innenpolitische Brisanz aufweist. Gemeint ist der Handel mit Kernkraftwerken. Bis 1993 wünschte der Schah 20 Kernkraftwerke mit einer Gesamtkapazität von 23000 MW zu bauen; dieses gigantische Vorhaben sollte ein Geschäft von knapp 100 Milliarden DM erbringen. Zwei Fünftel dieser Kernkraftwerke sollten aus der Bundesrepublik kommen – was den Rang der Bundesrepublik als Industrialisierungspartner genügend verdeutlicht.
Das Geschäft hatte sich gut angelassen: vier Kernkraftwerke sind im fortgeschrittenen Baustadium – davon zwei von der deutschen Kraftwerksunion (KWU). Sieben weitere Kernkraftwerke sind fest bestellt, davon vier in der Bundesrepublik. Über den Unfug, Kernkraftwerke in ein Land zu verkaufen, in welchem die Bevölkerung buchstäblich auf dem Öle hockend friert und hungert, war weder von Regierung noch Parlament auch nur ein Satz zu hören, hierzulande geht es nur um die Arbeitsplätze. Eine langsamere Industrialisierung wäre in einem Lande, welches über die viertgrößten bekannten Ölvorräte sowie die zweitgrößten Erdgasvorkommen verfügt, mit Sicherheit möglich.
Die deutsche Industrie betreibt die Ausfuhr von Kriegsschiffen oder Kernkraftwerken nicht aus frivoler Profitsucht. Sie hat es bitter nötig. Während dieser Aspekt für die Werftindustrie allgemein bekannt ist, soll er für die Kraftwerkindustrie kurz erhellt werden.
Nach erheblichen Anlaufverlusten sah sich die Kernkraftindustrie Mitte der siebziger Jahre in einer großangelegten Expansionswelle. Pro Jahr erschien der Absatz von acht Kernkraftwerken möglich, davon vier im Export. Damit wäre die Rentabilitätsschwelle erreicht gewesen:

»Um die vorhandenen Kapazitäten wirtschaftlich vernünftig nutzen zu können, sei bei den heutigen Auftragsgrößen ein Absatz von sechs Kraftwerkseinheiten pro Jahr ... nötig, rechnete KWU-Exportbereichsleiter Hildenbrand kürzlich in vertraulichem Expertenkreis vor. Daß sich das Unternehmen in den letzten Jahren über Wasser habe halten können, verdanke es lediglich den Exportaufträgen aus dem Iran und Brasilien.«[15]

Inzwischen läuft das Inlandgeschäft mit Kernkraftwerken nicht mehr: die Baustellen in Grohnde, Wyhl und Brokdorf wurden gerichtlich geschlossen; das größte Unternehmen der Branche, die KWU, konnte seit Mitte der siebziger Jahre keinen Inlandsauftrag mehr verbuchen.[16] Vier Auslandsbestellungen (zwei Reaktoren nach Brasilien, zwei nach dem Iran) waren die letzten eingegangenen Order. Neue Aufträge sind nicht in Sicht, will die KWU nicht in Südafrika oder in der Sowjetunion bauen.[17] Die stolzen Auftragssummen (KWU: 25 Milliarden Mark) sind hinfällig, die *Zeit* sieht »Millionen Arbeitsplätze gefährdet«.[18]
Zweifelsohne verheerender ist die Situation im Iran. Verödete Baustellen zeigen an, wo der Schah überzogene Industrialisierungsprojekte zu erstellen befahl. Auch in der Rüstung erfolgte ein Einbruch, nachdem auch dort zuvor über schwerwiegende Mängel berichtet wurde. In einem Arbeitsbericht von Mitarbeitern des Ausschusses für Internationale Beziehungen des US-Repräsentantenhauses wird festgehalten:

»Es wird jedoch berichtet, daß eine beträchtliche Anzahl der Panzer und gepanzerten Fahrzeuge, die an den Iran geliefert worden sind, in den Depots festliegen, da es nicht genügend qualifiziertes Bedienungspersonal gibt. Zusätzlich sind Angehörige dritter Staaten Berichten zufolge aus Südkorea und den Philippinen eingestellt worden, um militärische und zivile Radfahrzeuge zu steuern.«[19]

Kein Wunder, daß sich der Zorn der Demonstranten besonders gegen Einrichtungen ausländischer Rüstungskonzerne richtete. Eines der bevorzugten Ziele waren Gebäude des durch Rüstungsbestechungen unrühmlich im Lande bekannten amerikanischen Rüstungswerkes Grumman, das dem Schah 80 Exemplare des modernsten US-Düsenjägers, der F-14 ›Tomcat‹, hatte verkaufen können. Am 8. Dezember 1978 drangen Demonstranten gewaltsam in das Grumman-Gebäude in der Innenstadt von Isfahan ein (die zugleich wegen des Übermaßes an Prostitution als Symbol der moralisch verwerflichen Lebensweise der Ausländer galt) und verwüsteten die Einrichtung. Die Firma hatte freilich zuvor heimlich alle Unterlagen entfernt.[20]
Die ausländischen Techniker und Militärfachleute verließen zu Beginn des Jahres 1979 in großer Zahl das Land. Für die Komplizenschaft der Bundesrepublik mit dem Schah und den USA mag als weiteres Indiz gelten, daß der Exodus der Amerikaner aus dem Iran teilweise über die Bundesrepublik läuft (über den Militärflugplatz Ramstein in der Eifel[21] und den Frankfurter Flughafen[22]) oder daß die

Lufthansa amerikanische Firmen, die für ihre Belegschaften Charterflugzeuge suchen, nunmehr abweisen muß (»Man habe die Kapazität für Europaflüge erweitert, aber die Linie könne nicht auf Anfragen amerikanischer Firmen für Charterungen eingehen, weil es an Flugzeugen und Besatzungen fehle«[23]).
Wie geht es weiter? Die amerikanische Rüstungsindustrie, mit Kontrakten im Wert von 12 Milliarden Dollar in den Händen, kämpft um die Fortführung ihrer Geschäfte. Die US-Regierung spielt mit: auch nach Abgang des Schah gewährt sie weiter die im Waffenexport üblichen Zwischenkredite mit einer Laufzeit von 90 Tagen. Tatsächlich leistete die Regierung Bakhtiar Mitte Januar eine Zahlung von 500 Millionen Dollar, die der Finanzierung des 12-Milliarden-Geschäftes dienten.[24] So wurde die »Zahlungsmoral« der noch vom Schah eingesetzten Regierung Bakhtiar in der westlichen Presse allgemein gelobt.[25] »Der Iran (will) abgeschlossene Verträge einhalten«, beruhigte auch das Stammblatt der westdeutschen Rüstungsindustrie, *Wehrtechnik,* im Dezember 1978 seine Leser.[26]
Andererseits ist mit dem Abgang des Schah allem Augenschein nach das Ende des Rüstungs- und Kernkraftbooms im Iran gekommen. Im Dezember 1978 wurde bekannt, daß die britischen Rapier-Tieffliegerraketen doch nicht im Lande in einer eigens eingerichteten Fabrik hergestellt werden würden, sondern nurmehr in England gekauft würden.[27] Zum Jahreswechsel 1978/79 wurde gemeldet, daß die iranische Regierung den Großauftrag zum Aufbau einer eigenen Hubschrauberfertigung mit der Bell Helicopter Division des US-Multis Textron gekündigt habe.[28] Andere US-Rüstungsfirmen stellten ihre Fertigung für den Iran ein, weil sie keine Vorauszahlung mehr erhielten (so die Firma Watkins-Johnson[29]). Eine Woche später wurde die Kündigung eines Auftrages für 160 Düsenjäger F-16 der Firma General Dynamics bekannt (mehrere NATO-Staaten rüsten ihre Luftwaffe zur Zeit auf diesen Starfighter-Nachfolger um).[30] Heute ist vollends fraglich geworden, welche Rüstungskontrakte überhaupt noch ausgeführt werden.
Die ausländischen Unternehmen werden kaum gesonnen sein, den Iran ohne kräftige Zahlungen aus den vom Schah abgeschlossenen Kontrakten zu entlassen. Sie werden bei ihren Versuchen von Teilen der Gewerkschaften wirksam unterstützt (die etwa in der Bundesrepublik in Anzeigen für die Kraftwerksausfuhr in den Iran warben).[31]
Schon erfolgen die ersten Kündigungen: der US-Hubschrauberfabrikant Bell entließ von 580 mit der Abwicklung des Iran-Geschäftes Beschäftigten sogleich 400[32], bei der KWU wurde ein Einstellungsstopp verfügt.[33] Der Kampf um die Beseitigung der Schäden und Lasten, die der Schah seinem Volk aufgebürdet hat, wird auch außerhalb des Iran Opfer und Verluste kosten. Statt fortgesetzter Klagen, daß nunmehr auch in der Bundesrepublik eine Anzahl von Arbeits-

plätzen durch den Sturz der Entwicklungsdiktatur des Schahs in Gefahr geraten sind, sollten sich die Betroffenen besser vor Augen führen, für welche Zwecke die Produkte ihrer Arbeit im Iran der Pahlavis hätten Verwendung finden sollen. Das Buch von Fred Halliday liefert hierfür eindrucksvolles Anschauungsmaterial.

Anhang:
Anmerkungen
Karten
Bibliografie
Namensregister

Anmerkungen

Kapitel 1 – Die iranische Gesellschaft: ein Überblick

1 Statistiken für die Zeit vor 1976 aus: Julian Bharier, *Economic Development in Iran 1900–1970,* London 1971, Kap. 2 (Human Resources); Zahlen für 1976 aus dem *Iran Almanac 1977.*

2 Eine Quelle der Verwirrung in Darstellungen dieses Problems ist der Gebrauch des Wortes »Stamm« zur Bezeichnung der nichtpersischen Bevölkerungselemente im Iran unter der gleichzeitigen Annahme, diese Stämme seien Nomaden. Die Mehrheit der Gruppen, die eine Art von Stammesverfassung bewahrt haben, sind seßhaft und nicht nomadisch, und die allerwichtigste nichtpersische Gruppe, die Azerbaijaner, sind nicht stammesmäßig organisiert. Die drei Kategorien Nomadenbevölkerung, Stamm und nicht persischsprechende Gruppe sind daher nicht gleichbedeutend.

3 *Iran, Oil Money and the Ambitions of a Nation,* Hudson Institute Special Report, Paris 1975, S. 11.

4 Ehsan Yar-Shater, *Iran faces the Seventies,* New York 1971, S. 220.

5 Eine scharfe Kritik männlicher Einstellungen gegenüber Frauen im Iran findet sich bei: Reza Baraheni, *The Crowned Cannibals,* New York 1977, S. 45–63.

Kapitel 2 – Der Staat: historische Hintergründe

1 Eine der gängigen Annahmen der iranischen Opposition ist, daß Reza Khan irgendwie ein »britischer Agent« war. Sicher wurde er von den britischen Behörden im Iran zur Machtübernahme ermutigt; da die Engländer annahmen, er würde dazu beitragen, die Ausbreitung des Kommunismus auf Asien zu blockieren, standen sie dem Aufbau eines neuen Staates durch ihn positiv gegenüber. Die Engländer waren jedoch nicht wirklich in der Lage, Rezas Handlungsweise nach seiner Machtübernahme zu kontrollieren. Für eine Darstellung des Regimes von Reza Khan siehe: Amin Banani, *The Modernization of Iran, 1921–1941,* Stanford 1961.

2 Unter den verschiedenen Darstellungen der Rolle des CIA, die jetzt verfügbar sind, siehe: Andrew Tully, *CIA – the Inside Story,* London 1962, Kap. 7; und: David Wise, Thomas B. Ross, *The Invisible Government,* London 1964, S. 108–12.

3 Zur Unterstützung von Landreformen in Lateinamerika durch die USA siehe: Rodolfo Stavenhagen (ed.), *Agrarian Problems and Peasant Movements in Latin America,* New York 1970, S. 96ff.

4 Marvin Zonis, *The Political Élite of Iran,* Princeton 1971, S. 63, Anm. 45.

4a Vgl. dazu die ausgezeichnete Kritik dieser Konzeptionen bei Perry Anderson, *Lineages of the Absolutist State,* London 1974, S. 462–549.

5 Zur Theorie des postkolonialen Staates siehe: Hamza Alavi, »The Post-Colonial State«, *New Left Review,* Nr. 74, Juli-August 1972.

6 J. D. Barrington-Moore, *The Social Origins of Dictatorship and Democracy,* London 1966. (Deutsch: *Soziale Ursprünge von Diktatur und Demokratie,* Frankfurt 1969.)

7 *New York Times,* 15. Juni 1946; zitiert nach: Ervand Abrahamian, »The Social Bases of Iranian Politics«, Ph. D.-Dissertation, Columbia.

Kapitel 3 – Der Staat: allgemeine Kennzeichen

1 Ein gängiges Argument regimefreundlicher Akademiker und Autoren besagt, der Iran könne nicht mit »importierten« oder »westlichen« analytischen Begriffen ana-

lysiert werden, besonders nicht mit Klassenbegriffen. Die Apologeten praktisch jedes Regimes der Welt behaupten das von ihrem jeweiligen Land – ohne daß es dadurch richtiger würde: Jede Gesellschaft hat allerdings spezifische Züge, aber das bedeutet nicht, daß in diesen Ländern allgemeine theoretische Kategorien nicht anwendbar wären; genauso wenig, wie man die Anwendbarkeit medizinischer oder technischer Begriffe bestreiten würde.

2 Marvin Zonis, *The Political Élite of Iran,* Princeton 1971; James Alban Bill, *The Politics of Iran,* Columbus/Ohio 1972; Leonard Binder, *Iran, Political Development in a Changing Society,* Berkeley, Los Angeles 1962. Es würde über den Rahmen dieses Buches hinausgehen, auf die allgemeinen theoretischen Annahmen jeder dieser drei Arbeiten einzugehen, die trotz ihrer deutlichen Unterschiede im Ansatz einer gemeinsamen Schule angehören. Jede dieser Arbeiten geht auf kenntnisreiche Beobachtungen der iranischen Szene zurück und enthält eigenständige Analysen in erheblichem Maße. Einige kritische Bemerkungen lassen sich jedoch kurz machen. Zonis erklärt auf S. 5 ausdrücklich, es sei sein Ziel, »die Einstellungen und das Verhalten mächtiger Individuen« zu untersuchen, ohne zu analysieren, worin diese Macht besteht und in welcher Beziehung sie zu Eigentum und Einkommen steht. Er berichtet auch auf S. 11, daß »der Kontakt mit aktiven Offizieren dem Autor vom Schah verwehrt wurde«, eine erhebliche Beeinträchtigung jeder derartigen Studie. Bill seinerseits erhebt den Anspruch, den Begriff Klasse zu verwenden, aber sein Klassenbegriff bleibt völlig unklar. Er betrachtet die »freiberufliche Mittelklasse« als eine »neue« Klasse (S. 7), aber er identifiziert keine ausgeprägte Industrie- oder Finanzmittelklasse; außerdem scheint er anzunehmen, daß Klassen, die in einer vorkapitalistischen Gesellschaft existierten, unter dem Kapitalismus einfach weiterexistieren können. Binders Arbeit ist vor der Weißen Revolution geschrieben; er widmet zwar 20 Seiten der Analyse von »Kabinettsregierung« im Iran (kaum ein ernst zu nehmendes Thema) und behandelt verschiedene Regierungs»prozesse« auf noch breiterem Raum, aber am sozioökonomischen Rahmen der iranischen Regierung ist er völlig uninteressiert.

3 In *Die Entwicklung des Kapitalismus in Rußland* arbeitet Lenin diesen Punkt im Widerspruch zur romantischen Nostalgie der *narodniki* ganz klar heraus: Ähnliches ließe sich über einige iranische Oppositionsliteratur von heute sagen.

4 Zum Beispiel: Thomas Ricks, »Contemporary Iranian Political Economy and History: an Overview«, in: *The Review of Iranian Political Economy and History,* Dezember 1976, Bd. 1, Nr. 1.

5 *Le Monde,* 6. Oktober 1976.

6 Eine allgemeine Darstellung sich wandelnder Investitionspolitik der fortgeschrittenen kapitalistischen Länder in Lateinamerika findet sich in den Arbeiten von Fernando Enrique Cardoso, z. B.: »The Contradiction of Dependent Development«, in: *New Left Review,* Nr. 74. Der Unterschied zwischen dem Iran und den Ländern wie Argentinien und Brasilien ist der, daß der iranische Staat über viel größere Kapitalmittel für die Investitionen in Gemeinschaftsunternehmen verfügt; und während in diesen entwickelteren lateinamerikanischen Ländern ausländische Investitionen zum Teil dazu dienen, Güter für den Export auf dritte Märkte zu produzieren, ist die Produktion im Iran in diesem Stadium fast vollständig für den Inlandsmarkt bestimmt.

7 Zonis a. a. O, S. 18.

8 Binder, a. a. O., S. 221–22.

9 Mohammad Reza Pahlavi, *Mission for my Country,* London 1961, S, 173.

10 *The Times,* 16. Oktober 1972; *Financial Times,* 3. Januar 1975.

11 Der Schah, Rede vom 2. März 1975; Broschüre des Ministeriums für Information und Tourismus, S. 11–13.

12 Siehe die Arbeiten von Paul Vieille über die Landreform, zusammengefaßt in *Le Monde,* 27. Januar 1973. Siehe auch Kap. 5, Anm. 18.

13 Zur Repression in Brasilien, siehe: Amnesty International, »Report on Allegations of Torture in Brasil«, London 1973.

14 Nicos Poulantzas, *Faschismus und Diktatur,* München 1973; Poulantzas liefert eine

theoretische Darstellung der Funktionsweise dessen, was er den »außerordentlichen« kapitalistischen Staat nennt, obwohl er die verschiedenen Formen, die ein solcher außerordentlicher Staat annehmen kann, nicht diskutiert.

15 Eine Diskussion über Marx' Theorie des Bonapartismus enthält: Nicos Poulantzas, *Politische Macht und gesellschaftliche Klassen,* Frankfurt/M. o. J.

16 Marx, Engels, *Selected Correspondence,* Moskau 1965, S. 214.

17 Karl Marx, *Der achtzehnte Brumaire des Louis Bonaparte,* MEW Bd. 8, S. 111–207; hier Seite 197.

18 L. K. Karanjia (*The Mind of a Monarch,* London 1977, S. 236) berichtet, der Schah hoffe auf eine »Neubelebung der großen arischen Zivilisation«, wie sie in den Tagen des Kaisers Kyros bestand. Im Dritten Reich wurden in Deutschland ansässige Iraner offiziell als »Arier« eingestuft und durften deutsche Bürger heiraten.

19 Siehe Poulantzas, *Faschismus und Diktatur,* für eine Darstellung dieser Beziehungen.

20 Zonis a. a. O., S. 329–30.

21 Interview mit Oriana Fallaci in *New Republic,* 1. Dezember 1973, S. 16.

22 Siehe beispielsweise: E. A. Bayne, *Persian Kingship in Transition,* New York 1968, S. 29 ff. »Das Protokoll der Versammlung ist streng. Der Monarch spricht *ex cathedra,* er gebraucht durchgängig das königliche ›wir‹, und seine Minister entbieten ihr *salâm* in höfischer Förmlichkeit und reden den Monarchen in einem gewundenen, respektvollen Farsi an.«

Kapitel 4 – Die Streitkräfte und SAVAK

1 Zur Frühgeschichte und zum allgemeinen Charakter der Streitkräfte siehe: J. C. Hurewitz, *Middle East Politics: the Military Dimension,* London 1969, Kap. 15; Ahmad Salamatian, *Historique du rôle politique de l'armée en Iran,* Universität Paris, Dissertation 1970; Marvin Zonis, *The Political Élite of Iran,* S. 102–16.

2 Zonis a. a. O., S. 66.

3 Richard Cottam in: *New Perspectives on the Persian Gulf,* Washington 1973, S. 135.

4 *Newsweek,* 21. Mai 1973.

5 *Financial Times,* 28. Juli 1975.

6 Zitiert nach: David Horowitz, *From Yalta to Vietnam,* London 1966, S. 190.

7 Diese Liste basiert auf der von James Alban Bill (*The Politics of Iran,* S. 42–43).

8 Der vollständige Text ist abgedruckt in: *Human Rights and the Legal System in Iran,* Internationale Juristenkommission, Genf 1976, S. 32–33.

9 *Newsweek,* 14. Oktober 1974.

10 *Iran News and Documents,* Ministry of Information, Teheran, 12. April 1971.

11 *Newsweek,* 14. Oktober 1974.

12 *Washington Post,* 26. Oktober 1976.

13 Der Schah in der *New York Times,* 22. Oktober 1976; Sabeti ebd., 29. Mai 1976.

14 Amnesty International, *Annual Report 1974–1975,* S. 8.

15 Bericht der Internationalen Juristenkommission, siehe Anm. 8; *Amnesty International Briefing, Iran,* November 1976.

16 Amnesty a. a. O. (Anm. 15), S. 7.

17 *The Times,* 9. Juni 1977.

18 Amnesty a. a. O. (Anm. 15), S. 6.

19 Ebd., S. 8.

20 *Sunday Times,* 19. Januar 1975.

21 Ashraf Dehqani, *Torture and Resistance in Iran,* Iran Committee Publication, London 1977.

22 Reza Baraheni, *God's Shadow,* Bloomington/Indiana 1976.

23 Amnesty, a. a. O. (Anm. 15), S. 9.

24 *New York Times,* 29. Mai 1976.

25 Alfred Atherton, stellvertretender Sekretär für die Angelegenheiten des Nahen

Ostens und Südasiens, in: *Department of State News Release,* 8. September 1976.
26 Theodore Sorensen, *Kennedy,* New York 1965, S. 628.
27 *Guardian,* 20. Oktober 1976, 4. Januar 1977.
28 Für Details der inneren Probleme in Zusammenhang mit dem US-Waffenprogramm siehe als äußerst informative Quelle: *US Military Sales to Iran,* Staff Report to the Subcommittee on Foreign Assistance of the Committee on Foreign Relations, United States Senate, Juli 1976.
29 *Washington Post,* 13. Mai 1977.
30 Für Einzelheiten siehe: *Multinational Corporations and United States Foreign Policy,* Hearings before the Subcommittee on Multinational Corporations of the Committee on Foreign Relations, United States Senate, 1975. Eine Zusammenfassung der Vorwürfe gegen Khatami und Shahram steht in: Anthony Sampson, *The Arms Bazaar,* London 1977, S. 241ff.
31 Einzelheiten über Ibex im *Guardian,* 4. Januar 1977.

Kapitel 5 – Landwirtschaftliche Entwicklung

1 Über die Landreform ist wahrscheinlich mehr geschrieben worden als über irgendeinen anderen Aspekt der neueren sozio-ökonomischen Entwicklung im Iran außer dem Erdöl. Für eine Zusammenstellung ausgewählter Quellen hierzu siehe die Bibliographie weiter unten.
2 W. I. Lenin, *Die Entwicklung des Kapitalismus in Rußland,* Berlin 1956. (Werke. Bd. 3).
3 *Employment and Income Policies for Iran,* ILO, Genf 1973, S. 40.
4 Nikki Keddie, »The Iranian Village before and after Land Reform«, in: H. Bernstein, *Development and Underdevelopment,* Harmondsworth 1973.
5 *Khosh-neshin,* wörtlich »Gut-Sitzer«, ist ein vager Terminus, der sich sowohl auf diejenigen bezieht, die Gelegenheitsarbeiten verrichten, als auch auf die Minderheit derjenigen Dorfbewohner, die – wie Händler und Handwerker – nicht den Boden bearbeiten. Doch die große Mehrheit gehört zur ersten, armen Kategorie. Siehe: Eric Hoogland, »The *Khwushnishin* Population of Iran«, *Iranian Studies,* Bd. VI, Nr. 4, Herbst 1973.
6 Keddie a. a. O., S. 157ff.
7 Eric Hobsbawm, »Peasants and Politics«, *Journal of Peasant Studies,* Bd. 1, Nr. 1, Oktober 1973.
8 Siehe den Artikel »The Non-Revolutionary Peasantry of Modern Iran« von Farhad Kazemi und Ervand Abrahamian. Sie schreiben (S. 4, Anm. 3): »In den turbulenten Perioden von 1946 und 1963 berichtete die iranische Presse nur von 22 Fällen von Bauernprotesten. Von diesen 22 waren 8 friedliche Demonstrationen in Moscheen, 4 betrafen rivalisierende Dörfer, und nur bei 10 Protesten ging es um eine direkte Herausforderung von Grundeigentümern.«
9 Der Hintergrund der Reform ist dargestellt in: Anne Lambton, *The Persian Land Reform,* London 1966.
10 Keddie a. a. O., S. 165, Anm.
11 Einzelheiten aus: D. R. Denman, *The Kings's Vista,* London 1973.
12 Helmut Richards, »Land Reform and Agri-business in Iran«, *Middle East Report and Information Project* (MERIP), Nr. 43.
13 *Financial Times,* 28. Juli 1975.
14 MERIP a. a. O. und *Financial Times,* 21. Oktober 1976.
15 Keddie a. a. O., S. 162.
16 Denman, a. a. O., S. 165.
17 Imperial Organisation of Social Services, »Report of the Commission on the Study of Health and Medical Problems«, ^{2}1975, S. 1.
18 Paul Vieille, »Les paysans, la petite bourgeoisie et l'état après la reforme agraire en Iran«, *Annales,* Nr. 2, S. 27.
19 Über Arsanjani siehe Lambton a. a. O. und Marvin Zonis, *The Political Élite of*

Iran, S. 53–60. Denman bringt es fertig, sein Buch über die Landreform zu schreiben, ohne Arsanjani auch nur einmal zu erwähnen: eine Unterlassung, die die ganz allgemein unkritische Haltung des Autors gegenüber der iranischen Regierungspolitik zeigt.

20 Peter Dorner, *Land Reform and Economic Development,* Harmondsworth 1972, S. 16–17.

21 *Financial Times,* 28. Juli 1975.

22 *Economist,* »A Survey of Iran«, 28. August 1976, S. 40, 43.

23 Die zukünftige Abhängigkeit des Iran von Nahrungsmittelimporten wird einen wichtigen Teil seiner Außenwirtschaftsbeziehungen ausmachen und kann mit dazu beitragen, daß er in benachbarten Ländern (Pakistan, Afghanistan, vielleicht Oman) eingreift, um sicherzustellen, daß die Wirtschaftspolitik in diesen Ländern den Bedürfnissen der iranischen entspricht.

24 Vieille a. a. O. enthält eine detaillierte Diskussion der Verteilung von Krediten.

25 Dorner a. a. O., S. 92–93. Die UN hat geschätzt, daß zwischen 1970 und 2000 die städtische Bevölkerung der weniger entwickelten Länder um 242% zunehmen wird.

26 Informationen über die sich vertiefende Kluft bei den Einkommen in einem bestimmten Dorf nach der Landreform gibt Nico Kielstra in seiner Arbeit *Ecology and Community in Iran* (Amsterdam 1975). Vor der Landreform verdienten die drei führenden Familien im Dorfe 25% des Gesamteinkommens, die 42 Kleinbauern 48% und die 56 landlosen Familien 27%. Nach der Landreform und der Einführung von Opium als für den Verkauf bestimmter Feldfrucht lagen die entsprechenden Zahlen bei 42, 47 und 11% (S. 250).

27 Robert Looney, *The Economic Development of Iran,* London 1973, S. 9.

28 Denman a. a. O., S. 171.

29 Ebd., S. 159.

30 Samuel P. Huntingdon, zitiert nach: L. McCoy, »Land Reform as Counterrevolution«, *Bulletin of Concerned Asian Scholars,* Bd. 3, Nr. 1, Winter/Frühjahr 1971, S. 115.

31 Über Japan: McCoy ebd.; über Ägypten: Robert Mabro, *The Egyptian Economy 1952–1972,* Oxford 1974, Kap. 4 (Land Reform).

32 Terry Byers, »Land Reform, Industrialization and the Marketed Surplus in India«, in: David Lehmann (ed.), *Agrarian Reform and Agrarian Reformism,* London 1974, S. 248.

33 Hossein Mahdavy, zitiert nach: Keddie a. a. O., S. 162–63.

34 Vieille a. a. O.

Kapitel 6 – Erdöl und Industrialisierung

1 Siehe: Hossein Mahdavy, »Patterns and Problems of Economic Development in Rentier States: The Case of Iran«, in: M. A. Cook (ed.), *Studies in the Economic History of the Middle East,* London 1970, und William H. Bartsch, »The Impact of the Oil Industry on the Economy of Iran«, in: Raymond Mikesell (ed.), *Foreign Investment in the Petroleum and Mineral Industries,* London 1971.

2 Auf die lange und umstrittene Geschichte der iranischen Erdölindustrie bin ich absichtlich nicht eingegangen. Eine detaillierte Untersuchung findet sich in: Fereidun Fesharaki, *The Development of the Iranian Oil Industry,* New York 1976.

3 Die Geschichte der Auseinandersetzung über das Erdöl beschreibt: L. P. Elwell-Sutton, *Persian Oil: a Study in Power Politics,* London 1955.

4 Die Rolle des Iran in der OPEC bis 1974 diskutiert: Joe Stork, *Middle East Oil and the Energy Crisis,* New York 1975.

5 *Petroleum Economist,* Juli 1976.

6 *Iran: Past, Present and Future,* herausgegeben vom Aspen Institute, New York 1976, S. 100.

7 Robert E. Looney, *The Economic Development of Iran,* London 1973, S. 9.

8 Bharier a. a. O., S. 184. Hier bestehen offensichtliche Parallelen zu dem Wachstum

der Industrie in Lateinamerika in der Wirtschaftkrise und im 2. Weltkrieg; auch hier wurden vorher bestehende Verbindungen im Bereich des Außenhandels und der Investitionen unterbrochen, was die einheimische Industrie stimulierte.

9 An der Teheraner Börse dominieren Banken und Bankaktien: Von den 1976 hier tätigen 24 Börsenmaklern sind 19 Vertreter einer Bank, und von allen Aktien, die zwischen März und Oktober gehandelt wurden, waren 4461071 Bankaktien und nur 377459 Industrieaktien (*Kayhan International Weekly,* 16. Oktober 1976).

10 Für Hintergrundinformationen siehe: Ahmad Ashraf, »Historical Obstacles to the Development of a Bourgeoisie in Iran«, in: Cook a. a. O.

11 Ein Beispiel für eine Organisation, die ihren Ursprung im Basar hat, ist die Behshahr-Gruppe. Sie fing 1944 als Handelsgesellschaft an und bestand 1976 aus 22 verschiedenen Gesellschaften und 9 Beteiligungen mit Interessen in den Bereichen Textilien, Konsumgüter, Handel und Bankwesen. Doch dieses Unternehmen, eine der bedeutendsten Gruppen in der Industrie, konzentrierte sich noch immer auf die Leichtindustrie und auf finanzielle Dienstleistungen und beschäftigte nur 9000 Menschen.

12 1974 wurde CAPFI in Iran Investment and Economic Technical Assistance Organisation umbenannt und an das Wirtschafts- und Finanzministerium angegliedert.

13 Siehe zum Beispiel: »State a Barrier to Investment«, *Financial Times,* 25. Juli 1977.

14 Die Reifenfirma B. T. Goodrich, die seit 1959 im Iran produzierte, verkaufte 1976 ihre 46%-Beteiligung, nachdem sie 2 Jahre hintereinander Verluste gemacht hatte: Sie beklagte sich unter anderem über eine Steigerung der Lohnkosten um 73%, der Kosten für Rohmaterialien um 30% – wobei die Regierung die Preise kontrollierte – sowie über Auseinandersetzungen wegen des Arbeiteraktienprogramms und über Transportprobleme (*Economist,* 26. Juni 1976).

15 Looney a. a. O., S. 88.

16 *Investitionen im Iran,* Bundesstelle für Außenhandelsinformation, Köln 1974, S. 3, zitiert nach: U. Albrecht, D. Ernst, P. Lock und H. Wulf, *Rüstung und Unterentwicklung,* Hamburg 1976, S. 97.

17 *Financial Times,* 21. Oktober 1976.

18 Eric Rouleau, in *Le Monde,* 3.–4. Oktober 1976. 1977 kostete in Teheran eine gewöhnliche Wohnung mit vier Schlafzimmern 1200 bis 2000 DM im Monat (*The Times,* 6. Mai 1977).

19 *International Herald Tribune,* 5. Juni 1975.

20 Looney a. a. O., S. 30, und Rouleau ebd.

21 *Iran: Past, Present and Future,* S. 90–91.

22 *Iran, Oil Money and the Ambitions of a Nation,* Hudson Institute, Paris 1974.

23 *The Times,* 24. März 1976. Venezuela hat ebenso wie der Iran einen Überschuß von Ungelernten und einen Mangel an Facharbeitern; auch hier finden sich übermäßige Zentralisierung und andere Merkmale einer auf Erdöl beruhenden Entwicklung.

24 *Iran, Oil Money and the Ambitions of a Nation,* S. 7.

25 Bill Warren, »Imperialism and Capitalist Industrialization«, *New Left Review,* Nr. 81, September–Oktober 1973.

26 Ebd., S. 42.

Kapitel 7 – Die Arbeiterklasse

1 Bharier a. a. O., Kap. 2 (Human Resources); *Employment and Income Policies for Iran,* ILO, Genf 1973, Kap. 2 (Employment Situation).

2 Für eine allgemeine Diskussion, aus der sich viele Folgerungen für den Iran ergeben, siehe: David Turnham, *The Employment Problem in Less Developed Countries,* OECD, Paris 1974.

3 In seinem Buch *Classes in Contemporary Capitalism* (London 1975) hat Nicos Poulantzas den Stellenwert dieses Problems für die Analyse und für eine sozialistische Strategie in den fortgeschrittenen kapitalistischen Ländern untersucht: Seine Betonung der Notwendigkeit von Klassenbündnissen, die nicht gleichzeitig den Unter-

schied zwischen dem Proletariat und seinen Verbündeten verwischen, gilt ebenso für die kapitalistischen Entwicklungsländer. Andererseits entbehrt die These, die mit Fanon in Verbindung gebracht wird, daß die Industriearbeiterklasse in der Dritten Welt keine revolutionäre Klasse sei, jeder Grundlage.

4 Die zersplitterte ethnische Situation im Iran (siehe S. 22) fügt dieser Frage der Unterteilungen innerhalb des Proletariats offensichtlich noch eine weitere Dimension hinzu. Ein klassisches Beispiel hierfür ereignete sich 1945–46 in den Ölfeldern, als die AIOC versuchte, arabische gegen die anderen Arbeiter zu mobilisieren.

5 Die hier genannten Zahlen beziehen sich auf die Gesamtzahl der Beschäftigten in diesen Wirtschaftszweigen: es sind daher nicht alles Arbeiter. Wir haben zu wenig Informationen, um Lohnabhängige von Gehaltsempfängern und Selbständigen zu trennen, aber die große Mehrheit fällt eindeutig in die erste Kategorie.

6 Charles Issawi, *The Economic History of Iran 1800–1914,* London 1971, S. 48–49.

7 Iranpour Djazani, *Wirtschaft und Bevölkerung in Khuzistan und ihr Wandel unter dem Einfluß des Erdöls,* Tübingen 1963, S. 94 ff.

8 Eine Einführung in die inneren Verhältnisse der Erdölgesellschaften ist: L. P. Elwell-Sutton, *Persian Oil: a Study in Power Politics.* Kap. 8 diskutiert die Arbeitsbedingungen und enthält eine Kritik des ziemlich wohlwollenden ILO-Berichts *(Labour Conditions in the Oil Industry in Iran,* Genf 1950).

9 Ich habe dieses Problem in »Labour Migration and the Formation of the Working Class in the Oil Producing States of the Middle East« (erschienen in: MERIP Report Nr. 59, August 1977) genauer untersucht.

10 ILO, *Employment and Income Policies for Iran,* und William Bartsch, »The Industrial Labour Force of Iran: Problems of Recruitment, Training and Productivity«, *Middle East Journal,* Winter 1971.

11 Die Regierung hoffte, bis zum Ende des Fünften Plans, d. h. bis 1977, 200 000 neue Techniker und 600 000 neue gelernte und angelernte Arbeiter produziert zu haben. Dieses Ziel ist sicherlich nicht erreicht worden; die Arbeitskräfteexperten sind sich jedoch uneinig, wie weit der Iran hinter seinem Bedarf an Arbeitskräften zurück ist. Bartsch a. a. O. gibt eine »pessimistische« Einschätzung, der von Walter Elkan (»Employment, Education, Training and Skilled Labour in Iran«, *Middle East Journal,* Frühjahr 1977) widersprochen wird.

12 *Le Monde,* 6. Oktober 1976.

13 Bartsch a. a. O., S. 27, Anm. 48.

14 ILO, *Employment and Income Policies for Iran,* S. 46.

15 Mohammad Hemmasi, *Migration in Iran,* Shiraz 1974, S. 63.

16 John Connell, »Tehran: Urbanisation and Development«, Institute of Development Studies Discussion Paper, Nr. 32, September 1973, S. 17.

17 ILO, *Employment and Income Policies for Iran,* und P. Sen Gupta, »The Problem of Employment and Unemployment in Iran«, Mission Working Paper Nr. 1; das letztere ist ein unveröffentlichter Aufsatz, der von der ersteren Veröffentlichung herangezogen wird.

18 *Le Monde Diplomatique,* Mai 1975, S. 22. Die Angaben stammen aus einer unveröffentlichten Untersuchung, die mit Unterstützung des Maclin Institute und der Stanford University von der Plan- und Haushaltsorganisation durchgeführt wurde.

19 Angaben für diesen Abschnitt aus: M. Sedghi, Ahmad Ashraf, »The Role of Women in Iranian Development«, in: *Iran: Past, Present, Future,* New York 1976, und: ILO, *Employment and Income Policies for Iran.*

20 *Le Monde Diplomatique* a. a. O. Äußerst dankbar bin ich auch Professor Fereidun Firoozi für seine Erlaubnis, seinen unveröffentlichten Artikel »Profit-Sharing in Iran« zu benutzen.

21 *Financial Times,* 28. Juli 1975.

22 *US Military Sales to Iran,* US Senate Subcommittee on Foreign Assistance of the Committee on Foreign Relations, Juli 1976. S. 33.

23 Nach einer Schätzung gab es 1974 400 Südkoreaner, die im Golfgebiet arbeiteten; bis 1980 werden es 240 000 sein. Viele arbeiten für japanische oder in japanischem Besitz befindliche Baufirmen, die im Rahmen ihrer Vereinbarungen mit den einzel-

nen Regierungen Arbeitskräfte mitbringen. Das geschah schon in Vietnam, wo eine größere Zahl von US-Stützpunkten auf diese Weise von koreanischen Kontraktarbeitern gebaut wurde.

24 Über diese frühe Periode siehe: Ervand Abrahamian, »The Crowd in Iranian Politics«, *Past and Present,* Dezember 1968.

25 Schapour Ravasani, *Sowjetrepublik Gilan,* Berlin o. J., S. 221 ff.

26 Die detaillierteste Diskussion der Gewerkschaftsbewegung in dieser Zeit enthält: Ervand Abrahamian, »The Social Bases of Iranian Politics: The Tudeh Party, 1941–1953«, Ph. D.-Dissertation, Columbia 1969. Die hier verwendeten Informationen sind hauptsächlich Abrahamians detaillierten Untersuchungen in Kapitel 8 entnommen. Ich habe auch den unveröffentlichen Aufsatz »Labour and Trades Unions in Iran« von Fereidun Firoozi herangezogen.

27 Reza Rusta wurde als Sohn einer Bauernfamilie in einem Azari-sprachigen Dorf in Gilan geboren. Er ging in Rasht zur Schule und half bei der Organisierung lokaler Gewerkschaften für Schuhmacher, Schmiede und Bauarbeiter. Nachdem er zwischen 1923 und 1925 in der Sowjetunion studiert hatte, kehrte er in seine Heimat zurück und arbeitete bis zu seiner Verhaftung 1931 im Untergrund. Als 1941 wieder Gewerkschaftsaktivitäten möglich wurden, war er für die Leitung der neuen Bewegung ideal geeignet (Abrahamian a. a. O.). Er starb 1966 im Exil.

28 Elwell-Sutton a. a. O. beschreibt die Arbeiterbewegung auf den Erdölfeldern bis 1953.

29 In *Faschismus und Diktatur* (München 1973, Teil 4) hat Nicos Poulantzas die Politik des deutschen und des italienischen faschistischen Staates gegenüber der Arbeiterklasse analysiert und dabei vor allem folgende Aspekte betont: die Verstärkung von Lohnunterschieden zwischen gelernten und ungelernten Arbeitern, die Verwendung einer pseudoantikapitalistischen Rhetorik und die Mobilisierung von Arbeitern in Organisationen wie der Arbeiterfront in Deutschland und den korporatistischen Gewerkschaften in Italien. Er arbeitet auch die spezifische Rolle der SS heraus, die die Gewerkschaften als Instrument benutzte, um Unterstützung für das Regime zu gewinnen (S. 195), ähnlich wie die SAVAK im Iran.

30 J. de Givry, J. Scoville, »Labour Legislation, Practice and Policy«, ILO Mission Paper Nr. IX, S. 20.

31 Die Rolle der SAVAK wird in einem Bericht des US-Arbeitsministeriums hervorgehoben: *Labour Law and Practice in Iran,* BLS Report Nr. 276, 1964, S. 28.

32 T. Jalil, *Workers of Iran: Repression and the Fight for Democratic Trades Unions,* London 1976, S. 39. Für die besser ausgebildeten Arbeiter können die Barzuwendungen und anderen Prämien bis zu 40 oder sogar 50% der gesamten Entlohnung ausmachen. Man weiß, daß Geldprämien und Gewinne 30% des Gesamteinkommens der Arbeiter ausmachten; aber das gilt nur für einen kleinen Prozentsatz der gesamten Arbeiterschaft.

33 Zonis a. a. O., S. 93–94. Zonis beschreibt auch im Detail die Rolle der Lehrergewerkschaft bei den Unruhen der frühen 60er Jahre.

34 Die allgemeine *Tatsache,* daß die Streikaktivitäten zugenommen haben, wird durch eine Reihe von Berichten in der westlichen Presse bezeugt (z. B. *Le Monde,* 5. Oktober 1976). Die Einzelheiten hier stammen aus einer Anzahl oppositioneller Veröffentlichungen einschließlich Jalil a. a. O. sowie aus Veröffentlichungen der Tudeh-Partei.

35 *Tehran Economist,* 22. Mai 1976.

Kapitel 8 – Die Opposition

1 Es ist so gut wie sicher, daß die neun politischen Gefangenen, die nach offizieller Lesart Anfang 1975 »bei einem Fluchtversuch erschossen« wurden, bei Folterungen getötet worden sind. Doch es gibt noch viele andere, bei denen nachhaltige Zweifel hinsichtlich der offiziellen Darstellung ihres Todes bestehen, ohne daß eine klare

Antwort gegeben werden könnte. Samad Behrangi war ein bekannter Kinderbuchautor, der 1968 beim Schwimmen im Fluß Aras ertrunken sein soll. Doch Behrangi war ein guter Schwimmer; außerdem war bekannt, daß er sich für sprachliche und kulturelle Rechte für die türkische Bevölkerung des Iran eingesetzt hatte. Der bedeutende Schriftsteller Jalal Al-i Ahmad, der die vulgarisierte westliche Kultur und die Neureichen im Iran gegeißelt hat, soll 1974 plötzlich in seinem Landhaus in der Nähe des Kaspischen Meeres gestorben sein. Doch er war erst 46, und Freunde meinten, er sei noch wenige Tage zuvor bei bester Gesundheit gewesen. Dazu kommt, daß SAVAK die von seiner Familie getroffenen Vorbereitungen für das Begräbnis absagte und eine sofortige Beerdigung anordnete (diese Information von Reza Baraheni). Ein weiterer Fall ist der des Ringmeisters Gholamreza Takhti, der eine populäre Persönlichkeit und ein Anhänger der Nationalen Front war; 1966 schränkte die Polizei seine Bewegungsfreiheit ein, und kurz darauf starb er. Obwohl offiziell erklärt wurde, er hätte einen Herzanfall gehabt, nahmen Tausende von Menschen, die überzeugt waren, daß er ermordet worden sei, an seiner Beerdigung teil. Auch um den plötzlichen Tod von Personen in den höheren Rängen des Regimes ranken sich Zweifel. Dr. Hassan Arsanjani, der Landwirtschaftsminister, der 1953 vom Schah entlassen wurde und später als Botschafter nach Rom ins Exil geschickt wurde, starb 1969, wie es hieß, an einem Herzanfall; Arsanjani kann tatsächlich daran gestorben sein, aber es ist auch bekannt, daß er trotz seiner Entlassung dem Regime weiter kritisch gegenüberstand und daß viele auf ihn hörten. Oder man nehme den Fall von Nasser Amiri, dem Leiter der Mardom-Partei, der Ende 1974 vom Schah entlassen worden war, weil er das Regime kritisiert hatte: Ein paar Monate später starb er, anscheinend bei einem Autounfall. In all diesen Fällen ebenso wie in vielen anderen bleibt ein Rest von Zweifel bestehen.

2 *Iran Research,* Bulletin Nr. 8, London, Januar 1975.

3 *Iran People's Struggle,* Bd. 1, Nr. 3, New York, Juli 1975.

4 Eric Hoogland, »The *Khwushnishin* Population of Iran«, *Iranian Studies,* Herbst 1973.

5 Farhad Kazemi, Ervand Abrahamian, »The Non-Revolutionary Peasantry of Iran« (unpublizierter Aufsatz, 1976).

6 *Iran People's Struggle,* Bd. 2, Nr. 3, New York, Oktober 1976.

7 Ich habe hier Javid Sadiq, »Nationalities and Revolution in Iran« (englisches Manuskript, New York 1976), herangezogen.

8 Zonis a. a. O., S. 179–180.

9 Siehe Sadiq a. a. O. und: Ervand Abrahamian, »Communism and Communalism in Iran: the *Tudah* and the *Firqah-i Dimukrat*«, *International Journal of Middle Eastern Studies,* Bd. 1, 1970.

10 *Iran: Chronique de la repression 1963–1974,* Paris 1975. S. 90.

11 James Bill, *The Politics of Iran,* Columbus/Ohio 1973, S. 90; *Kayhan International Weekly Edition,* 2. Juli 1977.

12 Bill a. a. O., S. 78 ff., gibt hierzu interessante Erläuterungen. Die Anzahl der Universitätsstudenten im Iran ist von 10000 im Jahre 1953/54 auf 67000 1970 und auf 170000 1976/77 gestiegen.

13 Bill a. a. O., S. 76.

14 Sadegh Hedayat, *Buf-e kur* (Die blinde Eule), Teheran 1941, S. 1.

15 *Al Horria,* Beirut, Nr. 411, 6. Mai 1968.

16 *Documents of the Third Congress of the Kurdistan Democratic Party – Iran,* Stockholm 1974.

17 Siehe beispielsweise: *Al-Dhikri al-Thamana wa al-Arbaun l'Ihtilal al-Ahvaz,* herausgegeben von Al-Jabha al-Sha'abia l-Tahrir al-Ahvaz, Baghdad 1974.

18 Sepehr Zabih, *The Communist Movement in Iran,* Berkeley, Los Angeles 1966, S. 239.

19 *Yearbook of International Communist Affairs,* Hoover Institution, Stanford.

20 Erklärung von Alfred Atherton, Stellvertretender Sekretär für die Angelegenheiten des Nahen Ostens und Südasiens, vor dem Sub-committee on International Organisations of the House International Relations Committee, 8. September 1976.

21 Siehe Anm. 9.
22 Zabih a. a. O., S. 220–221.
23 Nureddin Kianuri »Alignment of Class Forces at the Democratic Stage of the Revolution«, *World Marxist Review,* Februar 1976.
24 Zabih a. a. O., S. 240 ff.
25 Außer den beiden schon erwähnten prochinesischen Gruppen (S. 218) gab es noch die folgenden: die »Palästina«-Aktivistengruppe unter der Führung von Shokrallah Paknejad, die 1970 verhaftet wurde, als sie versuchte, die Grenze zum Irak zu überqueren, um zu den palästinensischen Guerillas zu gehen; 34 Menschen, die im Februar 1970 verhaftet und beschuldigt wurden, zu einer Gruppe namens Muslimnation Iran zu gehören; und die Gruppe »Sache des Volkes« *(Ârmân-e khalgh),* deren Mitglieder anscheinend alle 1971 verhaftet wurden, bevor sie militärische Aktivitäten aufnahmen. Darüber hinaus gab es fast mit Sicherheit noch andere Gruppen.
26 *Iran Research,* Nr. 1, Juni 1972.
27 *Biography of Said Mohsin,* veröffentlicht von Liberation Movement of Iran, Abroad, Januar 1976, S. 5.
28 *The Life of Hamid Ashraf,* London 1977.
29 Einzelheiten über Guerillaaktivitäten aus: *Iran Research, Iran People's Struggle* sowie anderen Exilpublikationen.
30 Der Text von Pouyan erschien als »Iran: the Struggle within«, herausgegeben von Support Committee for the Iranian People's Struggle, New York 1975; Ahmadzadeh kam 1976 in einer Veröffentlichung derselben Gruppe heraus; Farahanis Text publizierte die Iran Research Group (London 1973); Jazani brachte das Iran Committee (London 1976) heraus.
31 Farahani a. a. O., S. 55–61; Pouyan a. a. O., S. 28; Ahmadzadeh a. a. O., S. 2.
32 Jazani a. a. O., S. 39; Ahmadzadeh a. a. O., S. 28–29; Farahani a. a. O., S. 47.
33 Farahani a. a. O., S. 62–63; Pouyan a. a. O., S. 24; Ahmadzadeh a. a. O., S. 34.
34 Eine ausgezeichnete Kritik dieser Theorie gibt Joao Quartim in seinem Artikel »Régis Debray and the Brazilian Revolution« *(New Left Review,* Nr. 59, Januar/Februar 1970) sowie in *Dictatorship and Armed Struggle in Brazil* (London 1970), besonders S. 168–176. Ich habe seine Argumente hier verwendet.
35 Ahmadzadeh a. a. O., S. 30–31, 40; Farahani a. a. O., S. 64.
36 Pouyan a. a. O., S. 25.
37 Farahani a. a. O., S. 69.
38 Ahmadzadeh a. a. O., S. 34–35.
39 Jazani a. a. O., S. 63.

Kapitel 9 – Auswärtige Beziehungen

1 Diese Politik wurde erstmals im Juli 1969 von Präsident Nixon in einer Rede auf der Pazifikinsel Guam verkündet. Dem damaligen Verteidigungsminister zufolge bedeutet die Politik folgendes: »Jeder Partner tut das Seine und trägt nach besten Kräften zur gemeinsamen Anstrengung bei. In der Mehrzahl der Fälle bedeutet das, daß einheimisches Personal mit Hilfe von Material, Ausbildung, Technologie und Spezialkenntnissen, die die Vereinigten Staaten zur Verfügung stellen, zu bestens ausgerüsteten und gut ausgebildeten Streitkräften organisiert wird« (zitiert nach: Virginia Brodine, Mark Selden, *Open Secret: the Kissinger-Nixon Doctrine in Asia,* New York 1972, S. 103).
2 Shahram Chubin, Sepehr Zabih, *The Foreign Relations of Iran,* Berkeley, Los Angeles 1974, S. 10.
3 Ebd., S. 101.
4 Das von John Ehrlichman, einem früheren Berater Nixons, geschriebene Buch *The Company* (London 1976; später in einer Fernsehfassung unter dem Titel *Washington: behind Closed Doors)* enthält in Romanform eine Darstellung der Beziehungen zwischen Nixon, dem Schah und Helms.

5 Diese Information verdanke ich Winslow Peck, einem früheren Angestellten der Nationalen Sicherheitsbehörde der USA.

6 *The Persian Gulf, 1974: Money, Politics, Arms, and Power,* House of Representatives, Hearing before the Sub-committee on the Near East and South Asia, Washington 1975, S. 122.

7 Für eine Analyse sowjetischer Politik, die nicht unter dem Eindruck einer Kalte-Kriegs-Psychose steht, siehe die Untersuchung eines Beamten im Britischen Außenministerium John Edmonds, *Soviet Foreign Policy, 1962–1973,* Oxford 1975.

8 Über die Republik Gilan siehe: Sepehr Zabih, *The Communist Movement in Iran,* und Schapour Ravasani, *Sowjetrepublik Gilan,* Berlin o. J.

9 *New York Times,* 15. Juni 1946.

10 Siehe Anmerkung 3.

11 *Le Monde,* 8. November 1972.

12 BBC Summary of World Broadcasts, Teil 4, 18. Juni 1973.

13 Pahlavi a. a. O., S. 316.

14 BBC Summary of World Broadcasts, Teil 5, 3. September 1953.

15 *Peking Review,* 15. Juli 1966.

16 *The Kurds,* Minority Rights Group Report Nr. 23, London 1975, S. 21.

17 Zu Lieferungen russischer Ausrüstung über Israel und den Iran siehe: *New Perspectives on the Persian Golf,* House of Representatives, Hearings before the Subcommittee on the Near East and South Asia, Washington 1973, S. 205.

18 John Duke Anthony, *Arab States of the Lower Gulf,* Washington 1975, S. 28.

19 *The Times* (9. Dezember 1975) und der *Observer* (15. Mai 1977) berichten über Einsatzflüge der Iraner an der Grenze zwischen Oman und Südjemen.

20 Über das militärische Gleichgewicht zwischen dem Iran und dem Irak siehe: Dale R. Tahtinen, *Arms in the Persian Gulf,* Washington 1975.

21 Alle Zitate in diesem Abschnitt aus: House of Representatives, Select Committee on Intelligence Report vom 19. Januar 1976, erschienen als Sonderbeilage der Zeitschrift *Village Voice* im Februar 1976. Der Bericht wurde später von Russell Press, Nottingham, in Buchform veröffentlicht.

22 1975 gab es Berichte, der Iran würde der Palästinensischen Befreiungsorganisation gestatten, ein Büro in Teheran zu eröffnen, und Yasir Arafat gab dem iranischen Fernsehen ein Interview, in dem er die Rolle des Schahs im Mittleren Osten lobte. Da die iranische Regierung aber immer noch befürchtete, es gäbe Kontakte zwischen iranischen Guerillas und einigen Teilen der palästinensischen Bewegung, wurde die Erlaubnis für die Eröffnung des Büros dann doch nicht erteilt.

23 Einzelheiten über die Beziehungen des Iran zu Israel aus: Robert Reppa, *Iran and Israel,* New York 1974.

24 E. A. Bayne, *Persian Kingship in Transition,* New York 1968, S. 212.

25 *Newsweek,* 14. Oktober 1974.

26 Über die Erdölverbindungen des Iran zu Israel siehe die *Sunday Times* vom 13. Dezember 1970; über die Festlegung auf Israel im Jahre 1975 siehe den *Guardian* vom 10. Oktober 1975.

27 Die japanische Außenpolitik und die Wirtschaftsbeziehungen Japans zu den übrigen Fernostländern analysieren: Gaban McCormack, Jon Halliday, *Japanese Imperialism today,* London 1972.

28 Unter anderem von Feroz Ahmed in *Pakistan Forum,* März/April 1973, und von mir selbst in: *Arabia without Sultans,* London 1974, Kap. 14. Die Theorie des »Subimperialismus« wird dargestellt in: Ruy Mauro Marini, »Brazilian Sub-Imperialism«, *Monthly Review,* Februar 1972, und noch detaillierter in: ders., *Subdesarrollo y revolución,* Mexico City [5]1974, Kap. 1 und 2.

Kapitel 10 – Schlußfolgerungen

1 *New Perspectives on the Persian Gulf,* S. 137 (Aussage von Richard Cottam).

2 *Kayhan International Weekly,* 21. Mai 1978.

3 *Le Monde,* 12. September 1978.
4 *New York Times,* 26. September 1976; MERIP Report Nr. 40, September 1975.
5 *Afrique-Asie,* Nr 170, 18. September 1978.
6 Interview mit Khomeini in *Le Monde,* 6. Mai 1978; Zusammenfassung in: MERIP Report Nr. 69, Juli/August 1978; Interview mit Shariat Madari in *Libération (Paris), 12. Mai 1978.*
7 Vgl. dazu die vergleichende Analyse von Nicos Poulantzas, *The Crisis of Dictatorships,* London 1976.

Nachwort

1 Zitiert nach der von J. P. Mayer besorgten Ausgabe Bremen (Sammlung Dieterich), o. J. (1959), S. 219.
2 Harald Vocke, »Nach den beiden Pahlewis«, in: *Frankfurter Allgemeine Zeitung,* 18. 1. 1979, S. 1. – Das »dennoch« bezieht sich auf Vockes Vorsatz: »Die politischen Gehilfen des Ajatollah Chomeini sind keine Barbaren«.
3 Für die Ernsthaftigkeit dieser Information bürgt die Quelle: *Aviation Week & Space Technology,* das Stammblatt der US-Luftfahrtindustrie (Alton K. Marsh, »U. S., prepares Iranian Contingencies«, Ausgabe vom 18. 12. 1978, S. 11).
4 Zitiert aus: The Persian Gulf 1974: *Money, Politics, Arms, and Power,* U. S. House of Representatives, Subcommittee on the Near East and South Asia of the Committee on Foreign Affairs, Hearings, Washington D. C., 1974, S. 24.
5 Ebd.
6 Die Einzelbelege zu diesen Ausführungen sind in meiner Skizze zur Entwicklung des Iran enthalten in: Albrecht/Ernst/Lock/Wulf, *Rüstung und Unterentwicklung. Iran, Indien, Griechenland, Türkei: Die verschärfte Militarisierung,* Reinbek bei Hamburg 1976, S. 74ff.
7 *Weißbuch 1975/1976 zur Sicherheit der Bundesrepublik Deutschland und zur Entwicklung der Bundeswehr,* Bonn 1972, bes. S. 41.
8 Hier zitiert nach *Frankfurter Rundschau,* v. 4. 9. 1974, S. 4. Robert Graham *(Iran. The Illusion of Power,* London 1978, S. 184) berichtet gar von 80 westdeutschen Raketenexperten, die in Pachin südöstlich von Teheran in einem Versuchszentrum gearbeitet haben sollen.
9 Wiedergabe nach *Journal de Teheran,* v. 6. 5. 1974.
10 »U. S. Arms to the Persian Gulf: $ 10 Billion since 1973«, in: *The Defense Monitor,* vol. 4, no. 3 (May 1975), S. 6.
11 Daten nach: »U. S. prepares Iranian Contingencies«, in *Aviation Week & Space Technology,* 18. 12. 1978, S. 10.
12 *epd Entwicklungspolitik,* No. 21/1978, S. 3.
13 *Frankfurter Rundschau,* 21. 12. 1978.
14 *Der Tagesspiegel,* 22. 12. 1978.
15 Wolfgang Hoffmann, »Fehlstart in die Zukunft. Die Krise der deutschen Kernkraft-Industrie spitzt sich zu«, in: *Die Zeit,* Nr. 6 v. 2. 2. 1979, S. 17f.
16 Angaben ebd. Der jüngste im Berichtszeitraum vergebene Auftrag auf ein Kernkraftwerk ging Ende 1978 an das Konkurrenzunternehmen BBC/BBR, jedoch bleibt offen, ob dieser Reaktor je gebaut wird.
17 Eine weitere Möglichkeit böte Schweden, wo jedoch der Ausbau der Kernenergieversorgung aus innenpolitischen Gründen vorerst offen bleibt.
18 Hoffmann, a. a. O. (Anm. 15).
19 *United States Policies in the Persian Gulf and the Red Sea Areas: Past, present, and future,* Report of a staff survey mission to Ethiopia, Iran and the Arabian Peninsula, pursuant to H. Res. 313, U. S. House of Representatives, Committee on International Relations, 95th Congress, 1st session, Washington, D. C., Dec. 1977, S. 161.
20 »U. S. Aerospace Employees leave Iran«, in: *Aviation Week & Space Technology,* 18. 12. 1978, S. 11.

21 »U. S. Citizens airlisted from Iran«, in: *Aviation Week & Space Technology,* 8. 1. 1979, S. 15.

22 »U. S. Aerospace Employees leave Iran«, in: *Aviation Week & Space Technology,* 18. 12. 1978, S. 11.

23 »U. S. Citizens...«, a. a. O., (Anm. 21).

24 »Iran Trust Fund«, in: *Aviation Week & Space Technology,* 15. 1. 1979, S. 11.

25 Vgl. etwa Karen W. Arenson, »Iran, amid turmoil, is repaying debts«, in: *The New York Times,* 9. 1. 1979, S. 1.

26 *Wehrtechnik,* Nr. 12/1978.

27 »Iran Rapiers«, in: *Aviation Week & Space Technology,* 18. 12. 1978, S. 10.

28 »Iran cancels Bell Contract«, in: *Aviation Week & Space Technology,* 1. 1. 1979, S. 22.

29 Ebd.

30 »Aerospace Firms slow work in Iran«, in: *Aviation Week & Space Technology,* 8. a. 1979, S. 15.

31 Generell über die Haltung der Gewerkschaften in dieser Frage informieren kritisch: Peter Rot / Wilhelm Grün (vermutl. Pseudonyme, UA), »Kernenergie oder die Atomisierung der Gewerkschaften?« in: O. Jacobi / W. Müller-Jentsch / E. Schmidt (Hrsg.), *Arbeitnehmerinteressen gegen Sozialpartnerschaft. Kritisches Gewerkschaftsjahrbuch 1978/79,* Berlin 1979. Zum Iran-Bezug vgl. *antimilitarismus-information* Nr. 1/1979, K-2 I-10 (dort ist fälschlich verallgemeinernd von »dem DGB« und nicht lediglich von einer Gruppe von Betriebsräten die Rede).

32 »Unrest in Iran Threatens Bell Helicopter Programs«, in: *Aviation Week & Space Technology,* 11. 12. 1978, S. 24.

33 Hoffmann, a. a. O. (Anm. 15).

Karten

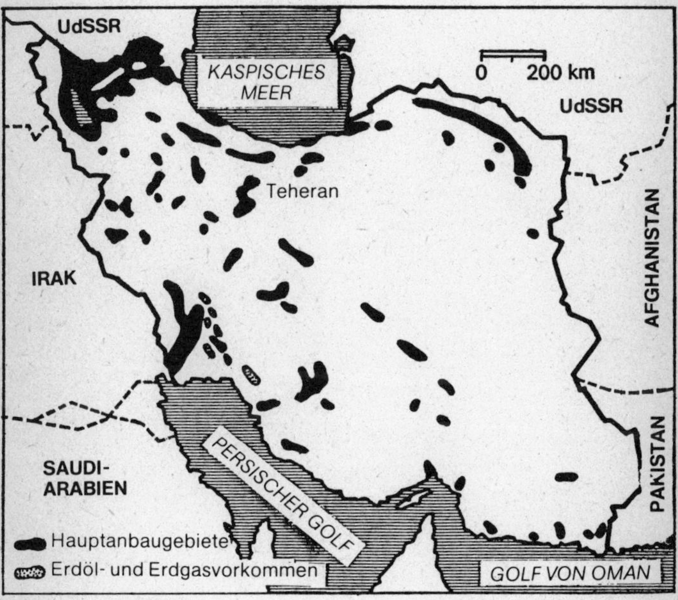

1. Hauptanbaugebiete

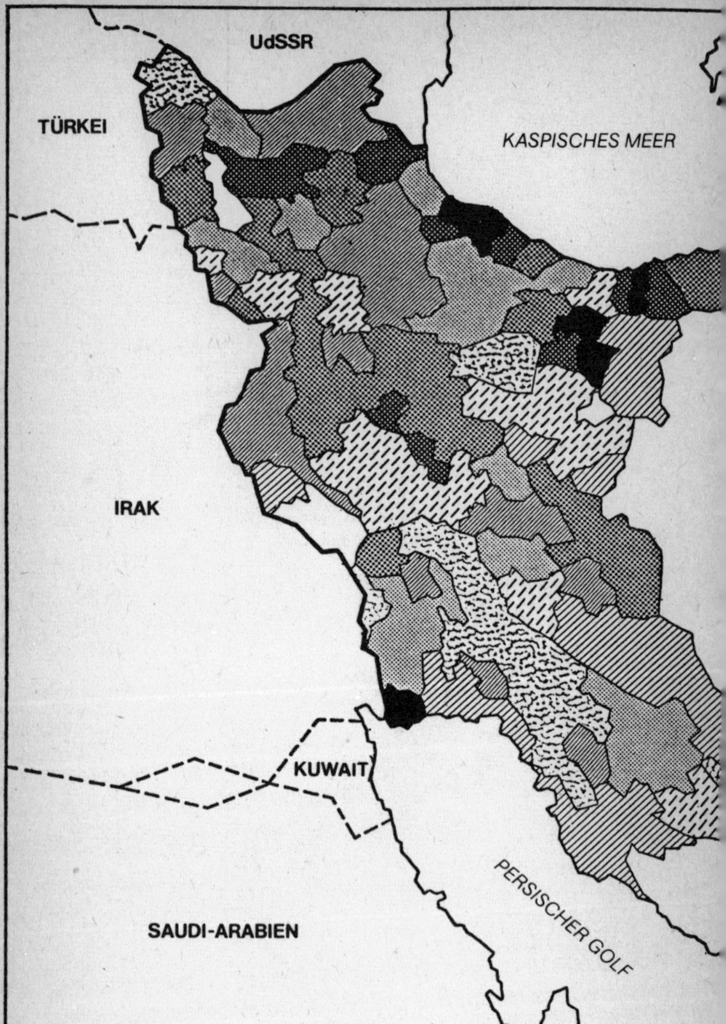

2. Bevölkerungsdichte (1966)

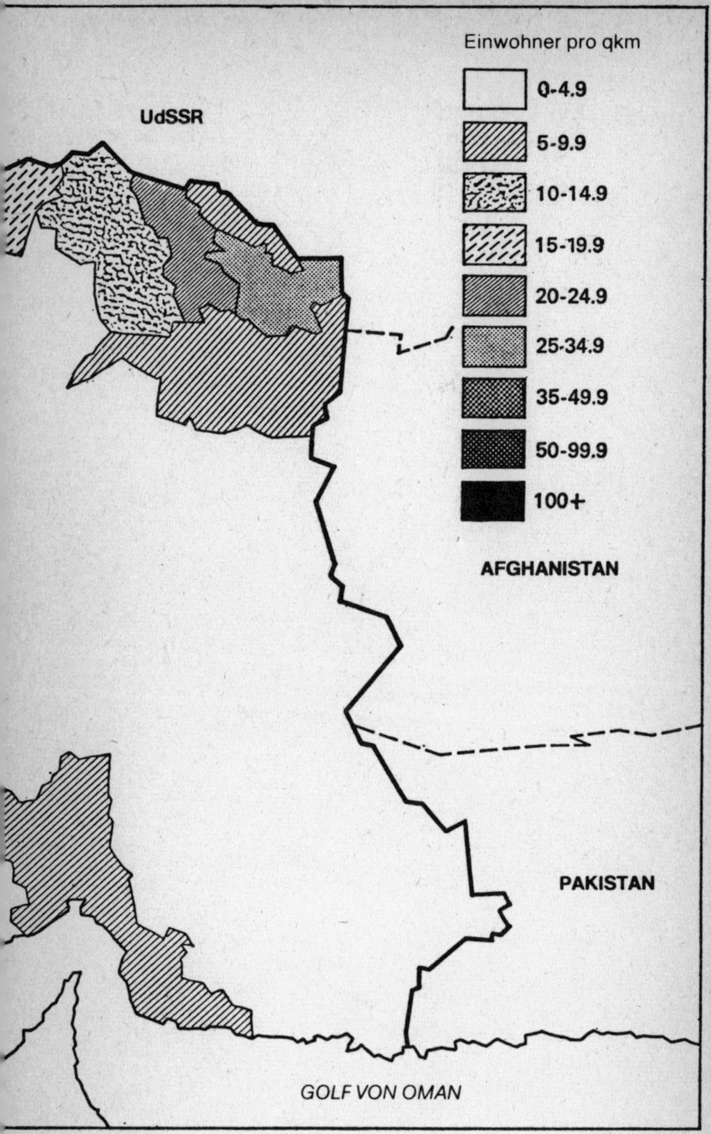
Einwohner pro qkm
0-4.9
5-9.9
10-14.9
15-19.9
20-24.9
25-34.9
35-49.9
50-99.9
100+
UdSSR
AFGHANISTAN
PAKISTAN
GOLF VON OMAN

3. Provinzen und Städte

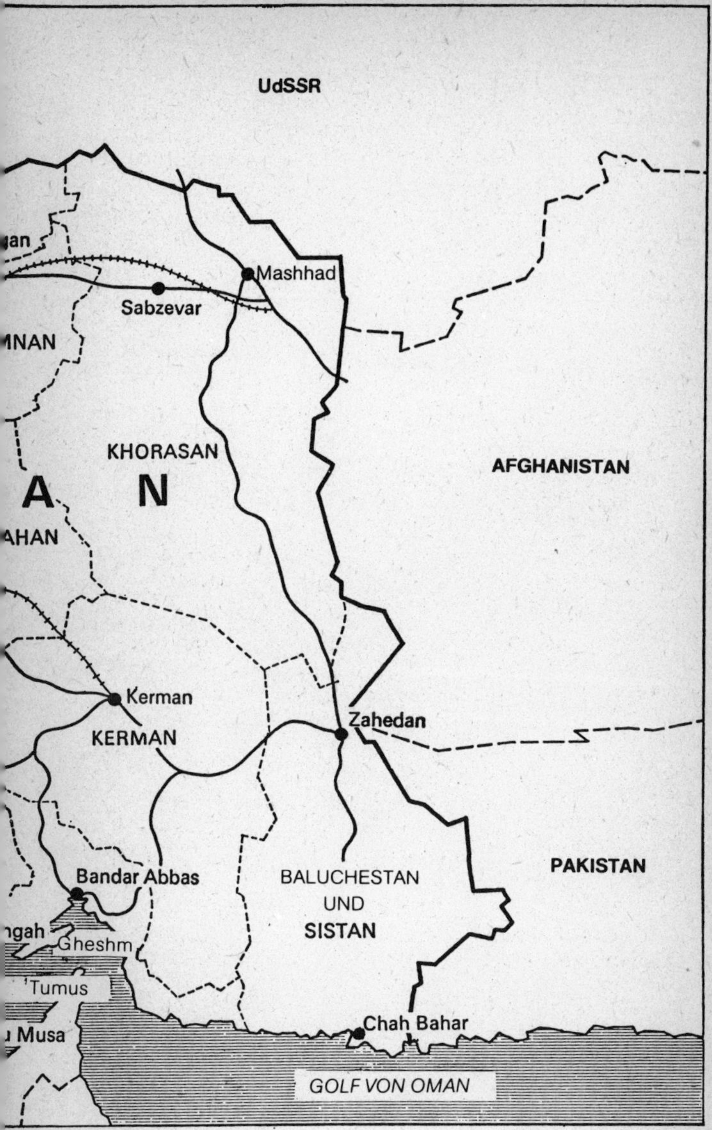
UdSSR
Mashhad
Sabzevar
KHORASAN
A
N
AFGHANISTAN
Kerman
KERMAN
Zahedan
PAKISTAN
Bandar Abbas
BALUCHESTAN
UND
SISTAN
Gheshm
Tumus
Chah Bahar
GOLF VON OMAN

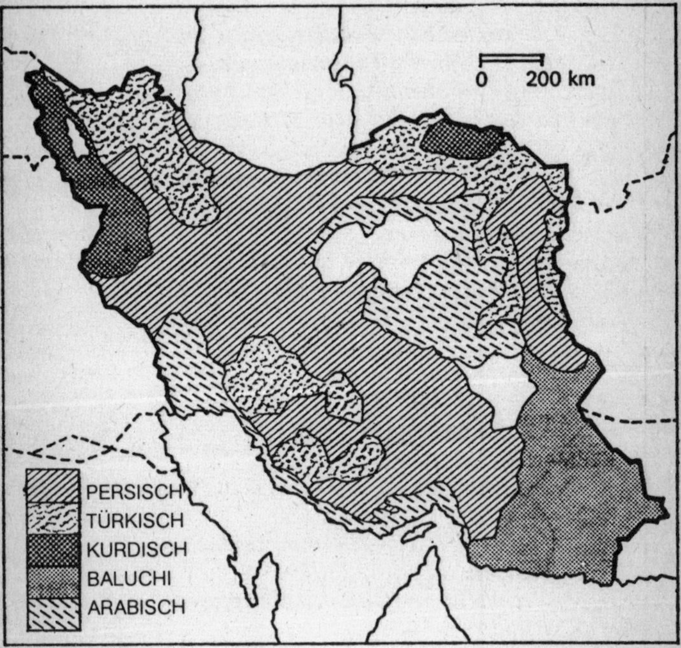

4. Sprachgruppen

Bibliografie

Die folgende Liste von Büchern und Artikeln umfaßt die wichtigsten Quellen zum modernen Iran, die ich benutzt habe. Sie ist keineswegs ein umfassendes Literaturverzeichnis, und Bücher, die sich nicht speziell auf den Iran beziehen, sind nicht aufgeführt. Einige der verzeichneten Arbeiten enthalten umfangreiche Bibliographien: die von Peter Avery und Marvin Zonis zu Geschichte und Politik; die von Julian Bharier zum Thema Wirtschaft; die von Shahram Chubin und Sepehr Zabih zur Außenpolitik. Vielfach ist neueres Material noch nicht in Bücher und Artikel eingegangen und läßt sich nur aus der Presse verfolgen. Die US-Zeitungen *Washington Post* und *New York Times* sind für Außenpolitik und Militärfragen am informativsten; die *Financial Times* behandelt wirtschaftliche Entwicklungen gut, und die beste verfügbare politische Information findet sich in *Le Monde*. Titel von besonderem Interesse sind mit einem Sternchen (*) gekennzeichnet.

Allgemeines: Geschichte und Hintergründe

American University, Washington D. C., *Area Handbook for Iran,* Washington 1971.

Arasteh, Reza, *Man and Society in Iran,* Leiden 1964.

Avery, Peter, *Modern Iran,* London 1965.

* Barang, Marcel, »L'Iran: renaissance d'un empire«, *Le Monde Diplomatique,* Mai 1975.

Browne, Edward, *A Year among the Persians,* London 1893.

* Cottam, Richard, *Nationalism in Iran*, Pittsburgh 1964.

Nirumand, Bahman, *Iran: the New Imperialism in Action,* New York 1969.

* Rey, Lucien, »Persia in Perspective«, *New Left Review,* Nr. 19, März–April 1963; Nr. 20, Mai–Juni 1963.

* Rouleau, Eric, »L'Iran dix ans après Mosadeq«, *Le Monde,* 14.–16. Oktober 1963; »L'Iran à l'heure de l'embourgeoisement«, *Le Monde,* 3.–7. Oktober 1973; »Iran: mythes et réalités«, *Le Monde,* 3.–6. Oktober 1976.

* Upton, Joseph, *The History of Modern Iran: an Interpretation,* Cambridge/Mass. 1960.

Yar-Shater, Ehsan, *Iran faces the Seventies,* London 1971.

Der Staat

Abrahamian, Ervand, »Oriental Despotism: the Case of Qajar Iran«, *International Journal of Middle East Studies,* Bd. 5, 1974.

Banani, Amin, *The Modernization of Iran,* Stanford 1961.

Bayne, E. A., *Persian Kingship in Transition,* New York 1968.

* Bill, James, *The Politics of Iran,* Columbus/Ohio 1972.

Bill, James, »Class Analysis and the Dialectics of Modernization in the Middle East«, *International Journal of Middle East Studies,* Bd. 3, 1972.

Bill, James, »The Patterns of Elite Politics in Iran«, in: George Lenczowski (ed.), *Political Élites in the Middle East,* Washington 1975.

Binder, Leonard, *Iran: Political Development in a Changing Society,* Berkeley, Los Angeles 1972.

Fallaci Oriana, »Interview with the Shah«, *New Republic,* Dezember 1973.

Fitzgerald, Frances, »Giving the Shah everything he wants«, *Harpers Magazine,* November 1974.

* Keddie, Nikki, »The Iranian Power Structure and Social Change 1800–1969: an Overview«, *International Journal of Middle East Studies,* Bd. 2, 1971.

Mohammadi-Nejad, Hassan, »The Iranian Parliamentary Elections of 1975«, *International Journal of Middle East Studies,* Bd. 8, 1977.

Pahlavi, Mohammad Reza, *Mission for my Country,* London 1961.

Vieille, Paul, *La féodalité et l'état en Iran,* Paris 1975.

Wilber, Donald, *Reza Shah Pahlavi,* New York 1975.

* Zonis, Marvin, *The Political Élite of Iran,* Princeton 1971.

Die Streitkräfte und SAVAK

(A) Die Streitkräfte

Albrecht, Ulrich; Ernst, Dieter; Lock, Peter; Wulf, Herbert, *Rüstung und Unterentwicklung,* Reinbek 1976; Kap. 3: »Militarisierter Subimperialismus: der Fall Iran«.

Arfa, Hassan, *Under five Shahs,* London 1964.

Croizat, Victor, »Imperial Iranian Gendarmerie« *Marine Corps Gazette,* Oktober 1975.

Haddad, George, *Revolutions and Military Rule in the Middle East: the Northern Tier,* New York 1965; Kap. 4: »Military Coups d'Etat and the Reform Movement in Iran«.

Hurewitz, J. C., *Middle East Politics: the Military Dimension,* London 1969; Kap. 13: »An American Client: Iran«.

Institute for Strategic Studies, London, *The Military Balance* (erscheint jährlich).
Klare, Michael, »Hoist on Your Own Pahlavi«, *The Nation*, 31. Januar 1976.
Klare, Michael, »Arms, Oil and Petrodollars: US Strategy in the Persian Gulf« (unveröffentlichtes Manuskript 1976).
Lenczowski, George, *Russia and the West in Iran 1918–1948*, London 1949.
Rumney, Mason, »The View from Iran«, *Military Review*, Bd. 52, Nr. 1, Januar 1972.
Salmatian, Ahmad, *Historique du rôle politique de l'armée en Iran*, Paris 1970 (Dissertation an der Faculté de Droit et des Sciences Politiques).
Sampson, Anthony, *The Arms Bazaar*, London 1977; Kap 14: »The Arming of the Shah«.
Tahtinen, Dale, *Arms in the Persian Gulf*, American Enterprise Institute for Public Policy Research, Washington 1974.
* United States Senate, Staff Report to the Subcommittee on Foreign Assistance of the Committee on Foreign Relations, *US Military Sales to Iran*, Washington 1976.
Siehe auch die unter American University und Zonis genannten Titel.

(B) SAVAK

* Amnesty International Briefing, *Iran*, London 1976.
Internationale Juristenkommission, *Human Rights and the Legal System in Iran*, Genf 1976.
* Jacobson, Philip, »Torture in Iran«, *Sunday Times*, 19. Januar 1975.
Tudeh Party of Iran, *SAVAK: the Shah's Secret Police*, o. J. Unitarian Universalist Service Commission of Enquiry, *Political Prisoners in Iran*, 1976.
Young, Gavin, »The Shah's Police State«, *Observer*, 23. November 1975.
Siehe auch unter Opposition.

Landwirtschaft

* Abrahamian, Ervand; Kasemi, Farhad, »The Non-Revolutionary Peasantry of Modern Iran« (unveröffentlichtes Manuskript 1976).
Denman, D. R., *The King's Vista*, London 1973.
Gharatchehdaghi, Cyrus, *The Distribution of Land in Varamin*, Opladen 1967.

* Hoogland, Eric, »The Khwushnishin Population of Iran«, *Iranian Studies,* Bd. VI, Nr. 4, Herbst 1973.
Imperial Organisation of Social Services, *Report of the Commission on the Study of Health and Medical Problems,* Teheran 1975.
Kaneda, H., »Agriculture«, ILO Employment and Incomes Mission Working Paper Nr. 3, Genf 1973.
* Keddie, Nikki. »The Iranian Village before and after Land Reform«, *Journal of Contemporary History,* Juli 1968; abgedruckt in: Henry Bernstein (ed.), *Development and Underdevelopment,* Harmondsworth 1973.
Kielstra, Nico, *Ecology and Community in Iran,* Amsterdam 1975.
Lambton, Anne, *The Persian Land Reform,* London 1966.
McLachlan, Kenneth, »Land Reform in Iran«, Kap. 21, *Cambridge History of Iran,* Cambridge 1968.
Mahdavy, Hossein, »The Coming Crisis in Iran«, *Foreign Affairs,* Oktober 1965.
Richards, Helmut, »Land Reform and Agribusiness in Iran«, *Middle East Research and Information Project,* Nr. 43.
Rudulph, C., *The Land Reform Program in Iran and its Political Implications,* American University, Ph. D.-Dissertation 1971.
United States Department of Agriculture, Economic Research Service, *Iran: Agricultural Production and Trade,* Washington 1974.
Vieille, Paul, »Les paysans, la petite bourgeoisie et l'état après la reforme agraire en Iran«, *Annales,* Bd. 27, Nr. 2.

Erdöl und Industrialisierung

Amuzegar, Jahangir; Fekrat, M. Ali, *Iran: Economic Development under Dualistic Conditions,* Chicago 1971.
Ashraf, Ahmad, »Historical obstacles to the Development of Bourgeoisie in Iran«, in: Michael Cook (ed.), *Studies in the Economic History of the Middle East,* London 1970.
Baldwin, George, *Planning and Development in Iran,* Baltimore 1967.
Bartsch, William, »The Impact of the Oil Industry on the Economy Iran«, in: Raymond Mikesell (ed.), *Foreign Investment in the Petroleum and Mineral Industries,* Baltimore 1971.
Benedick, Richard, *Industrial Finance in Iran,* Boston 1964.
* Bharier, Julian, *Economic Development in Iran 1900–1970,* London 1971.
Clark Carey, J. C.; Carey, A. G., »Industrial Growth and Development Planning in Iran«, *Middle East Journal,* Winter 1975.
Fesharaki, Fereidun, *The Development of the Iranian Oil Industry,* New York 1976.

Financial Times, 28. Juli 1975, 21. Juni 1976, 25. Juli 1977 (Jahresbeilagen über den Iran).
Flick, F. C., *Auslandsinvestitionen in einem Entwicklungsland. Eine Darstellung am Beispiel des Iran,* Hamburg 1972.
* Housego, David, »A Survey of Iran«, *Economist,* 28. August 1976.
* Hudson Institute, *Iran, Oil Money and the Ambitions of a Nation,* Paris 1974.
Looney, Robert, *The Economic Development of Iran,* London 1973.
Looney, Robert, *Iran At the End of the Century,* London 1977.
* Mahdavy, Hossein, »Patterns and Problems of Economic Development in Rentier States: the Case of Iran«, in: M. A. Cook (ed.), *Studies in the Economic History of the Middle East,* London 1970.
Melamid, A., »Industrial Activities«, Kap 16, *Cambridge History of Iran,* Cambridge 1968.
Najmabadi, N., »Strategies of Industrial Development in Iran«, in: *Iran: Past, Present, Future,* Aspen Institute, New York 1976.
Preston, Roger, »Iran: Economy on the Run«, *Arabia and the Gulf,* 27. Juni 1977.
Sampson, Anthony, *The Seven Sisters,* London 1976.
* Stork, Joe, *Middle East Oil and the Energy Crisis,* New York 1975.
* Vakil, F., »Iran's Basic Macroeconomic Problems«, in: *Iran: Past, Present, Future,* Aspen Institute, New York 1976.

Die Arbeiterklasse

* Abrahamian, Ervand, »The Crowd in Iranian Politics«, *Past and Present,* Dezember 1968.
Bartsch, William H., »The Industrial Labour Force of Iran: Problems of Recruitment, Training and Productivity«, *Middle East Journal,* Winter 1971.
Bartsch, William H., »Unemployment in Less Developed Countries: a Case Study of a Poor District of Tehran«, *International Development Review,* Bd. 13, Nr. 1, 1971.
Committee against Repression in Iran, *The Iranian Working Class,* London 1977.
Connell, John, *Tehran: Urbanisation and Development,* Institute of Development Studies Discussion Paper Nr. 32, Brighton 1973.
Djazani, Iranpour, *Wirtschaft und Bevölkerung in Khuzistan,* Tübingen 1963.
Elkan, Walter, »Employment, Education, Training and Skilled Labour in Iran«, *Middle East Journal* Frühjahr 1977.

Elwell-Sutton, L. P., *Persian Oil: a Study in Power Politics,* London 1955; Kap. 8.

Firoozi, Fereidun, »Labour and Trades Unions in Iran« (unveröffentlichtes Manuskript 1974).

Firoozi, Fereidun, »Profitsharing in Iran« (unveröffentlichtes Manuskript 1976).

Givry, J. D.; Scoville, J., »Labour Legislation, Practice and Policy«, ILO Employment and Incomes Mission Working Paper Nr. 9, Genf 1973.

Hemmasi, Mohammad, *Migration in Iran,* Shiraz 1974.

International Labour Office, *Labour Conditions in the Oil Industry in Iran,* Genf 1950.

International Labour Office, *Employment and Income Policies for Iran,* Genf 1973.

Institute for Social Studies and Research, University of Tehran, »Survey of Squatter Settlements in Iran: Preliminary Results for Tehran«, Teheran 1972.

Jalil, T., *Workers of Iran: Repression and the Fight for Democratic Trades Unions,* Committee for the Restoration of Trades Union Rights in Iran, London 1976.

Jalil, T., *Workers say no to the Shah: Labour Law and Strikes in Iran,* Committee for the Restoration of Trades Union Rights in Iran, London 1977.

Pessaran, H., »The Growth of Income Inequality in Iran«, in: *Iran: Past, Present, Future,* Aspen Institute, New York 1976.

Tudeh party of Iran, *La classe ouvrière en Iran et les grèves,* o. O. 1976.

United States Department of Labor, *Labor Law and Practice in Iran,* BLS Report Nr. 276, 1964.

Vieille, Paul, »Abadan: tissu urbain, attitudes et valeurs«, *Revue Géographique de l'Est,* 1969, Nr. 3–4.

Die Opposition

Abrahamian, Ervand, »Kasravi: the Integrative Nationalist of Iran«, *Middle East Studies,* Bd. 9, Oktober 1973.

Abrahamian, Ervand, »Communism and Communalism in Iran: the *Tudah* and *Firqah-i Dimukrat*«, *International Journal of Middle East Studies,* Bd. 1, 1970.

Ahmadzadeh, Masaoud, *Armed Struggle: both a Strategy and a Tactic,* New York 1976.

Alavi, Bozorg, *Kämpfendes Iran,* Berlin 1955.

Baraheni, Reza, *The Crowned Cannibals,* New York 1977. (Deutsch: *Gekrönte Kannibalen,* München 1979).

Dehqani, Ashraf, *Torture and Resistance in Iran,* London 1976.
Farahani, Ali-Akbar Safayi, *What a Revolutionary must know,* London 1973.
Front National de l'Iran, III, *Iran: chronique de la repression 1963–1974,* Paris 1975.
Ghassemlou, A. R., *Iranian Kurdistan,* o. O., o. J.
Jazani, Bijan, *Armed Struggle in Iran,* London 1975.
Nirumand, Bahman (Hrsg.), *Feuer unterm Pfauenthron,* Berlin 1974.
Pouyan, Amir Parviz, *On the Necessity of Armed Struggle and a Refutation of the Theory of »Survival«,* New York 1975.
Ravasani, Schapour, *Sowjetrepublik Gilan,* Berlin o. J.
Sadiq, Javid, *Nationalities and Revolution in Iran* (unveröffentlichtes Manuskript 1976).
Zabih, Sepehr, *The Communist Movement in Iran,* Berkeley, Los Angeles 1966.
Ich habe auch die Zeitschriften der iranischen Opposition im Exil verwendet, darunter: *Iran Research* (London), *Iran People's Struggle* (New York), *Resistance* (Chicago), *Iran Free Press* (Washington), *CAIFI Newsletter* (New York), *Iran Report* (Frankfurt), *Bulletin d'Information du Front National de l'Iran, III* (Paris), *Iranform* (Rom). Siehe auch die obengenannten Arbeiten von Richard Cottam und Marvin Zonis.

Auswärtige Beziehungen

Ahmed, Feroz, »Iran: Subimperialism in Action«, *Pakistan Forum,* März–April 1973.
Chubin, Shahram; Zabih, Sepehr *The Foreign Relations of Iran,* London 1974.
Duke, Anthony John, *Arab States of the Lower Gulf,* Washington 1975.
Ramazani, R. K., *Iran's Foreign Policy: 1941–1973,* Charlottesville 1975.
Ramazani, R. K., »Iran's Search for Regional Co-operation«, *Middle East Journal,* Frühjahr 1976.
Reppa, Robert, *Israel and Iran,* New York 1973.
United States House of Representatives, Subcommittee on the Near East and South Asia of the Committee on Foreign Affairs, *New Perspectives on the Persian Gulf,* Washington 1973.
United States House of Representatives, Subcommittee on the Near East and South Asia of the Committee on Foreign Affairs, *The Persian Gulf 1974: Money, Politics, Arms and Power,* Washington 1975.
Siehe auch unter Streitkräfte.

Aktuelle Entwicklungen

Es folgt eine Liste von Publikationen, die Informationen über Entwicklungen im Iran enthalten:

1) Jahrbücher:

Bank Markazi of Iran, *Annual Report and Balance Sheet,* Teheran.
Financial Times, Jahresbeilage über den Iran, London.
Echo of Iran, *Iran Almanac and Book of Facts,* Teheran.
Europa Publications, *The Middle East and North Africa,* London.

2) Zeitschriften:

CAIFI Newsletter, New York.
Economist Intelligence Unit, *Iran,* Quarterly Economic Report and Annual Supplement, London.
Iran People's Struggle, New York.
Iranian Studies, New York.
International Journal of Middle East Studies, Cambridge.
Middle East Journal, Washington.
Middle East Research and Information Project, Washington.
Middle East Studies, London.
Review of Iranian Political Economy and History, Washington.

3) Wochenzeitschriften:

Kayhan International Weekly, Teheran.
Middle East Economic Digest, London.

Nachtrag:

Vor dem Erscheinen der deutschen Ausgabe sind noch eine Reihe von wichtigen Arbeiten über den Iran erschienen. Von besonderem Interesse sind dabei:

»Behrang« (Ps.) *Iran: Le Maillon Faible,* Paris 1979.
Robert Graham, *Iran: The Illusion of Power,* London 1978.
Mehdi Mozafari, *L'Iran,* Paris 1978.

Das erste Buch ist eine Kollektivarbeit, die auf der Grundlage der Zensusangaben von 1976 einen kompakten Überblick über die gegenwärtige iranische Gesellschaft gibt. Das zweite analysiert die wirtschaftliche Entwicklung seit 1973 und insbesondere das System der Korruption. Das dritte ist eine Darstellung der wichtigsten politischen Parteien, der legalen wie der illegalen, im Iran der Pahlavis.

Namensregister

Personenregister

Parteien, Gewerkschaften u. a. politische Gruppen

Banken und Konzerne

Organisationen